W0187207

Duden Satz und Korrektur

Autoren des Bandes

Die Ablauforganisation der Manuskripterstellung und -bearbeitung

Brigitte Witzer

Das Manuskript erstellen

Rose Hartmann (2.1, 2.2, 2.3)
Brigitte Witzer (2, 2.1.6, 2.4)

Die Bearbeitung des Manuskriptes in Lektorat und Redaktion

Tobias Ott (3.1.2, 3.6)
Brigitte Witzer (3, 3.1, 3.1.1, 3.2, 3.3, 3.4, 3.5, 3.7)

Das fertige Manuskript verarbeiten

Rose Hartmann (4.3, 4.3.1, 4.3.2)
Tobias Ott (4.2.1, 4.2.2)
Jan Schmidt (4.5, 4.6, 4.7, 4.8, 4.9, 4.10)
Brigitte Witzer (4, 4.2, 4.8)

Duden

Satz und Korrektur

Texte bearbeiten, verarbeiten, gestalten

Herausgegeben von Brigitte Witzer

Bearbeitet von Rose Hartmann, Tobias Ott,
Jan Schmidt, Brigitte Witzer

Dudenverlag
Mannheim · Leipzig · Wien · Zürich

Redaktionelle Leitung
Ursula Kraif, Mannheim

Umschlaggestaltung Holger Jost, Edingen-Neckarhausen
Herstellung Monika Schoch, Mannheim

Die **Duden-Sprachberatung** beantwortet Ihre Fragen zu Rechtschreibung, Zeichensetzung, Grammatik u. Ä. montags bis freitags zwischen 9:00 und 17:00 Uhr unter der Telefonnummer **0190 8 70098** (1,86 € pro Minute, deutschlandweit).

Bibliografische Information der Deutschen Bibliothek
Die Deutsche Bibliothek verzeichnet diese Publikation in der Deutschen Nationalbibliografie; detaillierte bibliografische Daten sind im Internet über **http://dnb.ddb.de** abrufbar.

Das Wort Duden ist für den Verlag
Bibliographisches Institut & F. A. Brockhaus AG
als Marke geschützt.
Alle Rechte vorbehalten.
Nachdruck, auch auszugsweise, verboten.
Kein Teil dieses Werkes darf ohne schriftliche Einwilligung des Verlages in irgendeiner Form (Fotokopie, Mikrofilm oder ein anderes Verfahren), auch nicht für Zwecke der Unterrichtsgestaltung, reproduziert oder unter Verwendung elektronischer Systeme verarbeitet, vervielfältigt oder verbreitet werden.

© Bibliographisches Institut & F. A. Brockhaus AG,
Mannheim 2003
Satz A–Z Satztechnik GmbH, Mannheim
(PageOne, alfa Media Partner GmbH)
Druck und Bindearbeit Druckerei Parzeller, Fulda
Printed in Germany
ISBN 3-411-70551-5

Vorwort der Dudenredaktion

Der vorliegende Titel ersetzt das Duden-Taschenbuch »Satz- und Korrekturanweisungen«. Im Vorwort zu dessen fünfter Auflage von 1986 hieß es: »Die ›Satz- und Korrekturanweisungen‹ ... sollen helfen, alle Probleme der Texterfassung, auch im Hinblick auf die Weiterverarbeitung der Texte, in guter Zusammenarbeit zwischen Autor, Verlag und Setzerei zu meistern.« Dieses anspruchsvolle Ziel setzt sich 16 Jahre später auch das neue Handbuch »Duden – Satz und Korrektur«.

Durch die tief greifenden Umwälzungen im Bereich der Druckvorstufe, die eine völlige Neukonzeption des ehemaligen Taschenbuchs rechtfertigen, sind die traditionellen Berufe des Schriftsetzers, des Reproherstellers und des Reprographen im neuen Ausbildungsberuf des Mediengestalters aufgegangen. Auch die Arbeitsabläufe in Lektorat, Redaktion und Korrektorat haben sich verändert. Während es für technische Redakteure eine Ausbildung gibt, sind Lektoren, Redakteure und Korrektoren, gleich, ob sie im Verlag oder – in steigender Zahl – als Freiberufler arbeiten, meist Quereinsteiger, die sich ihr berufliches Know-how in der täglichen Praxis aneignen müssen. Gerade ihnen dient das Anliegen der Verfasser, im ersten Teil von »Duden – Satz und Korrektur« die verschiedenen Stadien, die ein Manuskript von seiner Erstellung bis zur Drucklegung durchläuft, so zu beschreiben, wie es den derzeit gängigen Arbeitsabläufen in den meisten Verlagen entspricht.

Der erste Teil von »Duden – Satz und Korrektur« ist als Hand- und Arbeitsbuch konzipiert, das alle Fragen und Aspekte rund um die Manuskripterstellung und -bearbeitung im Zusammenspiel von Autor und Verlag berücksichtigt. Daneben informiert er umfassend über die gängigen Satz- und Layoutsysteme. Ausführlich behandelt werden darüber hinaus die Seitengestaltung sowie der aufwendige Formelsatz.

Ein umfangreicher Materialienteil, basierend auf dem bewährten Anhang des früheren Duden-Taschenbuchs, jedoch grundlegend aktualisiert und erweitert, ermöglicht im zweiten Teil von »Duden – Satz und Korrektur« das Nachschlagen und rasche Auffinden von Empfehlungen, Normen, Tabellen und Sonderzeichen.

Die Dudenredaktion dankt an dieser Stelle allen Kolleginnen und Kollegen aus den verschiedenen Bereichen des Verlagswesens für die zahlreichen Anregungen und nicht zuletzt für die beharrliche Nachfrage nach dem seit Jahren vergriffenen Taschenbuch. Letztere hat die Realisierung dieses Nachfolgetitels nicht unerheblich befördert.

Die Dudenredaktion dankt der Herausgeberin und den Autoren für ihr großes Engagement und ihren Enthusiasmus sowie für die gute Zusammenarbeit. Dank auch den nachstehend genannten Experten des Fachbeirats, die diesem Handbuch sach- und fachkundige Unterstützung zukommen ließen: Irene Rumler (München), Stephan Dové (Neue Zürcher Zeitung), Karl-Michael Meinecke und Theodor Zintel, beide vom Bundesverband Druck und Medien, sowie Professor Hans-Heinrich Ruta von der Hochschule der Medien in Stuttgart. Ein aufrichtiges Dankeschön schließlich allen Kolleginnen und Kollegen aus dem Verlag Bibliographisches Institut & F. A. Brockhaus AG für ihre tatkräftige Unterstützung, für ihren fachlichen Beitrag insbesondere Ellen Böckmann (Leiterin Herstellung Sachbuchverlag), Joachim Weintz (Leiter Herstellung Allgemeine Lexika und Wörterbücher), Sascha Höning (Leiter Bibliographie), Jochen Kleemann (Leiter A–Z Satztechnik GmbH), Michael Philipp (Projektleiter Redaktionssysteme) und Johannes Sailler (Leiter Satz- und Textkorrektur). Dank auch an Professor Max Mangold für die Überarbeitung der Lateinalphabete.

Möglicherweise wird dieses Handbuch mehr Leserinnen als Leser finden, was ganz einfach daran liegt, dass in einigen Bereichen wie Lektorat, Redaktion oder Herstellung überwiegend Frauen tätig sind. Um die Lesbarkeit des Textes zu erhalten, wurde jedoch auf das umständliche Nebeneinander weiblicher und männlicher Personen- und Berufsbezeichnungen verzichtet. Dafür bitten wir alle Leserinnen um Verständnis.

Mannheim, im Oktober 2002
Die Dudenredaktion

Vorwort der Herausgeberin

Im Mai 1994 hangelte ich mich zum ersten Mal durch das Telefonnetz des Dudenverlages und versuchte unter Einsatz aller meiner Kenntnisse aus den unterschiedlichsten Trainings und Seminaren, den einen für die Ausbildung von Verlagsherstellern so notwendigen Titel aufzutreiben: das sagenumwobene Dudentaschenbuch 5, »Satz- und Korrekturanweisungen«. Wollte ich zuerst noch mindestens dreißig Exemplare für die Präsenzbibliothek der HTWK aus dem zweifellos beachtlichen Lager der Sprachhüter in Mannheim herauskitzeln, musste ich im Verlaufe des Telefonats umschwenken und konzentrierte mich auf den Wunsch nach einer unveränderten Nachauflage in den nächsten vier bis sechs Wochen. All mein Reden aber hatte keinen Erfolg.

Damals war ich gerade einige Monate als Professorin für das Lehrgebiet Verlagsproduktion in Leipzig und keine Niederlagen gewöhnt. Ich war bereit, störrisch zu bleiben. Vor allem war ich völlig uneinsichtig für die Erklärungen der unterschiedlichen Verlagsmitarbeiter. Ja, natürlich war die DDR noch aufzuarbeiten. Aber im Dtb 5? Gut, selbstverständlich, geredet wurde über eine Rechtschreibreform schon des Längeren. Aber in den nächsten drei bis vier Jahren? Wie bitte, es gibt niemanden, der den Titel überarbeitet? Auch das noch.

Die Zeit verging. Ich telefonierte häufig »mit Mannheim«. Wir durften mittlerweile für die Studierenden Kopien fertigen. Aber die Vorlage wurde immer schlechter. Eberhard Wollesky, amtierender Laboringenieur am Fachbereich und unangefochtener Vater der ersten Diplomandenjahrgänge Verlagsherstellung, runzelte die Stirn und sprach von unausweichlichen Opfern. Der Titel sei zu bearbeiten. Ich solle mich nicht zieren.

Ich habe mich noch lange geziert. Erst drei Jahre nach meinem Ausscheiden aus der Hochschule, nach etlichen Seminaren für die Akademie des deutschen Buchhandels in München, nach vielen Beratungen und Trainings in Verlagen musste ich einsehen: Das ist ein Liebhaberprojekt. Und wer mit einem Finger auf die andern zeigt, auf den zeigen drei Finger zurück.

So sitze ich jetzt hier, die letzten Zeilen schreibend, am PC. Mit dem Gefühl, das zu jedem Buch gehört: Es ist zu wenig, es ist zu viel, lasst uns das Manuskript noch einmal überarbeiten, das fehlt noch, das hätte ich gerne, es ist zu früh – irgendwann ist Schluss. Der Verlag hat versprochen, Ihre Hinweise und alles, was von uns übersehen oder für nicht so relevant gehalten wurde, in die nächste Ausgabe einzuarbeiten. Wir hoffen also auf Ihre freundlichen Ergänzungen.

Als Herausgeberin stehe ich neben meinen Autoren, froh, dass wir es geschafft haben, dankbar für die Qualität der Zusammenarbeit und der Ergebnisse – und weiß doch: Wir sind angewiesen auf Sie, als Leser, als kundige und dem Manuskript wohlgesonnene Büchermacher in jedweder Sparte, auf Ihre Hinweise und damit auf die nächste Auflage. Ein Handbuch als Prozess – warum auch nicht!?

Nun gut! Erstmal aber haben wir die vorliegende. Und haben das Wichtige überhaupt: den Materialienteil. Überarbeitet, so vollständig wie möglich, ergänzt durch einige Neuigkeiten. Dieser wird Ihnen sicher gute Dienste tun. Der erste Teil, der zeigt, wie aus Information Wissen wird, wie aus Autorenkenntnissen gut lesbares, gut zugängliches, valides Datenmaterial wird, sei Ihnen dennoch sehr ans Herz gelegt.

Für mich ist damit ein Lebenskapitel abgeschlossen und rund. Die Zeit als Professorin und als Lehrende ist mit diesem Buch endgültig zu Ende. Und auch das tut gut: einen Strich ziehen zu können. Und das mit dem schönsten Gegenstand, den ich kenne, mit einem Buch.

Es war eine aufregende Zeit, wie jede Zeit des Schreibens. Ursula Kraif und Monika Schoch habe ich für ihre absolut vertrauensvolle Zusammenarbeit und respektvolle Begleitung zu danken, Matthias Wermke für den guten und offenen Rahmen, in dem wir uns bewegen konnten. Rose Hartmann, Tobias Ott und Jan Schmidt haben ihre Überlebensqualitäten bewiesen und mehr als das: Es war ein gutes Tun miteinander, hierarchiefrei, konstruktiv, vertrauensvoll. Danke! Wir alle waren gut unterstützt vom Know-how der Führungskräfte und Fachleute im Hause des Verlages Bibliographisches Institut & F. A. Brockhaus AG. Es hat Freude gemacht mit ihnen allen. Zum guten Schluss dem Fachbeirat an dieser Stelle Dank für exzellente Unterstützung, ich möchte gern sagen: für ein intensives und lebendiges Coaching. Vom Feinsten!

Jetzt wünsche ich Ihnen, liebe Leser, viel Vergnügen. Lassen Sie uns alle daran mittun, dass Bücher den Platz haben, der ihnen zukommt: mitten in der Welt und mitten in unserem Leben. Und das nach allen Regeln der Kunst.

Im Juli 2002

Inhaltsverzeichnis

Materialien

Einleitung

Dieses Buch richtet sich an alle, die professionell mit (Buch)verlagen und Print- oder Non-Print-Produkten zu tun haben: Es führt durch die wesentlichen Arbeitsabläufe und befasst sich mit sämtlichen Anforderungen, die sich bei der Entwicklung, der Bearbeitung und der Gestaltung von Manuskripten stellen. Seine Absicht ist es, alle Regeln der »schwarzen Kunst«, wie sie sich heute stellen, offenzulegen und transparent zu machen.

Dabei folgt es dem Entwicklungsgang eines Manuskriptes und zeigt, wie aus reinem Text durch vielfache und unterschiedlichste, aber stets aufeinander abgestimmte Anstrengungen etwas entsteht und erarbeitet wird, das einen besonderen Wert hat: Bücher. Über diesen Werdegang wird auch die Wertschöpfung des Produktes Buch auf seinem Weg vom Autor zur Druckmaschine beschrieben. In Zeiten, in denen nahezu jedem Schreibenden ein Textverarbeitungsprogramm das Gefühl verlegerischer Omnipotenz zu geben vermag, ist zudem eines wichtig, nämlich darauf hinzuweisen, dass es einen Unterschied gibt zwischen Information und aufbereiteter, bearbeiteter, strukturierter und lesbarer Information, also dem, was man Wissen nennt.

Das vorliegende Buch ist entsprechend prozess- und ablauforientiert aufgebaut. Das bedeutet, dass die verschiedenen Prozessschritte im Mittelpunkt stehen: In Kapitel 1 wird dargelegt, wie vielfältig diese Prozesse heute gestaltet sein können, und das Schlagwort vom Workflow wird mit Leben erfüllt. Kapitel 2 widmet sich der Sicht des Autors, der ein Manuskript schreibt und es für die Übergabe an einen Verlag aufbereitet. Diese Übergabe ist Voraussetzung für die in Kapitel 3 dargestellten Arbeitsschritte in Lektorat und Herstellung und ihre daraus resultierenden Konsequenzen für das Manuskript. Auf die inhaltliche Bearbeitung des Manuskriptes folgt die technische Weiterverarbeitung. Sie ist Thema von Kapitel 4.

An wen wendet sich dieses Buch?

Dieser Aufbau macht das Buch zu einem wichtigen Hilfsmittel für die unterschiedlichsten Anwender. Kapitel 1 führt ins Thema ein und geht damit alle an, die beruflich mit der Entstehung von Print- und Non-Print-Produkten zu tun haben. Dazu zählen Mediengestalter, Schriftsetzer, Druckvorlagenhersteller und Drucker als diejenigen, deren Alltag von der technischen Seite des Prozesses geprägt wird. Sie betrifft, neben den Mitarbeitern in den Herstellungsabteilungen der Verlage, in besonderem Maße auch Kapitel 4, in dem es um die Herstellung und damit um die technische Weiterverarbeitung von Manuskripten geht. Das bedeutet, Layouter und Grafiker, die nach der Phase der inhaltlichen Arbeit tätig werden, sind ebenso angesprochen wie Korrektoren und XML- oder SGML-Spezialisten. Kapitel 1 macht die Prozesskette deutlich, beschreibt die Schnittstellen zwischen den Beteiligten und klärt, wie im Verlag in der Manuskriptarbeit Wertschöpfung stattfindet.

Kapitel 2 wendet sich vor allem an die Autoren. Hier finden sie Anweisungen für die Erarbeitung digitaler und traditioneller Manuskripte, aber ebenso auch Tipps zu Autorenrichtlinien sowie zur Verwaltung und Organisation der von ihnen erzeugten Daten. Damit ist es auch für Lektoren in Verlagen interessant, die täglich mit Autoren zusammenarbeiten und deren Anliegen es ist, die Schnittstelle zwischen Autor und Verlag reibungslos zu gestalten.

Lektoren und Redakteure in Buchverlagen stehen im Fokus von Kapitel 3. Hier finden sie die Abläufe der inhaltlichen Bearbeitung eines Manuskriptes systematisch abgehandelt. Für Lektoren und Redakteure gibt es keine eigentliche Berufsausbildung, sie sind in aller Regel Quereinsteiger und brauchen für einen qualifizierten Arbeitseinstieg einen Leitfaden, der es ihnen ermöglicht, sich mit den an sie gerichteten Anforderungen schnell und optimal auseinander zu setzen und sich die nötigen Methoden und das erforderliche Fachwissen anzueignen. Kapitel 3 ist zudem für diejenigen interessant, die schon lange in Verlagen arbeiten und ihr Erfahrungswissen abgleichen und in Richtung digitale Manuskripte auffrischen müssen.

Richtig und umfassend versorgt sind mit diesem Buch alle, die eine Ausbildung als Verlagskaufmann/-kauffrau oder Verlagsbuchhändler/-in machen, ebenso wie alle Auszubildenden in den Vorstufenbetrieben als Mediengestalter jeder Art. Die Studierenden an den Fachhochschulen in Stuttgart und Leipzig sowie in Wuppertal, die eher praxis- und anwendungsbezogen von der technischen und wirtschaftlichen Seite auf das Produkt Buch schauen, gehören ebenso dazu wie die Studierenden der Universitäten in Mainz, München und Leipzig, die sich den Themen rund um das Buch von der Grundlagenforschung herkommend wissenschaftlich nähern. Beiden Nutzergruppen bietet dieser Band einen konkreten Einstieg in die Praxis.

Die Verlagsbranche hat in den letzten Jahren immer mehr Ausgründungen und freiberufliche Mitarbeiter hervorgebracht. Freie Lektorate und Redaktionsbüros, freie Herstellungsbüros, Übersetzer und die ohnehin oft selbstständigen technischen Redakteure können mithilfe dieses Handbuchs ihr Handwerkszeug auf den Prüfstand stellen und optimieren.

Noch einmal: Quereinsteiger ist in Lektorat und Redaktion nahezu jeder. Möglicherweise macht das die Vielfalt der Verlagsbranche aus und verschafft ihr das besondere Etwas. Das darf und soll aber nicht von dem ablenken, was im Wesentlichen das Tagesgeschäft bestimmt: die Arbeit am Manuskript.

Welche Produkte werden behandelt?

Es geht in diesem Band nicht nur um Bücher. Zwar haben die Buchverlage das nicht tagesaktuelle Wissen, das kurz-, mittel- und langfristig aufbereitete Wissen bisher gehütet und dazu die geeigneten Kompetenzen aufgebaut und entwickelt, diese Kenntnisse sollen und müssen aber sowohl dort in die Arbeit an Manuskripten eingehen, wo es um die Bestseller des Sachbuchmarktes geht, als auch da, wo zum Beispiel eine Dissertation in geeigneter Form einem kleinen, feinen Publikum zur Verfügung gestellt werden muss.

Das bedeutet: Es geht in diesem Band zwar um Bücher, aber auch um deren Zukunftsfähigkeit. Es geht um verlegerisch kompetent aufbereitete, angemessen strukturierte und zugänglich gemachte Inhalte, die natürlich als Printprodukte auf den Markt kommen, aber auch in elektronischer Form auf CD-ROM oder als Internetseiten publiziert werden können.

Ausgeklammert bleiben Zeitungen und Zeitschriften, die anderen Gesetzmäßigkeiten folgen. Nicht weiter erörtert wird das, was mit dem Begriff »Multimediaproduktionen« bezeichnet wird, also die Integration von Bewegtbild und Ton und die sie koordinierende Dramaturgie.

Thema dieses Buches sind nachhaltig aufbereitete, das heißt auch in Zukunft verwendbare Daten, die bislang traditionell als Bücher veröffentlicht wurden, die heutzutage aber auf ganz vielfältigen Wegen zum Leser finden können müssen.

Warum folgt der Aufbau dieses Buches dem Verlagsablauf?

Verlag ist nicht Verlag. Fachverlage arbeiten anders als Literaturverlage. Die Arbeitsabläufe in Einpersonenverlagen unterscheiden sich deutlich von denen mit dreißig oder fünfhundert Mitarbeitern.

Heute stehen diese Arbeitsabläufe vielfach in der Diskussion: Es soll optimiert, verkürzt, gespart werden. Das ist immer nur dann erfolgreich und sinnvoll möglich, wenn die einzelnen Schritte des Prozesses bekannt und transparent sind. Wenn zwei Arbeitsschritte zu einem einzigen zusammengefasst werden, dann hat das Konsequenzen: Es spart Zeit, es spart Arbeitskraft – wie wirkt sich das außerdem auf die Qualität des Produktes aus? Diese Frage lässt sich nur beantworten, wenn die Prozesse bekannt und benannt sind.

Die gesamte Prozesskette der Manuskriptbearbeitung liefert einen roten Faden, anhand dessen eine systematische Betrachtung der Anforderungen möglich ist. Die Autoren dieses Titels waren diesem roten Faden auf der Spur.

Die Ablauforganisation

1. Kapitel

Manuskripterstellung und -bearbeitung

Es gibt etwa so viele Möglichkeiten, ein Manuskript im zeitlichen Ablauf von der Idee bis zur Auslieferung an den Leser zu produzieren, wie es Manuskripte gibt. Der Ablauf von der Erstellung des Manuskriptes bis zur darauf folgenden Be- und Verarbeitung in Verlag und grafischer Industrie ist ausgesprochen vielfältig – nicht nur in seinen theoretischen Möglichkeiten, sondern auch in der Verlagswirklichkeit. Dazu einige typische Beispiele:

Beispiel 1:
Autor schreibt ohne Auftrag, der Verlag arbeitet stark standardisiert

Der Autor kommt mit dem fertigen Manuskript, fein säuberlich ausgedruckt, zum Sachbuchverlag. Der findet das Thema spannend, kann es auch in einer Reihe veröffentlichen, dafür muss der Autor es allerdings dem Reihenschema anpassen und komplett neu aufbereiten. Der Autor bekommt dafür eine Vorlage für den PC, sodass der Verlag von ihm den Titel inhaltlich korrekt, aber auch in Form geeigneter Daten erhält. Diese Daten werden vom Verlag übernommen, endbearbeitet und so an den Satzbetrieb übergeben, dass dieser optimal belichten kann. Nach einem kurzen Proofverfahren kann zügig gedruckt und gebunden werden.

Beispiel 2:
Mehrere Autoren schreiben nach Auftrag, der Verlag arbeitet integriert

Mehrere Autoren werden mit der Erstellung eines Sammelwerks beauftragt. Ein Herausgeber sorgt für die fachinhaltliche Richtigkeit, ein Redakteur koordiniert und bearbeitet das Ganze so, dass es als ein Werk gelten kann. Es gibt einen detaillierten Ablaufplan über alle Besprechungen des Autorenteams, über Zwischentermine für fertig zu stellende Seiten und Unterkapitel sowie klare Übergabetermine. Die Organisation dieser Abläufe macht sehr viel Aufwand, stellt aber sicher, dass alle Beteiligten wissen, welche Arbeit genau wann auf sie zukommt. Jeder kann sich klarmachen, ob das realistisch ist oder nicht. Parallel dazu entwickelt die Herstellung einen Zeitplan, in welchen Teilen gesetzt, belichtet und wann letztlich gedruckt und gebunden bzw. die CD gefertigt wird. Die Pläne greifen ineinander, werden ständig überprüft und aktuell gehalten. Alle Beteiligten wissen, wie der Stand des Projektes ist.

Beispiel 3:
Ein Autor schreibt nach Auftrag, der Verlag arbeitet funktional

Ein Autor hat seinem Lektor ein Konzept sowie einige Musterseiten Text abgeliefert, erhält einen Vertrag mit Abgabetermin und beginnt, trotz allen guten Willens, erst kurz vor Abgabe mit dem Schreiben. Dabei erkennt er, dass das Konzept anders doch besser wäre, und schreibt, kraft dieser Einsicht, sofort nach neuem Konzept und in noch größerer Hast. Nachdem der Abgabetermin verstrichen ist, der Lektor mahnt, schickt der Autor das erste Kapitel gemäß seinem neuen Konzept an den Verlag. Er hört nichts, schreibt also in gleichem Tempo weiter, sodass er zur nächsten Mahnung auch fast fertig ist. Abbildungen und Literaturverzeichnis liefert er nach. Im Verlag hat der Lektor keineswegs Zeit gehabt, das unvollständige Werk anzuschauen, und stellt jetzt, bei Vorliegen des gesamten Textes fest, dass es sich um ein völlig anderes Konzept handelt, das zudem noch ohne weitere Rechtschreibprüfung oder redaktionelle Bearbeitung des Autors weitergereicht wurde. Der Autor, so sieht es aus, hat jetzt aber weder Zeit noch Lust und auch nicht die Fähigkeit, das Ganze zu wenden und das Ruder noch herumzureißen. Der Lektor hat nicht viele Möglichkeiten: Er schreibt wesentliche Teile neu, etliche davon am Wochenende. Die Kollegen in Herstellung und Setzerei zeigen wieder einmal Geduld und Bereitschaft, den Liefertermin noch zu retten. Die Druckerei disponiert in letzter Minute neu.

Beispiel 4: Ein Autor schreibt einen Roman, der Verlag nimmt das Erstlingswerk an

In Belletristikverlagen sieht der gesamte Ablauf anders aus. Es werden täglich viele unverlangte Manuskripte angeliefert; dass ein Werk angenommen und veröffentlicht wird, ist die Ausnahme. (Noch seltener ist allerdings im deutschsprachigen Raum derzeit die Vermittlung solcher Titel über Literaturagenten.) Hat der Autor ein viel versprechendes Manuskript abgeliefert, wird es in enger Zusammenarbeit mit dem Lektor weiterentwickelt, sprich bearbeitet, bis es an die Herstellung weitergegeben werden kann.

Diese vier Beispiele, wie sie unterschiedlicher nicht sein können, zeigen die Bandbreite der möglichen Verfahren, Abläufe und Planungen rund um das Manuskript. Die Erfahrungen des Lesers mögen davon abweichen und können dennoch sehr wohl korrekt sein – die Vielfalt ist wirklich sehr groß. Insgesamt lässt sich auch sagen, dass es im Allgemeinen immer gelingt, einen Titel rechtzeitig zu produzieren, weil das Engagement in Verlagen sehr stark produktbezogen und ausgesprochen groß ist. Es bleibt festzuhalten, dass es oft der Einsatzbereitschaft der Mitarbeiter überlassen ist, selbst »normale« Titel rechtzeitig auszuliefern.

Wenn die Abläufe im Verlag optimiert werden sollen, reicht es nicht, nur an der Zeitschraube zu drehen und die Durchlaufzeiten zu verkürzen. Bevor über Zeiten diskutiert wird, sollten die Prozesse im Detail angeschaut werden, um dann aus den einzelnen Schritten in der Kette die geeigneten Schlüsse und damit auch Konsequenzen zu ziehen. Die Prozesshaftigkeit der verlegerischen Arbeit ist aber noch längst nicht für jeden Verlag einsichtig und nachvollziehbar. Zurzeit liegt das Augenmerk in erster Linie auf Ergebnissen, auf Wirtschaftlichkeit.

Überlegungen zu Transparenz und Wirtschaftlichkeit.

Zunehmend wächst in den Verlagen die Einsicht, dass eine gewisse Übersicht und die Einführung bestimmter Regeln sich positiv auf die drei Ecken des bekannten magischen Dreiecks auswirken, also auf die Qualität, auf die Termineinhaltung und zeitliche Dimension sowie auf die Kosten, die mit dem Titel entstehen.

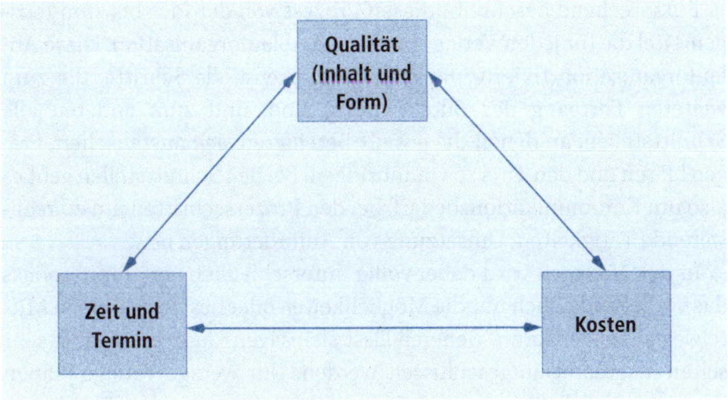

Wird an einer Ecke dieses Dreiecks gezogen, zwingt das die beiden anderen Eckpunkte sofort in die gegenteilige Richtung – deshalb der Name »magisch«. Praktisch bedeutet das: Wenn die Qualität eines Titels inhaltlich gesteigert werden soll, kann das meist nur zu höheren Kosten erfolgen, oder wenn der Autor mehr Zeit erhält, um dies zu leisten. Der Termin kann vielleicht gehalten werden, wenn der Umfang des Buches statt 480 Seiten plötzlich 960 Seiten beträgt, die Kostenseite jedoch läuft vollständig aus dem Ruder.

Dieses Dreieck verdeutlicht, dass das Schreiben eines Buches durchaus wirtschaftlichen Überlegungen folgt, und zwar vonseiten des Autors wie vonseiten des Verlages. Auch der Autor muss, wenn er einen Verlagsvertrag unterschreibt, Klarheit darüber haben, wie viel Zeit und Lebensqualität er dem Schreiben widmen muss und welches wirtschaftliche und ideelle Ergebnis dem gegenübersteht. Lohnt es sich, den Jahresurlaub mit dem Schreiben des Kochbuches zu verbringen? Ist es möglich, den geplanten Hausbau von den Honoraren teilweise zu finanzieren – und den Titel zu Beginn dieses Projektes auch abgeschlossen zu haben?

Verantwortung für den gesamten Titel

Stärker als Autoren, die in ihrer persönlichen Verantwortung stehen, wirkt auf Verlagsmitarbeiter der Druck von Management, Verleger oder Inhaber, die Verantwortung für dieses Gleichgewicht zwischen Inhalt, Zeit und Kosten tatsächlich auch zu übernehmen. Meist wird im Lektorat die Verantwortung für die inhaltliche Qualität übernommen, die Herstellung »darf« dann die Kostenverantwortung tragen. Aus solchen Traditionen rühren gut gehegte Vorurteile gegen ganze Abteilungen, die zu einer spannungsfreien Zusammenarbeit wenig beitragen.

Gegenwärtig befindet sich die Verlagslandschaft in einer Umbruchsituation, in der es gilt, die Detailverantwortungen wieder zusammenzuführen, die Abläufe transparent zu machen, zu optimieren und zu straffen und das Wirtschaftsunternehmen »Verlag« lebens- und handlungsfähig zu halten. Die Prozesse stehen im Verlag also durchaus im Blickfeld, auch wenn sie sich nicht von einem Verlag auf den nächsten übertragen lassen.

Entsprechend beschreibt diesen Prozess von der Idee bis zum fertigen Titel die für jeden Verlag spezifische Ablauforganisation. Diese Ablauforganisation fixiert zum einen umfassend alle Schritte, die zum weiteren Fortgang des Buches nötig sind, und zum anderen alle Schnittstellen, an denen die jeweils Beteiligten sich austauschen, Fragen klären und den Titel so voranbringen. Bei den Schnittstellen geht es also um Kommunikationsbedarf, bei den Prozessschritten um zu realisierende Tätigkeiten, Umsetzung von Anforderungen usw.

In den Verlagen wird dabei völlig unterschiedlich verfahren, sodass das vorliegende Buch nur die Möglichkeiten oder bestenfalls einen Mittelweg aufzeigen kann. Generell lässt sich sagen, dass die Abläufe sehr selten insgesamt aufgeschlüsselt werden. Nur wenige Verlage planen beispielsweise die Kommunikation mit ihren Autoren, obwohl bekannt ist, dass die meisten Autoren nicht »von allein« ihre Termine einhalten oder auch genau das schreiben, was der Verlag wünscht. Hier findet kaum Führung im Sinne von Steuerung statt.

Die Abläufe zwischen Autor und Lektor, zwischen Autor und Redaktion oder auch zwischen Herausgeber und Autor unterliegen in deutschen Verlagen dem Prinzip der Erfahrung: Haben Autor oder Verlagsmitarbeiter aus früheren Erfahrungen gelernt, werden alle Schritte von Anfang an durchdacht, vorausgeplant und transparent gemacht. Erst mit dieser Transparenz kann der Mitarbeiter im Verlag die Verantwortung für den von ihm betreuten Titel übernehmen. Mangelt es an Transparenz, zeigt unweigerlich und zwingend der Verlauf der Manuskripterarbeitung und -bearbeitung, was alles wirklich zu bedenken gewesen wäre.

Logische Folge ist, dass kurz vor Toresschluss der Termindruck hoch ist, dass Überstunden und Wochenendarbeit, vor allem im Verlag, natürlich aber auch von den Autoren, geleistet werden müssen. Hier helfen nur Solidarität und Loyalität der Kollegen und der Partner in- und außerhalb des Verlages und doch sind oft nicht unerhebliche Mehrkosten zu bezahlen. Da dieses Damoklesschwert seit jeher über den Abteilungen bzw. Personen hängt, die am Ende der Prozesskette arbeiten und hier mit Lieferantenrechnungen, mit Aufschlägen und Terminzwängen konfrontiert sind, gibt es für die Prozessschritte am Ende der Kette in vielen Verlagen einen Workflow. Dieser Begriff hat aus den Optimierungs- und Rationalisierungsbemühungen der grafischen Industrie den Weg in die benachbarten Herstellungsabteilungen der Verlage genommen und bezeichnet also die Abläufe der technischen Abteilungen.

Technische Dokumentationen

Ganz neue Relevanz erhält dieser Prozess da, wo das Manuskript als Buch oder elektronische Beschreibung der Ergänzung eines anderen Produktes dient, nämlich im Bereich der Handbucherstellung. Wenn das mehrere Tausend Seiten umfassende Handbuch zum Flugzeugtyp

X hergestellt wird, gehört in den meisten Fällen die Bedienungsanleitung mit zum Vertragsumfang. Das bedeutet in eindeutiger Konsequenz zweierlei: Erstens ist das Handbuch Bestandteil des Produktes und damit führen Fehler im Handbuch zur Produkthaftung des Herstellers, zweitens ist der Termindruck sehr hoch, da Terminüberschreitungen an konkrete Vertragsstrafen gekoppelt sind.

Aufgrund der engen äußeren Rahmenbedingungen wird im Bereich der technischen Dokumentation präzise an Zeitplan und inhaltlichem Konzept gearbeitet. Die Prozesskette, also die einzelnen Schritte der Manuskripterstellung und nachfolgend der Bearbeitung, ist oftmals deswegen vom Verlagsalltag abweichend, weil viele Verlagsarbeiten vom (meist freiberuflichen) technischen Redakteur miterledigt werden. Die Beauftragung eines Handbuchs bedeutet oftmals, druckreife Vorlagen abzugeben und in letzter Konsequenz die Produktion des Titels mit zu begleiten. Hier muss der Autor also als sein eigener Lektor, Redakteur und Hersteller sich um alle Verlagsaufgaben kümmern, ausgenommen den Vertrieb.

Der Autor als Selbstverlag

Die kürzeste Prozesskette liegt dann vor, wenn der Autor beschließt, seinen Titel nicht nur zu schreiben, sondern auch zu produzieren und zu vermarkten. In diesem Fall ist er sein eigener Lektor, Redakteur und Hersteller (wie schon der technische Redakteur), aber auch sein eigener Marketing- und Vertriebsverantwortlicher.

Typisch für die meisten Verlage ist der folgende Ablauf mit folgenden Schnittstellen:

Schritt 1	Das Manuskript wird von einem oder mehreren Autoren erstellt.
Schnittstelle	Der Autor oder die Autoren übergeben das fertige Manuskript an den Lektor des Verlages.
Schritt 2	Der Lektor prüft das Manuskript und akzeptiert es in Form und Inhalt bzw. sorgt für die entsprechende Vollständigkeit. Alternativ wird es abgelehnt.
Schnittstelle	Danach wird es zur weiteren konkreten Bearbeitung an einen Redakteur weitergeleitet.
Schritt 3	Der Redakteur bearbeitet den Text und stellt das Manuskript fertig.
Schnittstelle	Er übergibt das inhaltlich fertige und formal vorbereitete Manuskript an die Herstellung.
Schritt 4	Die Herstellung übernimmt das inhaltlich fertige und formal vorbereitete Manuskript und bereitet es auf für die endgültige Verarbeitung.
Schnittstelle	Die Zulieferbetriebe aus dem grafischen und Medienbereich erhalten für die vorliegenden Daten von der Herstellung eindeutige Aufträge für Satz, Druck, Bindung oder Aufbereitung für andere Medien.
Schritt 5	Die Dienstleister setzen die Aufträge um; die Herstellung nimmt die Ergebnisse schrittweise oder komplett ab.

Gemäß dieser jahrhundertealten Abfolge sind die meisten Verlage organisiert bzw. hat diese Tradition zur heutigen Verlagsorganisation geführt. Sie wird funktionale Organisation genannt, weil die einzelnen Schritte die einzelnen Funktionen im Verlag wiedergeben. Diese funktionale Organisation führt zu hohem Expertenwissen in den einzelnen Abteilungen, aber führt gleichzeitig weg vom Blick auf den Kunden und auf den Markt. Betriebsblindheit und Suboptimierung sind typische Folgen, die sich vor allem daran zeigen, dass keiner die Verantwortung übernimmt und alle einen Schuldigen suchen (und im Allgemeinen auch finden), wenn ein Projekt einmal nicht in den erwünschten Bahnen abläuft.

Um diesem Missstand zu begegnen und den Weg aus der Verantwortungskrise erfolgreich nehmen zu können, werden heute zunehmend integrierte Arbeitsformen eingeführt. Das führt in den Verlagen einerseits zu Unruhe, andererseits zu erfolgreicher Marktarbeit und Neuorientierung.

Ein wesentlicher Bestandteil dieses Erfolgs liegt in Planung und Vorwegnahme des tatsächlichen Arbeitsanfalls und Arbeitsablaufs im Verlag und außerhalb. Um hier Flexibilität und Planungssicherheit zu erreichen, müssen alle beteiligten Abteilungen im Verlag von Anfang an mit dem Projekt vertraut sein und ihre Planungselemente einbringen.

Die Prozesskette ist die Wertschöpfungskette.

Alle Mitarbeiter im Verlag sind beteiligt, wenn das Manuskript mit jedem Bearbeitungsschritt an Wert gewinnt – hier liegt der deutliche Unterschied zur Beliebigkeit unbearbeiteter Information. Im Wesentlichen handelt es sich also bei dem Durchlauf von Lektorat, Redaktion und Herstellung um eine Wertschöpfung, deren Qualität in der Qualität der Mitarbeiter liegt. Diese Qualität kann sich aber nur da zeigen, wo die Ablauforganisation ein professionelles und erfolgreiches Arbeiten des Einzelnen ermöglicht. Die Wertschöpfung im Verlag hängt also sehr stark mit der Transparenz und der Eindeutigkeit der Prozesse zusammen.

Da diese Schritte unterbrochen sind von Übergabepunkten, liegt eine weitere hohe Bedeutung in diesen Schnittstellen. Es geht darum, hier in jedem Fall sauber, umfassend und für beide Seiten verständlich Zahlen, Daten und Fakten zu übergeben sowie die Planungsstände auf beiden Seiten abzugleichen. Optimal ist es, wenn ein ständiger Informationsfluss die Unsicherheit der reinen Schnittstellenkommunikation aufhebt.

Die typischen Probleme innerhalb der einzelnen Prozessschritte ergeben sich aus den unterschiedlichen Rahmenbedingungen der Personen, die an den Schnittstellen aufeinander treffen. Dazu gehören die Probleme der analogen und digitalen Daten ebenso wie die unterschiedlichen Datenformate, medienneutrale Datenhaltung oder zu verwendende Speichermedien. Diese Probleme sind in den Kapiteln zu den einzelnen Schritten dargestellt und aufgelöst.

Das Manuskript erstellen

2. Kapitel

Das Manuskript, ursprünglich die Handschrift, bezeichnet zunächst einmal jede hand- oder maschinenschriftliche Vorlage für eine Veröffentlichung. Das mit der Schreibmaschine erstellte Manuskript wird **Typoskript** genannt. Das vom PC über einen Drucker produzierte Manuskript heißt als Ausdruck Papiermanuskript, in digitaler Form das digitale Manuskript.

Wurde früher vom Autor das handschriftliche Manuskript, möglicherweise auch die Diktatkassette gern akzeptiert, so ist dies heute deutlich anders: Handschriftliche Unterlagen oder gar Diktate, die noch viel aufwendiger in eine zur Bearbeitung geeignete Form gebracht werden müssen, sind heutzutage die Ausnahme. Verlage akzeptieren insbesondere im Bereich von Fach- und Sachbuch solche Materialien kaum noch.

Zunehmend werden Manuskripte digital an den Verlag geliefert, dort in Lektorat und Redaktion inhaltlich bearbeitet sowie anschließend durch die Herstellung und ihre Zulieferbetriebe technisch verarbeitet. Dieser Weg ist aus Kosten- und aus Zeitgründen gleichermaßen attraktiv für die Verlage; es werden die Kosten wie auch die Zeiten für Erfassungen und Korrekturdurchgänge für Neuerfassungen eingespart.

Damit diese Einsparung auch tatsächlich dem Produkt und damit sowohl Autor als auch Verlag zugute kommt, sind bestimmte Regeln zu berücksichtigen. Dabei kann das Manuskript einmal ein Zwischenprodukt im Verlag sein. Darunter ist ein Manuskript zu verstehen, das als Basis zur Bearbeitung dient, um dann inhaltlich verbessert, gestalterisch und technisch weiterbearbeitet und verarbeitet zu werden.

Publizieren für das und im Internet

Soll das Manuskript im Internet publiziert werden, gelten bestimmte zusätzliche Regeln, die einerseits auf die Orientierung innerhalb des Materials und andererseits auf die Wahrung der Urheberschaft ausgerichet sind.[1]

1 Vgl. hierzu Runkehl; Siever: Das Zitat im Internet. 2. Aufl. Hannover, Revonnah, 2000. Weitere Informationen zum Publizieren im Internet mit Musterseiten unter www.websprache.net/zitat/muster/

Wenn für das Internet in der Hypertext Markup Language, kurz: HTML, publiziert wird, empfiehlt sich Folgendes:

- Eine gute Nummerierung, z. B. von Absätzen oder Abschnitten bzw. eine klare Trennung von Textteilen, um das Fehlen von Seitenzahlen zu überbrücken.
- Eine Form von Kopf- oder Fußzeile als sogenanntes Title-Tag, damit bei Umbrüchen innerhalb eines Textes die Zuordnung zum Abschnitt erfolgen kann.
- Das aktuelle Revisionsdatum.

Oft wird zusätzlich die PDF-Form, abgekürzt für Portable Document Format, gewählt, um HTML-Texte aus dem Internet herunterzuladen und in einer optisch ansprechenden Aufbereitung ausdrucken zu können. Auch hier ist Eindeutigkeit und Nachweisbarkeit sicherzustellen. Dann gelten zusätzlich folgende Hinweise:

- Das Deckblatt sollte Titel und Autor des Textes sowie Revisionsdatum und Versionsnummer verzeichnen.
- Die Seitenzahlen im Text sollten unbedingt übereinstimmen mit der Zählung von Acrobat Reader, sodass der Ausdruck mit der Bildschirmvariante in der Seitenzuordnung identisch ist.

Repro- und Aufsichtsvorlagen

Wird das Manuskript selbst gleichzeitig zur Basis der Vervielfältigung, wird es zunächst inhaltlich im Verlag bearbeitet, vom Autor aber am PC dann so weiterverarbeitet, dass die Papierausdrucke vom Verlag direkt an die Druckerei weitergegeben werden können. Die Reproduktion von solchen Repro- oder Aufsichtsvorlagen ist vor allem im Kleinauflagenbereich, also z. B. bei Dissertationen mit einer Pflichtveröffentlichungsmenge, recht häufig (siehe Kapitel 3.1.1). Dabei lassen sich durchaus passable Ergebnisse erzielen.

Welchen Weg das Manuskript auch immer nimmt: Es gibt generelle Anforderungen an Manuskripte, die im Folgenden näher erläutert werden. Dabei stehen Fragen zur Lesbarkeit sowie zur inneren und äußeren Strukturierung im Vordergrund, welche die Vorgaben zur Form des Manuskriptes beeinflussen.

Was geht nun an den Verlag und in welcher Form? Wenn ein digitales Manuskript erstellt wird, kann im Verlag direkt im Datenbestand gearbeitet werden. Der Ausdruck muss dazu immer mit vorliegen, um Transparenz und Übersicht zu sichern: In einem Ordner mit einem systematisch ausgedruckten Papiermanuskript lässt sich immer noch leichter recherchieren als in vielen einzelnen Dateien. Die Dateien müssen gut organisiert und eindeutig zuordenbar sein.

Unverlangte Manuskripte

Manuskripte, die unverlangt beim Verlag eingehen, sind eher für die Belletristik üblich. Sollte ein Autor ein Fach- oder Sachbuchmanuskript erst schreiben und dann verschiedenen Verlagen anbieten, empfiehlt es sich, die Autorenrichtlinien des jeweiligen Verlages anzusehen. Für einige Verlage sind diese Richtlinien im Internet unter der Verlagsadresse zu finden. Andere verschicken diese Richtlinien ausschließlich an Autoren, die bereits vertraglich gebunden sind – hier sind die Autorenrichtlinien vielfach ein Bestandteil des Verlagsvertrages. Der Autor verpflichtet sich zur Einhaltung der auf diese Weise verbindlich festgelegten Regeln zur Manuskriptherstellung.

Im Literaturverzeichnis finden sich aktuelle Hinweise darauf, welches Verfahren geeignet ist, um für sein Manuskript einen Verlag zu finden oder um einen eigenen Verlag zu gründen und es selbst zu veröffentlichen.

Die inhaltliche Strukturierung

Die äußere Form des Manuskriptes ist Schwerpunkt dieses Titels. Eine gute äußere Struktur basiert auf einer guten, ausgereiften inneren Struktur des Manuskriptes. Wie Texte so aufgebaut werden, dass sie gut lesbar und verständlich sind, ist den entsprechenden Titeln im Literaturverzeichnis zu entnehmen.

Es sei hier hingewiesen auf einen besonderen Fall: Technische Dokumentationen bedürfen auch für die inhaltliche Systematik, für Verstehbarkeit und Verständlichkeit besonderer Aufmerksamkeit. Sie sind Bestandteil des Produktes, also der Maschine oder Gerätschaft, auf die sie sich beziehen, und können über Produkthaftungsansprüche erhebliche Schwierigkeiten bereiten. Technische Redakteure werden dies wissen und entsprechend sorgfältig mit ihren Texten umgehen. Für nebenberufliche Autoren ist dies meist Neuland und bedarf besonderer Sorgfalt sowohl vonseiten des Autors als auch des Lektors.

2.1 Die äußere Strukturierung

Orientierungshilfen für den Leser

Die inhaltliche Strukturierung des abzugebenden Manuskriptes muss sich in der äußeren Form deutlich erkennen lassen. Alle äußeren Strukturierungen basieren auf der inhaltlichen Struktur; es lässt sich aus einem unstrukturierten Text kein äußerlich gut strukturiertes Manuskript entwickeln. Eine wirklich sinnvolle inhaltliche Gliederung, die sich entsprechend in der äußeren Form des Manuskriptes niederschlägt, macht dem Verlag die Qualitätsbeurteilung leichter und führt letztlich zu guter Lesbarkeit für alle Beteiligten, bis hin zum Leser.

Die endgültige Form der Seiten- und Buchgestaltung findet nach Abschluss aller Arbeiten am Manuskript statt (siehe Kapitel 4). Die Vorarbeiten dazu erfolgen schon mit der Entwicklung des Manuskriptes durch den Autor. Er bedarf dazu einiger zentraler Grundregeln, um von Anfang an seinen Text sach- und regelgerecht aufzubauen.

2.1.1 Gliederung und Auszeichnung des Textes

Diese inhaltliche Gliederung erfolgt durch den Autor. Sie muss als übersichtliche und logische Struktur deutlich aus dem Manuskript hervorgehen. Im Verlag werden später alle Entscheidungen zu Layout und Gestaltung getroffen. Dort wird auch festgelegt, welche Schriftarten und Schriftgrößen bei der Umsetzung des Manuskriptes verwendet werden.

Im Verlag wird unterschieden zwischen dem Grund- oder Fließtext, der die Basis des Manuskriptes ausmacht, und Überschriften, Zwischenüberschriften sowie weiteren Textelementen, die zur Strukturierung dienen und dem Leser Orientierungshilfen im späteren Buch bieten. Zu diesen Orientierungshilfen zählen beispielsweise Abbildungsunterschriften, Fußnoten und Register. Sie alle erhalten im Layout meist auch gestalterisch eine eigene Form zur leichteren Wiedererkennbarkeit und Identifikation. Diese besonderen Hervorhebungen werden Auszeichnungen genannt.

Der Grundtext ist gegliedert in Abschnitte, denen im Allgemeinen Überschriften und Zwischenüberschriften vorangehen. Sie geben einen Ausblick auf den Inhalt des folgenden Abschnitts. Die Abschnitte wiederum bestehen aus einzelnen Absätzen, die entweder durch eine Leerzeile oder durch einen Einzug in der ersten Zeile kenntlich gemacht sind.

Geflügelte Worte

Gliederung eines Textes: a) Absatzmarkierung durch Leerzeilen

Solche Zitate, die von eindeutig nachweisbaren Verfassern stammen, allgemein bekannt geworden sind und dann oft wie sprichwörtliche Redensarten verwendet werden, bezeichnete der deutsche Philologe August Georg Büchmann (1822–1884) als »geflügelte Worte«.

Dieser Ausdruck geht auf den griechischen Dichter Homer zurück. In seinen Werken »Ilias« und »Odyssee« gebraucht er ihn über hundertmal. Er bezeichnet damit Worte, die vom Mund des Redners zum Ohr des Angesprochenen »fliegen«. [...] Populär wurde die Bezeichnung dann durch Büchmanns Sammlung »Geflügelte Worte. Der Zitatenschatz des deutschen Volkes«, die 1864 zum ersten Male aufgelegt wurde.

Von einem »geflügelten Wort« spricht man, wenn folgende Kriterien vorliegen:

- Das Zitat muss sowohl allgemein bekannt sein als auch aufgrund seines Inhaltes eine gewisse Aktualität haben.
- Das Zitat muss zumindest über einen längeren Zeitraum allgemein verwendet werden.
- Das Zitat muss auf eine literarische Quelle oder eine historisch belegbare Person – zumindest mit hoher Wahrscheinlichkeit – zurückzuführen sein.

Geflügelte Worte

Solche Zitate, die von eindeutig nachweisbaren Verfassern stammen, allgemein bekannt geworden sind und dann oft wie sprichwörtliche Redensarten verwendet werden, bezeichnete der deutsche Philologe August Georg Büchmann (1822–1884) als »geflügelte Worte«.

Dieser Ausdruck geht auf den griechischen Dichter HOMER zurück. In seinen Werken »Ilias« und »Odyssee« gebraucht er ihn über hundertmal. Er bezeichnet damit Worte, die vom Mund des Redners zum Ohr des Angesprochenen »fliegen«. [...] Populär wurde die Bezeichnung dann durch Büchmanns Sammlung »Geflügelte Worte. Der Zitatenschatz des deutschen Volkes«, die 1864 zum ersten Male aufgelegt wurde.

Von einem »geflügelten Wort« spricht man, wenn folgende Kriterien vorliegen:

- Das Zitat muss sowohl allgemein bekannt sein als auch aufgrund seines Inhaltes eine gewisse Aktualität haben.
- Das Zitat muss zumindest über einen längeren Zeitraum allgemein verwendet werden.
- Das Zitat muss auf eine literarische Quelle oder eine historisch belegbare Person – zumindest mit hoher Wahrscheinlichkeit – zurückzuführen sein.

Gliederung eines Textes: b) Absatzmarkierung durch Einzüge

Für Abschnitte mit Einzügen wird am besten die Funktion Format- oder Stilvorlagen verwendet. Einzüge werden auf keinen Fall mit mehreren Leerzeichen erzeugt, sondern durch den Einsatz eines Tabulators, dessen Stand definiert werden muss.

Die Begriffe Format- und Stilvorlagen werden synonym verwendet. Die Bezeichnung hängt vom jeweiligen Anwenderprogramm ab.

Bei der Bearbeitung eines Manuskriptes am Computer werden Auszeichnungen oftmals durch die Verwendung fetter und kursiver Schriften oder durch unterschiedliche Schriftgrößen vorgenommen. Für Überschriften und Zwischenüberschriften ist das generell unproblematisch, für Auszeichnungen im Grundtext vielfach sinnlos: Solche Auszeichnungen gehen oft bei der Übernahme aus dem Textverarbeitungsprogramm des Autors in das Layoutsystem des Verlages verloren. Im Verlag muss in einem solchen Fall die inhaltliche Struktur des Textes mit dem gelieferten Manuskriptausdruck abgeglichen und wieder erkennbar gemacht werden – eine ebenso zeitaufwendige wie überflüssige Arbeit.

Die Qualität eines Buches ist von Inhalt *und* Form bestimmt.

Günstiger ist es, zumindest die in Textverarbeitungsprogrammen angebotenen Format- oder Stilvorlagen zu nutzen, damit im Hintergrund des Dokumentes die Information der logischen Struktur des Textes erhalten bleibt. Auch das funktioniert allerdings nur bedingt und ist unbedingt bis ins Detail zwischen Autor und Verlag zu klären.

Gliederung eines Textes durch digitale Auszeichnungen

9 pt fett
Überschrift dritten Grades

fett
Textüberschrift

kursiv
Bildunterschrift

Sprachen in Europa

Vielfalt Mannigfaltig wie die geografischen Räume und die Völker sind die Sprachen Europas. Man kennt heute 64 eigenständige Sprachen, dazu fünf »Kulturdialekte« (u. a. Galicisch, Moldauisch, Letzeburgisch). Allein in der Kaukasus-Region spricht man 37 verschiedene Sprachen.

Sprachfamilien Die 64 Sprachen verteilen sich auf 7 Sprachfamilien. Deren in Europa bedeutendste ist das Indoeuropäische; dazu zählen das Keltische, Romanische, Germanische, Slawische, Baltische, Griechische, Albanische. Das Griechische ist die älteste europäische Schriftsprache mit einer fast 3000-jährigen Geschichte. Die romanischen Sprachen (Portugiesisch, Spanisch, Französisch, Italienisch, Rumänisch) sind allesamt aus dem Lateinischen hervorgegangen und haben viele Ähnlichkeiten bewahrt. Die germanischen Sprachen gliedern sich nach den nordgermanischen (Schwedisch, Norwegisch, Dänisch, Isländisch) und den westgermanischen (Deutsch, Niederländisch, Englisch). Die slawische Sprachfamilie teilt sich in die west-, ost- und südslawischen Verzweigungen auf. Die kirchliche Ost-West-Trennung hatte zur Folge, dass Russen, Weißrussen, Ukrainer, Bulgaren, Serben, Makedonier das kyrillische, Polen, Tschechen, Slowaken, Kroaten, Slowenen das lateinische Alphabet verwenden.

Schriftlichkeit Zur Schriftlichkeit gelangten die außerhalb des Imperium Romanum lebenden europäischen Völker vornehmlich auf dem Umwege über die griechische und lateinische Sprache. Westeuropäische Klosterschüler lernten das Schreiben und Lesen im Medium des Lateinischen, während die Volkssprachen noch lange auf die mündliche Kommunikation beschränkt blieben. Erst im 8. und 9. Jahrhundert begann hier die Verschriftlichung.

Sprachenpolitik Sprachfragen waren stets auch Machtfragen. Einige Länder bekannten sich zur Mehrsprachigkeit: am weitestgehenden die Schweiz mit ihren vier Amtssprachen (Deutsch, Französisch, Italienisch, Rätoromanisch). In Finnland sind Finnisch und Schwedisch anerkannt, in Irland Gälisch und Englisch.
Solche Toleranz und Offenheit war in den Ländern selten, in denen nationale Rivalitäten und Auseinandersetzungen das politische Leben bestimmen. Für die nach Selbstständigkeit strebenden Völker galt die eigene Sprache und Literatur als besonders wichtige Bestätigung ihrer Ansprüche.

Sprachen in Europa Fortsetzung

Übernationale Sprachen In allen Perioden der europäischen Geschichte bediente man sich einzelner herausgehobener Sprachen als transnationaler Verständigungsmittel. Im Mittelalter diente im Westen das Latein, im slawischen Osten das Altkirchenslawische als allgemeine Rechts- und Gelehrtensprache. In Ungarn blieb das Lateinische als Amtssprache bis ins 19. Jahrhundert im Gebrauch, in der römisch-katholischen Kirche bis heute. Das Französische war vom 17. bis 19. Jahrhundert die Sprache des »gebildeten« Europa; Deutsch war in Ostmitteleuropa fast bis zum Zweiten Weltkrieg die gängige Verkehrssprache und wurde in der sowjetischen Ära vom Russischen abgelöst; heute wird Englisch in aller Welt gesprochen.

Aufgrund der vorhersehbaren Schwierigkeiten beim Datenaustausch verlangen einige Verlage von ihren Autoren das Manuskript als Fließtext ohne Auszeichnungen und ohne Silbentrennung. Die einzelnen Abschnitte werden durch eine zusätzliche Leerzeile getrennt. Diese Rohtexte werden in das System des Verlages oder der Setzerei übernommen, erst dann werden die entsprechend definierten Stilvorlagen zugewiesen.

An diese Vorgaben des Verlages sollte sich der Autor in jedem Fall halten. Wenn der Datenaustausch nicht reibungslos funktioniert, erfordert es oft große Mühe, aus einem fertig erstellten Seitenbild alle unbrauchbaren Formatierungen wieder zu beseitigen.

Nur wenn bei Auszeichnungen bestimmte technische Standards eingehalten werden, sind sie relativ leicht zu handhaben. Die Auszeichnung eines Textes durch VERSALIEN etwa lässt sich bequem wieder aufheben, wenn sie über die Menüleiste erfolgt ist. Wird der Text unprofessionell mit der Umschalttaste in Großbuchstaben geschrieben, kann diese Auszeichnung nur durch Neuerfassen entfernt werden.

Von VERSALSATZ spricht man, wenn ein Textabschnitt oder Wort nur aus Großbuchstaben besteht.

Das Gleiche gilt für S p e r r u n g e n : Auch sie sind über die Menüleiste und nicht durch Einfügen von Leerzeichen zwischen die einzelnen Buchstaben eines Wortes vorzunehmen.

Als g e s p e r r t wird ein Wort mit größeren Buchstabenzwischenräumen bezeichnet.

Die Verwendung der verschiedenen Auszeichnungen muss zu Beginn des Manuskriptes erklärt werden, damit alle Beteiligten die richtige Zuordnung vornehmen können und keine Missverständnisse aufkommen. Am übersichtlichsten ist es, ein Blatt mit allen Hinweisen zu Formalien dem Manuskript voranzustellen.

Eine andere Möglichkeit, die unterschiedlichen Textarten auszuzeichnen, besteht darin, vor dem jeweiligen Abschnitt, der jeweiligen Überschrift eine Markierung anzubringen. Diese Markierung wird in Spitzklammern oder Doppelklammern gesetzt.

Gliederung eines Textes durch Markierungen

<Ü3> Überschrift dritten Grades

<MT> Marginaltext

<Abb> Abbildung

<Text> Textkörper

<Ü3> Sprachen in Europa

<MT> Vielfalt <Text> Mannigfaltig wie die geografischen Räume und die Völker sind die Sprachen Europas. Man kennt heute 64 eigenständige Sprachen, dazu fünf »Kulturdialekte« (u. a. Galicisch, Moldauisch, Letzeburgisch). Allein in der Kaukasus-Region spricht man 37 verschiedene Sprachen.

<MT> Sprachfamilien <Text> Die 64 Sprachen verteilen sich auf 7 Sprachfamilien. Deren in Europa bedeutendste ist das Indoeuropäische; dazu zählen das Keltische, Romanische, Germanische, Slawische, Baltische, Griechische, Albanische. Das Griechische ist die älteste europäische Schriftsprache mit einer fast 3000-jährigen Geschichte. Die romanischen Sprachen (Portugiesisch, Spanisch, Französisch, Italienisch, Rumänisch) sind allesamt aus dem Lateinischen hervorgegangen und haben viele Ähnlichkeiten bewahrt. Die germanischen Sprachen gliedern sich nach den nordgermanischen (Schwedisch, Norwegisch, Dänisch, Isländisch) und den westgermanischen (Deutsch, Niederländisch, Englisch). Die slawische Sprachfamilie teilt sich in die west-, ost- und südslawischen Verzweigungen auf. Die kirchliche Ost-West-Trennung hatte zur Folge, dass Russen, Weißrussen, Ukrainer, Bulgaren, Serben, Makedonier das kyrillische, Polen, Tschechen, Slowaken, Kroaten, Slowenen das lateinische Alphabet verwenden.

<MT> Schriftlichkeit <Text> Zur Schriftlichkeit gelangten die außerhalb des Imperium Romanum lebenden europäischen Völker vornehmlich auf dem Umwege über die griechische und lateinische Sprache. Westeuropäische Klosterschüler lernten das Schreiben und Lesen im Medium des Lateinischen, während die Volkssprachen noch lange auf die mündliche Kommunikation beschränkt blieben. Erst im 8. und 9. Jahrhundert begann hier die Verschriftlichung.

<MT> Sprachenpolitik <Text> Sprachfragen waren stets auch Machtfragen. Einige Länder bekannten sich zur Mehrsprachigkeit: am weitestgehenden die Schweiz mit ihren vier Amtssprachen (Deutsch, Französisch, Italienisch, Rätoromanisch). In Finnland sind Finnisch und Schwedisch anerkannt, in Irland Gälisch und Englisch.
Solche Toleranz und Offenheit war in den Ländern selten, in denen nationale Rivalitäten und Auseinandersetzungen das politische Leben bestimmen. Für die nach Selbstständigkeit strebenden Völker galt die eigene Sprache und Literatur als besonders wichtige Bestätigung ihrer Ansprüche.

<Ü3> **Sprachen in Europa** Fortsetzung

<MT> Übernationale Sprachen <Text> In allen Perioden der europäischen Geschichte bediente man sich einzelner herausgehobener Sprachen als transnationaler Verständigungsmittel. Im Mittelalter diente im Westen das Latein, im slawischen Osten das Altkirchenslawische als allgemeine Rechts- und Gelehrtensprache. In Ungarn blieb das Lateinische als Amtssprache bis ins 19. Jahrhundert im Gebrauch, in der römisch-katholischen Kirche bis heute. Das Französische war vom 17. bis 19. Jahrhundert die Sprache des »gebildeten« Europa; Deutsch war in Ostmitteleuropa fast bis zum Zweiten Weltkrieg die gängige Verkehrssprache und wurde in der sowjetischen Ära vom Russischen abgelöst; heute wird Englisch in aller Welt gesprochen.

<Abb> Sprachen in Europa

Rohlfes, Joachim: Europa: Einheit und Vielfalt in Vergangenheit und Gegenwart (Historisch-Politische Weltkunde: Kursmaterialien Geschichte Sekundarstufe II/Kollegstufe). Leipzig: Klett, 2001, S. 51ff.
(mit freundlicher Genehmigung des Ernst Klett Schulbuchverlages Leipzig)

Im Papiermanuskript werden Überschriften verschiedener Ordnung, gesonderte Texte wie Bildunterschriften, Fußnoten, Formeln, Tabellen, Literaturhinweise mit verschiedenfarbigen Unterstreichungen und/oder durch verschiedene Linienarten (z. B. Wellenlinie, Doppellinie, Einfachlinie) markiert.

Sprachen in Europa

Vielfalt Mannigfaltig wie die geografischen Räume und die Völker sind die Sprachen Europas. Man kennt heute 64 eigenständige Sprachen, dazu fünf »Kulturdialekte« (u. a. Galicisch, Moldauisch, Letzeburgisch). Allein in der Kaukasus-Region spricht man 37 verschiedene Sprachen.

Sprachfamilien Die 64 Sprachen verteilen sich auf 7 Sprachfamilien. Deren in Europa bedeutendste ist das Indoeuropäische; dazu zählen das Keltische, Romanische, Germanische, Slawische, Baltische, Griechische, Albanische. Das Griechische ist die älteste europäische Schriftsprache mit einer fast 3000-jährigen Geschichte. Die romanischen Sprachen (Portugiesisch, Spanisch, Französisch, Italienisch, Rumänisch) sind allesamt aus dem Latei-

Gliederung eines Textes durch manuelle Auszeichnungen

Überschrift
Marginalie
Bildunterschrift

Sprachen in Europa Fortsetzung

nischen hervorgegangen und haben viele Ähnlichkeiten bewahrt. Die germanischen Sprachen gliedern sich nach den nordgermanischen (Schwedisch, Norwegisch, Dänisch, Isländisch) und den westgermanischen (Deutsch, Niederländisch, Englisch). Die slawische Sprachfamilie teilt sich in die west-, ost- und südslawischen Verzweigungen auf. Die kirchliche Ost-West-Trennung hatte zur Folge, dass Russen, Weißrussen, Ukrainer, Bulgaren, Serben, Makedonier das kyrillische, Polen, Tschechen, Slowaken, Kroaten, Slowenen das lateinische Alphabet verwenden.

Schriftlichkeit Zur Schriftlichkeit gelangten die außerhalb des Imperium Romanum lebenden europäischen Völker vornehmlich auf dem Umwege über die griechische und lateinische Sprache. Westeuropäische Klosterschüler lernten das Schreiben und Lesen im Medium des Lateinischen, während die Volkssprachen noch lange auf die mündliche Kommunikation beschränkt blieben. Erst im 8. und 9. Jahrhundert begann hier die Verschriftlichung.

Sprachenpolitik Sprachfragen waren stets auch Machtfragen. Einige Länder bekannten sich zur Mehrsprachigkeit: am weitestgehenden die Schweiz mit ihren vier Amtssprachen (Deutsch, Französisch, Italienisch, Rätoromanisch). In Finnland sind Finnisch und Schwedisch anerkannt, in Irland Gälisch und Englisch.

Solche Toleranz und Offenheit war in den Ländern selten, in denen nationale Rivalitäten und Auseinandersetzungen das politische Leben bestimmen. Für die nach Selbstständigkeit strebenden Völker galt die eigene Sprache und Literatur als besonders wichtige Bestätigung ihrer Ansprüche.

Übernationale Sprachen In allen Perioden der europäischen Geschichte bediente man sich einzelner herausgehobener Sprachen als transnationaler Verständigungsmittel. Im Mittelalter diente im Westen das Latein, im slawischen Osten das Altkirchenslawische als allgemeine Rechts- und Gelehrtensprache. In Ungarn blieb das Lateinische als Amtssprache bis ins 19. Jahrhundert im Gebrauch, in der römisch-katholischen Kirche bis heute. Das Französische war vom 17. bis 19. Jahrhundert die Sprache des »gebildeten« Europa; Deutsch war in Ostmitteleuropa fast bis zum Zweiten Weltkrieg die gängige Verkehrssprache und wurde in der sowjetischen Ära vom Russischen abgelöst; heute wird Englisch in aller Welt gesprochen.

Sprachen in Europa

Benummerung von Kapiteln und Abschnitten

2.1.2

Zur Gliederung eines längeren Textes werden die einzelnen logischen Abschnitte mit Ordnungszahlen und -buchstaben gekennzeichnet. Die Gliederung beginnt typischerweise bei den Hauptkapiteln und erfolgt über Unterkapitel, bis zu den Absätzen und Aufzählungen innerhalb der Kapitel. Dadurch wird der Text überschaubar und das Auffinden gesuchter Textstellen erleichtert.

Üblich ist eine Gliederung in bis zur vier Hierarchieebenen (Überschrift 1.1.1.1). Mit einer fünften Ebene sollte nur im Notfall gearbeitet werden, um den Text nicht durch übermäßige Strukturierung unübersichtlich zu machen.

Für die Benummerung der Abschnitte (Kapitel/Unterkapitel) werden arabische Ziffern verwendet, die durch Punkte voneinander getrennt sind, am Ende der letzten Abschnittsnummer steht jedoch kein Punkt (Überschrift 1.1.1)[1].

Für Absatznummern innerhalb von Abschnitten werden arabische Ziffern oder lateinische Kleinbuchstaben eingesetzt – die Verwendung von römischen Ziffern und Versalien sollte möglichst vermieden werden. Um eine Verwechslung von Abschnitts- und Absatzhierarchie zu vermeiden, werden die Absatznummern in Klammern gesetzt oder mit nachfolgendem Bindestrich versehen.

2 Gliederung innerhalb von Ganzsätzen

Benummerung von Abschnitten

(1) Der Gliederung des Ganzsatzes dienen die folgenden Satzzeichen:
- das Komma
- das Semikolon
- der Doppelpunkt
- der Gedankenstrich
- die Klammern

(2) Das Komma wird sowohl einfach als auch paarig gebraucht:

Er trug einen schwarzen, breitkrempigen Hut.
Seine Kopfbedeckung, ein schwarzer und breitkrempiger Hut, lag auf dem Tisch.
[…]

1 Die Regeln zur Benummerung von Abschnitten sind in DIN 1421 zusammengefasst. Die Gliederung von Gesetzestexten erfolgt nicht nach dieser DIN.

2 Gliederung innerhalb von Ganzsätzen

1 – Der Gliederung des Ganzsatzes dienen die folgenden Satzzeichen:
- das Komma
- das Semikolon
- der Doppelpunkt
- der Gedankenstrich
- die Klammern

2 – Das Komma wird sowohl einfach als auch paarig gebraucht:

Er trug einen schwarzen, breitkrempigen Hut.
Seine Kopfbedeckung, ein schwarzer und breitkrempiger Hut, lag auf dem Tisch.
[...]

(entnommen aus Duden: Die deutsche Rechtschreibung. 22. Aufl. Mannheim, Dudenverlag, 2000)

Aufzählungen im Text können mit den gleichen Elementen gekennzeichnet werden: mit Ordnungszahl, mit Buchstaben und Klammer oder mit Bindestrich. Nicht üblich sind im deutschen Schriftsatz die Ziffer mit Klammer, ebenso wenig Buchstabe mit Punkt oder Klammer *und* Punkt nach Buchstabe oder Zählnummer.

Benummerung von Aufzählungen im Text

Die elementaren Arbeitsschritte, die Sie während der ersten Lektüre eines Quellentextes vornehmen sollten, sind das Unterstreichen und Markieren

1. der Ihnen unverständlichen Begriffe und Passagen;
2. der Passagen, die nur aufgrund von Vorwissen verständlich sind, weil sie Anspielungen auf Fakten, Ereignisse und Personen enthalten;
3. der zentralen Aussagen.

nicht 1). oder 1)

Die elementaren Arbeitsschritte, die Sie während der ersten Lektüre eines Quellentextes vornehmen sollten, sind das Unterstreichen und Markieren

a) der Ihnen unverständlichen Begriffe und Passagen;
b) der Passagen, die nur aufgrund von Vorwissen verständlich sind, weil sie Anspielungen auf Fakten, Ereignisse und Personen enthalten;
c) der zentralen Aussagen.

nicht a. oder a).

Die elementaren Arbeitsschritte, die Sie während der ersten Lektüre eines Quellentextes vornehmen sollten, sind das Unterstreichen und Markieren
- der Ihnen unverständlichen Begriffe und Passagen;
- der Passagen, die nur aufgrund von Vorwissen verständlich sind, weil sie Anspielungen auf Fakten, Ereignisse und Personen enthalten;
- der zentralen Aussagen.

Anstelle der Bindestriche ist es möglich, bestimmte Sonderzeichen wie Aufzählungspunkte zu verwenden; dies sind jedoch typographische Entscheidungen, die im Verlag getroffen werden.

Die Bezifferung der Abschnitte mit Zählnummern ist in DIN 1421, Abschnitt 1–5 nachzulesen.

Textverarbeitungsprogramme bieten oft die Möglichkeit, Abschnittsnummerierungen und Aufzählungspunkte automatisch zu erzeugen. Diese Funktionen sollten nicht verwendet werden. Bei der Übernahme der Texte in ein anderes Programm gehen diese Ziffern und Zeichen entweder einfach verloren oder sie verwandeln sich in eine Anzahl zusammenhangloser Zeichen. Das birgt eine große Fehlerquelle in sich.

Verweise innerhalb des Textes 2.1.3

Hinweise auf andere Kapitel oder Abschnitte werden eingesetzt, wenn Wiederholungen innerhalb des Werkes vermieden werden sollen. In einigen Werken, besonders in Nachschlagewerken, bei denen kein lineares Durcharbeiten erwartet wird, kann es auch sinnvoll sein, die Wiederholungen einiger Aspekte zuzulassen, damit der Leser nicht ständig hin- und herblättern muss.

Verweise erscheinen entweder in Klammern oder ausformuliert im laufenden Text und sollten sich im Manuskript möglichst nicht auf Seitenzahlen beziehen, sondern auf Kapitel, Abschnitt, Unterabschnitt, also:

(s. Abschnitt 1.2.3)
… wie bereits im Abschnitt 1.2.3 aufgeführt …

Da Seitenzahlen erst nach dem erfolgtem Umbruch im Verlag angegeben werden können, stellt das Heraussuchen der Seitenzahlen dann einen zusätzlichen Aufwand dar.

Ist das Werk nicht genügend gegliedert und dadurch das Auffinden der verwiesenen Stelle erschwert, ist ein Hinweis auf die Seite dennoch angebracht. Der letztliche Seitenverweis kann dann erst nach dem fertigen Seitenumbruch im Verlag erfolgen.

Dazu bringt der Autor eine so genannte Blockade in der Form **s. S. xx** als Platzhalter im Text an.

Bei der Bearbeitung eines digitalen Manuskriptes werden mit einfachen Suchfunktionen des Programmes die Blockaden und die dazugehörenden Texte aufgefunden und durch die richtigen Seitenzahlen ersetzt.

Der Autor eines Papiermanuskriptes notiert am Manuskriptrand die vorläufige Seitenzahl und bringt einen Hinweis an der verwiesenen Stelle an, um das Auffinden der Seite nach dem Umbruch zu erleichtern. Erst nach erfolgtem Umbruch werden die fehlenden Seitenzahlen ergänzt und die Blockaden aufgelöst.

Das Verwenden von Querverweisen in Textverarbeitungsprogrammen ist nur dann sinnvoll, wenn das Manuskript nicht in ein anderes Programm übernommen wird, sondern direkt aus der gelieferten Autorendatei gedruckt wird. Dies ist beispielsweise bei technischen Dokumentationen oder bestimmten wissenschaftlichen Abhandlungen üblich. Textverarbeitungsprogramme können Verweise auf bestimmte Elemente, zum Beispiel Überschriften, erzeugen und die entsprechende Seitenzahl automatisch einfügen. Dabei muss vorher beachtet werden, dass nur auf Elemente verwiesen werden kann, die mit vorgegebenen Formatvorlagen definiert wurden. Sind eigene Stilvorlagen zum Beispiel für Überschriften festgelegt worden, erkennt das Programm nicht, dass es sich um eine Überschrift handelt. Das Aktualisieren der Querverweise erfolgt nicht automatisch; wird die Aktualisierung nach Bearbeitung des Textes vergessen, stimmen die verwiesenen Seitenzahlen nicht.

In den meisten Fällen wird das Manuskript in ein DTP- oder Satzsystem des Verlages übernommen – Satzspiegel, Schriftgröße, Schriftart etc. werden festgelegt (s. Kapitel 4.5). Dadurch ändert sich der Textumbruch auf den einzelnen Seiten und die verwiesenen Textstellen sind nicht mehr auf den ursprünglichen Seiten zu finden.

2.1.4 Fußnoten, Anmerkungen und Marginalien

Fußnoten und Anmerkungen enthalten Informationen, die dem Textverständnis nicht direkt dienen, sondern zusätzliche Hinweise sind – im wissenschaftlichen Bereich beispielsweise Hinweise auf frühere Forschungsergebnisse oder die Meinung anderer Wissenschaftler, Hinweise auf weiterführende Literatur oder zusätzliche Erläuterungen. Fußnoten werden auch für Quellenangaben genutzt, dies wird im Abschnitt 2.1.5 näher beschrieben.

Handelt es sich um ein wissenschaftliches Werk, sind Fußnoten in größerer Zahl nützlich und wichtig. In allen anderen Fällen sollten derartige Anmerkungen nach Möglichkeit nur im Ausnahmefall verwendet werden, da es für den Leser sehr anstrengend sein kann, wenn der Lesefluss häufig durch Hinweise unterbrochen wird.

Fußnoten werden entweder am Seitenende angebracht oder zusammengefasst am Kapitelende oder am Ende des Gesamttextes – dann werden sie auch als Endnoten bezeichnet. Bei Fußnoten am Seitenende sieht sich der Leser zwar nicht ständig genötigt zu blättern, jedoch kann das bei vielen Erläuterungen zu Unübersichtlichkeit und unschöner Seitengestaltung führen. Werden die Anmerkungen auf einer abschließenden Seite zusamengefasst, verliert der Leser möglicherweise schnell die Lust, den Anmerkungen nachzugehen. Wenn es möglich ist, empfiehlt sich bei vielen Anmerkungen im Sinne eines typographisch schönen, gut lesbaren Buches deren Zusammenfassung. Hieraus ergibt sich auch die Notwendigkeit, nur solche Informationen in die Anmerkungen aufzunehmen, die zum Verständnis des Textes nicht unbedingt nötig sind.

Mit Textverarbeitungsprogrammen lassen sich Fußnoten relativ einfach automatisch erzeugen. Eine Übernahme in ein Verlagssystem funktioniert normalerweise nicht ohne weiteres. Die Fußnotentexte erscheinen nach der Konvertierung meist mitten im Grundtext und müssen manuell herausgefiltert werden. Die Form der Übernahme sollte am besten mit dem Verlag abgestimmt und ausgetestet werden. Wenn eine digitale Übernahme als Fußnote nicht möglich ist, liefert der Autor sämtliche Fußnoten und Anmerkungen kapitelweise oder für das gesamte Werk durchnummeriert auf gesonderten Manuskriptseiten ab. Bei der Abgabe eines Manuskriptes in Papierform ist ohnehin so zu verfahren.

Marginalien stehen in einer Randspalte außerhalb des Satzspiegels und enthalten üblicherweise zusätzliche Informationen zum Text und Begriffserklärungen, manchmal auch aus dem Text herausgenommene Schlagwörter oder Zwischenüberschriften zur Orientierung.

In der Marginalspalte dieses Buches sind zusätzliche Erläuterungen zu finden.

Im digitalen Manuskript können Marginaltexte in einem zusätzlichen Textrahmen angelegt werden. Der Textrahmen wird im laufenden Text verankert und wandert bei geändertem Seitenumbruch mit. Eine Übernahme ins Satz- oder DTP-System des Verlages als Marginaltext ist normalerweise aber nicht möglich. Der Text verschwindet im Grundtext und muss einzeln wieder herausgesucht werden.

Deshalb ist auch hier der Rückgriff auf die Methode besser, mit der beim Papiermanuskript ohnehin gearbeitet wird: Die Marginaltexte werden durchnummeriert auf gesonderten Manuskriptseiten abgeliefert. Am Haupttext muss mit der gleichen Ziffer der Hinweis für den Setzer erfolgen, an welche Stelle welcher Marginaltext gesetzt werden soll. Diese Ziffern erscheinen nicht im Buch. Sie sind nur Hinweise für den Setzer und werden durch den Autor – entweder in Doppelklammern oder zwischen Schrägstriche gesetzt – als solche gekennzeichnet.

2.1.5 Zitate und Literaturangaben

Der Schutz des geistigen Eigentums eines Verfassers ist im Urheberrechtsgesetz (UrhG) festgelegt. Die Verwendung fremder Texte, auch auszugsweise, ist daher als Zitat zu kennzeichnen. Die Verantwortung für den Nachweis des geistigen Eigentums trägt der Autor.

Direkte Zitate stehen in Anführungszeichen und werden wortwörtlich wiedergegeben. Ausgelassene Textstellen müssen durch Auslassungspunkte in eckigen Klammern gekennzeichnet werden. Hinter dem Zitat folgt der dazugehörige Literaturhinweis. Wichtig ist, dass der ursprüngliche Verfasser, also der Urheber, deutlich erkennbar ist. Die genauen Quellenangaben erfolgen im Anhang eines Buches im Literaturverzeichnis.

Literaturhinweise können auf verschiedene Art und Weise angebracht werden. Hierbei spielt oft die Tradition bestimmter Berufssparten eine Rolle. Eine anerkannte Quelle für Literaturhinweise ist die DIN 1505. Sie bezieht sich auf Titelangaben, Literaturverzeichnisse und generelle Titelaufnahmen und richtet sich auf traditionelle Manuskripte. Für elektronische Quellen gibt es dort keine konkrete Handlungsanweisung; im Folgenden wird dazu auf die internationale Norm ISO 690 zurückgegriffen.

Kennzeichnung eines Zitates

1. Zitat mit hochgestellter Ziffer oder Ziffer in Schrägstrichen als Bezug zu einer Fußnote, die am Seitenende eine vollständige Quellenangabe bringt: Verfasser, Sachtitel, Artikel bei Zeitschriften und Zeitungen, Ausgabebezeichnung, Erscheinungsort, Verlag, Erscheinungsjahr, Seitenzahl. Diese Zitierweise mit Fußnoten ist besonders im geisteswissenschaftlichen Bereich üblich.
   Da viele Fußnoten am Seitenende die Lesbarkeit stören, kann man sie auch als so genannte Endnoten am Kapitelende zusammenzufassen. Kritiker dieser Methode meinen aber, dass hier leichter übersehen werden kann, dass es sich um fremdes geistiges Eigentum handelt.

   »Nichts weißt du von der Welt um dich herum, du hörst nichts, du siehst nichts, du liest.« /1/

   als Fußnote:

   1 Kurt Tucholsky: Moment beim Lesen. Aus: Tucholsky, Kurt: Gesammelte Werke. Band 10. Hrsg. von Mary-Gerold Tucholsky, Fritz J. Raddatz. Reinbek: Rowohlt 1975, S. 64.

Kennzeichnung eines Zitates Fortsetzung

2. Zitat mit nachfolgendem Kurztitel in Klammern, der aus Verfasser und Erscheinungsjahr besteht, bei mehreren Veröffentlichungen im gleichen Jahr wird hinter die Jahreszahl ein lateinischer Buchstabe zur Unterscheidung gesetzt. Die vollständige Quellenangabe folgt im Literaturverzeichnis. Diese Zitierweise ist vor allem im naturwissenschaftlichen Bereich üblich.

   »Unser Auge, das Auge des zivilisierten Menschen, ist ein Zuschauerauge geworden. Mit distanziertem Blick wird eine Welt erfasst, ›abgetastet‹ und durchlebt, zu der es einen komplex-sinnlichen Erfahrungszusammenhang kaum (mehr) gibt.« (Berr 1985)

   im Literaturverzeichnis:
   Berr, Marie-Anne: Bild-Folgen. Der geschulte Blick und die Fata Morgana der Sinnlichkeit. In: Bildschirm. Faszination und Information. Hrsg. von Gunter Otto. Jahresheft III. 1985, Seelze: Friedrich, S. 24–32, Zitat S. 24.

3. Bei längeren zitierten Textabschnitten wird der Urheber möglichst bereits im einleitenden Text genannt.

   Dies hat schon Peter Burke in seiner Studie *Die Renaissance* klargestellt: »Gab es nun eine Renaissance oder gab es keine? Wenn wir unter ›Renaissance‹ ein Zeitalter in Purpur und Gold verstehen, ein isoliertes Kulturwunder, einen plötzlichen Einbruch der Moderne, so lautet meine Anwort: Nein. Wenn wir jedoch, eingedenk der Errungenschaften des Mittelalters oder der außereuropäischen Welt, unter ›Renaissance‹ ein Ensemble von Veränderungen in der abendländischen Kultur verstehen, so scheint mir der Ausdruck als Ordnungsbegriff nach wie vor von gewissem Nutzen.«

   im Literaturverzeichnis:
   Burke, Peter: Die Renaissance.
   Frankfurt am Main: Fischer Taschenbuch Verlag 1996, S. 17.

Grundsätzlich gelten außerdem folgende Regeln:

- Ein und dasselbe Werk wird immer in der gleichen Form zitiert. Es muss durch diese Angaben eindeutig identifizierbar sein.
- Bei Übernahme von Abbildungen aus anderen Veröffentlichungen wird die Quelle möglichst in der Bildunterschrift erwähnt.

Verzeichnisse 2.1.6

Am Anfang und Ende eines Buches befinden sich diverse Verzeichnisse, die der Orientierung des Lesers dienen. Bei Sach- und Fachbüchern stehen am Textbeginn üblicherweise das Inhaltsverzeichnis und Hinweise zur Benutzung des Werkes. Im Anhang des Werkes befinden sich meist folgende Verzeichnisse:

Glossar,
Register oder Index,
Abbildungsverzeichnis,
Literaturverzeichnis.

Dazu kommen oft ergänzende Informationen wie Gesetzestexte, DIN-Normen etc.

Inhaltsverzeichnis

Das Inhaltsverzeichnis gibt die Gliederung eines Werkes wieder. Die Benummerung der einzelnen Kapitel, Unterkapitel und Abschnitte und deren Überschriften werden aus dem Text wiederholt und mit der Seitenzahl der jeweils ersten entsprechenden Textseite versehen. Hinweise auf Anhänge, Verzeichnisse und auf Beigaben wie CDs, Folien oder Plakate erfolgen ebenfalls an dieser Stelle. Ist das Werk stark untergliedert, wird im Inhaltsverzeichnis manchmal nicht die gesamte Abschnittshierarchie übernommen, damit das Verzeichnis nicht überdimensioniert wirkt. Die Feinsuche von Begriffen erfolgt in der Regel über ein Register.

Gliederung im Text:

2.1. Die äußere Strukturierung: Orientierungshilfen für den Leser
- 2.1.1 Gliederung und Auszeichnung des Textes
- 2.1.2 Benummerung von Kapiteln und Abschnitten
- 2.1.3 Verweise innerhalb des Textes
- 2.1.4 Fußnoten, Anmerkungen und Marginalien
- 2.1.5 Zitate und Literaturangaben
- 2.1.6 Verzeichnisse
- 2.1.7 Alphabetische Ordnung
- 2.1.8 Namensordnung

Übernahme ins Inhaltsverzeichnis:

2.1. Die äußere Strukturierung: Orientierungshilfen für den Leser

Textverarbeitungsprogramme bieten die Möglichkeit, bei Verwendung von Stil- oder Formatvorlagen die Überschriften herauszuziehen und Inhaltsverzeichnisse digital zu erstellen. Dies funktioniert sowohl mit programmseitig vorgegebenen als auch mit benutzerdefinierten Formatvorlagen. Bei Werken, an denen mehrere Autoren beteiligt sind, müssen die Überschriftenhierarchien und die Verwendung entsprechender Formatvorlagen abgesprochen werden.

Nach Textänderungen, Einfügen neuer Abschnitte etc. muss das Inhaltsverzeichnis jeweils aktualisiert werden. Andernfalls verbleiben falsche Seitenangaben im Verzeichnis oder sind ganze Unterpunkte des Textes nicht aufgeführt. Am sinnvollsten ist die Erstellung des Inhaltsverzeichnisses erst nach Abschluss der Textarbeit.

Bei der Übernahme eines Manuskriptes in das Satz- oder Layoutprogramm des Verlages ändert sich so gut wie immer der Seitenumbruch. Dementsprechend müssen die Seitenzahlen im Inhaltsverzeichnis manuell geändert werden.

Glossar

Ein Glossar erläutert in alphabetischer Reihenfolge die Abkürzungen und verwendeten Begriffe – beispielsweise Fachtermini –, deren Kenntnis beim Leser nicht vorausgesetzt werden kann. Die im Glossar vorkommenden Begriffe können bereits innerhalb des Textes gekennzeichnet werden, um dem Leser zu signalisieren, dass es dazu eine Erläuterung gibt.

Der Autor sollte schon beim Schreiben eine Liste mit seiner Ansicht nach zu erläuternden Begriffen und deren Definitionen anlegen. Oftmals erfolgt diese Arbeit jedoch erst nach der Verständigung über die zu erklärenden Begriffe in Zusammenarbeit zwischen Verlag und Autor.

Register

Meist besteht ein Register gemischt aus Stichwörtern, die konkret im Text vorkommen und so genannten Schlagwörtern, die den Inhalt einer Sache kurz und prägnant bezeichnen, aber als Wort innerhalb des Textes nicht unbedingt vorkommen müssen.

Ein gutes Register ist bei Fachbüchern, Sachbüchern und wissenschaftlichen Abhandlungen wichtig für die optimale Erschließung eines Werkes. Es erlaubt ein schnelles Auffinden von Informationen mit aufschlussreichen, wesentlichen Aussagen zum gesuchten Stich- oder Schlagwort. In ein Register werden alle Begriffe aufgenommen, nach denen der Leser suchen könnte. Das treffende Stichwort zu wichtigen Namen, Begriffen, Textstellen herauszusuchen, erfordert – insbesondere bei wissenschaftlichen Werken – Kenntnis der Materie. Das Erarbeiten von Schlagwörtern sollte deshalb möglichst durch den Autor selbst erfolgen.

Die Stich- und Schlagwörter innerhalb eines Registers werden alphabetisch geordnet (s. Abschnitt 2.1.7).

Register können in unterschiedlicher Form angelegt sein. Für weniger umfangreiche Werke genügt ein einheitliches Register, in dem alle Stichwörter Aufnahme finden. Bei größeren Werken empfiehlt es sich, das Register inhaltlich zu splitten. Üblich ist bespielsweise ein getrenntes Namens- und Sachverzeichnis, in historischen Werken befinden sich manchmal sogar drei Verzeichnisse: Personenverzeichnis, Ortsverzeichnis, Sachverzeichnis. Oft werden auch Orts- und Sachstichwörter zusammengefasst und es wird nur ein getrenntes Personenregister angelegt.

Personenregister

Ein brauchbares Personenregister ist üblicherweise nicht nur eine Auflistung aller im Text vorkommenden Namen unter Ergänzung der Vornamen. Es ist sinnvoll, je nach Fachgebiet bestimmte biografische Daten zu ergänzen – Lebensdaten, in historischen Werken die Wirkungs- und Herrscherjahre, Dienstgrade in militärischen Veröffentlichungen, besondere wissenschaftliche Leistungen in naturwissenschaftlichen Werken.

Beim digitalen Manuskript werden die Stichwörter durch Textauszeichnungen, zum Beispiel Kursivsatz oder Unterstreichung gekennzeichnet. Bei der Bearbeitung des Manuskriptes im Verlag werden diese

Wörter mittels programmeigener Suchfunktionen herausgesucht und samt Seitenzahl kopiert.

Gekennzeichneter Begriff:
Bei der Bearbeitung des Manuskriptes im Verlag werden diese Wörter mittels programmeigener Suchfunktionen herausgesucht und samt Seitenzahl kopiert.

Im Glossar:
programmeigene Suchfunktionen: Textverarbeitende Programme bieten nicht nur die Möglichkeit, nach vorhandenen Wörtern oder Zeichen zu suchen, sondern auch nach verwendeten Schriften, Schriftstilen oder Formatvorlagen. So können zum Beispiel alle unterstrichenen Wörter herausgefiltert werden.

Beim Papiermanuskript kann der Autor bereits während des Schreibvorganges die Stichwörter mit einem Leuchtstift oder farbiger Unterstreichung markieren und Schlagwörter an die Seite des Textes schreiben. Nach dem Seitenumbruch im Verlag oder der Setzerei werden die Wörter herausgeschrieben, mit der entprechenden Seitenzahl versehen und alphabetisiert.

In der Praxis erfolgt die Erarbeitung des kompletten Stichwortregisters oftmals unter großem Zeitdruck nach erfolgtem Seitenumbruch im Verlag.

Die praktische Erstellung eines Registers wird im Kapitel 3.6 erläutert.

Abbildungsverzeichnis

Die in einem Werk vorkommenden Abbildungen werden im Anhang in einem eigenen Verzeichnis in der Reihenfolge ihres Erscheinens aufgeführt. Ein reines Abbildungsverzeichnis dient dem schnellen Auffinden bestimmter Abbildungen durch den Leser bzw. der Information, welche Abbildungen sich zu einem gesuchten Thema im Werk befinden.

Oft wird dieses Verzeichnis gleichzeitig als Quellenverzeichnis genutzt. Jeweils der Abbildung zugeordnet, wird dann der Rechteinhaber der Abbildung bzw. die Quelle genannt, aus der sie entnommen wurde.

Literaturverzeichnis

Im Literaturverzeichnis werden sämtliche verwendeten Textquellen sowie die allgemeine Forschungsliteratur mit genauen bibliographischen Angaben aufgeführt. Das Verzeichnis kann alphabetisch geordnet sein oder chronologisch nach Reihenfolge der zitierten Werke innerhalb des Textes. In wissenschaftlichen Werken sind Literaturverzeichnisse häufig auch nach thematischen Schwerpunkten angelegt.

Nach DIN 1505 Teil 2 werden die Werke in selbstständig erschienene und unselbstständig erschienene bibliographische Einheiten unterschieden. Zusätzlich ist für elektronische Dokumente die ISO 690 zu berücksichtigen.

Ausführliche bibliographische Angaben bei selbstständig erschienenen Werken nach DIN 1505 Teil 2

Verfasser oder sonstige beteiligte Personen und körperschaftliche Urheber
Sachtitel
Unterreihen von Zeitungen und Zeitschriften
Bandangabe bei mehrbändigen Werken
Ausgabebezeichnung
Erscheinungsort
Verlag
Erscheinungsjahr
ergänzende Angaben
ISBN

Beispiel:
Kurt Tucholsky: Moment beim Lesen. Aus: Tucholsky, Kurt: Gesammelte Werke. Band 10. Hrsg. von Mary-Gerold Tucholsky, Fritz J. Raddatz. Reinbek: Rowohlt 1975, S. 64.

Ausführliche bibliographische Angaben bei unselbstständig erschienenen Werken nach DIN 1505 Teil 2

Verfasser
Sachtitel
Untertitel
Angabe des Teils, falls die Schrift ein Teil von mehreren ist
Gesamttitelangabe, falls die Schrift Teil einer Folge von gezählten Beiträgen mit eigenem Titel ist
Quellenangaben

Beispiel:
Marie-Anne Berr: Bild-Folgen. Der geschulte Blick und die Fata Morgana der Sinnlichkeit. In: Bildschirm. Faszination und Information. Hrsg. von Gunter Otto. Jahresheft III. 1985, Seelze: Friedrich, S. 24–32, Zitat S. 24.

Im Folgenden werden die aufgeführten Bestandteile einer Quellenangabe näher erläutert. Der Übersichtlichkeit halber wird jeweils nur auf den genannten Punkt eingegangen, es erfolgt keine vollständige Quellenangabe. Beispiele für vollständige Quellenangaben befinden sich in obiger Abbildung und am Ende dieses Abschnittes.

Der Verfasser

Der Verfasser wird mit Vor- und Zunamen aufgeführt. Zunächst der Familienname mit allen Namenszusätzen, durch Komma getrennt der

Häufig vorkommende Funktionen in ihrer Abkürzung
Herausgeber (Hrsg.)
Bearbeiter (Bearb.)
Mitarbeiter (Mitarb.)
Redaktion (Red.)
Übersetzer (Übers.)
Illustrator (Ill.)
Fotograf (Fot.)
Nachwort (Nachw.)
Vorwort (Vorw.)
Begründer (Begr.)
Interviewer (Interv.)
Interviewter (Intervt.)
Veranstalter (Veranst.)
Quelle: DIN 1505 Teil 2, Abschnitt 3.2.

erste Vorname, weitere Vornamen werden abgekürzt. Titel und akademische Grade werden nicht genannt.

Müller, Hans J.

Ist nicht klar erkennbar, was Vor- und Zuname ist, bleibt die Reihenfolge der Vorlage erhalten.

Ho Chi Min

Mehrere Verfasser des gleichen Werkes werden durch Semikolon getrennt aufgeführt.

Meier, Peter; Müller, Hans J.; Schmidt, Jürgen

Hat das zitierte Werk mehr als drei Verfasser, genügt es, den ersten Namen mit dem Zusatz u. a. zu nennen. In wissenschaftlichen Werken ist dafür auch die Abkürzung et al. (et alii = und andere) gebräuchlich.

Meier, Peter u. a.
Meier, Peter et al.

Gibt es keinen Verfasser, werden andere beteiligte Personen oder körperschaftliche Urheber mit Funktionsbezeichnungen in Klammern angegeben.

Sänger, Karina (Hrsg.)

Sachtitel

Der Sachtitel, im allgemeinen Sprachgebrauch als Titel bezeichnet, folgt hinter dem Verfasser nach einem Doppelpunkt. Nach Leerzeichen und erneutem Doppelpunkt oder nach Punkt folgen eventuelle Untertitel bzw. Zusatztitel.

Khazaeli, Cyrus D.: Crashkurs Typo und Layout:
Vom Zeilenfall zum Screendesign

Unterreihen von Zeitschriften und Zeitungen

Unterreihen von Zeitschriften und Zeitungen folgen nach Komma auf den Sachtitel.

Süddeutsche Zeitung, Deutschland-Ausgabe

Bandangaben

Bei mehrbändigen Werken folgt die Bandangabe nach Punkt auf den Sachtitel. Hat der Band zusätzlich einen eigenen Titel, so wird dieser ebenfalls genannt.

Poe, Edgar A.: Ausgewählte Werke in drei Bänden.
Bd.1: Erzählungen und Skizzen

Ausgabebezeichnung

Nach einem Punkt wird die Auflagennummer (2. Aufl.) genannt, wenn nötig auch die Art einer besonderen Ausgabe (z. B. Studienausgabe oder überarbeitete Ausgabe).

Blana, Hubert: Die Herstellung: Ein Handbuch für die Gestaltung, Technik und Kalkulation von Buch, Zeitschrift und Zeitung. 2., überarbeitete und erweiterte Ausgabe.

Nach erneutem Punkt folgt der Verlagsort oder der Sitz der herausgebenden Körperschaft als Erscheinungsort.

Erscheinungsort

Nach einem Doppelpunkt folgt dem Ort die Verlagsangabe. Früher wurde bei Zitaten die Verlagsangabe oft weggelassen. Zur Beschaffung einer Quelle ist sie aber weitaus hilfreicher als der bloße Erscheinungsort.

Verlag

Das Erscheinungsjahr folgt auf Komma dem Verlag nach.

Erscheinungsjahr

Blana, Hubert: Die Herstellung: Ein Handbuch für die Gestaltung, Technik und Kalkulation von Buch, Zeitschrift und Zeitung. 2., überarbeitete und erweiterte Ausgabe. München: K.G. Saur Verlag, 1991.

Die ISBN (International Standard Book Number) wird in Verzeichnissen meist nicht angegeben. Sie erleichtert allerdings das Auffinden einer Quelle, besonders bei Recherchen im Internet, erheblich und sollte daher unbedingt angegeben werden.

ISBN

Hiller, Helmut: Wörterbuch des Buches. 5., vollst. neu bearb. Aufl. Frankfurt/ Main: Klostermann, 1991. ISBN 3-465-02511-3

Die internationale Norm ISO 690 befasst sich in ihrem zweiten Teil mit »Electronic documents or parts thereof«. In dieser Norm sind nur wenige Elemente verbindlich geregelt. In den USA existieren verschiedene Richtlinien, so genannte Styles, die für einzelne Wissenschaftsbereiche unterschiedliche Vorgaben regeln.[1] Im deutschen Sprachraum ist das bislang nicht der Fall.

Bibliographische Angaben für elektronische Quellen

Es empfehlen sich Mindestangaben für Monographien oder Textsammlungen ebenso wie für Verweise auf Internetauftritte, also auf so

Ausführliche bibliographische Angaben bei elektronischen Quellen nach ISO 690-2 für Monographien und Textsammlungen

Autor oder Herausgeber	Medientyp
Betreiber (Firma, Person)	Adresse
Titel	Initialadresse
Ausgabe und/oder Abschnittsname	Art des Zugriffs
	Ort der Veröffentlichung
Publikationsdatum	Verantwortliche Instanz (Verlag, Institution etc.)
Revisionsdatum	
Zitationsdatum	Standardnummer

1 MLA (Modern Language Association) und APA (American Psychological Association) etwa haben Richtlinien entwickelt, die jeweils als MLA- oder APA-Style bezeichnet werden. Mehr Informationen dazu in Runkehl; Siever: Das Zitat im Internet. S. Literaturverzeichnis.

genannte Websites und Homepages, wie sie im Folgenden vorgestellt werden. Einzelheiten, auch zum Zitieren aus E-Mails und aus Chatlisten im Internet, sind in der DIN selbst nachzulesen und orientieren sich im Wesentlichen an den Grundlagen der Eindeutigkeit.[1]

Autor oder Herausgeber

Hier findet sich wie bei der traditionellen Quellenangabe der Urheber bzw. bei Sammelveröffentlichungen der Herausgeber. Wenn alle Rechte dem Betreiber gehören, kann auf diese Angaben verzichtet werden.

Betreiber (Firma, Person)

Unter dem Betreiber ist die Firma zu verstehen, die die jeweils zitierte elektronische Quelle be- oder vertreibt. Bei einer Homepage kann dies der Name einer Privatperson sein, die für die Inhalte der Homepage verantwortlich ist. Firmen, die Websites betreiben, sind hier anzugeben.

Titel

Der Titel bleibt, wie beim traditionellen Zitat, zentraler Bestandteil und ist nach der Angabe des Autors zu finden.

Ausgabe, Abschnittsname

Um den Fundort genau eingrenzen zu können, ist so konkret wie möglich der Abschnitt zu bezeichnen. Hilfreich sind dafür die Angaben von erster und letzter Zeile, falls nötig.

Publikationsdatum, Revisionsdatum und Zitationsdatum

Die Datumsangabe ist bei jeder Form elektronischer Fundorte von zentraler Bedeutung. Mindestens eine der drei Datumsangaben sollte vorhanden sein, um Nachweisbarkeit herzustellen. Jede Form der wissenschaftlichen Arbeit muss mit diesen Daten so streng umgehen, wie dies in der DIN selbst gefordert ist.

Medientyp

Hier wird unterschieden zwischen CD-ROM, online, E-Mail, Magnetband und Diskette. Diese Angaben sind nach Belieben und im Rahmen der technologischen Entwicklung zu ergänzen, also derzeit sicherlich um DVD etc.

Adresse

Darunter ist die URL zu verstehen, also die »Uniform Resource Locator«. Das wiederum bezeichnet die weltweit eindeutige Adresse der Seite, die in der Adressierungszeile eingegeben wird. Diese Adresse ist vergleichbar mit einer Telefonnummer.

Initialadresse

Darunter versteht man die Einstiegsseite des Dokumentes, wenn es sich um mehrere Dateien handelt. Bei einem Printprodukt wäre das vergleichbar dem Titel eines Sammelbandes.

Art des Zugriffs

Hier ist die Methode anzugeben, über die auf die elektronischen Daten zugegriffen wird. Das kann http://www sein, aber auch die Angabe World Wide Web oder gebräuchliche Formulierungen wie Internet.

Ort der Veröffentlichung

Hier ist der Ort des Verlages, des Providers oder des Anbieters anzugeben.

1 Detaillierte Informationen für den akademischen Bereich finden sich in Runkehl; Siever: Das Zitat im Internet. Revonnah 2000, oder auch unter www.websprache.net/zitat Aktualisierungen zum Thema von den gleichen Autoren.

Verantwortliche Instanz

Hier schließt sich der Verlag selbst, der Provider oder der Anbieter an.

Standardnummer

Falls es eine ISBN oder ISSN gibt, ist diese hier anzuführen.

Da die ISO 690 eine internationale Norm ist, steht die internationale Zitierweise im Mittelpunkt. Das bedeutet in diesem Falle auch, dass ausschließlich in englischer Sprache gearbeitet wird. Da es dazu keine deutsche Norm gibt, empfiehlt es sich, sehr nah an der internationalen Fassung zu bleiben und diese möglicherweise im Detail einzudeutschen.

Eine nach ISO standardisierte Angabe sieht entsprechend wie folgt aus:

Autor: Titel [Medientyp]. Ausgabe. Ort: Verlag/verantwortliche Instanz, Publikationsdatum, Revisionsdatum [*cited* Zitationsdatum]. Availabe from Art: <*Adresse*>. Standardnummer.

Eine deutsche Umsetzung könnte wie folgt lauten:

Storp, Michaele: Chatbots. Möglichkeiten und Grenzen der maschinellen Verarbeitung natürlicher Sprache. Networx 25. [Internet] Hannover: Universität Hannover, 2002. Last update 02.02.2002. [zitiert 09.03.2002] Art des Zugriffs: http://www.websprache.net/networx/docs/networx-25.htm.

Bibliographische Angaben bei elektronischen Quellen nach ISO 690-2 für Websites und Homepages

Firma oder Person (Jahresangabe). <Adresse>.

oder

Firma oder Person (Jahresangabe). Titel. <Adresse>. Revisionsdatum/Version/Zitationsdatum

Das erste Beispiel regelt den allgemeinsten Fall. Wenn es sich ausschließlich um generelle Einstiegsadressen für Webseiten oder um eine bestimmte Seite handelt, sind folgende Angaben sinnvoll:

Firma oder Person

Darunter ist die Firma zu verstehen, die eine Website betreibt, oder die Person, die die zitierte Homepage verantwortet.

Jahresangabe

Hier wird der Zeitraum, für den die Firma oder die Person diese Seite verantwortet hat, so genau wie möglich angegeben.

Microsoft Gmbh, Unterschleißheim (2002). <http://www.microsoft.com/germany>

Wenn die generelle Einstiegsadresse nicht hinreicht, weil der Verweis auf eine spezifische Seite zielt, sind noch weitere Angaben notwendig.

Titel

Der Name der Seite, unter dem sie im Inhaltsverzeichnis der Website zu finden ist, wird als Titel verstanden.

Revisionsdatum/ Version/ Zitationsdatum

Diese konkreten Angaben machen es möglich, den Inhalt eines bestimmten Teils des Internetauftritts zu einem ganz bestimmten Zeitpunkt nachzuvollziehen.

Brigitte Witzer, Pulheim (2002). Zwischen Methoden und Menschenbild.
<http://www.witzer.net/sitestart.htm>.
Revision vom 10.3.2002/Version 1.0

2.1.7 Alphabetische Ordnung

Mit der alphabetischen Ordnung befassen sich die DIN-Normen 5007 und 5007-2 ausführlich. Vor allem bei der Arbeit mit Verzeichnissen (Register, Literaturverzeichnis etc.) ist die Einhaltung der Regeln zur alphabetischen Ordnung wichtig.

J steht als einzelner Buchstabe und wird also als solcher gelistet.

Die einfachste Regel dabei ist klar: Grundsätzlich richtet sich die Buchstabenfolge nach der Reihenfolge des deutschen Alphabetes.

Generelle Reihenfolge beim Alphabetisieren

Leerzeichen
Grundzeichen a – z:
bei gleicher Zeichenreihenfolge jeweils:
Kleinbuchstaben vor Großbuchstaben
Grundbuchstaben vor den Umlauten ä, ö, ü, sowie vor ß
Grundbuchstaben vor Buchstaben mit diakritischen Zeichen é, å

Buchstaben aus nicht lateinischen Alphabeten
römische Zahlen
arabische Ziffern

Groß- und Kleinschreibung:
…
Tracht, trachten, Trachten
…

Großbuchstaben werden beim Alphabetisieren Kleinbuchstaben gleichgesetzt, aber bei gleichem Wortlaut steht das Kleingeschriebene vor dem Großgeschriebenem.

Buchstabenverbindungen wie ch, ck, st und sch werden beim Alphabetisieren nicht als Block betrachtet, sondern wie einzelne Buchstaben behandelt. Eine Ausnahme bilden hierbei Archivregister – der besseren Übersichtlichkeit halber werden in großen Archiven und Bibliotheken diese Konsonantenverbindungen gesondert einsortiert.

Auch Buchstabenverbindungen wie ae, oe und ue werden als Einzelbuchstaben alphabetisiert. Laut DIN 5007 werden also folgerichtig auch die Umlaute ä, ö, ü in ihre ursprünglichen Einzelbuchstaben ae, oe und ue aufgelöst und entsprechend hinter ad, od und ud eingeordnet. Dies wird in Telefonbüchern, Namensverzeichnissen u. Ä. auch so gehandhabt – es erleichtert das Auffinden von Namen, deren Schreibweise man sich nicht hundertprozentig sicher ist.

Abweichend davon setzen jedoch die Hersteller der meisten Nachschlagewerke wie Lexika oder Wörterbücher die kompletten Umlaute den Grundbuchstaben gleich, d. h. ä gleich a, ö gleich o, ü gleich u. Nur bei ansonsten gleichen Buchstaben steht der Einzelbuchstabe vor dem Umlaut. Es empfiehlt sich, bei der Erstellung von Registern u. Ä. auf diese gebrauchliche Form zurückzugreifen, zumal in der letzten Ausfertigung der entsprechenden DIN von 1991 bereits angekündigt wurde, dass die DIN bei der nächsten Überarbeitung an die Praxis angepasst werden solle.

Wörter mit Umlauten:
...
Bund, Bündchen
Bundesbank
Bundfaltenhose
Bündnis, Burg
...

Auch das Sonderzeichen ß wird in ss aufgelöst und nur bei ansonsten gleichlautender Buchstabenfolge steht ß nach ss – also Masse vor Maße.

Wörter mit ß:
...
Maser
Maße
Masse
Masseur
...

Dies ist ein weiterer Grundsatz beim Alphabetisieren: Der Grundbuchstabe steht immer vor dem abgewandelten Buchstaben.

Mit diakritischen Zeichen versehene Buchstaben – das betrifft vor allem fremdsprachliche Zusätze wie Akzente á, – werden wie originäre Buchstaben behandelt. Auch hier gilt der Grundsatz: Steht die gleiche Reihenfolge von Zeichen einmal mit und einmal ohne diakritisches Zeichen, so ist das diakritische Zeichen nachgeordnet. Eine genaue Liste der Rangordnung diakritischer Zeichen findet sich in der DIN 5007 unter Punkt 6.2.3.

Dem lateinischen Alphabet nachgeordnet sind nicht lateinische Alphabete – bei mehreren fremden Alphabeten kann der Anwender deren Reihenfolge selbst bestimmen.

Zahlen sind Buchstaben generell nachgeordnet. Römische Zahlen werden wegen ihrer größeren Ähnlichkeit zum Alphabet vor arabischen Ziffern einsortiert. Untereinander erfolgt die Sortierung in aufsteigender Reihenfolge.

Alphabetische Reihenfolge von Wörtern und Ziffern

...
Yukkatan
Zentralasien
II
VI
MC
4
28
...

Alphabetische Reihenfolge verschiedener Alphabete

…
Y-Chromosom
Yukkatan
Zebra
ατηινα
καλισπερα
οθμα
большóй
да
шкóла
…

mehrere Wörter mit Leerzeichen:
…
Wald roden
Waldbrand
…

Leerzeichen werden vor allen anderen Zeichen alphabetisiert, d. h., ein Stichwort aus mehreren Wörtern mit Leerzeichen dazwischen steht vor dem zusammengesetzten Wort.

2.1.8 Namensordnung

Bei der Auflistung von Personen wird die alphabetische Ordnung normalerweise vom Familiennamen abhängig gemacht. Gleich lautende Familiennamen werden untereinander nach Vornamen geordnet – der Vorname oder die Vornamen folgen nach einem Komma hinter dem Familiennamen. Für eine Person sollte in einem Werk nur ein Name verwendet werden, üblicherweise der geläufigste Name (z. B. entweder Künstlername oder bürgerlicher Name).

Vasco da Gama wird zu Gama, Vasco da.

Zu den wesentlichen Namensbestandteilen zählen neben Familiennamen und Vornamen die so genannten Namensvorsätze Mc, De, La … Nach DIN 5007-2 folgt der Namensvorsatz im Allgemeinen *nach* dem Vornamen.

Steve McQueen wird unter McQueen, Steve eingeordnet.

Ist der Namenszusatz allerdings mit dem Namen verschmolzen, bleibt er am Familiennamen und wird somit als ordnender Buchstabe betrachtet. Bei der Handhabung von nicht verschmolzenen Namenszusätzen gibt es allerdings Unterschiede zwischen DIN und Praxis:

Daphne Du Maurier steht also nach DIN unter Maurier, Daphne Du, in Lexika aber unter Du Maurier, Daphne.

Laut DIN werden alle frei stehenden Namenszusätze – egal ob groß oder klein geschrieben – dem Vornamen nachgeordnet. In der Praxis der Wörterbücher und Lexika werden großgeschriebene Namenszusätze jedoch als zum Familiennamen gehörig betrachtet und dort alphabetisiert. Auch hier ist es empfehlenswert, für Register und andere Personenverzeichnisse die in Lexika übliche Form zu verwenden.

Mehrteilige Familiennamen oder Vornamen werden, auch wenn sie ohne Bindestrich vorkommen, in der von der Person genutzten Form verwendet – Marie Luise Müller wird also zu Müller, Marie Luise nicht zu Müller, Luise Marie.

Namen, bei denen der Familienname nicht ohne weiteres erkennbar ist, bleiben in der verwendeten Form stehen – dies ist vor allem bei ausländischen Namen, Namen aus anderen Kulturkreisen wie dem asiatischen, der Fall. Auch Personennamen, die keinen bürgerlichen Namen darstellen, sondern einen festen Begriff wie Mutter Theresa, werden als Namen erhalten und im Ganzen alphabetisiert.

Ho Chi Minh bleibt Ho Chi Minh und Mutter Theresa bleibt Mutter Theresa.

Akademische Grade und Titel werden wie Namensvorsätze behandelt, sie folgen also auf den Vornamen. Akademische Grade werden allerdings in Verzeichnissen und Nachschlagewerken oftmals gar nicht aufgeführt.

Hardenberg, Karl August Freiherr von

Mit Personennamen zusammengesetzte Namen von Vereinen, Straßen, Plätzen usw. werden jedoch wie ein Wort alphabetisiert – hier werden auch Namenszusätze, Adelstitel und akademische Grade als Anfangsbuchstaben geordnet.

Graf-Zeppelin-Platz und Van-der-Waals-Kräfte bleiben beim Alphabetisieren erhalten.

Juristische Personen und Institutionen werden entweder mit ihrem vollständigen offiziellen Namen aufgeführt oder mit dem im Sprachgebrauch am häufigsten verwendeten. Bei der Alphabetisierung bleiben bestimmte und unbestimmte Artikel unberücksichtigt. Ansonsten gelten für juristische Personen wie auch für Produktnamen und Tiernamen die gleichen Ordnungsregeln wie für natürliche Personen.

2.2 Form und Abgabe des Manuskriptes

Generell ist davon auszugehen, dass der Verlag sowohl die aktuellsten Daten des Manuskriptes benötigt als auch die absolut identische Fassung dieser Daten als Papierausdruck. Die digitale Form der Manuskriptabgabe bietet zeitliche Vorteile bei der Weiterverarbeitung des Textes im Verlag, allerdings kann es bei der Übernahme der Daten in die Software des Verlages zu größeren Problemen kommen. Die Verwendung unterschiedlicher Hard- und Softwareprodukte bei Autor und Verlag ist derzeit das größte Problem bei der Übernahme von Manuskripten.

Üblicherweise werden zu den gewünschten Datenformaten und Formalien Richtlinien vom Verlag vorgegeben (s. Kapitel 2.3). Gibt es vom Verlag keine Vorgabe, ist es für den Autor nützlich und sinnvoll, mit einem Testdokument sicherzustellen, dass die Datenformate zwischen Autor und Verlag problemlos austauschbar sind. Prüft er das nicht, besteht die Gefahr, dass seine Texte im Verlag nicht oder nur sehr eingeschränkt lesbar sind und letztlich dort zu einem großen Aufwand führen, bevor das digitale Manuskript überhaupt zu verwenden ist. Im schlechtesten Falle fällt die Überprüfung dieser Arbeiten im Verlag dann wieder zurück an den Autor.

Man spricht von Kompatibilität, wenn der Datenaustausch ohne nennenswerten Informationsverlust erfolgt.

Gibt es weder eine Klärung zum gewünschten Format noch die Möglichkeit eines Testdokumentes, sollte immer in einem standardisierten Dateiformat gespeichert werden. Eine Auswahl dieser standardisierten Formate findet sich in allen bekannten Textverarbeitungen; empfehlenswert ist etwa das RTF-Format, hinter dem sich das Standard-Rich-Text-Format verbirgt. Bei diesen Speicherverfahren gehen allerdings einige Formatierungen verloren, manchmal werden auch Sonderzeichen falsch dargestellt. Deshalb bieten diese Standards meist nur eine unbefriedigende Lösung, sind aber besser als so genannte softwareeigene Formate, wie Word-Dateien mit DOC-Endungen usw. Diese sind meist nur von der gleichen Software in vollem Umfang lesbar.

2.2.1 Formale Anforderungen an das Manuskript

Das digitale Manuskript liefert der Autor auf einem Datenträger zusammen mit einem Ausdruck des Textes. Der Papierausdruck muss mit der gelieferten Datenversion unbedingt übereinstimmen. Der Autor behält eine Kopie sowohl der digitalen Form als auch des Papierausdruckes bei sich.

Formale Anforderungen an das digitale Manuskript, wenn es keine Absprache mit dem Verlag gab

übersichtliche Datenorganisation

Gliederung entsprechend der logischen Struktur des Textes
Verwendung eindeutiger Dateinamen
Dateien nicht zu groß
Grafiken, Tabellen und Fußnoten in gesonderten Dateien
Verwendung eines standardisierten Datenformates wie RTF

Textaufbau als Endlostext

keine Silbentrennung
keine manuelle Paginierung (automatische Paginierung einstellen)
manuelle Zeilenschaltung nur am Absatzende
Leerzeilen nur zur Trennung von Absätzen
kein Versalsatz
Linksbündigkeit, kein Blocksatz
keine Einzüge
nur ein Leerzeichen als Wortzwischenraum

Formale Anforderungen an das digitale Manuskript, wenn es keine Absprache mit dem Verlag gab Fortsetzung

übersichtliche Gliederung der Seite für den Papierausdruck

Format A 4
einseitig bedruckt
automatische Paginierung verwenden
1,5 bis 2facher Zeilenabstand
Korrekturrand etwa 3,5 cm
Kapitel, Unterkapitel, Abschnitte durch Leerzeile getrennt
Überschriften als solche gekennzeichnet

Papierausdruck entspricht abgelieferter Datenversion

Es ist sinnvoll, alle Dateien systematisch zu nummerieren und mit Datum zu kennzeichnen. Das so eindeutig gekennzeichnete digitale Manuskript kann als Anhang einer E-Mail direkt an das Lektorat oder die Redaktion geschickt werden oder auf Diskette, CD-ROM oder einem anderen externen Speicher dem Manuskript beigefügt und auf diese Weise zugesandt werden.

Hier wurden die Kapitelnummern und das jeweilige Tagesdatum für den Dateinamen genutzt. Beides sollte in der Kopf- oder Fußzeile des Papierausdrucks ebenfalls wieder zu finden sein.

Kap_2_2_230202.rtf
Kap_2_3_250202.rtf
Abb_2_2_230202.rtf

Bei der traditionellen Variante liefert der Autor sein Manuskript auf Papier an den Verlag. Dort oder in einem beauftragten Satzbüro wird der Text neu erfasst. Damit es beim Entziffern des Textes nicht zu Fehlern kommt, muss die Textvorlage gut lesbar und klar und übersichtlich gegliedert sein. Eine Kopie des Manuskriptes behält der Autor bei sich, damit Rückfragen seitens des Verlages oder des Setzers schnell geklärt werden können.

Formale Anforderungen an das Papiermanuskript

Format DIN A4
einseitig beschrieben
durchnummerierte Blätter
1,5- bis 2facher Zeilenabstand
Korrekturrand etwa 3,5 cm
sinnvoller Zeilenfall
richtige und sinnvolle Silbentrennung
Kapitel, Unterkapitel, Abschnitte durch Leerzeile getrennt
Überschriften als solche gekennzeichnet

Abbildung einer gut lesbaren Manuskriptseite ohne Korrekturen

2.1 Die äußere Strukturierung: Orientierungshilfen für den Leser

Die inhaltliche Strukturierung des abzugebenden Manuskriptes muss sich in der äußeren Form deutlich erkennen lassen. Alle äußeren Strukturierungen basieren auf der inhaltlichen Struktur; es lässt sich aus einem unstrukturierten Text kein äußerlich gut strukturiertes Manuskript entwickeln. Eine wirklich sinnvolle inhaltliche Gliederung, die sich entsprechend in der äußeren Form des Manuskriptes niederschlägt, macht dem Verlag die Qualitätsbeurteilung leichter und führt letztlich zu guter Lesbarkeit für alle Beteiligten, bis hin zum Leser.

Die endgültige Form der Seiten- und Buchgestaltung findet nach Abschluss aller Arbeiten am Manuskript statt (siehe Kapitel 4). Die Vorarbeiten dazu erfolgen schon mit der Entwicklung des Manuskriptes durch den Autor. Er bedarf dazu einiger zentraler Grundregeln, um von Anfang an seinen Text sach- und regelgerecht aufzubauen.

2.1.1 Gliederung und Auszeichnung des Textes

Diese inhaltliche Gliederung erfolgt durch den Autor. Sie muss als übersichtliche und logische Struktur deutlich aus dem Manuskript hervorgehen. Im Verlag werden später alle Entscheidungen zu Layout und Gestaltung getroffen. Dort wird auch festgelegt, welche Schriftarten und Schriftgrößen bei der Umsetzung des Manuskriptes verwendet werden.

Im Verlag wird unterschieden zwischen dem Grund- oder Fließtext, der die Basis des Manuskriptes ausmacht, und Überschriften, Zwischenüberschriften sowie weiteren Textelementen, die zur Strukturierung dienen und dem Leser Orientierungshilfen im späteren Buch bieten. Zu diesen Orientierungshilfen zählen beispielsweise Abbildungsunterschriften, Fußnoten und Register. Sie alle erhalten im Layout meist auch gestalterisch eine eigene Form zur leichteren Wiedererkennbarkeit und Identifikation. Diese besonderen Hervorhebungen werden Auszeichnungen genannt.

Der Grundtext ist gegliedert in Abschnitte, denen im Allgemeinen Überschriften und Zwischenüberschriften vorangehen. Sie geben einen Ausblick auf den Inhalt des folgenden Abschnitts. Die Abschnitte wiederum bestehen aus einzelnen Absätzen, die entweder durch eine Leerzeile oder

Korrekturen

Das Manuskript sollte bei Abgabe im Verlag möglichst fehlerfrei sein. Bei zahlreichen Änderungen im Text, Zusätzen und Streichungen empfiehlt sich eine Neuabschrift. Schwer lesbare Manuskripte benötigen bereits bei ihrer Erfassung mehr Zeit und bergen die Gefahr fehlerhafter Erfassung. Die Fehlerbeseitigung in einem anschließenden Korrekturgang erfordert einen hohen Kosten- und Zeitaufwand.

Abbildung einer schlecht korrigierten Manuskriptseite

2.1 Die äußere Strukturierung: Orientierungshilfen für den Leser

Die inhaltliche Strukturierung des abzugebenden Manuskriptes muss sich in der äußeren Form deutlich erkennen lassen. Alle äußeren Strukturierungen basieren auf der inhaltlichen Struktur; es lässt sich aus einem unstrukturierten Text kein äußerlich gut strukturiertes Manuskript entwickeln. Eine wirklich sinnvolle inhaltliche Gliederung, die sich entsprechend in der äußeren Form des Manuskriptes niederschlägt, macht dem Verlag die Qualitätsbeurteilung leichter und führt letztlich zu guter Lesbarkeit für alle Beteiligten, bis hin zum Leser.

Die endgültige Form der Seiten- und Buchgestaltung findet nach Ende aller Arbeiten am Manuskript statt (siehe Kap. 3). Die Vorarbeiten dazu erfolgen schon mit der Entwicklung des Manuskriptes durch den Autor. 2.1.1 Gliederung und Auszeichnung des Textes

Diese inhaltliche Gliederung erfolgt durch den Autor. Sie muss als übersichtliche und logische Struktur deutlich aus dem Manuskript hervorgehen. Im Verlag werden später alle Entscheidungen zu Layout und Gestaltung getroffen. Dort wird auch festgelegt, welche Schriftarten bei der Umsetzung des Manuskriptes verwendet werden. Der Grundtext ist gegliedert in Abschnitte, denen im Allgemeinen Überschriften und Zwischenüberschriften vorangehen. Sie geben einen Ausblick auf den Inhalt des folgenden Abschnitts. Die Abschnitte wiederum bestehen aus einzelnen Absätzen, die entweder durch eine Leerzeile oder durch einen Einzug in der ersten Zeile kenntlich gemacht sind.

Im Verlag wird unterschieden zwischen dem Grund- oder Fließtext, der die Basis des Manuskriptes ausmacht, und Überschriften, Zwischenüberschriften, die zur Strukturierung dienen und dem Leser Orientierungshilfen im späteren Buch bieten. Zu diesen Orientierungshilfen zählen beispielsweise Abbildungsunterschriften, Fußnoten und Register. Sie alle erhalten im Layout meist auch gestalterisch eine eigene Form zur leichteren Wiedererkennbarkeit und Identifikation.

Werden kleinere Korrekturen im maschinenschriftlichen Manuskript eingefügt, gilt auch hier der Grundsatz der Übersichtlichkeit. Korrekturen werden immer auf der Schriftseite des Manuskriptes angebracht, niemals auf der Rückseite – dort können sie leicht übersehen werden. Das Einfügen kleiner handschriftlicher Korrekturen und Ergänzungen erfolgt entweder direkt in den Text oder auf dem Korrekturrand in Höhe der Zeile, auf die sich die Korrektur bezieht. Wichtig ist der Einsatz eindeutiger Korrekturzeichen (s. Anhang S. 301). Die Verwendung von Zeichen wie hochstehenden Ziffern und Sternchen ist für Korrekturangaben nicht geeignet – diese könnten für Fußnotenverweise gehalten werden.

Müssen größere Ergänzungen oder Änderungen im Text eingebracht werden, werden diese am besten mit Schreibmaschine auf ein gesondertes Blatt geschrieben und ins Manuskript eingeklebt. Längere handschriftliche Bemerkungen sollten vermieden werden. Sie stellen, besonders, wenn sie klein auf den Rand oder zwischen die Zeilen gequetscht werden, eine Fehlerquelle dar.

Abbildung einer ordentlich korrigierten Manuskriptseite

2.1 Die äußere Strukturierung: Orientierungshilfen für den Leser

Die inhaltliche Strukturierung des abzugebenden Manuskriptes muss sich in der äußeren Form deutlich erkennen lassen. Alle äußeren Strukturierungen basieren auf der inhaltlichen Struktur; es lässt sich aus einem unstrukturierten Text kein äußerlich gut strukturiertes Manuskript entwickeln. Eine wirklich sinnvolle inhaltliche Gliederung, die sich entsprechend in der äußeren Form des Manuskriptes niederschlägt, macht dem Verlag die Qualitätsbeurteilung leichter und führt letztlich zu guter Lesbarkeit für alle Beteiligten, bis hin zum Leser.

Die endgültige Form der Seiten- und Buchgestaltung findet nach Abschluss aller Arbeiten am Manuskript statt (siehe Kapitel XXX). Die Vorarbeiten dazu erfolgen schon mit der Entwicklung des Manuskriptes durch den Autor. Er bedarf dazu einiger zentraler Grundregeln, um von Anfang an seinen Text sach- und regelrecht aufzubauen.

2.1.1 Gliederung und Auszeichnung **des Textes**

Diese inhaltliche Gliederung erfolgt durch den Autor. Sie muss als übersichtliche und logische Struktur deutlich aus dem Manuskript hervorgehen. Im Verlag werden später alle Entscheidungen zu Layout und Gestaltung getroffen. Dort wird auch festgelegt, welche Schriftarten bei der Umsetzung des Manuskriptes verwendet werden.

Im Verlag wird unterschieden zwischen dem Grund- oder Fließtext, der die Basis des Manuskriptes ausmacht, und Überschriften, Zwischenüberschriften sowie weiteren Textelementen, die zur Strukturierung dienen und dem Leser Orientierungshilfen im späteren Buch bieten. Zu diesen Orientierungshilfen zählen beispielsweise Abbildungsunterschriften, Fußnoten und Register. Sie alle erhalten im Layout meist auch gestalterisch eine eigene Form zur leichteren Wiedererkennbarkeit und Identifikation. Diese besonderen Hervorhebungen werden Auszeichnungen genannt.

Der Grundtext ist gegliedert in Abschnitte, denen im allgemeinen Überschriften und Zwischenüberschriften vorangehen. Sie geben einen Ausblick auf den Inhalt des folgenden Abschnitts. Die Abschnitte wiederum bestehen aus einzelnen Absätzen, die entweder durch eine Leerzeile oder

Hinweise für den Setzer, die nicht mit erfasst werden sollen, werden immer in Doppelklammern oder doppelte Schrägstriche gesetzt.

Sonderzeichen und diakritische Zeichen

Zeichen aus fremden Alphabeten, müssen besonders deutlich geschrieben sein. Bei vielen Sonderzeichen empfiehlt sich die Kennzeichnung der Sonderzeichen mit Nummerierung aus dem Materialienteil dieses Buches (7. Sonderzeichen). Bei Fremdsprachentexten ist ein handschriftliches Manuskript grundsätzlich ungeeignet. Das Manuskript muss seitens des Autors besonders sorgfältig auf fehlende, verschriebene oder unklare Akzente und diakritische Zeichen und auf falsche Silbentrennungen durchgesehen werden. Bei der Arbeit an der Schreibmaschine und auch am Computer müssen nicht darstellbare Sonderzeichen und diakritische Zeichen gegebenenfalls manuell ergänzt werden.

2.2.2 Abbildungen und Tabellen

Abbildungen und Tabellen werden nach Möglichkeit auf der Seite platziert, wo sie vom Text her erwartet werden. Der Autor kennzeichnet die entsprechenden Stellen im Manuskript durch fortlaufende oder kapitelweise Nummerierung. Die dazugehörigen Bildunterschriften werden auf gesonderten Manuskriptseiten zusammengestellt, die Bildvorlagen bzw. Kopien davon werden ebenfalls entsprechend nummeriert und benannt.

Abbildungsverzeichnis und Bildvorlagen (siehe S. 56–58) vom Autor

Abb. 1 – Abbildung einer gut lesbaren Manuskriptseite ohne Korrekturen
Abb. 2 – Abbildung einer schlecht korrigierten Manuskriptseite
Abb. 3 – Abbildung einer ordentlich korrigierten Manuskriptseite

In einigen Werken werden Abbildungen und Tabellen auf gesonderten Seiten zusammengestellt, besonders wenn Bezugnahmen an verschiedenen Textstellen vorkommen. Diese Version bietet sich ebenfalls an, wenn beispielsweise in einem einfarbigen Werk die zusammengestellten Abbildungen farbig oder auf anderem Papier als Extrabogen eingebunden werden sollen. Das entscheidet der Verlag und gibt diese Information gegebenenfalls im Vorfeld an den Autor weiter.

Abbildungsverzeichnis und Bildvorlagen vom Autor Fortsetzung

2.1 Die äußere Strukturierung: Orientierungshilfen für den Leser

Die inhaltliche Strukturierung des abzugebenden Manuskriptes muss sich in der äußeren Form deutlich erkennen lassen. Alle äußeren Strukturierungen basieren auf der inhaltlichen Struktur; es lässt sich aus einem unstrukturierten Text kein äußerlich gut strukturiertes Manuskript entwickeln. Eine wirklich sinnvolle inhaltliche Gliederung, die sich entsprechend in der äußeren Form des Manuskriptes niederschlägt, macht dem Verlag die Qualitätsbeurteilung leichter und führt letztlich zu guter Lesbarkeit für alle Beteiligten, bis hin zum Leser.

Die endgültige Form der Seiten- und Buchgestaltung findet nach Abschluss aller Arbeiten am Manuskript statt (siehe Kapitel 4). Die Vorarbeiten dazu erfolgen schon mit der Entwicklung des Manuskriptes durch den Autor. Er bedarf dazu einiger zentraler Grundregeln, um von Anfang an seinen Text sach- und regelgerecht aufzubauen.

2.1.1 Gliederung und Auszeichnung des Textes

Diese inhaltliche Gliederung erfolgt durch den Autor. Sie muss als übersichtliche und logische Struktur deutlich aus dem Manuskript hervorgehen. Im Verlag werden später alle Entscheidungen zu Layout und Gestaltung getroffen. Dort wird auch festgelegt, welche Schriftarten und Schriftgrößen bei der Umsetzung des Manuskriptes verwendet werden.

Im Verlag wird unterschieden zwischen dem Grund- oder Fließtext, der die Basis des Manuskriptes ausmacht, und Überschriften, Zwischenüberschriften sowie weiteren Textelementen, die zur Strukturierung dienen und dem Leser Orientierungshilfen im späteren Buch bieten. Zu diesen Orientierungshilfen zählen beispielsweise Abbildungsunterschriften, Fußnoten und Register. Sie alle erhalten im Layout meist auch gestalterisch eine eigene Form zur leichteren Wiedererkennbarkeit und Identifikation. Diese besonderen Hervorhebungen werden Auszeichnungen genannt.

Abbildungsverzeichnis und Bildvorlagen vom Autor Fortsetzung

2.1 Die äußere Strukturierung: Orientierungshilfen für den Leser

Die inhaltliche Strukturierung des abzugebenden Manuskriptes muss sich in der äußeren Form deutlich erkennen lassen. Alle äußeren Strukturierungen basieren auf der inhaltlichen Struktur; es lässt sich aus einem unstrukturierten Text kein äußerlich gut strukturiertes Manuskript entwickeln. Eine wirklich sinnvolle inhaltliche Gliederung, die sich entsprechend in der äußeren Form des Manuskriptes niederschlägt, macht dem Verlag die Qualitätsbeurteilung leichter und führt letztlich zu guter Lesbarkeit für alle Beteiligten, bis hin zum Leser.

Die endgültige Form der Seiten- und Buchgestaltung findet nach Ende aller Arbeiten am Manuskript statt (siehe Kap. 3). Die Vorarbeiten dazu erfolgen schon mit der Entwicklung des Manuskriptes durch den Autor. 2.1.1 Gliederung und Auszeichnung des Textes

Diese inhaltliche Gliederung erfolgt durch den Autor. Sie muss als übersichtliche und logische Struktur deutlich aus dem Manuskript hervorgehen. Im Verlag werden später alle Entscheidungen zu Layout und Gestaltung getroffen. Dort wird auch festgelegt, welche Schriftarten bei der Umsetzung des Manuskriptes verwendet werden. Der Grundtext ist gegliedert in Abschnitte, denen im Allgemeinen Überschriften und Zwischenüberschriften vorangehen. Sie geben einen Ausblick auf den Inhalt des folgenden Abschnitts. Die Abschnitte wiederum bestehen aus einzelnen Absätzen, die entweder durch eine Leerzeile oder durch einen Einzug in der ersten Zeile kenntlich gemacht sind.

Im Verlag wird unterschieden zwischen dem Grund- oder Fließtext, der die Basis des Manuskriptes ausmacht, und Überschriften, Zwischenüberschriften, die zur Strukturierung dienen und dem Leser Orientierungshilfen im späteren Buch bieten. Zu diesen Orientierungshilfen zählen beispielsweise Abbildungsunterschriften, Fußnoten und Register. Sie alle erhalten im Layout meist auch gestalterisch eine eigene Form zur leichteren Wiedererkennbarkeit und Identifikation.

2.1 Die äußere Strukturierung: Orientierungshilfen für den Leser = ((h'fett))

Die inhaltliche Strukturierung des abzugebenden Manuskriptes muss sich in der äußeren Form deutlich erkennen lassen. Alle äußeren Strukturierungen basieren auf der inhaltlichen Struktur; es lässt sich aus einem unstrukturierten Text kein äußerlich gut strukturiertes Manuskript entwickeln. Eine wirklich sinnvolle inhaltliche Gliederung, die sich entsprechend in der äußeren Form des Manuskriptes niederschlägt, macht dem Verlag die Qualitätsbeurteilung leichter und führt letztlich zu guter Lesbarkeit für alle Beteiligten, bis hin zum Leser. ((kursiv))

Die endgültige Form der Seiten- und Buchgestaltung findet nach Abschluss aller Arbeiten am Manuskript statt (siehe Kapitel xx). Die Vorarbeiten dazu erfolgen schon mit der Entwicklung des Manuskriptes durch den Autor. Er bedarf dazu einiger zentraler Grundregeln, um von Anfang an seinen Text sach- und regelrecht aufzubauen. 4 · Folgen

2.1.1 Gliederung und Auszeichnung des Textes = ((h'fett))

Diese inhaltliche Gliederung erfolgt durch den Autor. Sie muss als übersichtliche und logische Struktur deutlich aus dem Manuskript hervorgehen. Im Verlag werden später alle Entscheidungen zu Layout und Gestaltung getroffen. Dort wird auch festgelegt, welche Schriftarten bei der Umsetzung des Manuskriptes verwendet werden. und Schriftgrößen

Im Verlag wird unterschieden zwischen dem Grund- oder Fließtext, der die Basis des Manuskriptes ausmacht, und Überschriften, Zwischenüberschriften sowie weiteren Textelementen, die zur Strukturierung dienen und dem Leser Orientierungshilfen im späteren Buch bieten. Zu diesen Orientierungshilfen zählen beispielsweise Abbildungsunterschriften, Fußnoten und Register. Sie alle erhalten im Layout meist auch gestalterisch eine eigene Form zur leichteren Wiedererkennbarkeit und Identifikation. Diese besonderen Hervorhebungen werden Auszeichnungen genannt.

Der Grundtext ist gegliedert in Abschnitte, denen im allgemeinen Überschriften und Zwischenüberschriften vorangehen. Sie geben einen Ausblick auf den Inhalt des folgenden Abschnitts. Die Abschnitte wiederum bestehen aus einzelnen Absätzen, die entweder durch eine Leerzeile oder durch einen Einzug in der ersten Zeile kenntlich gemacht sind. A

Steht die Abbildung nicht in der direkten Nähe des Bezugstextes, ist ein entsprechender Hinweis im Text erforderlich.

Alle Bildvorlagen, die in der Reproduktion verwendet werden sollen (Dias, Fotoabzüge, Reinzeichnungen), müssen unbeschädigt sein – also nicht zerknickt, verkratzt oder verschmiert. Beschriftungen auf der Rückseite von Fotos sind entsprechend vorsichtig auszuführen, damit die Schrift nicht durchdrückt. Generell gilt: Aus einer farbstichigen, unscharfen Vorlage kann auch die elektronische Bildbearbeitung keine brillante Abbildung zaubern. Auch wenn der Autor einen Scanner besitzt, sollte er Bildvorlagen nie selbst einscannen. Nicht nur die Auflösung, sondern auch andere Voreinstellungen beim Scannen entscheiden über die Qualität einer Reproduktion.

Abbildungsunterlagen können sein:
reproduktionsreife Vorlagen
Skizzen für Reinzeichnungen
Kopien mit genauen Quellenangaben
Infografiken in digitaler Form

Abbildungen

Änderungswünsche wie Bildkombinationen, Detailänderungen und Textergänzungen werden auf einer Kopie der Vorlage, niemals auf der Bildvorlage selbst, eindeutig angegeben.

Sollen Grafiken vom Verlag angefertigt bzw. in Auftrag gegeben werden, gibt der Autor gut lesbare Skizzen für die Anfertigung der Reinzeichnungen ab.

Sofern der Autor nicht nur eigenes Bildmaterial – zum Beispiel eigenhändig Fotografiertes – verwendet, müssen die Bildvorlagen und deren Nutzungsrechte eingeholt werden. Die Nachweispflicht der Quellen liegt beim Autor. Das Einholen der Rechte und der Bildvorlagen selbst erfolgt häufig über den Verlag. Dazu listet der Autor dem Verlag die Quellen für das verwendete Material auf. Es ist ratsam, bereits während des Schreibens zu notieren, aus welcher Quelle das verwendete Material stammt (Autor, Titel, Verlag, ISBN des Buches), um langwieriges Suchen bei der Endfertigung des Manuskriptes zu vermeiden.

Tabellen

Im digitalen Manuskript kann der Autor Tabellen mithilfe der Tabellenfunktion seines Textverarbeitungsprogrammes erstellen. Auf keinen Fall werden Tabellen durch mehrere Tabulatoren oder gar Leerzeichen aufgebaut.

Die Abgabe von Tabellen im Papiermanuskript erfolgt per Hand oder mit Schreibmaschine durchnummeriert auf gesonderten Seiten. Die Tabellen werden möglichst so angelegt, dass sie in Gliederung, Textanordnung und Zeilenfall für den späteren Satz erkennbar sind.

Infografiken und Diagramme

Digitale Bildvorlagen sollte der Autor nach Möglichkeit nur nach Absprache mit dem Verlag erstellen. Zu den Absprachen gehören das Datenformat, der formale Aufbau wie Linienstärken, Schriftarten und -größen und die Satzbreite. Wenn möglich sollten Bilddaten geliefert werden, die Korrekturen im Verlag noch möglich machen. Grafikprogramme bieten fast immer die Möglichkeit, die Datei als so genannte editierbare, also veränderbare Datei zu speichern, im Gegensatz zu einem fertig gerechneten Bild, z. B. EPS, in das nicht mehr eingegriffen werden kann.

2.3 Verlagsvorgaben und -richtlinien

Werden Autoren vom Verlag mit der Arbeit an einem Manuskript beauftragt, wird ein Verlagsvertrag abgeschlossen. Ergänzend werden üblicherweise sogenannte Autorenrichtlinien zum Manuskript an den Autor übergeben. Für beide Seiten, Autor und Verlag, empfiehlt es sich, diese genauer durchzusprechen.

2.3.1 Generelle Aufgaben des Autors

Zu den Aufgaben des Autors beinhaltet der Verlagsvertrag üblicherweise folgende Absprachen:

Vertragsgegenstand

Die inhaltlichen Aspekte werden unter einem Arbeitstitel festgelegt. Hierzu gehören oft nicht nur Textarbeiten, sondern auch Vorgaben zu Grafiken, Tabellen und Illustrationen. Eventuell beauftragt der Verlag auch den Autor mit der Erstellung eigener Abbildungen.

Zeitpunkt der Ablieferung

Die Termine für die Abgabe von Teillieferungen und des endgültigen Manuskriptes werden definiert. Die Nichteinhaltung kann eine Auflösung des Vertrages nach sich ziehen.

Wahrung der Urheberrechte Dritter

Der Autor erklärt verbindlich, dass er mit den gelieferten Texten die Urheberrechte Dritter nicht verletzt. Zitate werden als solche gekennzeichnet und eventuell genutzte Quellen als solche angegeben.

Bei der Übernahme von Abbildungen fremder Urheber muss ebenfalls die Quelle genannt werden. Hierfür müssen außerdem die Abdruckrechte eingeholt werden. Dies erfolgt nach Absprache meist über den Verlag, da dort derartige Anfragen gebündelt erfolgen und das Know-how für die Rechtebeschaffung vorhanden ist. Der Autor ist verpflichtet, die genauen Quellen der Abbildungen aufzulisten.

Autorkorrektur und Änderungsrecht

Zwischen Satz und Imprimatur, der Druckfreigabe, wird dem Autor der im Verlag bearbeitete Text zur Prüfung vorgelegt. Mit der Freigabe durch den Autor akzeptiert dieser die im Verlag eingebrachten Änderungen. Der Autor kann an dieser Stelle seinerseits noch Änderungen einbringen. Ist der Anteil der gewünschten Textänderungen zu hoch, werden ihm die dadurch anfallenden Satzkosten in Rechnung gestellt.

Umfang

Je nach Satzspiegel, verwendeter Schrift und Schriftgrad weicht die Anzahl der Seiten eines Manuskriptes mehr oder weniger stark von der Zahl der endgültigen Druckseiten ab. Bei der Planung der Kosten im Verlag wird meist eine verbindliche Druckseitenanzahl festgelegt. Bei Mehrautorenwerken erfolgt eine genaue Festlegung, welcher Autor zu welchem Thema wie viele Druckseiten zur Verfügung hat. Diese Umfangsfestlegung ist unbedingt verbindlich. Häufig neigen Autoren zum Überschreiten des vorgegebenen Umfangs. Da mehr Seiten größere Kosten verursachen, wird das Manuskript dann entweder im Verlag gekürzt oder dem Autor zur Kürzung zurückgegeben.

Die Herstellung des Verlages errechnet für eine Druckseite die Anzahl der so genannten Anschläge. Dafür wird eine Musterseite erstellt oder bei einem vorhandenen Layout eine alte Musterseite ausgezählt. Jedes getippte Zeichen, egal ob Buchstabe, Ziffer, Satzzeichen oder Leerschritt, entspricht einem Anschlag. Daraus ergibt sich folgende Formel:

Berechnung der Zeichenzahl je Seite

Anzahl der Zeichen pro Zeile x Anzahl der Zeilen pro Seite
= Anzahl der Anschläge pro Seite

Da in gesetzten Schriften jeder Buchstabe eine ihm angemessene Breite hat, ist die Anzahl der Anschläge pro Satzzeile trotz gleicher Satzbreite nicht identisch. Um das auszugleichen, wird ein Mittelwert aus etwa 5 Zeilen gebildet.

Auch die Anzahl der Zeilen pro Druckseite ist nicht identisch, wenn der Text durch Zwischenüberschriften oder andere Elemente, die in anderen Schriftgrößen gesetzt werden, gegliedert ist. Je mehr der Text untergliedert ist, desto größere Abweichungen gibt es bei der Zeilenanzahl. Auch hier wird ein Mittelwert über etwa 5 Seiten gebildet. Abbildungen werden normalerweise nicht in die Berechnung einbezogen.

Berechnung der Anschläge pro Druckseite

Zeichenanzahl 1. Zeile: 69	Zeilenanzahl 1. Seite: 43
Zeichenanzahl 2. Zeile: 65	Zeilenanzahl 2. Seite: 43
Zeichenanzahl 3. Zeile: 66	Zeilenanzahl 3. Seite: 41
Zeichenanzahl 4. Zeile: 68	Zeilenanzahl 4. Seite: 43
Zeichenanzahl 5. Zeile: 66	Zeilenanzahl 5. Seite: 41
Summe der Zeichenanzahl : 5	x Summe der Zeilenanzahl
266,8 Zeichen	**x 42,2 Zeilen**
	= **2 818,96 Anschläge pro Seite**

Im Beispiel ergeben sich rund 2 819 Anschläge pro Druckseite.

Dem Autor wird anschließend der Umfang seines Manuskriptes mit der Anzahl der Druckseiten und der Zeichenmenge pro Seite vorgegeben. Daraus entsteht eine Gesamtzeichenzahl, die dem Autor zur Verfügung steht.

Im Beispiel: 2819 Anschläge pro Druckseite × 32 Druckseiten = 90 208 Zeichen

Arbeitet der Autor am Computer, kann er sich die Anzahl der bisher geschriebenen Zeichen vom Programm errechnen und anzeigen lassen.

Bei der Manuskriptarbeit an der Schreibmaschine errechnet er sich aus Probeseiten seines Manuskriptes entsprechend der Formel in Abbildung 1 die Zeichenanzahl pro Manuskriptseite und setzt sie mit der vorgegebenen Gesamtzeichenzahl ins Verhältnis. Schreibmaschinentypen sind alle gleich breit, d.h. es gibt keine Abweichungen in der Dickte. Auf eine Zeile passen je nach Satzbreite 55–60 Zeichen. Bei 1,5fachem Zeilenabstand passen etwa 40 Zeilen auf eine Seite, bei 2fachem Zeilenabstand etwa 30 Zeilen.

Beispiel: 55 Zeichen × 40 Zeilen = 2200 Zeichen pro Seite

Berechnung der Manuskriptseitenzahl

2 819 Anschläge pro Druckseite x 32 Druckseiten
= 90 208 Zeichen zur Verfügung stehende Zeichenzahl

55 Zeichen x 40 Zeilen
= 2 200 Zeichen pro Seite

= **38,44 Manuskriptseiten**

Im Beispiel entsprechen also etwa 38,5 gelieferte Manuskriptseiten des Autors der gewünschten Druckseitenzahl von 32 Seiten.

Absprachen zum digitalen Manuskript 2.3.2

Als Ergänzung zum Verlagsvertrag geben viele Verlage so genannte Autorenrichtlinien vor, die sowohl technische als auch stilistische Hinweise zum Manuskript beinhalten. In Umfang und Genauigkeit der Absprachen gibt es hierbei sehr große Unterschiede. Viele Verlage arbeiten nur mit Hinweisen für die einfache Datenkonvertierung, da sowohl redaktionell als auch herstellerisch ohnehin im Verlag stark eingegriffen wird. Andere Verlage erwarten von ihren Autoren komplett fertige Manuskripte mit den später zu verwendenden Formatvorlagen und Schriften.

Beispiel für einfache Autorenrichtlinien

An die Autoren von »Duden – Satz und Korrektur«
Hinweise des Duden-Verlages zur Manuskripterstellung

Allgemeines

Die Autoren geben ihr Manuskript bei der Herausgeberin auf Diskette und als Ausdruck ab.

Die Textdateien auf Diskette sind im »Rich Text Format« = RTF abzuspeichern, das die Speicherung von Sonderzeichen und Formatierungen ermöglicht und systemunabhängig ist.

Die Texte sind in neuer Rechtschreibung abzufassen. Dabei ist auf eine einheitliche Schreibung zu achten, also z. B. immer »typographisch« (nicht »typografisch«) schreiben. Den Autoren steht dafür der Duden 1, Die deutsche Rechtschreibung in der 22. Auflage (2000) auf CD-ROM zur Verfügung.

Hinweise von A – Z

Abbildungen: Liste mit Abbildungsvorschlägen sowie -legenden erstellen, genaue Vorlage für erklärende Abbildungen wie z. B. Screenshots beifügen – als eigene Datei speichern und separat ausdrucken, bitte durchnummerieren!

Abkürzungen: möglichst wenige und nur generell übliche (d. h., usw., z. B., u. Ä.) verwenden und zwar mit geschütztem Leerzeichen/Festausschluss (vgl. geschützter Wortzwischenraum)

Absatz: nur da, wo tatsächlich ein Absatz sein soll, die Return-Taste betätigen

Anführungszeichen: deutsche (= doppelte) Anführungszeichen verwenden („…"); wird nach einem geöffneten Anführungszeichen ein weiteres benötigt, so ist das einfache Anführungszeichen (‚…') zu verwenden

Aufzählungen: linksbündig im Flattersatz, ohne Absatzformatierung (manuell); einheitliche Gliederungselemente (Spiegelstriche etc.) verwenden

Dateinamen für Textdateien mit »Kap« beginnen, die Hierarchieebene und das Tagesdatum (ttmmjj) jeweils mit Unterstrich anfügen, Bsp: Kap_1_1_2_040701; analog für Abbildungen: Abb_Name_030701

Einzüge: keine, werden erst im Satzsystem angelegt

Beispiel für einfache Autorenrichtlinien Fortsetzung

Formatierung: Word 97/2000 (PC) und Word 98 (Macintosh) stellen wie andere gängige Textverarbeitungs- und Satzprogramme als Hilfsmittel zur einheitlichen Gestaltung (»Auszeichnung«, »Formatierung«) der verschiedenen Textgattungen benennbare Vorlagen (»Formatvorlagen«) für Zeichen und Absätze zur Verfügung. Bitte greifen Sie auf **eine** Formatvorlage zu und speichern Sie diese mit ab.

Formeln u. Gleichungen: durch Leerzeilen vom Text abheben

Gedankenstrich: bitte mit STRG + Trennstrich auf der numerischen Tastatur ganz oben rechts eingeben

Geschützter Wortzwischenraum (= geschütztes Leerzeichen, Festauschluss): Zwischenraum, Leerzeichen, Blanks bei Abkürzungen (z. B., u. A., ° C), der eine Trennung verhindert; in Word zu erzeugen durch STRG + Umschalten + Leertaste

Glossar: farblich im Text kennzeichnen (**gelb** unterstreichen)

Hervorhebungen im Text: Hervorhebungen im Text (auch auf Diskette) kursiv (Bsp.: ... Die möglichst präzise *Umfangsberechnung* eines Werkes...)

Hervorgehobene Beispiele im Text: halbfett auszeichnen

Namen im Text: als Kapitälchen; sie werden mit Ziffer 3 vor dem jeweiligen Namen (Normalschrift) gekennzeichnet

Paginierung: elektronisches Manuskript ausdrucken und Manuskriptseiten laufend durchnummerieren

Sonderzeichen/Lautschrift: für den Setzer muss klar erkenntlich sein, welches Sonderzeichen eingesetzt werden soll, deshalb bitte per Hand in das Manuskript einzeichnen

Tabellen: einfache Tabellen direkt in der jeweiligen Word-Datei anlegen. Komplexere Tabellen dagegen in einer separaten Datei, dabei im Text markieren, wo die Tabelle später stehen soll. Die typographische Gestaltung übernimmt der Verlag.

Überschriften: Falls keine Formatvorlage erstellbar, bitte Hierarchiekennzeichnung voranstellen (Bsp.: <Ü0> Einleitung, <Ü1> 2. Kapitel: Das Manuskript erstellen). Die Hierarchieebenen gelten generell.

Teilüberschrift: größte vorkommende Überschrift für die Hauptabschnitte (ohne Nummerierung); Bsp.: **<Ü0>** Einleitung, <Ü0> Materialsammlung

1. Hierarchie: Kapitelüberschrift (Bsp.: **<Ü1>** 2. Kapitel: Das Manuskript erstellen)
2. Hierarchie: 1.1 (Bsp.: **<Ü2>** 2.2 Form und Abgabe des Manuskripts)
3. Hierarchie: 1.1.1. (Bsp.: **<Ü3>** 2.2.1 Formale Anforderungen an das Manuskript)
4. Hierarchie: 1.1.1.1. (Bsp.: <Ü4> 2.3.2.1 Mögliche Probleme bei der Datenspeicherung)
5. Hierarchie: nur im äußersten Bedarfsfall einsetzen (Bsp.: **<Ü5>** 2.3.2.1.1)

Verweise:

- Textverweise: auf Randspalte, werden mit einheitlicher Farbe gekennzeichnet
- Querverweise: prüfen und evtl. durch Blockaden kennzeichnen. Querverweise dürfen sich nur auf Kapitel und Abschnitte beziehen, nicht auf Seitenzahlen.
- Registerverweise: farblich im Text kennzeichnen (rot unterstreichen)

Wort-/Silbentrennung: keine Wort-/Silbentrennung im Manuskript, erfolgt erst im Satzsystem

Zitatbelege: in Klammern im Text; Name, Jahreszahl, Seitenzahl

Beispiel für umfangreiche Autorenrichtlinien

Grundsätze der Bearbeitung für das Werk mit dem Arbeitstitel »Brockhaus Nobelpreise«

1. Rahmenvorgaben

- Chronologisch angeordnetes Werk, das auf 483 Doppelseiten alle Nobelpreise seit 1901 beschreibt.
- Illustriert mit den Porträts der Laureaten und mit ein bis zwei weiteren Abbildungen (Fotos und/oder Grafiken) je Doppelseite.
- Einführungsteil mit Nobel-Biografie, Geschichte der Nobelstiftung; Übersicht über die verschiedenen Preiskategorien, Erläuterungen zu den verleihenden Institutionen und zum Procedere der Preisvergabe, »Erlebnisbericht« eines deutschen Nobelpreisträgers/einer deutschen Nobelpreisträgerin.
- Zehn Doppelseiten mit durchschnittlich sieben Fotos als kurzer Überblick über die Meilensteine eines Jahrzehnts in Politik, Kultur und Wissenschaft.
- Tabellarischer, chronologischer Preisträgerüberblick mit Kurzbegründungen.
- Personenregister (ohne Seitenbezug) und Schlagwortregister.
- Ausstattung: 1056 Seiten, 4/4-farbig, 1500 Fotos, ca. 150 Grafiken, zweispaltig, Format 17,0 × 24,0 cm, Hardcover, Fadenheftung.
- Einband: Polyleinenkaschierung.
- Erscheinungstermin: 1. Auflage 15.08.2001

2. Zielgruppen

- Personen mit großem Interesse an Politik, Literatur, Wissenschaft und Forschung.
- Personen, die jedes Jahr die Nobelpreisvergabe interessiert verfolgen und eine übersichtliche Darstellung über die Laureaten und deren gewürdigter Leistung suchen.

3. Inhalt

3.1 Inhaltliche Struktur

- Titelei, Vorwort, Inhaltsverzeichnis, Autorenverzeichnis.
- Für den Einleitungsteil ist folgende Struktur vorgesehen:
  - Biografie (»Leben und Werk Alfred Nobels«);
  - Geschichte der Nobelstiftung/Testamentsvollstreckung;
  - Übersicht über die verschiedenen Preise, Erläuterungen zu den verleihenden Institutionen und zum Procedere der Preisvergabe, Anekdoten;
  - »Erlebnisbericht« eines deutschen Nobelpreisträgers/einer deutschen Nobelpreisträgerin.
- Hauptteil: Die 483 doppelseitigen Beiträge enthalten jeweils eine Kurzbiographie der Preisträger (mit Porträt) als Kopf, eine verständliche und packende Beschreibung der Leistungen und des (Lebens-)Werks der Nobelpreisträger sowie ggf. deren Einordnung in den sachlichen, gesellschaftlichen und zeitlichen Kontext. Vor jedem Jahrzehnt (1900, 1910, 1920, ..., 1990) erfolgt ein kurzer Überblick über Meilensteine in Politik, Kultur und Wissenschaft in Form einer doppelseitigen Bildcollage.
- Tabellenteil: Chronologischer Überblick über alle bisherigen Preisträger mit einer schlaglichtartigen Nennung der gewürdigten Leistung, jeweils getrennt für die 6 verschiedenen Nobelpreiskategorien (für Wirtschaftswissenschaften erst ab 1969).

Beispiel für umfangreiche Autorenrichtlinien Fortsetzung

- Personenregister mit Angabe des Preisverleihungsjahrs (ohne Seitenbezug). Bei dreispaltigem Satz können pro Buchseite etwa 180 Einträge untergebracht werden. Für rund 700 Personeneinträge ergibt sich damit ein Platzbedarf von 3 bis 4 Buchseiten.
- Schlagwortregister als Sachregister (Nennung von max. 3 zentralen Begriffen pro vergebenem Preis/Doppelseite; bei 483 Doppelseiten führt dies zu max. rund 1450 Einträgen und einem Platzbedarf von 7 bis 8 Buchseiten); verschlagwortet werden ausschließlich Begriffe, die dem Thema der Preisvergabe unmittelbar zugeordnet werden können. Beispiel: Stanley Prusiner erhielt 1997 den Nobelpreis für Medizin/Physiologie für seine Entdeckung der Prionen, einer neuen Klasse von Krankheitserregern, die z. B. die Creutzfeld-Jacob-Krankheit auslösen. In diesem Fall sollten folgende Begriffe verschlagwortet werden: Prionen, Creutzfeld-Jacob-Krankheit, BSE (und die ausgeschriebene Form!). Obwohl die folgenden Begriffe (wahrscheinlich) in der einen oder anderen Form in dem Beitrag vorkommen werden, sollten sie nicht verschlagwortet werden: Virus/Viren, Immunsystem, weiße Blutzellen/Lyphocyten, Eiweiß/Protein.
- Bildquellenverzeichnis.

3.2 Text- und Bildredaktion

- Das Produktniveau sollte sich am Bildungsstand der Zielgruppen orientieren.
- Der Schreibstil ist packend und unterhaltsam, die Darstellung der gewürdigten Leistungen sachlich präzise und kompetent.
- Die Illustration ist nicht nur schmückend, sondern auch informativ und erläuternd; hierzu tragen – neben einer sorgfältigen Abbildungsauswahl – ausführliche (»sprechende«) Bildunterschriften bei.

3.3 Formalien

- Personen sollten – wenn möglich – mit ihrem Vornamen, der Berufsbezeichnung (bei Wissenschaftlern der Fachrichtung) und der Nationalität genannt werden (z. B. der amerikanische Ethnologe Walter Martin Miller). Bei Deutschen entfällt die Angabe der Nationalität; bei Amerikanern sollte zudem auch die »middle initial« aufgelöst werden (also nicht Walter M. Miller).
- Auf Abkürzungen, auch auf die gängigen (z. B., d. h., u. a., etc.) sollte verzichtet werden. Ausnahmen: v. Chr., n. Chr.
- Einheiten (z.B. Meter, Kilogramm, Sekunde, Tonne, aber auch Prozent) werden nicht durch ihre Einheitenzeichen ersetzt, außer es tritt auf der gleichen Seite eine Häufung (mehr als drei) auf. Vorsatzzeichen sollten bei der Erstverwendung erläutert werden (z. B. Nanometer – 10^{-9} Meter).
- Zahlen bis 12 werden ausgeschrieben.
- Auf Fremdwörter, die dem Text einen allzu »akademischen« Anstrich geben, sollte verzichtet werden, wenn es eine eindeutige Entsprechung in der Alltagssprache gibt (z. B. »Demission« kann durch »Entlassung, »euphemistisch« durch »beschönigend« ersetzt werden). Die Verwendung von Fachtermini sollte sparsam erfolgen und auf das absolut notwendige Mindestmaß beschränkt bleiben.
- Jahres- und Jahrhundertangaben sollten vollständig sein, um dem Leser die Orientierung zu erleichtern (z. B. »1848er-Zeit«, nicht »48er-Zeit«, »in den 1980er-Jahren«, nicht »in den 80er-Jahren«).
- Als Relativpronomen möglichst nur »der, die, das« und nicht »welcher, welche, welches« verwenden.

Beispiel für umfangreiche Autorenrichtlinien Fortsetzung

- Als Genitivendung – soweit möglich – nur die verkürzte Form verwenden (z. B. »des Werks«, nicht »des Werkes«, »des Nationalstaats«, nicht »des Nationalstaates«). Bei Zeitangaben mit »am« und »im« nur die verkürzte Form verwenden (»am Tag«, nicht »am Tage«, »im Jahr«, nicht »im Jahre«).
- Abweichend von DUDEN 1, Die deutsche Rechtschreibung (22. Aufl. 2000) gilt für die Fachtermini die in der Fachsprache übliche Schreibung. Das betrifft im Wesentlichen die Buchstabenalternativen c/z, c/k, f/ph, t/z und i/y. Eine Liste mit möglichen Fällen haben die Autoren erhalten.
- Bei der Schreibung von Wörtern (Eigennamen) aus fremden Sprachen werden die in der jeweiligen Sprache üblichen diakritischen Zeichen und Sonderbuchstaben verwendet, sofern keine eindeutschende Schreibung üblich ist. Für Wörter (Eigennamen) aus Sprachen mit nichtlateinischer Schrift wird eine der Aussprache oder dem allgemeinen Sprachgebrauch angepasste Umschrift (Transkription) verwendet. In Zweifelsfällen wird nach den Hinweisen »Transkription und Transliteration der wichtigsten Fremdsprachen« in der Brockhaus Enzyklopädie, 20. Auflage, Band 1, S. 729ff verfahren.
- Bei Organisationen wird der vollständige, offizielle Name in der für die jeweilige Organisation geltenden Sprache(n) und ggf. deren (offizielle) Abkürzung genannt. Für Sprachen mit nichtlateinischer Schrift gilt das oben Gesagte. Die deutsche Übersetzung des Namens wird – falls möglich – jeweils in Klammern angegeben.

4. Layout und Satz

- Für das Layout der einzelnen Teile des Werks (Einleitung, Hauptteil mit Jahrzehntübersichten, Tabellenteil) werden Musterdateien zu Verfügung gestellt. Für Autorenverzeichnis, Vorwort, Inhaltsverzeichnis, Personen- und Schlagwortregister sowie Bildquellenverzeichnis erhalten die Autoren eindeutige Layoutvorgaben.
- Der Verlag stellt sämtliche Schriften (Standard-Postscript-Belegung) ausschließlich zum Zweck der Werkbearbeitung zur Verfügung. Die Autoren verpflichten sich, die Schriften nach Projektende vollständig aus ihrem Schriftenbestand zu löschen.
- Es werden nur die französischen (doppelten) Anführungszeichen verwendet (auf: », zu: «).
- Für alle Zahlen im Text und in den Bildunterschriften werden Mediävalziffern verwendet. In den Grafiken können Tabellenziffern eingesetzt werden. Zusätzliche Auszeichnungen (etwa kursive, halbfette Schriftschnitte) finden im laufenden Text keine Anwendung. Werktitel werden in Anführungszeichen gesetzt.
- Falls Aufzählungen notwendig sind, werden als Aufzählungszeichen Spiegelstriche verwendet. Bei nummerierten Aufzählungen werden die jeweiligen Nummern in zwei runde Klammern eingeschlossen.
- Bei Versalien (z.B. UNESCO) wird die Schriftgröße im Vergleich zur Grundschrift reduziert.
- Die unterschiedlichen Längen von Divis und Streckenstrich sind zu beachten.
- Als Festabstand wird ein Achtelgeviert vereinbart. Die Verwendung von Festabständen kann der Information »Festausschlussbeispiele für die Redaktion« entnommen werden, die den Autoren vorliegt.

2.3.3 Fragebogen an den Autor

Die tatsächliche Form der Abgabe des digitalen Manuskriptes richtet sich nicht nur nach den Wünschen des Verlages, sondern auch nach den Fähigkeiten des Autors. Häufig erhält der Autor bei einer erstmaligen Zusammenarbeit mit dem Verlag einen Fragebogen, der sowohl über seine Kenntnisse im Umgang mit Computertechnik als auch über seine computertechnische Ausstattung Auskunft geben kann. Der Autor sollte sich die Zeit für diese Befragung im eigenen Interesse nehmen. Nach diesen Angaben kann der Verlag einschätzen, welche Form der Manuskriptübergabe die geeignete ist.

Autorenfragebogen zur Arbeit am Computer

1. **Sind Sie bereits als Autor tätig?**
   ( ) ja ( ) nein
2. **Besitzen Sie einen Computer, wenn ja, welchen Rechnertyp?**
   ( ) ja ( ) IBM-PC
   ( ) Macintosh ( ) Atari
   anderer: ....
   ( ) nein

   Wenn nein, beabsichtigen Sie, sich in nächster Zeit einen Computer anzuschaffen?
   ( ) ja ( ) nein

   Wenn 2. ja:
3. **Nutzen Sie Ihren Computer bereits zur Manuskripterstellung?**
   ( ) ja ( ) nein
4. **In welcher Form erfolgt bisher die Abgabe Ihrer Manuskripte?**
   ( ) bisher noch keine Abgabe
   ( ) Computerausdruck
   ( ) Datei und Computerausdruck
5. **Mit welchem Betriebssystem arbeiten Sie?**
   ( ) Windows ( ) DOS
   ( ) MacOS ( ) Windows NT
   ( ) UNIX
   ( ) anderes: ....
6. **Welche Anwendersoftware nutzen Sie, insbesondere zur Manuskriptbearbeitung? (Angabe bitte incl. Version, z. B. MS Word 98, Claris Works 3.0, TEX)**
   ....
   ....
7. **Seit wann arbeiten Sie mit o. g. Anwendersoftware?**
   ....
   ....

Autorenfragebogen zur Arbeit am Computer Fortsetzung

8. Wie schätzen Sie Ihre Fähigkeiten im Umgang mit dem Computer ein? Benutzen Sie zur Einordnung bitte folgende Skala:
sehr gut Grundkenntnisse
1 ( ) ---------- 2 ( ) 3 ( ) 4 ( ) ---------- 5 ( ) ---------- 6 ( )

9. Arbeiten Sie bei der Texterstellung mit Format- bzw. Stilvorlagen?
( ) ja ( ) nein

10. Welche Ausstattung hat Ihr Computer?
( ) CD-ROM-Laufwerk ( ) CD-Brenner
( ) DVD-Laufwerk ( ) Diskettenlaufwerk
( ) Modem ( ) ISDN
( ) Drucker ( ) Scanner
( ) anderes: ....

11. Welche Speichermedien nutzen Sie?
( ) Diskette ( ) ZIP
( ) CD ( ) DVD
( ) andere: ....

Probleme bei der Arbeit am Computer 2.3.4

Mit der Bearbeitung des Manuskriptes am Computer betritt der Autor möglicherweise Neuland. Das Erreichen der nötigen Effekte mit bestimmten Operationen durch die Mehrfachtastenbelegung muss ihm zunächst vertraut werden. Anfangs besteht immer die Gefahr, durch einen versehentlich angewendeten falschen Befehl einen anderen Effekt als den erwünschten zu erreichen – bis hin zur Textlöschung.

Häufig auftretende Fehler bei der Texterstellung

manuelles Einfügen von Seitenzahlen – macht nach verändertem Seitenumbruch eine Neupaginierung nötig

manuelle Zeilenjustierung (Returntaste) möglicherweise jeder einzelnen Zeile, statt Nutzung der Zeilenschaltung zur Kennzeichnung von Absätzen

Einfügen der Trennstriche per Hand über die Bindestrichtaste – dieser Bindestrich bleibt bei verändertem Zeilenumbruch auch inmitten einer Textzeile stehen

Einsatz von Leerzeichen statt Nutzung von Einzügen und Tabulatoren bei eingerückten Texten

Tabellenerstellung mit Leerzeichen statt Nutzung der Tabellenfunktion

Beim Umstieg von der Arbeit an der Schreibmaschine auf den Computer muss der Autor die spezifischen Möglichkeiten des Computers erkennen und richtig einsetzen. Einige Dinge wie Tabellenfunktionen oder der Einsatz von Tabulatoren erklären sich nicht von selbst. Häufig benutzen Anwender ihren Computer wie eine etwas modernere Schreibmaschine und machen damit die tatsächlichen Vorteile des PC ungewollt zunichte.

Andere Autoren neigen dazu, sämtliche gestalterischen Möglichkeiten zu nutzen, und erzeugen so ein möglicherweise unübersichtliches Dokument. Unsinnige Auszeichnungen, nicht nutzbare Grafiken und Ähnliches müssen im Verlag manuell entfernt werden. Ein Zeitaufwand, den der Autor möglicherweise nicht nachvollziehen kann, da er ein in seinen Augen komplett fertig gestaltetes Manuskript abgegeben hat. Ein ebenfalls damit verbundener Irrglaube ist, dass vereinbarte Abgabetermine keine Rolle mehr spielen und Änderungen nach Redaktionsschluss noch möglich sein müssen, da ja »direkt aus dem Computer gedruckt wird«.

Aus den spezifischen Möglichkeiten, die der Computer beim Arbeiten bietet, ergeben sich auch ganz bestimmte, immer wiederkehrende Fehler, die sich auf das Inhaltliche auswirken. Durch das häufige Überarbeiten des Textes auf der Grundlage des zuerst geschriebenen Gedankenflusses mittels Verschieben, Löschen und Einfügen von Wörtern oder Textblöcken kann man folgende Fehler besonders häufig antreffen:

Häufig auftretende Fehler bei der Textüberarbeitung

Wortdoppelungen

Restsätze/Wörter aus Blockverschiebungen

Verwendung von Textbausteinen für unpassende Sachverhalte

aufeinander folgende, unzusammenhängende Textpassagen

Tippfehler (treten auch bei Schreibmaschinenmanuskripten auf)

nach: Riehm, Ulrich u. a.: Aspekte der Autoren-Verlagsbeziehung beim elektronischen Publizieren: Ergebnisse aus Expertengesprächen; Karlsruhe, Kernforschungszentrum 1988

2.3.5 Systemgerechtes Arbeiten am Computer

Um die genannten Fehler zu vermeiden, ist es nötig, die computerspezifischen Möglichkeiten bei der Arbeit am Manuskript zu nutzen. Die Vorgaben des Verlages sind dabei immer im Auge zu behalten. Auch wenn der Autor oft vor allem das Niederschreiben bestimmter Inhalte im Vordergrund sieht, sollte er den formalen Anforderungen genügend

Aufmerksamkeit zuwenden, da jede aus Unachtsamkeit resultierende zusätzliche Arbeit im Verlag zu Zeitverzögerungen bis hin zur Verschiebung des Erscheinungstermins des Buches führen kann. Ist die Datei des Autors durch zu viele Fehler unbrauchbar, muss sie schlimmstenfalls neu erfasst werden. Möglich ist auch, dass der Autor die Datei zur Nachbesserung zurückerhält.

So lauten die Grundsätze für systemgerechtes Arbeiten:

- Der Text wird **auf linksbündig eingestellt und fortlaufend geschrieben.** So läuft der Text automatisch auf die nächste Zeile weiter – es entstehen so genannte weiche Zeilenumbrüche, die sich bei Textänderungen automatisch verschieben. Die Returntaste kommt nur am Absatzende zum Einsatz. linksbündig und fortlaufend
- Auf manuelle Silbentrennung ist prinzipiell zu verzichten. Erwartet der Verlag die Abgabe eines Fließtextes, ist **die Silbentrennung komplett auszuschalten,** ansonsten wird die automatische Silbentrennung aktiviert. Verschiebt sich durch Textveränderungen das Wort komplett auf eine Zeile, wird diese weiche Silbentrennung selbstständig entfernt. Silbentrennung
- Ein Wortzwischenraum besteht prinzipiell aus nur **einem** Leerzeichen. Leerzeichen
- Um **Überschriften** der verschiedenen Hierarchien zu kennzeichnen, werden am besten Format- oder Stilvorlagen definiert, in denen Schriftgröße und Schriftschnitt (**fett**, *kursiv*) für den Text angegeben werden. Überschriften
- Eine **Textauszeichnung** sollte durch fette oder kursive Hervorhebung erfolgen. Eine Auszeichnung mit Großbuchstaben, den sogenannten VERSALIEN, sollte möglichst vermieden werden. Möchte man sie unbedingt nutzen, darf die Umstellung nur über die Menüleiste – Format/Zeichen – vorgenommen werden. Wird der Text mit der Umschalttaste in Großbuchstaben geschrieben, muss der Text zur Beseitigung dieser Auszeichnung neu erfasst werden. Textauszeichnung
- **Einzüge am Textbeginn** werden ebenfalls mit Formatvorlagen/Einzug vordefiniert. Ist die Nutzung von Formatvorlagen nicht möglich, wird der Stand **eines** Tabulators angegeben. Unprofessionell ist es, so lange Tabulatoren zu tippen, bis der Text an der richtigen Stelle steht. Einzüge am Textbeginn
- Die **Paginierung der Seiten** ist durch Festlegung der Fußzeile automatisch einzustellen. Nur so ist gewährleistet, dass bei Umbruchänderungen durch Textergänzungen oder -kürzungen die Seitenzahl automatisch aktualisiert wird. Seitenzahlen werden niemals manuell ins Dokument eingebracht. Paginierung der Seiten

Tabellenfunktion

- Tabellen sollen möglichst nur mit der **Tabellenfunktion** des Textverarbeitungsprogrammes erstellt werden. Ist das nicht möglich, werden Tabulatoren verwendet – je Tabellenspalte nur einer. Auf keinen Fall werden Tabellen mit Leerzeichen aufgebaut.

Rechtschreibprüfung

- Während des Arbeitens oder im Anschluss an die Manuskriptarbeit sollte die automatische **Rechtschreibprüfung** aktiviert werden. Die in Textverarbeitungsprogrammen integrierten Rechtschreibkontrollen sind allerdings oft recht rudimentär im Wortschatz. Besser ist es, die Überprüfung mit einem extra dafür vorgesehenen Programm vorzunehmen.

2.3.6 Einige satztechnische Hinweise für digitale Manuskripte

Ein erheblicher Zeitaufwand muss im Verlag bei der Übernahme digitaler Manuskripte dafür aufgewendet werden, satztechnische Ungenauigkeiten auszumerzen. Der korrekte Einsatz von An- und Abführungen, Apostrophzeichen, Auslassungspunkten, ganzen und geschützten Leerzeichen, Binde- und Gedankenstrich erleichtert die Arbeit für alle Beteiligten. Die ausführlichen Hinweise dazu befinden sich im Kapitel 4.5, »Die Seitengestaltung«, sowie als Übersicht im Anhang. Die folgende Hinweise bilden die Grundlage für semiprofessionelle Manuskriptarbeit und sollten das Minimum dessen sein, was vom Autor ganz selbstverständlich berücksichtigt wird.

Satztechnische Hinweise

Verwendung von Leerzeichen

Vor einem Satzzeichen ,:;!? steht kein Leerzeichen, jedoch immer nach einem Satzzeichen .

Er hatte, trotz einer Erkältung, gearbeitet. Nun muss er das Bett hüten.

Vor und nach einer Klammer steht ein Leerzeichen, sofern kein Satzzeichen nachfolgt.

Innerhalb der Klammern, also nach Klammer-Auf und vor Klammer-Zu steht kein Leerzeichen.

Die Kinder (außer den ganz Kleinen von ihnen) gehen dem Festzug voran.
Die Kinder gehen dem Festzug voran (außer den ganz Kleinen von ihnen).

Kein Leerzeichen steht vor dem Prozentzeichen, wenn davor eine Ziffer steht.

25%

Satztechnische Hinweise Fortsetzung

Nach dem Paragraphenzeichen steht ein Leerzeichen.

§ 28

Vor und nach Abkürzungen, Währungszeichen und Maßeinheiten steht ein festes oder geschütztes Leerzeichen, damit nach dem Zeilenumbruch Ziffer und Buchstaben nicht getrennt werden. Der Abstand ist üblicherweise schmaler als ein normaler Wortzwischenraum.

25␣v. H., 60␣€, 20␣mm

Bindestrich und Gedankenstrich

Gedankenstriche (–) und Trenn- bzw. Bindestriche (-) sind zu unterscheiden.

Der Bindestrich steht in zusammengesetzten Worten und bei Silbentrennung und zwar ohne Leerzeichen.

Fünf-Sterne-Hotel, Meier-Müller, An- und Abreise

Der Gedankenstrich ist länger als der Bindestrich. Steht er als Ersatz für das Wort »bis«, wird er direkt zwischen die beiden Zahlen oder Namen gesetzt.

10–12, 1980–1990, Hamburg-Altona–Köln

Wir hatten – ohne es zu merken – neugierige Zuhörer angelockt.

An- und Abführungszeichen

„deutsch“
“englisch”
»französisch«

Auslassungspunkte

Eine Auslassung im Text wird mit drei Punkten gefüllt. Diese Punkte sind nicht einzeln zu erzeugen, sondern mit einer von Anwenderprogramm und Betriebssystem abhängigen Tastenkombination. Vor und nach den Auslassungspunkten steht im Satz je ein Leerzeichen.

Wir glauben, alles müsste gelingen, aber … manchmal landet man unsanft auf dem Boden der Tatsachen.

Ist der Satz mit den Auslassungspunkten beendet, folgt kein zusätzlicher Punkt.

Schließlich kam alles ganz anders …

Satztechnische Hinweise Fortsetzung

Wird eine Auslassung in einem Zitat gekennzeichnet, werden die Auslassungspunkte in eckige Klammern gesetzt. Die Klammern schließen ohne Leerzeichen an die Auslassungspunkte an.

»Selbst Machiavellis Fürst gehört, [...], in gewisser Hinsicht einem mittelalterlichen Genre an, jenem der sogenannten Fürstenspiegel.«

Peter Burke: Die Renaissance. Frankfurt am Main: Fischer Taschenbuch Verlag 1996, S. 16.

Apostroph

Wird am Wortanfang statt des vollständigen Wortes ein Apostroph gesetzt, steht zuvor ein Leerzeichen. Es ist darauf zu achten, dass das richtige Sonderzeichen dafür eingegeben wird.

So 'n Blödsinn.

2.3.7 Datenspeicherung und -organisation

Die wichtigste Selbstverständlichkeit bei der Arbeit am Computer ist das Speichern der eigenen Arbeitsschritte in regelmäßigen Abständen während des Arbeitsvorganges. Nach jeder beendeten Sitzung ist eine Sicherheitskopie auf ein externes Speichermedium zu ziehen. Ebenso behält der Autor nach Abgabe des Manuskriptes im Verlag immer eine Kopie der abgesendeten Version.

Welche Datenträger für die Manuskriptübergabe genutzt werden können, ist mit dem Verlag zu klären. Auch nach der Entwicklung modernerer Datenträger (CD-ROM, DVD) ist die Diskette für die Speicherung von Texten nach wie vor ein weit verbreitetes Medium. Ihre vergleichsweise geringe Speicherkapazität von 1,4 MB reicht für die meisten Textdateien aus.

In letzter Zeit hat auch die Verwendung der CD-ROM als Datenträger rapide zugenommen – vor allem seit CD-Brenner zu erschwinglichen Preisen erhältlich sind bzw. von vornherein zur Grundausstattung von Rechnern gehören. Bei 650 bzw. 700 MB Speicherplatz auf einer CD kann auch Bildmaterial mitgespeichert werden. Die herkömmliche CD kann nur einmal bespielt bzw. gebrannt werden, was aufgrund der günstigen Preise für CD-Rohlinge meist keine Rolle spielt. Über den Nutzen mehrfach beschreibbarer CDs – CD-RWs – lässt sich eben auch aus diesem Grund streiten. Auch die Angaben zur Wiederholbarkeit des Neubespielens sind sehr unterschiedlich. Dazu kommt, dass nicht alle CD-ROM-Laufwerke diese CD-RWs lesen können. Dieses Problem tritt momentan auch bei DVDs auf. Der Vorteil einer DVD, das Speichern von Bewegtbildern und die hohe Speicherkapazität von 4,7 GB, spielt bei der Manuskripterstellung normalerweise keine Rolle. Zudem sind die Datenformate von DVD-Brennern am Rechner nicht ohne weiteres kompatibel mit DVD-Playern für Spielfilm-DVDs. Wer DVDs im Hausgebrauch nutzt, wird aber vor allem diese Funktion benötigen.

Mehrfach beschreibbare Datenträgers, wie früher Cartridges, heute ZIPs, sind oftmals einige Jahre erfolgreich am Markt, bevor sie von der nächsten Generation mit noch mehr Speicherkapazität abgelöst werden.

Bei umfangreichen Manuskripten wird der Text nicht in einer Datei, sondern in mehreren kleinen Dateien abgespeichert. Eine zu große Datei ist erstens unübersichtlich und kann zweitens zu Bearbeitungsproblemen (Systemabstürzen etc.) führen. Am besten erfolgt die Datenorganisation parallel zur Struktur des Manuskriptes, d. h. jedem Kapitel bzw. Unterkapitel entspricht jeweils eine eigene Datei. Abbildungen und Tabellen werden in gesonderten Dateien gespeichert. Für die Benennung der Dateien sollen so genannte sprechende Dateinamen verwendet werden – aus dem Namen der Datei muss erkennbar sein, um welchen Abschnitt des Buches es sich handelt.

Datenorganisation

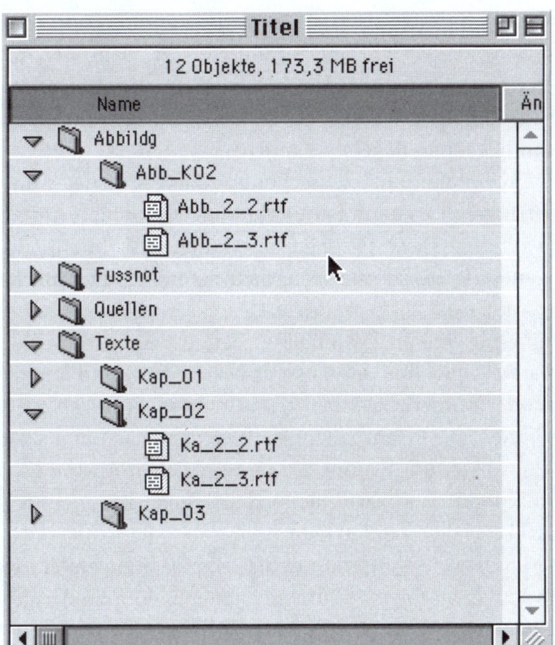

Der Datenaustausch zwischen Autor und Verlag oder zwischen mehreren Autoren eines Werkes erfolgt oftmals per E-Mail. Datenmengen ab 5 MB – das betrifft vor allem Dateien mit Abbildungen – sollten lieber per ISDN verschickt werden. Die Übertragung dauert sonst zu lange, viele Firmen haben außerdem Schutzwälle, so genannte Firewalls, in ihr E-Mail-System oder ihr firmeninternes Netz (Intranet) integriert, die den Eingang größerer Dateien nicht zulassen. Ist kein ISDN-Anschluss vorhanden, erfolgt die Datenübergabe am besten per externem Speichermedium.

2.4 Repro- oder Aufsichtsvorlagen

Manuskripte auf Papier lassen sich auch ohne digitale Daten in geeigneter Form reproduzieren. Das gilt für **unveränderte Nachdrucke** von Werken, die schon in gedruckter Form, aber ohne digitale Daten vorliegen. Ähnliches trifft auch auf Reprints und Faksimiles zu (siehe Kapitel 4.2). In gleicher Weise lassen sich schnell und kostengünstig Papiermanuskripte verarbeiten. In allen Fällen werden die Vorlagen- oder Manuskriptseiten direkt auf fotografischem Weg für den Offsetdruck reproduziert. Wenn Manuskripte so verwendet werden, spricht man von Repro- oder Aufsichtsvorlagen.

Viele Verlage geben ihren Autoren konkrete Hinweise zur Seitengestaltung und zur Form des Ausdrucks, sodass die vom Autor gelieferten Manuskriptseiten direkt als Vorlage für die Reproduktion dienen können. Diese Möglichkeit wird auch dann genutzt, wenn der Autor mit einem Textverarbeitungsprogramm sein Manuskript erfasst hat und nach Verlagsvorgaben so gestaltet, dass es technisch und typographisch den grundlegenden Regeln entspricht.

Damit wird ein Teil der herstellerischen Arbeit vom Verlag weg auf den Autor übertragen. Das kann bei Titeln mit sehr kleinen Auflagen durchaus sinnvoll sein. Dissertationen und ähnliche Veröffentlichungen, die zwingend erforderlich sind, aber nur einen begrenzten Leserkreis haben, werden vielfach so produziert.

Voraussetzung für eine professionelle Arbeit mit Aufsichtsvorlagen ist, dass die Manuskriptseiten nur einseitig beschrieben sind und ohne jede Korrektur oder Anmerkung, eben genau in dieser Form, abfotografiert werden können. Die Erfahrung zeigt, dass für solche Manuskripte ein zweimaliges Korrekturlesen mit einigem zeitlichen Abstand empfehlenswert ist. Es gibt kein Zwischenstadium mehr, keine Fahne, in der noch einmal korrigiert werden kann.

Sollten die Manuskriptseiten mit der Schreibmaschine erstellt werden oder wird der PC nur benutzt, um einen korrigierbaren Ausdruck auf Papier zu erzeugen, sollten verschiedene Bedingungen erfüllt werden, um ein ansehnliches und am Schluss gut lesbares Schriftbild zu erzeugen.

Technische Voraussetzungen

Papier

Zweckmäßigerweise wird auf **Papier** von 80 g/m² oder 90 g/m² oder auch auf satiniertem Schreibmaschinenpapier geschrieben bzw. ausgedruckt; es ist für die Reproduktion problemloser als Kunstdruckpapier.

Satzspiegel

Wichtig ist die Einhaltung des **Satzspiegels,** also der Höhe und Breite des Textes auf der Buchseite. Da der ausgedruckte Text in der Regel verkleinert wird, können – je nach Verkleinerungsmaßstab – Zeilenzahl und Zahl der Anschläge pro Zeile frei gewählt werden, solange nur das Verhältnis von Breite zu Höhe dem Satzspiegel entspricht. Das beim Schreiben einzuhaltende Format kann in Abhängigkeit vom Maßstab ausgerechnet werden. Das Format lässt sich unter Verwendung der Diagonalen auch auf einfache Weise grafisch ermitteln (s. Abb.).

Verkleinertes Schema einer Satzspiegelbestimmung für Aufsichts- oder Reprovorlagen

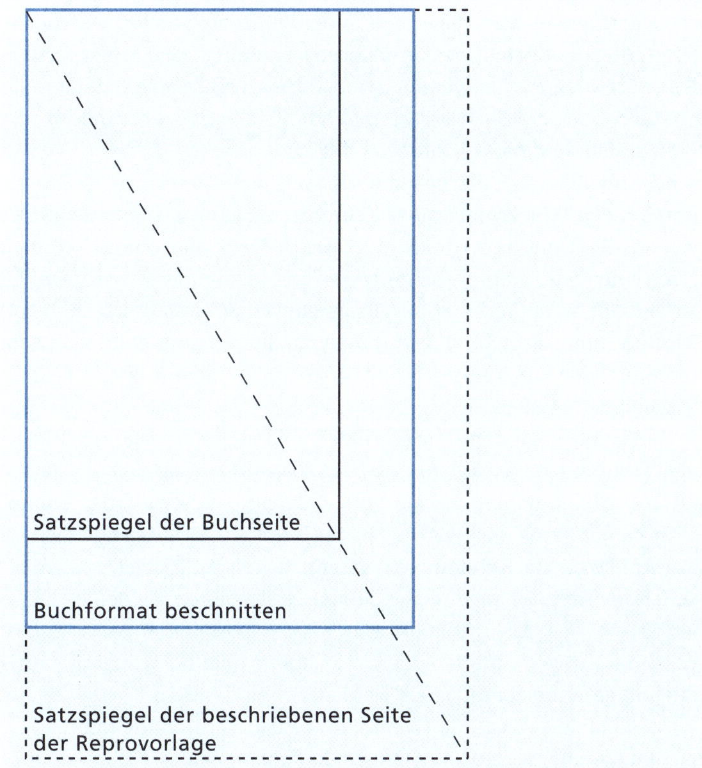

Der einmal festgelegte Maßstab ist dann durch das ganze Buch hindurch einzuhalten. Bei regelmäßiger Verwendung des gleichen Satzspiegels ist es zweckmäßig, den vorgegebenen Schreibrahmen auf das Papier aufzudrucken, und zwar vorzugsweise in Hellblau. Diese Farbe wird beim Reproduzieren nach bisherigen Verfahren nicht wiedergegeben.

Schriftrahmen

Je größer der für den Text gewählte **Schriftrahmen** ist, desto kleiner erscheint – bei gegebenem Satzspiegel – die Schrift nach der Verkleinerung. Die Lesbarkeit hängt dabei nicht nur von der Schriftgröße, sondern auch von der Schwärzung, der Strichstärke und der Schriftart ab. Vor der endgültigen Festlegung des Maßstabs sollten daher immer zuerst Proben angefertigt werden. Dies gilt auch bei Laserdruckern, selbstverständlich auch für Matrixdrucker.

einseitig

Das Papier wird nur **einseitig** beschrieben. Die Beschriftung darf nirgends über den vorgesehenen oder aufgedruckten Satzspiegelrahmen hinausgehen.

Korrekturen

Das ganze Manuskript muss sauber, klar und fehlerfrei niedergeschrieben werden. Eine Schreibmaschine mit klarem, offenem Schriftbild ist vorzuziehen; ein einwandfreies schwarzes Farbband ist notwendig. Für die PC-Schriften gilt, was unter 4.5 zur Schriftwahl dargestellt ist. Nachträgliche **Korrekturen** sind in der Reinschrift nicht zulässig; die Benutzung der Korrekturtaste dagegen ist möglich. Unbedingt vermeiden sollte man die Verwendung von Korrekturflüssigkeiten, da beim erneuten Überschreiben der betreffenden Stelle das Schriftbild in der Regel zu fein und häufig unregelmäßig wird.

Bei unbedingt erforderlichen nachträglichen Korrekturen sollen die betreffenden Wörter, eine ganze Zeile oder ein ganzer Absatz überklebt werden. Abstandsänderungen von Textblöcken zueinander können durch einen oder mehrere Schnitte und anschließendes Zusammenkleben auf einem neuen Blatt ausgeglichen werden. Das Erscheinen von Schnittkanten ist nicht zu befürchten, da die Seite ohnehin nach dem Reproduzieren im Negativ bei Staubkörnern, »Schmutzstellen« und dergleichen abgedeckt wird.

Sonderzeichen

Von Hand eingefügte **Sonderzeichen** sollten mit schwarzer Tusche oder Tinte, auf keinen Fall mit Bleistift ausgeführt werden. Das Gleiche gilt für Abbildungen. Sie können ebenfalls direkt auf das Manuskriptpapier gezeichnet werden. In der Regel erweist es sich jedoch als zweckmäßiger, die Abbildungen getrennt anzufertigen. Dafür muss natürlich im Text der entsprechende Platz freigehalten werden. Zum einen lassen sich dann Abbildungen leichter korrigieren, zum andern müssen sie wegen differierender Strichstärke oder Schwärzung häufig ohnehin getrennt reproduziert werden.

Typographische Voraussetzungen
Kolumnentitel

Der lebende **Kolumnentitel** steht auf Mitte in Verbindung mit der Seitenzahl (gerade Zahlen links, ungerade Zahlen rechts). Unter dem Kolumnentitel folgen ein oder zwei Leerzeilen.

Zeilenabstand

Der **Zeilenabstand** kann ein-, anderthalb- oder zweifach sein. Bei einem Text mit vielen Formeln reicht anderthalbfacher Abstand, weil die Formeln ein offenes Satzbild ergeben; gelegentlich ist sogar der einfache Zeilenabstand am vorteilhaftesten. Ist nur Text ohne Formeln zu schreiben, so ist zur besseren Lesbarkeit zweifacher Zeilenabstand vorteilhafter.

Formeln sollten generell mit einem Einzug von 4 bis 6 Leertasten nach links gestellt werden. Über und unter der Formelzeile ist mindestens eine Leerzeile erforderlich.

Formeln

Am Anfang der Seite darf **keine einzelne Ausgangszeile** eines Absatzes stehen; die verbindende, überleitende Kurzzeile steht in der Regel vor der zugehörigen Formel.

keine einzelne Ausgangszeile

Wenn am Schluss der Seite ein **Absatz** beginnt, sollten mindestens noch zwei folgende Zeilen auf der Seite stehen. Beginnt ein neuer Abschnitt am Ende der Seite mit einer Überschrift, so sollten nach der Überschrift mindestens fünf Textzeilen folgen, da Überschriften am Seitenende beim Durchblättern leicht übersehen werden.

Absatz

Exkurs Rechtschreibung

Zur Entwicklung der deutschen Einheitsrechtschreibung

Johann Wolfgang von Goethe hat sich um Fragen der Rechtschreibung nicht gekümmert. »Ein Wort« – so tönt er 1812 in einem Brief an die Gräfin Josephine O'Donell – »schreibe ich mit dreierlei Orthographie, und was die Unarten alle sein mögen, deren ich mich [sic!] recht wohl bewusst bin und gegen die ich auch nur im äußersten Notfall zu kämpfen mich unterwinde.« Es überrascht nicht, dass er bei dieser Haltung für seine Werkausgabe ein eigenes Redakteursteam beschäftigte.

Der Schweizer Dichter Gottfried Keller, bekanntermaßen höchst bedacht auf die sprachliche Qualität seiner Werke, bittet 1860 seinen Verleger, »die häufigsten Ungleichheiten in der Rechtschreibung, wie große und kleine Anfangsbuchstaben usf., deren Beseitigung mir im Manuscript immer ein bitteres Kraut ist, mit Rotstift zu berücksichtigen, im Falle Sie dadurch geniert sind. Mir selbst ist das durchaus gleichgültig. Ich verfahre immer nach augenblicklicher Eingebung ... und werde es so lange so halten, bis man zu einer allgemeinen Schreibart schreitet.«

Über Thomas Mann, der ihm der größte deutsche Schriftsteller des 20. Jahrhunderts ist, bemerkt Marcel Reich-Ranicki in einem Spiegelartikel von 1996, er habe »die Rechtschreibung, wie aus seinen Tagebüchern ersichtlich, keineswegs beherrscht«.

Natürlich war die Frage, wie man im Deutschen schreiben sollte, auch zu Lebzeiten der drei Genannten aktuell. Sie zieht sich seit den Tagen des Mönchs Otfried von Weißenburg (9. Jahrhundert) bis in unsere Gegenwart durch die Sprach- und Gesellschaftsgeschichte, und seit dem 15. Jahrhundert häufen sich wissenschaftliche Abhandlungen zur deutschen Orthographie, die nicht nur untereinander kontrovers sind, sondern stets auch kontrovers und heftigst diskutiert wurden. Der Streit entzweite Wissenschaftler und Familien. So konnten sich die Brüder Jacob und Wilhelm Grimm, zwei herausragende Sprachforscher in der ersten Hälfte des 19. Jahrhunderts und als Märchensammler bis heute allseits bekannt, in der Frage der Groß- oder Kleinschreibung der Substantive und Substantivierungen nicht einigen. Wilhelm blieb bei der Großschreibung, Jacob führte für sich nach mittelalterlichem Vorbild die Kleinschreibung ein und fand hierin sogar einige Nachahmer.

Im Zusammenhang mit der Einführung einer neuen amtlichen Rechtschreibung für Deutschland, Österreich, Liechtenstein und die Schweiz am 1. Juli 1996 plädierte Martin Walser dafür, es möge »doch jeder, auf eigenes Risiko, schreiben wie er« wolle. Und sein Kollege Walter Kempowski, der zugab, »in Rechtschreibung noch immer schwach« zu sein, hat in seinem Verlag – so will er es wohl selbst glauben – »einen Lektor, der mit mildem Lächeln und dem Gemurmel ›eigensinnige

Orthographie‹ alle [seine] Fehler rausstreicht«. (Alle Zitate nach ›Der Spiegel‹, Heft 42, 1996, S. 273 ff.) Hier irrt der Dichter!

Den Lektoren und mit ihnen den Setzern und Korrektoren bereitete und bereitet gerade die Uneinheitlichkeit in der deutschen Orthographie erhebliche Nöte. So klagte der Berner Buchdrucker W. Bücheler, in der Schweiz seinerzeit ein Vorkämpfer einer einheitlich geregelten Rechtschreibung, schon 1892: »Es kam vor, dass ich an ein und demselben Tag nach drei verschiedenen Orthographien setzen musste. Das Schimpfen der Setzer nahm kein Ende. Am schlimmsten kommen dabei diejenigen Autoren weg, welche ihre eigene Privat-Orthographie berücksichtigt haben wollen. Schriftsetzer, Korrektor und Prinzipal sind betreffs Orthographie in beständiger Unsicherheit und vollständig den Launen der Autoren preigegeben.«

Im Bildungswesen sah die Lage vor der Einführung einer allgemein verbindlichen Rechtschreibung nicht viel besser aus. In einem Schulerlass der preußischen Regierung aus dem Jahre 1862 heißt es: »Die in den Prinzipien der deutschen Orthographie und Interpunktion noch herrschende Unsicherheit ist kein Grund, den Schülern darin Willkür oder Unachtsamkeit nachzusehen ... Es ist dem einzelnen Lehrer derselben Anstalt nicht zu gestatten, die Übereinstimmung des Verfahrens, zu welchem die Lehrer derselben Anstalt sich vereinigen müssen, um theoretischer Gründe Willen zu stören« (zit. nach Gallmann/Sitta, 1996, 17). Will heißen: Es gab noch in der zweiten Hälfte des 19. Jahrhunderts Schulorthographien, die sich von Schule zu Schule und von Land zu Land unterscheiden konnten, woraus die Schwierigkeiten des Herrn Bücheler wenigstens zum Teil resultiert haben mögen. Kein Wunder, dass es gerade ein Schulmann war, nämlich der Bad Hersfelder Gymnasialdirektor Dr. Konrad Duden, der entscheidend zur Herbeiführung einer einheitlich geregelten deutschen Rechtschreibung beigetragen hat. Mit seinem »Vollständigen Orthographischen Wörterbuch der deutschen Sprache« von 1880 hat er der preußischen Schulorthographie im ganzen damaligen deutschen Reich und in der Schweiz zum Durchbruch verholfen und damit die Grundlage für die II. Orthographische Konferenz in Berlin gelegt, auf der es 1901 zur Verabschiedung der amtlichen Rechtschreibung gekommen ist, die dann in den Jahren 1902/03 in Kraft trat.

Die Regelung von 1901 löste das Problem der Variantenvielfalt in der deutschen Schreibung allerdings gerade für Anwender im grafischen Gewerbe nicht befriedigend, sodass die Buchdruckervereine Deutschlands, Österreichs und der Schweiz bereits im September 1902 an den Verlag Bibliographisches Institut und an Konrad Duden mit der Bitte herangetreten sind, ein orthographisches Nachschlagewerk für sie zu verfassen, welches die trotz der Neuregelung nach wie vor gegebenen und durch sie zum Teil sogar forcierten Doppelschreibungen beseitigte. Diesem Wunsch entsprechend, erarbeitete Konrad Duden die »Rechtschreibung der Buchdruckereien deutscher Sprache« (kurz »Buchdruckerduden«). Bis 1910 erlebte dieser Titel zwei Auflagen mit zahlreichen Nachdrucken.

Aus der nach dem Tod Konrad Dudens 1911 erfolgten Zusammenlegung des »Vollständigen Orthographischen Wörterbuchs« und des »Buchdruckerdudens« entwickelte sich der Rechtschreibduden (DUDEN – Die deutsche Rechtschreibung, jetzt 22. Auflage 2000), das Standardreferenzwerk in allen orthographischen Zweifelsfällen, welches in der Schweiz bis heute amtlich verbindlich ist.

Auch wenn sich mancher Dichter und Denker gegen eine geregelte Orthographie aussprechen mag, sicher ist, dass sie ihre Berechtigung hat. Wichtigstes Argument: Sie erleichtert das Lesen. Nicht vergessen sei nämlich, dass die gesamte Vermittlung unseres Wissens und unserer Kultur auch und gerade im Zeitalter der elektronischen Medien im Wesentlichen über verschriftete Informationen erfolgt. In diesem Zusammenhang sei erwähnt, dass eine einheitliche Rechtschreibung die maschinelle Erzeugung schriftlicher Informationen und deren maschinelle Decodierung (z. B. als maschinelle Übersetzung) erheblich befördert. Eine einheitlich geregelte Rechtschreibung vereinfacht natürlich das Schreibenlernen, und sie erleichtert Nichtmuttersprachlern den Erwerb des Deutschen, was nicht nur vor dem Hintergrund zunehmend multikultureller Gesellschaften im deutschen Sprachraum wichtig ist, sondern auch hinsichtlich der Stützung des Deutschen als Fremdsprache und als offizieller Sprache in internationalen Organisationen. Eine geregelte, möglichst schreibvariantenarme Orthographie erleichtert aber vor allem das Erfassen, die Korrektur und den Satz von Texten aller Art, wovon gerade der oben zitierte Buchdrucker Bücheler überzeugt war und wovon seine Nachfahren bis heute profitieren.

Rechtschreibung

Buchdruckereien deutscher Sprache.

Dr. Konrad Duden,

Leipzig und Wien.

Matthias Wermke

Literatur

Gallmann, Peter, und Sitta, Horst: Die Neuregelung der deutschen Rechtschreibung. Regeln, Kommentar und Verzeichnis wichtiger Neuschreibungen. Mannheim, Dudenverlag, 1996, S. 17 (= DUDEN-Taschenbücher 26).

Die Bearbeitung des Manuskriptes

3. Kapitel

Der Autor liefert das Manuskript an den Verlag. Hier erfolgen jetzt als erstes zwei Arbeitsgänge, mit je unterschiedlichem Ziel:

1. Das Lektorieren zielt auf die Beurteilung des Manuskriptes und schließt mit der Annahme des vorgelegten Materials durch den Verlag ab.

2. Das Redigieren erfolgt im Anschluss und bedeutet die ganz konkrete Bearbeitung des vorliegenden Materials, bis alle notwendigen Daten (vom Inhaltsverzeichnis bis zum Register) vorliegen. Dieser Vorgang endet mit der Übergabe an die Herstellungsabteilung.

Lektorieren und Redigieren sind Arbeiten, die je nach Verlag in einer Abteilung oder sogar von einer Person durchgeführt werden. Sie erfolgen ganz nah am Text des Autors und machen aus einem bloßen Manuskript ein zielgruppengerechtes, lesbares und sinnvoll nutzbares Produkt. Zu den redaktionellen Arbeiten zählen auch die Entwicklung von Abbildungen, Tabellen und Diagrammen sowie die Registererstellung. Diese Elemente komplettieren das (Daten-)Material, das dann wiederum der Herstellung zur weiteren Verarbeitung übergeben wird (siehe Kap. 4).

Wie die Arbeiten des Lektorierens und Redigierens ausgeführt werden, also Form, Tiefe und Zielrichtung der Bearbeitung, dies hängt von verschiedenen Kriterien ab, im Wesentlichen

- **vom Manuskripttyp und damit vom Verlagstyp**
  Ein Roman wird in einem Belletristikverlag anders bearbeit als in einem Heftromanverlag; beide Verlage verfahren wiederum vollständig anders mit den für sie geeigneten Manuskripten als etwa Sach- und Fachbuchverlage.

- **von der spezifischen Aufbau- und damit Ablauforganisation des jeweiligen Verlages**
  Einpersonenverlage arbeiten anders als managementgeführte Großverlage. Traditionell nach Verlagsfunktionen organisierte Verlage mit großen Fachabteilungen leben mit schwerfälligeren Abläufen als kleine, auf Projektarbeiten ausgerichtete Verlagseinheiten. Hier

herrscht ein sehr viel stärker ausgeprägtes Kostenbewusstsein und eine eng damit in Zusammenhang stehende, intensive Mitgestaltung bei der Manuskripterstellung vor seiner tatsächlichen Abgabe.

- **von den Verlagserwartungen an Form und Abgabe des Manuskriptes**
  Ein mit dem Verlag abgestimmtes Manuskript wird anders behandelt als ein unverlangt eingehendes Manuskript, ein Manuskript mit abgestimmter Konzeption anders als eines ohne eine solche Konzeption. Das gilt ebenfalls für die rein körperliche Form des abzugebenden Manuskriptes. Das Papiermanuskript erfordert andere Bearbeitungsvorgänge als ein digitales Manuskript.

Verlagstyp

Jeder Verlagstyp erzeugt seine spezifischen Formen des Manuskriptes, sodass hier grundsätzliche Varianten vorgestellt und diskutiert werden. Verlage lassen sich auf unterschiedliche Arten bestimmten Typen zuordnen und in vielfältige Kategorien zusammenfassen. Die Verlagsbranche hat dazu keinen einheitlichen, festen Standard entwickelt.[1]

Eine gängige Unterscheidung ist die in **Belletristik-** und **Sachbuchverlage.** Dabei ist der **Belletristikbereich** derjenige, der in der gesellschaftlichen Wahrnehmung im Vordergrund steht, die wirtschaftliche Bedeutung des **Sach- und Fachbuches** aber prägt die Branche.[2] Diese Einteilung ist jedoch nicht bindend und nicht generell gültig. **Taschenbuchverlage** etwa definieren sich über die Herstellung ihrer Produkte und nicht über die Inhalte ihres Programms.

Der Vertriebsweg gibt eine weitere Unterscheidung vor: Auf der einen Seite finden sich die Verlage mit Direktvertrieb, auf der anderen die, die traditionell über den Buchhandel, das so genannte Sortiment, verkaufen. Andere Kriterien sind spezifische Zielgruppen und deren Bedürfnisse, die z. B. von **Kinder- und Jugendbuchverlagen, von Schulbuch-** oder von **Baufachverlagen** u. Ä. erfüllt werden.

Zwischen den Gegensätzen **Klein-** und **Publikumsverlage** spielt sich die gesamte Bandbreite der Verlagsarbeiten am Manuskript ab. Kleinverlage, die oft nur aus einer Person bestehen, die alle Aufgaben entweder selbst durchführt oder deren Ausführung organisiert, verlegen oft zwischen einem und drei Titeln pro Jahr. Die hier gepflegten Arbeitsformen und -stile orientieren sich an der Verlegerpersönlichkeit, oft auch stark am Autor und der partnerschaftlichen Zusammenarbeit. Diese individuellen Formen sind nicht zu vergleichen mit den meist hoch standardisierten Abläufen in den bekannten Publikumsverlagen,

1 Eine gute Übersicht und nähere Hinweise dazu gibt Wolfgang Ehrhardt Heinold in Bücher und Büchermacher. Verlage in der Informationsgesellschaft. Hüthig, Heidelberg. 5., völlig neu bearbeitete Auflage 2001. S. 45–69.

2 Dazu gibt einen guten Überblick die einmal jährlich von der Zeitschrift Buchreport ermittelte »Hitliste« der Verlage nach Umsatz, die im Internet ebenfalls unter www.buchreport.de zu finden ist. Buchreport. Hrsg. von Bodo Harenberg, Harenberg Kommunikation Verlags- und Medien-GmbH & Co. KG, Dortmund.

in denen eine große Titelzahl alljährlich möglichst optimal zu erarbeiten ist.

Ebenfalls auf Effizienz ausgerichtet arbeiten die meisten **Wissenschaftsverlage**, die ihre Zielgruppen oft sehr genau kennen. Sie können ihre Marktchancen, ihre Absätze und Umsätze genauer kalkulieren als die meisten anderen Verlage. Das bedeutet für Autoren oft genug, dass sie Druckkostenzuschüsse bezahlen müssen und auf Honorare ganz verzichten. Diese Rechnung geht auf, weil diese Autoren als Wissenschaftler auf die Veröffentlichung ihrer Forschung angewiesen sind. Ähnlich finanzieren sich Verlage, die kein Programm verfolgen, sondern stattdessen jedem Interessierten die Möglichkeit zur professionellen Veröffentlichung ihrer Werke gegen Kostenbeteiligung ermöglichen.

Anhand dieser groben Übersicht lässt sich feststellen, dass die Ansprüche an ein Manuskript von Verlag zu Verlag sehr stark differieren können und zwangsläufig sogar differieren müssen. Die Form der Arbeit am Manuskript hängt zum einen von ebendiesem Anspruch ab, zum anderen aber vom so genannten **Leitmedium**.

Leitmedium Text und Leitmedium Bild

Leitmedium ist jeweils der Bestandteil des Manuskriptes mit der vollständigen Information. Ist diese vollständige Information im Text enthalten, spricht man vom Leitmedium Text. Das ist z. B. bei Fachbüchern mehrheitlich der Fall. Ist diese Information in den Abbildungen enthalten, spricht man entsprechend vom Leitmedium Bild. Ein Beispiel dafür sind Bilderbücher, ein anderes Comics. Wenn im Verlag nur mit Text oder nur mit Bild gearbeitet wird, erfordert das andere Arbeitsschritte und -organisationen als in den Mischformen.

Aufgrund der Lesegewohnheiten in unserer Kultur (siehe Kapitel 3.2) finden sich im Allgemeinen die Leitmedien immer links oder sogar links oben auf einer Seite. Da in unserer Gesellschaft links oben begonnen wird, eine Seite zu lesen und den Inhalt zu erfassen, wird alles, was links oder links oben steht, zuerst erfasst und bietet damit den ersten und wichtigsten Anhaltspunkt für das Verstehen.

Diese Lesegewohnheit war die letzten Jahrhunderte bis Anfang der 80er-Jahre des 20. Jahrhunderts stabil und hatte sich nicht wesentlich verändert. Mit der Zunahme von Zeitungs- und Zeitschriftenlektüre und den dort stattfindenden Veränderungen gibt es durchaus Brüche: Untersuchungen der Lesegewohnheiten zeigen, dass die erste Orientierung für den Leser vielfach die Abbildungen einer Seite sind und erst anschließend gemäß der bekannten Ordnung oben links weitergelesen wird. Dennoch können wir derzeit vor allem bei den Viel-Bücher-Lesern vom traditionellen Verhalten ausgehen – es wird links oben begonnen.

Diese Aufteilung ist wesentlich für zwei Arten von Titeln: Für technische Dokumentationen sowie für Schul- bzw. Lehrbücher. Technische Dokumentationen, also Handbücher, die ein Bestandteil von Maschinen, Geräten oder Apparaten sind, unterliegen dem Gesetz der

Produkthaftung. Ist die Dokumentation nicht optimal auf das Verständnis des Lesers ausgelegt, kann der Hersteller für Fehler aus der Bedienung haftbar gemacht werden.[1]

Schulbücher sind, im Unterschied zu vielen Lehrbüchern, ganz stark auf die aktuellen Erkenntnisse der Wissensvermittlung ausgerichtet. Allerdings steht die Typographie, also die Seitengestaltung nach den Regeln der »Schwarzen Kunst«, deutlich hinter diesen Erkenntnissen zurück. Schöne Bücher finden sich nur selten unter den Schulbüchern. Lehrbücher sollten ebenfalls auf die Vermittlung von Wissen zielen, tun das auch inhaltlich und gemäß Klappentext und Rückseitentext, unterstützen dies aber selten gestalterisch. Die Einführung von so genannten Piktogrammen oder Icons allein ist meistens nicht ausreichend.[2]

Die Lesegewohnheiten haben sich im Vergleich zu früher verändert. Die Aufnahme von Informationen erfolgt eher über einen Text-Bild-Mix als durch traditionellen Fließtext. Sachbuch- und Ratgeberverlage, die zum Teil die gleichen Käuferschichten bedienen, gehen diesen Weg. Möglicherweise führt das auch für andere Verlage noch zu stärkerer Veränderungsbereitschaft, sodass sowohl die Inhalte als auch die Gestaltung der Titel neue Impulse erhalten. Das wiederum wird sich automatisch in der Zusammenarbeit mit dem Autor auswirken und entsprechend auf die Anforderungen an ein Manuskript.

Ablauforganisation im Verlag

Es gibt Verlage mit **Lektorat** und solche mit **Redaktion.** Grundsätzlich lässt sich sagen: Je enger die Zusammenarbeit mit dem Autor, desto häufiger die Bezeichnung Lektorat. Je enger die Arbeit am Manuskript, desto üblicher die Bezeichnung Redaktion. Da der Titel des Lektors ein hohes gesellschaftliches Ansehen genießt, finden wir in manchen Verlagen auch dort nominell Lektoren, wo redaktionelle Arbeit aufgewertet werden soll.

Belletristische Verlage haben personell starke und vom Aufgabenspektrum her ausdifferenzierte **Lektorate,** im Allgemeinen aber keine Redaktion. Sie leben von ihren Cheflektoren mit intensiven Autorenbindungen. Im internationalen Bereich sind Akquiselektoren oftmals nur noch mit dem Aufbau und dem Erhalt von Autorenbindungen beschäftigt, ohne dass es zu Manuskriptarbeit kommt. Dies ist von Haus zu Haus verschieden und prägt, auch und gerade in Zeiten anteilig hoher Lizenzeinkäufe, das Gesicht dieser Verlage.

1 Siehe dazu die DIN EN 292-1. Hier wird dargestellt, dass zur Konstruktion auch der Entwurf der Anleitung gehört. Insgesamt muss ein vorhersehbarer Missbrauch berücksichtigt werden, die Benutzerinformation ist also als Sicherheitsmaßnahme zu verstehen! Mehr Informationen zum Aufbau und zur ordnungs- und sachgemäßen Entwicklung von technischen Dokumentationen siehe Pötter, Godehard: Die Anleitung zur Anleitung. Leitfaden zur Erstellung technischer Dokumentationen. Würzburg, Vogel, 1994. Der Berufsverband tekom e. V. gibt weitere Informationen und Qualifizierungsmöglichkeiten, Sitz: Stuttgart, www.tekom.de

2 Siehe dazu Frutiger, Adrian: Der Mensch und seine Zeichen. 7. Aufl. Wiesbaden, Fourier, 2000.

In Sachbuchverlagen finden sich meist **Redaktionen,** da hier die Arbeit am Manuskript, dessen Aufbereitung und Optimierung, im Vordergrund steht. Lektoratstätigkeiten im Sinne von Autorenfindung und -betreuung werden dann neben der redaktionellen Arbeit mitgeleistet. Die aus Lexikonverlagen bekannten schreibenden Redaktionen sind die Ausnahme im europäischen und US-amerikanischen Verlagswesen. Schreibende Redaktionen sind üblich im Zeitungs- und Zeitschriftenbereich, aber die Ausnahme bei den Buchverlagen.

Verfügt ein Verlag über Lektorat **und** Redaktion, handelt es sich entweder verlagsintern um unterschiedliche Programmbereiche mit unterschiedlichen Aufgaben oder um eine ausgeprägte Arbeitsteilung. Im Lektorat finden dann primär Tätigkeiten zur Autorenakquise und -pflege statt bis hin zur Annahme des Manuskriptes, die manuskriptorientierte, ganz praktische Textarbeit erfolgt in der Redaktion.

Das fertig bearbeitete, inhaltlich und orthographisch korrekte Manuskript wird dann an die Herstellung übergeben. Die **Herstellungsabteilung** ist die letzte so genannte Funktionalabteilung. Hier werden die von der Redaktion fertig gestellten Materialien so verarbeitet, dass sie die gewünschte endgültige Form bekommen können – entweder in weiteren Schritten im Verlag selbst oder in den Betrieben des grafischen Handwerks und der grafischen Industrie. Dabei handelt es sich nicht mehr um Arbeit am konkreten Textinhalt oder Textgehalt, sondern um Form und zukünftige Gestalt der fertig bearbeiteten Inhalte nach den Regeln der Lesbarkeit.

Kostenbeeinflussung

Unter wirtschaftlichen Aspekten ist die Möglichkeit, die Kosten eines Titels zu beeinflussen, am größten, bevor das Manuskript vorliegt. Verlagsinterne Kosten lassen sich reduzieren, wenn sich Autoren an wohl durchdachten Richtlinien orientieren, weil dann redaktionelle Kosten und meistens auch Herstellungskosten niedrig gehalten werden können. Ebenso notwendig ist die Terminsteuerung. Autoren, die in die Planung ihres Titels miteinbezogen wurden, haben eine realistischere Einschätzung ihrer eigenen Terminlage. Wenn dazu noch eine wirklichkeitsnahe Einschätzung des eigenen Schreibvermögens kommt, hat der Lektor verlässliche und saubere Plandaten.

Moderne Organisationsformen für große Verlage versuchen generell, wieder das herzustellen, was in den Keimzellen der Branche, den ursprünglich verlegergeführten Verlagen, selbstverständlich war: Hohes Engagement für die eigenen Titel und hohe Identifikation bei gleichzeitiger unternehmerischer Verantwortung. Das Letztere ist das Novum und ergänzt einen sehr hohen Standard der Branchenethik. Unabhängig von der Organisationsform werden Manuskripte seit Generationen von Lektoren und Redakteuren hinweg qualifiziert und oftmals sehr differenziert bearbeitet.

Dabei nimmt die Bearbeitung an Tiefe, Detailsicht und Intensität beim Durchlauf von Lektorat und Redaktion mit jeder Bearbeitungs-

Kostenbeeinflussungspoteztial und Bearbeitungstiefe von Manuskripten

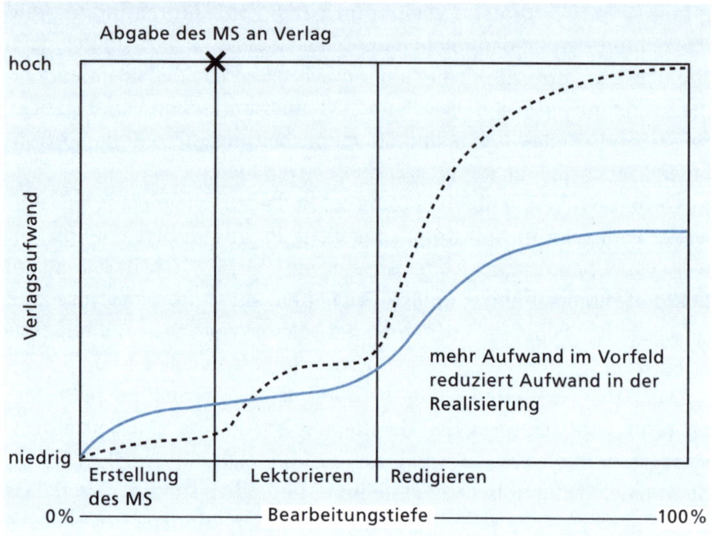

stufe zu und führt in der Konsequenz zu einem herstellungsreifen Manuskript (s. Abb.).

3.1 Die Arbeitsvoraussetzungen

Vor den Arbeiten in Lektorat und Redaktion steht die Schnittstelle Autor – Verlag. Der Autor hat aus seiner Sicht ein fertiges Manuskript und übergibt dies dem Verlag. In größeren Verlagen wird ein Mitglied des Lektorates oder der Redaktion dieses Manuskript annehmen.

Abgabe des Manuskriptes

Ein gutes Manuskript erfüllt aus Sicht des Verlages folgende Kriterien:

- Der Inhalt ist deckungsgleich mit der abgesprochenen Konzeption und in der vereinbarten Form geliefert.
- Das Manuskript entspricht sprachlich und stilistisch den zwischen Verlag und Autor abgesprochenen Grundsätzen.
- Die Übergabe des Textes oder von Teillieferungen erfolgt nach den zwischen Autor und Verlag vereinbarten Terminen.

Ist ein Autor des Verlages beauftragt, den fünften Titel im Anschluss zu schreiben, so darf mit einem perfekten Manuskript, inhaltlich dem Konzept entsprechend sowie umfangs- und termingenau, gerechnet werden. Das ist bei Auftragsmanuskripten mit entsprechenden Einzelautoren, Autorentandems und Ghostwriting der angestrebte Normalfall. Hauptberufliche Autoren leben von ihrer Professionalität, die deutlich über die reinen Fähigkeiten des Schreibens hinausreicht.

Ähnlich professionell agieren einige zwar nebenberuflich, dennoch aber mit hohem Eigeninteresse schreibende Verfasser wissenschaftlicher Werke. Zu ihrer Forschungstätigkeit gehört die Veröffentlichungsarbeit dazu und bringt so Regelmäßigkeit und Routine mit sich. Ihre Titel sind verbunden mit einem hohen Eigeninteresse und entsprechend mit einem hohem Qualitätsanspruch, manchmal auch mit einem klaren Terminziel aus Autoren-, nicht nur aus Marktsicht.

Das Manuskript eines rein nebenberuflich schreibenden Autors ist demgegenüber sowohl terminlich schwieriger zu steuern als auch in allen Fragen von Qualität und Quantität vollständig und umfassend zu prüfen und zu bearbeiten. Handelt es sich um ein Erstmanuskript, ist eine konsequente und kontinuierliche Betreuung während der Entstehungszeit durch den Verlag anzuraten, um eventuell auftretenden Problemen rechtzeitig gegensteuern zu können.

Mehrautorenwerke sind eine besondere Herausforderung, welcher die meisten Verlage begegnen, indem sie **Herausgeber** einsetzen und an diese einen Teil der Lektoratsarbeit delegieren. Trotz solcher Hilfe und möglichen Entlastung ist eine straffe, klare und immer aktuelle Organisation von Seiten des Verlags das A und O dieser Werke. Sie kann gar nicht hoch genug geschätzt werden.

Form des Manuskriptes

Sind dem Autor vom Verlag Richtlinien zur Manuskripterstellung ausgehändigt worden, darf der Verlag erwarten, dass das vom Autor abgelieferte Manuskript diesen Richtlinien auch entspricht. Die Erfahrung zeigt jedoch, dass dies sehr oft nicht der Fall ist. Gerade Erstlingsautoren sind mit den Inhalten ihrer Texte vielfach so beschäftigt, dass formale Kriterien wie diese Richtlinien unberücksichtigt bleiben.

Handschriftlich erstellte Manuskripte sind nicht mehr üblich und werden nur in Ausnahmefällen angenommen. Für gewöhnlich gibt der Autor ein Typoskript ab, ein mit Schreibmaschine geschriebenes oder am PC erstelltes und ausgedrucktes Manuskript. Da heutzutage in so gut wie allen Fällen die Manuskripte digital verarbeitet werden, erwarten die Verlage den Papierausdruck des Manuskriptes zusammen mit den zugehörigen digitalen Daten. Näheres dazu in Kapitel 2.

Je aktiver der Lektor im Umgang mit dem Autor Verantwortung für das Gelingen des Manuskriptes übernimmt, desto notwendiger ist vor dem Schreiben des Werkes die partnerschaftliche Abstimmung und während des Schreibens die konsequente Begleitung des Autors durch den Lektor. Hilfreich ist es außerdem, dem Autor die notwendigen Kenntnisse über den Verlag, seine Aufbauorganisation und seine internen Abläufe zu vermitteln. Mit dieser Transparenz gelingt es auch neuen Autoren leichter, Terminüberschreitungen, nicht eingehaltene Absprachen inhaltlicher oder formaler Art und ihre wirtschaftlichen Konsequenzen abzusehen und zu vermeiden.

Systematik der Arbeitsschritte

Es gibt kein Standardverfahren für die Weiterbearbeitung eines beim Verlag eingegangenen Manuskriptes. Die im Folgenden vorgestellte Systematik gibt einen prototypischen Ablauf wieder, der als Orientierung für den Autor einerseits und die Verlagsmitarbeiter andererseits dienen kann.

Die Bearbeitung des Manuskriptes im Verlag

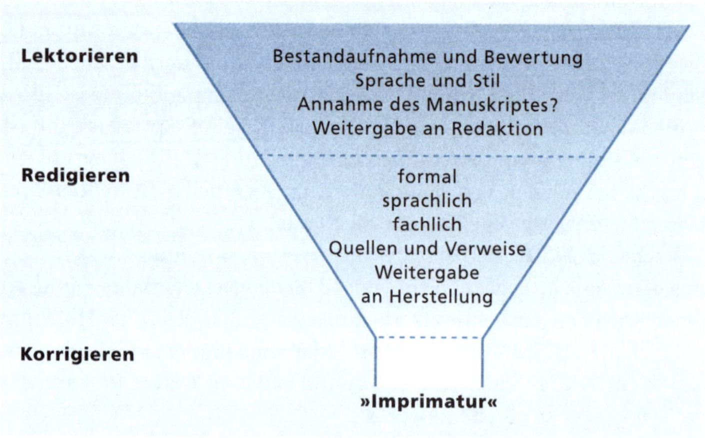

Mit zunehmender Bearbeitungstiefe nimmt auch die Detailarbeit am Text zu. Die Arbeitsschrittfolge ist so gedacht, dass im jeweils vorhergehenden Arbeitsschritt die Voraussetzung für die umfassende Durchführung des Folgeschrittes geschaffen wird. Die früheren Arbeitsschritte sind die umfassenderen und führen im Endeffekt zu größeren Veränderungen als die späteren Arbeitsschritte.

Je nach Verlag und Manuskriptqualität können durchaus Arbeitsschritte entfallen oder auf Stichproben reduziert werden. Vielfach ist jedoch die im Verlag angewandte Schrittfolge unklar und auch nicht offen gelegt. Für ein einheitliches und abgestimmtes Vorgehen ist es hilfreich, sowohl die eigene als auch die verlagstypische Systematik zu reflektieren. In diesem Klärungsprozess lassen sich Missverständnisse und Kommunikationsstörungen zwischen den Abteilungen und auch unter Kollegen sehr schnell beheben.

Manuskriptseite lektoriert

Transparenz gelingt es neuen Autoren, Terminüberschreitungen, nicht eingehaltene Absprachen inhaltlicher oder formaler Art zu vermeiden und ihre wirtschaftlichen Konsequenzen abzusehen.

3.1.2.1 Ablauforganisation im Verlag — zu tief strukturiert

Verlage sind funktional organisierte Unternehmen. Neben den Abteilungen wie Buchhaltung, Personal und Vertrieb, die jedes wirtschaftlich arbeitende Unternehmen braucht, finden sich in mittleren und großen Verlagen Lektorat und/oder Redaktion sowie eine Herstellung.

3.1.2.1.1 Lektorat und Redaktion

Grundsätzlich läßt sich sagen: Je stärker die Arbeit mit dem Autor, desto häufiger die Bezeichnung Lektorat. Je enger die Arbeit am Manuskript, desto üblicher die Bezeichnung Redaktion. Wenn beide Bezeichnungen vorliegen, handelt es sich entweder verlagsintern um unterschiedliche Programmbereiche mit unterschiedlichen Aufgaben oder um eine ausgeprägte Arbeitsteilung. Im Lektorat finden dann primär Tätigkeiten zur Autorenakquise und -pflege statt, die aufwendige manuskriptorientierte Arbeit erfolgt in der Redaktion.

prüfen: neue Rechtschreibung

3.1.2.1.2 Herstellung

Die *Herstellungsabteilung* ist die letzte sogenannte Funktionalabteilung. Hier werden die von der Redaktion weitergegebenen Materialien so vorbereitet, dass sie die gewünschte endgültige Form bekommen. In manchen Herstellungen werden dazu heute an DTP-Arbeitsplätzen viele Arbeiten selbst übernommen, von hier werden die vorliegenden Materialien zur Weitergabe an *Belichtungsfirma, Setzerei, Reproanstalt* und danach an *Druckerei* und *Buchbinderei* aufbereitet. Da die körperliche Produktion eines Titels, also vor allem Druck und Bindung, den größten Kostenblock an Einzelkosten ausmacht, liegt hier eine große Verantwortung.

neue RS

bitte Beispiele

Manuskriptseite redigiert

Lektorat, Redaktion und Herstellung

~~Verlage sind funktional organisierte Unternehmen.~~ Neben den Abteilungen wie Buchhaltung, Personal und Vertrieb, die jedes wirtschaftlich arbeitende Unternehmen braucht, finden sich in mittleren und großen Verlagen Redaktion oder Lektorat sowie eine Herstellung.

Grundsätzlich lässt sich sagen: Je stärker die Arbeit mit dem Autor, desto häufiger die Bezeichnung *Lektorat*. Je enger die Arbeit am Manuskript, desto üblicher die Bezeichnung *Redaktion*. Wenn beide ~~Bezeichnungen vorliegen,~~ handelt es sich entweder verlagsintern um unterschiedliche Programmbereiche mit unterschiedlichen Aufgaben oder um eine ausgeprägte Arbeitsteilung. Im Lektorat finden dann primär Tätigkeiten zur Autorenakquise und -pflege statt, die aufwendige manuskriptorientierte Arbeit erfolgt in der Redaktion.

~~Die~~ *Herstellungsabteilung* ~~ist die letzte sogenannte Funktionalabteilung. Hier~~ werden die von der Redaktion weitergegebenen Materialien so vorbereitet, dass sie die gewünschte endgültige Form bekommen. In manchen Herstellungen werden dazu ~~heute~~ an DTP-Arbeitsplätzen viele Arbeiten selbst übernommen; ~~von hier~~ werden die vorliegenden Materialien zur Weitergabe an *Belichtungsfirma, Setzerei, Reproanstalt* und danach an *Druckerei* und *Buchbinderei* aufbereitet. Da die körperliche Produktion eines Titels, also vor allem Druck und Bindung, den größten Kostenblock an Einzelkosten ausmacht, liegt hier eine große Verantwortung.

Manuskriptseite nach Duden korrigiert

Lektorat, Redaktion und Herstellung

Neben den Abteilungen wie Buchhaltung, Personal und Vertrieb, die jedes wirtschaftlich arbeitende Unternhemen braucht, finden sich in mittleren und großen Verlagen Redaktion oder Lektorat sowie eine Herstellung.

Grundsätzlich läßt sich sagen: Je stärker die Arbeit mit dem Autor, desto häufiger die Bezeichnung *Lektorat*. Je enger die Arbeit am Manuskript, desto üblicher die Bezeichnung *Redaktion*. Wenn beide Abteilungen vorhanden sind, handelt es sich entweder verlagsinteren um unterschiedliche Programmbereiche mit unterschiedlichen Aufgaben oder um eine ausgeprägte Arbeitsteilung. Im Lektorat finden dann primär Tätigkeiten zur Autorenakquise und –pflege statt, die aufwendige manuskriptorientierte Arbeit erfolgt in der Redaktion.

In der *Herstellungsabteilung* werden die von der Redaktion weitergegebenen Materialien so vorbereitet, dass sie die gewünschte endgültige Form bekommen. In manchen Herstellungen werden dazu heute an DTP-Arbeitsplätzen viele Arbeiten selbst übernommen. Unabhängig davon werden die vorliegenden Materialien zur Weitergabe an *Belichtungsfirma, Setzerei, Reproanstalt* und danach an *Druckerei* und *Buchbinderei* aufbereitet. Da die körperliche Produktion eines Titels, also vor allem Druck und Bindung, den größten Kostenblock an Einzelkosten ausmacht, liegt hier eine große Verantwortung.

Manuskriptseite druckreif

3.1.1 Traditionelle und digitale Manuskripte

Wenn das Manuskript im Lektorat eintrifft, wird zunächst geprüft, ob die Absprachen zur Übergabe eingehalten wurden. Folgende Bestandteile gehören zu einem vollständigen Manuskript:

- Eine oder mehrere datierte und eindeutig beschriftete Disketten mit allen Daten (Text und Abbildungen)
- Ein aktueller Ausdruck dieses digitalen Manuskriptes, mit Seitenzahlen und ggfs. Datum versehen
- Ein aktueller Ausdruck der zugehörigen Abbildungen
- Ein ausgedrucktes Verzeichnis aller Abbildungen

Oft benutzt der Autor eine andere Hard- und Software als der Verlag. Dann ist zu prüfen, ob die Daten zur weiteren Bearbeitung lesbar und nutzbar sind oder eine Konvertierung notwendig wird. Diese Konvertierung wird von einem EDV-Fachmann durchgeführt, wie es ihn in großen Fachbuchverlagen gibt, vielfach jedoch auch in der Herstellungsabteilung.

Nach einer solchen Konvertierung ist der Text auf Konvertierungsfehler zu überprüfen. Dazu gehören so genannte umgeschlagene Umlaute - also Umlaute, die durch zwei oder mehr falsche Zeichen dargestellt werden, z.B. ä als eckige Klammer oder ö als o mit Tilde - und nicht korrekt übertragene Sonderzeichen. Diese einfachen Konvertierungsprobleme lassen sich in einigen Arbeitsgängen mit Hilfe der Funktion "Suchen und ersetzen" im Allgemeinen problemlos beheben.

Generell ist zu prüfen, ob die digitalen Daten mit dem Ausdruck übereinstimmen. Oftmals wird noch in der letzten Minute vom Autor die Datei verändert, aber der Ausdruck nicht entsprechend gekennzeichnet.

Manuskriptrichtlinien

Wie mit den vorliegenden Daten und Manuskripten im Weiteren konkret zu verfahren ist, regeln in den meisten Verlagen so genannte Richtlinien zur Arbeit am Manuskript. In ihnen werden bestimmte standardisierte Verfahrensweisen des Verlages festgehalten, sodass neue Verlagsmitarbeiter schnell eine Orientierung über die Gepflogenheiten bekommen können.

In diesen Richtlinien wird zum Beispiel festgehalten, wie einerseits mit dem Papiermanuskript, andererseits mit dem digitalen Manuskript umzugehen ist. Dabei handelt es sich vor allem um Hinweise zur Organisation und Verwaltung der Daten, aber auch um notwendige Informationsflüsse.

Organisation der Daten Hierzu gehören sowohl die Richtlinien des Verlages zur Speicherung des abgegebenen Manuskriptes als auch zur Speicherung von Bearbeitungsstufen während der Gesamtbearbeitungszeit und die Kennzeichnung der in der jeweiligen Abteilung abschließend bearbeiteten Daten. Welche Dateien sind vom Lektorat freigegeben, welche von der Redaktion? Diese Fragen müssen sich aus der Benennung und Organisation eindeutig beantworten lassen. Eine probate Lösung bieten Ordner oder übergeordnete Verzeichnisse, die nach Bearbeitungsdatum geordnet sind.

Verwaltung der Daten Welche Dateien sind die aktuellen und werden aufbewahrt? Wie und wo werden diese Dateien aufbewahrt? Es besteht die Möglichkeit, jeweils das letzte Bearbeitungsstadium von Redaktion und Herstellung aufzubewahren sowie die Daten, die vom Satzbetrieb möglicherweise zurückgeliefert werden. Eine andere Möglichkeit besteht darin, die letztlich verarbeiteten Daten soweit nachzupflegen, dass sie einerseits den aktuellesten Stand wiedergeben - auch beispielsweise nach Autorenkorrekturen in der Fahne - und andererseits medienneutral abgespeichert werden können (siehe dazu Kap. 4.xx).

kap_3_1_1_bw.doc 7. August 2002, 10:3710:34 Seite 1

Manuskriptseite druckreif Fortsetzung

115100002 14

02-05-17 14:16:29 -patzsch- Annett Patzschewitz

 Hauptkorr.- Exemplar

Traditionelle und digitale Manuskripte

Wenn das Manuskript im Lektorat eintrifft, wird zunächst geprüft, ob die Absprachen zur Übergabe eingehalten wurden. Folgende Bestandteile gehören zu einem vollständigen Manuskript:

- Eine oder mehrere datierte und eindeutig beschriftete Disketten mit allen Daten (Text und Abbildungen)
- Ein aktueller Ausdruck dieses digitalen Manuskriptes, mit Seitenzahlen und ggfs. Datum versehen
- Ein aktueller Ausdruck der zugehörigen Abbildungen
- Ein ausgedrucktes Verzeichnis aller Abbildungen

Oft benutzt der Autor eine andere Hard- und Software als der Verlag. Dann ist zu prüfen, ob die Daten zur weiteren Bearbeitung lesbar und nutzbar sind oder eine Konvertierung notwendig wird. Diese Konvertierung wird von einem EDV-Fachmann durchgeführt, wie es ihn in großen Fachbuchverlagen gibt, vielfach jedoch auch in der Herstellungsabteilung.

Nach einer solchen Konvertierung ist der Text auf Konvertierungsfehler zu überprüfen. Dazu gehören so genannte umgeschlagene Umlaute, also Umlaute, die durch zwei oder mehr falsche Zeichen dargestellt werden, z.B. ä als eckige Klammer oder ö als o mit Tilde, und nicht korrekt übertragene Sonderzeichen. Diese einfachen Konvertierungsprobleme lassen sich in einigen Arbeitsgängen mit Hilfe der Funktion »Suchen und ersetzen« im Allgemeinen problemlos beheben.

Generell ist zu prüfen, ob die digitalen Daten mit dem Ausdruck übereinstimmen. Oftmals wird noch in der letzten Minute vom Autor die Datei verändert, aber der Ausdruck nicht entsprechend gekennzeichnet.

Manuskriptrichtlinien

Wie mit den vorliegenden Daten und Manuskripten im Weiteren konkret zu verfahren ist, regeln in den meisten Verlagen so genannte Richtlinien zur Arbeit am Manuskript. In ihnen werden bestimmte standardisierte Verfahrensweisen des Verlages festgehalten, sodass neue Verlagsmitarbeiter schnell eine Orientierung über die Gepflogenheiten bekommen können.

In diesen Richtlinien wird zum Beispiel festgehalten, wie einerseits mit dem Papiermanuskript, andererseits mit dem digitalen Manuskript umzugehen ist. Dabei handelt es sich vor allem um Hinweise zur Organisation und Verwaltung der Daten, aber auch um notwendige Informationsflüsse.

Organisation der Daten

Hierzu gehören sowohl die Richtlinien des Verlages zur Speicherung des abgegebenen Manuskriptes als auch zur Speicherung von Bearbeitungsstufen während der Gesamtbearbeitungszeit und die Kennzeichnung der in der jeweiligen Abteilung abschließend bearbeiteten Daten. Welche Dateien sind vom Lektorat freigegeben, welche von der Redak-

14

gegebenenfalls

(kein Punkt kleiner)

2x — (Streckenstrich)

Manuskriptseite druckreif Fortsetzung

115▪00002 14

02-08-08 12:49:55 -patzsch- Annett Patzschewitz

Zum Druck freigegeben

08.08. 9Sc.

Kapitel 3 Die Bearbeitung des Manuskriptes

3.1.1 Traditionelle und digitale Manuskripte

Wenn das Manuskript im Lektorat eintrifft, wird zunächst geprüft, ob die Absprachen zur Übergabe eingehalten wurden. Folgende Bestandteile gehören zu einem vollständigen Manuskript:

- Eine oder mehrere datierte und eindeutig beschriftete Disketten mit allen Daten (Text und Abbildungen)
- Ein aktueller Ausdruck dieses digitalen Manuskriptes, mit Seitenzahlen und gegebenenfalls Datum versehen
- Ein aktueller Ausdruck der zugehörigen Abbildungen
- Ein ausgedrucktes Verzeichnis aller Abbildungen

Oft benutzt der Autor eine andere Hard- und Software als der Verlag. Dann ist zu prüfen, ob die Daten zur weiteren Bearbeitung lesbar und nutzbar sind oder eine Konvertierung notwendig wird. Diese Konvertierung wird von einem EDV-Fachmann durchgeführt, wie es ihn in großen Fachbuchverlagen gibt, vielfach jedoch auch in der Herstellungsabteilung.

Nach einer solchen Konvertierung ist der Text auf Konvertierungsfehler zu überprüfen. Dazu gehören so genannte umgeschlagene Umlaute – also Umlaute, die durch zwei oder mehr falsche Zeichen dargestellt werden, z. B. ä als eckige Klammer oder ö als o mit Tilde – und nicht korrekt übertragene Sonderzeichen. Diese einfachen Konvertierungsprobleme lassen sich in einigen Arbeitsgängen mithilfe der Funktion »Suchen und ersetzen« im Allgemeinen problemlos beheben.

Generell ist zu prüfen, ob die digitalen Daten mit dem Ausdruck übereinstimmen. Oftmals wird noch in der letzten Minute vom Autor die Datei verändert, aber der Ausdruck nicht entsprechend gekennzeichnet.

Manuskript-richtlinien

Wie mit den vorliegenden Daten und Manuskripten im Weiteren konkret zu verfahren ist, regeln in den meisten Verlagen so genannte Richtlinien zur Arbeit am Manuskript. In ihnen werden bestimmte standardisierte Verfahrensweisen des Verlages festgehalten, sodass neue Verlagsmitarbeiter schnell eine Orientierung über die Gepflogenheiten bekommen können.

In diesen Richtlinien wird zum Beispiel festgehalten, wie einerseits mit dem Papiermanuskript, andererseits mit dem digitalen Manuskript umzugehen ist. Dabei handelt es sich vor allem um Hinweise zur Organisation und Verwaltung der Daten, aber auch um notwendige Informationsflüsse.

Organisation der Daten

Hierzu gehören sowohl die Richtlinien des Verlages zur Speicherung des abgegebenen Manuskriptes als auch zur Speicherung von Bearbeitungsstufen während der Gesamtbearbeitungszeit und die Kennzeichnung der in der jeweiligen Abteilung abschließend bearbeiteten Daten. Welche Dateien sind vom Lektorat freigegeben, welche von der Redak-

14

Traditionelle und digitale Manuskripte

3.1.1

Wenn das Manuskript im Lektorat eintrifft, wird zunächst geprüft, ob die Absprachen zur Übergabe eingehalten wurden. Folgende Bestandteile gehören zu einem vollständigen Manuskript:

- Eine oder mehrere datierte und eindeutig beschriftete Disketten mit allen Daten (Text und Abbildungen)
- Ein aktueller Ausdruck dieses digitalen Manuskriptes, mit Seitenzahlen und gegebenenfalls Datum versehen
- Ein aktueller Ausdruck der zugehörigen Abbildungen
- Ein ausgedrucktes Verzeichnis aller Abbildungen

Oft benutzt der Autor eine andere Hard- und Software als der Verlag. Dann ist zu prüfen, ob die Daten zur weiteren Bearbeitung lesbar und nutzbar sind oder eine Konvertierung notwendig wird. Diese Konvertierung wird von einem EDV-Fachmann durchgeführt, wie es ihn in großen Fachbuchverlagen gibt, vielfach jedoch auch in der Herstellungsabteilung.

Nach einer solchen Konvertierung ist der Text auf Konvertierungsfehler zu überprüfen. Dazu gehören so genannte umgeschlagene Umlaute – also Umlaute, die durch zwei oder mehr falsche Zeichen dargestellt werden, z. B. ä als eckige Klammer oder ö als o mit Tilde – und nicht korrekt übertragene Sonderzeichen. Diese einfachen Konvertierungsprobleme lassen sich in einigen Arbeitsgängen mithilfe der Funktion »Suchen und ersetzen« im Allgemeinen problemlos beheben.

Generell ist zu prüfen, ob die digitalen Daten mit dem Ausdruck übereinstimmen. Oftmals wird noch in der letzten Minute vom Autor die Datei verändert, aber der Ausdruck nicht entsprechend gekennzeichnet.

Manuskriptrichtlinien

Wie mit den vorliegenden Daten und Manuskripten im Weiteren konkret zu verfahren ist, regeln in den meisten Verlagen so genannte Richtlinien zur Arbeit am Manuskript. In ihnen werden bestimmte standardisierte Verfahrensweisen des Verlages festgehalten, sodass neue Verlagsmitarbeiter schnell eine Orientierung über die Gepflogenheiten bekommen können.

In diesen Richtlinien wird zum Beispiel festgehalten, wie einerseits mit dem Papiermanuskript, andererseits mit dem digitalen Manuskript umzugehen ist. Dabei handelt es sich vor allem um Hinweise zur Organisation und Verwaltung der Daten, aber auch um notwendige Informationsflüsse.

Organisation der Daten

Hierzu gehören sowohl die Richtlinien des Verlages zur Speicherung des abgegebenen Manuskriptes als auch zur Speicherung von Bearbeitungsstufen während der Gesamtbearbeitungszeit und die Kennzeichnung der in der jeweiligen Abteilung abschließend bearbeiteten Daten. Welche Dateien sind vom Lektorat freigegeben, welche von der Redaktion? Diese Fragen müssen sich aus der Benennung und Organisation eindeutig beantworten lassen. Eine probate Lösung bieten Ordner oder übergeordnete Verzeichnisse, die nach Bearbeitungsdatum geordnet sind.

Verwaltung der Daten

Welche Dateien sind die aktuellen und werden aufbewahrt? Wie und wo werden diese Dateien aufbewahrt? Es besteht die Möglichkeit, jeweils das letzte Bearbeitungsstadium von Redaktion und Herstellung aufzubewahren sowie die Daten, die vom Satzbetrieb möglicherweise zurückgeliefert werden. Eine andere Möglichkeit besteht darin, die letztlich verarbeiteten Daten soweit nachzupflegen, dass sie einerseits den aktuellesten Stand wiedergeben – auch beispielsweise nach Autorenkorrekturen in der Fahne – und andererseits medienneutral abgespeichert werden können (siehe dazu Kap. 4.4).

Daten können auf dem Server gespeichert werden oder gegebenenfalls auf den Festplatten von Netzwerkrechnern am Arbeitsplatz, auch dies ist zu regeln. Auch wenn Speicherplatz heute kein Problem mehr ist, muss dennoch die Frage geklärt werden, wie lange und wo Dateien schließlich gelagert werden. Wer ist zuständig und verantwortlich für diese Datenhaltung? Auch diese Frage sollten die Manuskriptrichtlinien beantworten.

Manuskript ohne digitale Daten

Auch heute gibt es noch Autoren, die ihre Manuskripte mit der Schreibmaschine erstellen, vielleicht sogar nur als Diktatkassette vorlegen. In diesen Fällen muss der Text erfasst und gesetzt werden.

Ist die Schreibmaschinenvorlage sehr gut, so lässt sich das Manuskript problemlos neu erfassen. Bei großen Textmengen ist zu prüfen, ob preiswerte Erfassungsmethoden möglich sind (siehe dazu Kap. 3.1.2). Ist die Vorlage jedoch schlecht lesbar und wenig übersichtlich, muss mit hohen Erfassungskosten, erhöhtem Korrekturaufwand und zeitaufwendigen Klärungen gerechnet werden.

In jedem Fall ist zu prüfen, ob die Daten im Anschluss an diese Produktion voraussichtlich erneut benötigt und aufbereitet werden müssen bzw. für eine Zweitverwertung auf CD-ROM oder im Internet vorgesehen sind. In einem solchen Falle ist unbedingt darauf zu achten, dass medienneutrale Daten (siehe Kap. 4.4) abgeliefert werden.

3.1.2 Neuauflagen ohne digitale Daten

Ein nicht unerheblicher Teil der Verlagspublikationen besteht aus Zweitverwertungen. Die bekannteste Form ist die Übernahme aus dem Hardcover ins Taschenbuch. Daneben gibt es zahlreiche andere Formen, von Studienausgaben, Anthologien bis hin zur Neuaufnahme eines Autors ins Programm, dessen Werke urheberrechtsfrei geworden sind. In all diesen Fällen steht neben der inhaltlichen Entscheidung die Frage nach der Verfügbarkeit valider Daten im Vordergrund, denn häufig ist eine besonders kostengünstige Produktion notwendige Voraussetzung dafür, dass ein solcher Titel überhaupt produziert wird.

Wenn ein unveränderter Nachdruck angestrebt oder zumindest möglich ist, gilt es, das Augenmerk nicht auf die Qualität der Daten, sondern auf die der Druckvorlagen zu richten. Im Idealfall sind dies die Druckfilme. Wo diese noch vorliegen, können neue Druckplatten von identischer Qualität wie bei der Erstauflage hergestellt werden.

Häufig soll aber auch das Buchformat verändert werden – z. B. bei der Übernahme vom Hardcover ins (kleinerformatige) Taschenbuch. Auch dafür können, wenn keine Belichtungsdaten mehr verfügbar sind, die alten Filme herangezogen und über Kamerasysteme oder Scanner verkleinerte Abzüge hergestellt werden. Das führt allerdings oft zu schlechterer Lesbarkeit und sollte mit Vorsicht bedacht werden. Verlage, die von vornherein eine solche Verkleinerung für Zweitverwertungen planen, sind gut beraten, schon bei der Typographie der großformatigeren Erstauflage die verkleinerte Nachauflage im Auge zu haben. Dies bezieht sich vor allem auf Entscheidungen hinsichtlich Schriftgröße, Schriftart und Durchschuss. Schriften mit sehr feinen Haarstrichen sollten beispielsweise vermieden werden, da diese in kleinen Schriftgraden vor dem Auge verschwimmen, wo sie nicht schon im Druckprozess ausbrechen (d. h. gar nicht oder nicht vollständig gedruckt werden) und somit ein schlechtes Druckbild bedingen.

Wo die Filme nicht mehr vorliegen, die alte Buchauflage aber dennoch unverändert nachgedruckt werden soll, kann auch ein Exemplar der alten Auflage selbst als Vorlage herangezogen werden. Hierbei werden die gedruckten Seiten eingescannt und – quasi als Abbildungen – neu belichtet und gedruckt. Daneben sind vereinzelt noch ältere Verfahren im Einsatz, die über Kameratechnik ohne den Einsatz eines Scanners die Information der gedruckten Vorlage direkt auf eine Druckplatte übertragen. Diese Verfahren werden, ohne saubere Trennung, je nach Produktionsbetrieb entweder als Arbeit mit Aufsichts- oder mit Reprovorlagen bezeichnet.

Sobald von einer gedruckten Vorlage ausgegangen wird, muss eine Qualitätsminderung im Druckbild der Nachauflage gegenüber der Erstauflage bzw. gegenüber dem Druck von Filmen einkalkuliert werden. Denn schon der Druck der alten Auflage entspricht nicht mehr der Vorlagenqualität des Filmes. Schuld daran ist vor allem der so genannte Punktzuwachs: Durch den Anpressdruck der Zylinder in der Druckmaschine wird die Farbe gequetscht und verteilt sich auf dem Papier über den gewünschten Bereich hinaus. Dieser Effekt tritt vor allem bei Rasterabbildungen zutage, bei denen es einen Punktzuwachs von bis zu 15% Flächendeckung gibt. Rasterabbildungen sind daher für diese Verfahren eher ungeeignet.

Wenn kein unveränderter Nachdruck möglich ist, muss das Werk zunächst neu gesetzt werden. Hierfür sollten wiederum die Satzdaten der alten Auflage herangezogen werden können. Im Idealfall liegen diese Daten nicht nur korrigiert, sondern auch anwendungsneutral codiert vor (vgl. hierzu Kap. 4.2 und 4.5). Dann lässt sich eine Neuauflage sehr schnell und kostengünstig erstellen: Der fehlerfreie (da von der Vorauflage übernommene) Datenbestand muss nach dem Neuumbruch lediglich auf Umbruchfehler – das sind im Wesentlichen Silbentrennungen und Seitenwechsel (Hurenkinder, Schusterjungen, unschöne Kapitelübergänge) – überprüft werden, damit das neue Werk in den Druck gehen kann.

Dieser Idealzustand ist allerdings die Ausnahme. Je länger die Veröffentlichung des ursprünglichen Werkes zurückliegt, umso unwahrscheinlicher ist es, dass überhaupt noch digitale Daten vorhanden sind. Wenn dies dennoch der Fall ist, sind zunächst folgende Fragen zu klären:

Datenträger

- **Handelt es sich um einen aktuell lesbaren Datenträger?**
  Ein veralteter Datenträger, z. B. ein Magnetband, das bis Mitte der 80er-Jahre noch Standardspeichermedium war, könnte mangels Verfügbarkeit eines Lesegerätes bereits die Verarbeitung der Daten unmöglich machen.

Satzdaten

- **Lassen sich die vorliegenden Satzdaten überhaupt weiterverarbeiten?**
  Die physikalische Lesbarkeit eines Datenträgers allein sagt noch nichts über die darauf befindlichen Daten aus. Viele Altdaten sind in einem Format abgespeichert, das dem heutigen Anwender unbekannt ist oder möglicherweise nicht konvertiert werden kann.

Auch wenn diese beiden Fragen geklärt sind, ist dennoch in der Regel nicht mit einem aktualisierten, also der letzten Buchauflage entsprechenden Datenbestand zu rechnen. Der Grund liegt in der z. T. bis heute gängigen Praxis, die letzten Korrekturen, die erst in der Filmbelichtung entdeckt wurden, nicht mehr in den Quelldaten auszuführen und diesen Datenbestand anschließend neu zu setzen. Es wurden oft lediglich einzelne Zeilen, maximal aber einzelne Seiten, neu gesetzt und nur die korrigierten Zeilen bzw. Seiten im Film ausgetauscht.

Das Korrigieren einzelner Zeilen im Film geschah über so genannten »Stripfilm«, ein besonders dünnes, selbstklebendes Trägermaterial, das auf den eigentlichen Offsetfilm geklebt werden konnte, ohne Unterstrahlungen bei der Plattenkopie hervorzurufen. Dieses Verfahren erfordert viel Geschick und gehört weitestgehend der Vergangenheit an, während heute das Setzen und Nachbelichten ganzer Seiten zum Zwecke der Filmkorrektur tägliche Praxis ist. In beiden Fällen entspricht der abgespeicherte Satzdatenbestand nicht mehr dem Wortlaut im Buch.

Je stärker diese Daten für die Neuauflage bearbeitet, ergänzt und verändert werden, umso weniger schlimm wiegen einzelne noch vorhandene Fehler, da diese in aller Regel im nun folgenden Korrekturdurchgang entdeckt und behoben werden können. Für eine im Wortlaut unveränderte Neuauflage (der Standardfall z. B. für belletristische Werke) dagegen entscheidet sich an der Qualität der Altdaten die Frage, ob der

Neusatz überhaupt hinsichtlich der Orthographie Korrektur gelesen werden muss – eine Frage mit nicht unerheblichen wirtschaftlichen Folgen.

Der Hersteller sollte daher bei übergebenen und gegebenenfalls bereits vorkonvertierten Daten nicht einfach auf Fehlerfreiheit vertrauen, sondern er muss sich möglichst genaue Angaben über die Herkunft dieser Daten geben lassen. Wo noch alte Filmmontagen vorhanden sind, reicht häufig ein prüfender Blick, um das Vorhandensein von Stripfilmen zu erkennen und damit der Qualität der Daten zu misstrauen.

Ist die Konvertierung der Daten zu aufwendig, sind die Daten unvollständig, zu fehlerhaft oder liegen überhaupt keine Daten vor, so bleibt nur die Redigitalisierung der Inhalte. (Die technischen Aspekte sind in Kap. 2.3 beschrieben.)

In jedem Fall muss generell die Frage nach den Verwertungsformen geklärt werden. Ist lediglich an eine neue Buchausgabe gedacht, steht zu erwarten, dass es mehrere Printversionen gibt, ist eine CD-ROM oder eine Nutzung im Internet geplant? Die ideale Basis sowohl für Satz als auch für elektronische Zweitverwertungen erfordert eine gründliche Vorbereitung des Manuskriptes und möglicherweise neben der Erfassung des Textes noch zusätzliche Codierungen.

Vorbereitung des Manuskriptes

Wenn der Text neu erfasst werden muss, bietet es sich natürlich an, zu günstigen Konditionen Codierungen miterfassen zu lassen. Eine nachträglich eingebrachte Codierung wird wie eine Korrekturstelle abgerechnet, während bei der Erfassung lediglich die höhere Anzahl von Anschlägen bezahlt werden muss – je nach Art der Codierung verbunden mit einem geringen Erschwernisaufschlag.

Zur Vorbereitung ist es notwendig, die im Buch vorhandenen Auszeichnungen sowohl inhaltlich als auch typographisch eindeutig zu strukturieren. So kann mit der Kursivierung einer Textstelle je nach Kontext völlig Unterschiedliches zum Ausdruck gebracht worden sein: Beispielsweise die Kenntlichmachung eines Fremdwortes, aber auch Zitate oder die besondere Betonung eines Wortes oder Satzes. Die Codierung »kursiv« ist also mehrdeutig. Der Text muss auf alle Fälle vor der Erfassung daraufhin überprüft und entsprechend gekennzeichnet werden.

Neben der Strukturierung der Texte sollte die Neuerfassung auch die Korrektur aller bekannten Druckfehler der alten Vorlage beinhalten. Das Manuskript, das zur Erfassung geht, muss also neben den strukturellen Elementen auch sämtliche Korrekturstellen enthalten und wird so zur verbindlichen Grundlage für die Erfassung

Vorbereitung für XML-Daten

Wird im Verlag mit XML-Daten gearbeitet, liegt möglicherweise eine Dokumenttyp-Definition (DTD, siehe Kap. 4.4) vor. Eine solche DTD beschreibt die inhaltlichen Strukturen des zu erfassenden Textes bzw. gibt Regeln für die Strukturierung vor.

Verlage, in denen die Datenhaltung in XML etabliert ist, verfügen meist über DTDs für die bei ihnen üblichen Textsorten wie Roman,

Kochbuch, Lexikon. Mit diesen DTDs ist die zu verwendende Syntax zweifelsfrei definiert. Damit ist ein wesentlicher Teil der Manuskriptvorbereitung bereits geleistet: Jeder typographischen Einheit der Vorlage kann ein XML-Element zugewiesen werden. Explizit im Manuskript kenntlich gemacht werden müssen lediglich die Elemente, die nicht aus der Typographie der Vorlage eindeutig hervorgehen. Das betrifft vor allem inhaltliche Auszeichnungen, die über die typographischen hinausgehen. Sie müssen im Manuskript kenntlich gemacht werden.

Voraussetzung für den sinnvollen Einsatz einer DTD ist natürlich, dass das Schreibbüro mit einer DTD umgehen kann. Im einfachsten Falle können DTDs gelesen und korrekt interpretiert werden; optimal ist es jedoch, wenn das Schreibbüro über einen XML-Editor verfügt.

Erfassung mit XML-Editor

In einem XML-Editor (vgl. auch Kap. 4.4) wird zunächst die DTD geladen, ähnlich einer Dokumentvorlage in der Textverarbeitung. Damit wird dem Rechner die Syntax der Dokumentstrukturen bekannt gegeben. Anschließend können die gewünschten Strukturelemente den entsprechenden Textabschnitten bei der Erfassung per Mausklick zugewiesen werden. Dabei findet automatisch eine Prüfung auf Übereinstimmung mit den Vorschriften der DTD statt, eine Fehleingabe von Strukturelementen entgegen den Regeln der DTD ist fast auszuschließen.

Erfassung ohne XML-Editor, aber mit DTD

Wo kein XML-Editor vorliegt, aber dennoch gemäß einer DTD erfasst werden soll, bietet sich der Einsatz einer »Keying-DTD« an. Hie-

Verlags-DTD (Muster) mit relativ langen Elementnamen

Bei stark strukturierten Dokumenten können sich die Erfassungskosten durch die Zahl der Anschläge für das Erfassen fast verdoppeln

Verlags-DTD:

```
<!ELEMENT buch (einleitung, vorwort, kapitel+, nachwort)>
<!ELEMENT einleitung (#PCDATA)>
<!ELEMENT vorwort (#PCDATA)>
<!ELEMENT kapitel (#PCDATA | hervorhebung)+>
<!ELEMENT nachwort(#PCDATA)>
<!ELEMENT hervorhebung (#PCDATA)>
```

Dokument gemäß dieser DTD:

```
<buch>
<einleitung> ... </einleitung>
<vorwort> ... </vorwort>
<kapitel> ... <hervorhebung> ... </hervorhebung> ...
<hervorhebung> ... </hervorhebung> ... </kapitel>
<nachwort> ... </nachwort>
</buch>
```

runter versteht man eine der Struktur nach zur Haupt-DTD identische DTD, die auf ein Minimum verkürzte Elementnamen verwendet. Da jeder Tastenanschlag bezahlt werden muss, kann durch den Einsatz verkürzter (aber immer noch eindeutiger) Codes viel Geld gespart werden.

Die gleiche Struktur abgebildet in einer »Erfassungs-DTD« (»Keying-DTD«)

Die Struktur ist ebenso eindeutig wie in der vorhergehenden Abbildung. Sie ist zwar nicht mehr sprechend für den menschlichen Leser, dafür aber vom Datenvolumen her wesentlich schlanker, was die Erfassungskosten senkt

»Keying-DTD«

```
<!ELEMENT b (e, v, k+, n)>
<!ELEMENT e (#PCDATA)>
<!ELEMENT v (#PCDATA)>
<!ELEMENT k (#PCDATA | h)+>
<!ELEMENT n (#PCDATA)>
<!ELEMENT h (#PCDATA)>
```

Dokument gemäß dieser DTD:

```
<b>
<e> ... </e>
<v> ... </v>
<k> ... <h> ... </h> ... <h>... </h> ...</k>
<n> ... </n>
</b>
```

Erfassung ohne DTD

Existiert keine DTD, sollte auf die sachliche Auszeichnung der zu erfassenden Texte dennoch nicht verzichtet werden. Medienneutrale und damit zukunftsfähige Daten (vgl. Kap. 4.5) sind nicht notwendig an das Vorhandensein einer DTD geknüpft. Für eine systematische Erfassung sind zwei Voraussetzungen zu schaffen: Erstens bedarf es einer ausführlichen Erfassungsanweisung, zweitens müssen im Text der Vorlage alle Stellen markiert und beschrieben sein, deren Umsetzung aus der Anweisung nicht zweifelsfrei hervorgeht.

Beispiel einer Schreibanweisung mit beigefügtem, exemplarisch ausgezeichneten Manuskript, das auch die Sondercodierungen enthält

Schreibanweisung

Titel: J.W. Goethe, Faust I
Umfang: 160 Seiten
Ansprechpartner: K. Rupp

Bitte erfassen Sie *zeilengleich exakt nach Vorlage.*

Sprecher (im Ausdruck Kapitälchen) als **<spr>...</spr>** auszeichnen.

Regieanweisungen (im Ausdruck kursiv) als **<reg>** ... **</reg>** auszeichnen.

Jeden(!) *Zeilenwechsel* mit einem @ kennzeichnen.

Einheitliche Einrückungen im Text mit ## kennzeichnen.

Individuelle Einrückungen bei Folgezeilen werden am Ende der Bezugszeile mit **<bz>** und zu Beginn der Folgezeile mit **<fz>** gekennzeichnet.

Leerzeilen als **<lz>** kennzeichnen

Seitenzahlen bitte als **<sz>...</sz>** miterfassen - auch, wenn dies mitten im Wort sein sollte!

Besonderheiten sind im MS. gekennzeichnet.

Vgl. auch beiliegende Musterseite.

@ Erwarte nicht
@ Das dreimal glühende Licht!
@Erwarte nicht
@etc. Die stärkste von meinen Künsten!
<spr> MEPHISTOPHELES </spr>
<reg> *tritt, indem der Nebel fällt, gekleidet wie ein fahrender Scholastikus, hinter dem Ofen hervor.* </reg>
Wozu der Lärm? was steht dem Herrn zu Diensten?
<spr> FAUST</spr>
Das also war des Pudels Kern!
Ein fahrender Scolast? Der Casus macht mich lachen.
<spr>MEPHISTOPHELES</spr>
Ich salutiere den gelehrten Herrn!
Ihr habt mich weidlich schwitzen machen.
<spr> FAUST</spr>
Wie nennst du dich? <bz>
<spr> MEPHISTOPHELES </spr>
<fz> Die Frage scheint mir klein
Für einen der das Wort so sehr verachtet,
Der, weit entfernt von allem Schein,
Nur in der Wesen Tiefe trachtet.

<sz>47</sz>

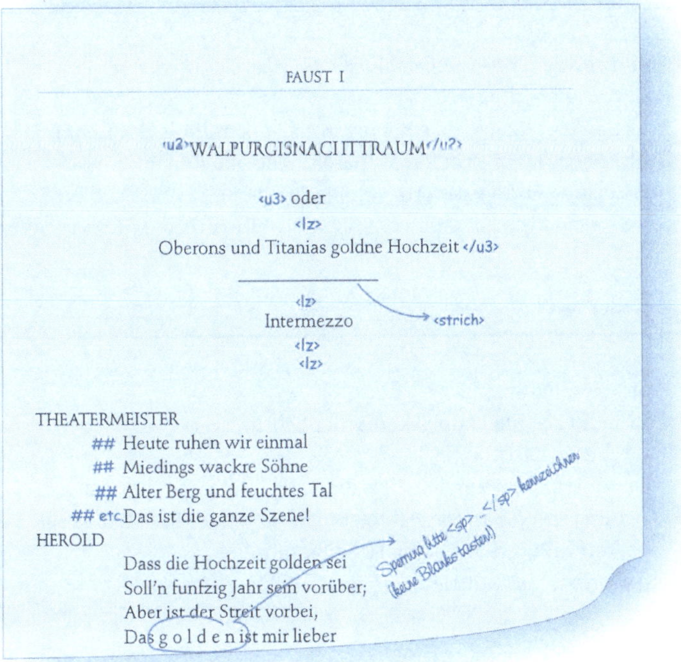
FAUST I

<u2>WALPURGISNACHTTRAUM</u2>

<u3> oder

<lz>

Oberons und Titanias goldne Hochzeit </u3>

<lz>

Intermezzo <strich>

<lz>

<lz>

THEATERMEISTER

\## Heute ruhen wir einmal

\## Miedings wackre Söhne

\## Alter Berg und feuchtes Tal

\## etc Das ist die ganze Szene!

HEROLD

Dass die Hochzeit golden sei

Soll'n funfzig Jahr sein vorüber;

Aber ist der Streit vorbei,

Das g o l d e n ist mir lieber

Das oberste Prinzip solcher Erfassungsrichtlinien lautet stets: Alle Codierungen müssen absolut eindeutig sein. Welche konkrete Syntax die erfassten Codes haben, ist dabei zweitrangig. Sie müssen nur die Minimalbedingung erfüllen, vom Rechner zweifelsfrei auffindbar zu sein. Dann können sie jederzeit automatisiert in einen beliebigen anderen Code überführt werden.

Für diese Codierungen bieten sich Zeichen oder Zeichenfolgen an, die im Text nicht vorkommen, z. B. wie @ und & oder $ in direkter Verbindung mit Buchstaben.

Beispiel einer eindeutigen Schreibanweisung mit zugehörigem Manuskriptausschnitt und nach der Schreibanweisung erfasstem Text
Eindeutige Schreibanweisung:

Bitte erfassen Sie die einzelnen Lexikonartikel gemäß folgender Syntax:

@St	Stichwort	(im Druck halbfett)
@Er	Erläuterung	(im Druck kursiv)
@Tx	Text	(im Druck recte)
@Au	Autor	(im Druck am Ende jedes Artikels in Kapitälchen)

Zugehöriges Manuskript

Hemingway, *Ernest Miller, amerikanischer Schriftsteller.*
**21. 7. 1899, †2. 7. 1961.*
H. arbeitete zunächst als Reporter. Nach dem Ende des Ersten Weltkrieges lebte er in Paris, später in Florida und auf Kuba. 1961 beging H. Selbstmord.

FRIEDHELM KRATTLER

Erfasster Text

@St Hemingway,
@Er Ernest Miller, amerikanischer Schriftsteller. *21. 7. 1899, †2. 7. 1961.
@Tx H. arbeitete zunächst als Reporter. Nach dem Ende des Ersten Weltkrieges lebte er in Paris, später in Florida und auf Kuba. 1961 beging H. Selbstmord.
@Au Friedhelm Krattler

Solange die Zeichenfolgen »@St«, »@Er«, »@Tx« bzw. »@Au« nicht im Wortlaut des Lexikons vorkommen, wird so eine eindeutige, sachliche Auszeichnung der Texte erreicht. In einem zweiten Schritt lässt sich die gewünschte Codierung durch einfache Datentransformationen, eine Art automatisiertes »Suchen und Ersetzen«, erreichen.

Vorbereitung für ein Register

Ähnlich kann auch eine weitere Binnengliederung vorgenommen werden. So bietet es sich an, alle Begriffe, die später in ein Register übernommen werden sollen, schon in der Erfassung zu codieren. Hierzu muss natürlich die inhaltliche Arbeit, nämlich das Auswählen und Kennzeichnen der geeigneten Begriffe, in das Stadium der Manuskriptvorbereitung vorverlagert werden. Für die Weitergabe des Manuskriptes an ein Schreibbüro reicht dabei eine einfache Kennzeichnung aus, z. B. die Markierung der Begriffe mittels Textmarker. Eine Erfassungsanweisung würde dann etwa lauten: »Alle gelb hervorgehobenen Textstellen bitte in doppelte runde Klammern schreiben«, um abermals eine eindeutige Codierung zu erhalten, die später maschinell ausgewertet werden kann.

Zukunftsfähigkeit versus Aufwand

Bei allen Bemühungen, eine möglichst umfassende Strukturierung des Datenbestandes zu erreichen, sollte dennoch die unmittelbare Zielsetzung im Vordergrund stehen: Es ist darauf zu achten, dass die konkret geplante Neuauflage des Werkes mit möglichst geringem Aufwand aus dem erfassten Datenbestand erstellt werden kann. Auch alle weiteren geplanten Verwertungsformen der Daten sollten auf alle Fälle möglich und ökonomisch sinnvoll werden. Doch gibt es hinsichtlich des Aufwands für die Datenaufbereitung, v. a. bezüglich der Tiefe der inhaltlichen Erschließung, ökonomischen Grenzen. Deshalb sollte der Datenbestand nur so weit aufbereitet werden, wie dem tatsächlich geplante Verwertungsformen gegenüberstehen. Sollte sich zukünftig eine andere Form der Verwertung als sinnvoll erweisen, für die die Daten weiter gehend aufbereitet werden müssen, so lassen sich diese Arbeiten jederzeit nachträglich durchführen.

Ist über eine gedruckte Neuauflage hinaus keine Weiterverwertung des Datenbestandes beabsichtigt, sind die Vorgaben für die Erfassung wesentlich einfacher. Sie orientieren sich an den Richtlinien für digitale Manuskripte (vgl. hierzu Kap. 4.3).

3.2 Allgemeine Lesetechniken

Alle Bearbeitungsschritte im Verlag, die sich auf den Text richten, sind unweigerlich mit Lesen verbunden. Konkrete Lesetechniken, wie sie für das erste Lesen im Lektorat oder für das detailgenaue Vergleichslesen im Korrektorat erforderlich oder zumindest empfehlenswert sind, werden in den folgenden Kapiteln näher dargestellt.

In unserem Kulturkreis ist es üblich, von links oben beginnend nach rechts unten zu lesen. Dieses erlernte Schema setzen wir sowohl für Texte ein als auch für Bilder und Mischungen aus beidem, und zwar sowohl beim Lesen von traditionell auf Papier dargebotenen Elementen als auch am Bildschirm. Darüber hinaus lässt sich mittels Messungen der Augenbewegungen noch detaillierter feststellen, was beim Lesen tatsächlich geschieht.

Lesen als Prozess

Lesen lässt sich als ein Vorgang beschreiben, der sprunghaft abläuft und sich am Wortbild orientiert. Sprunghaft heißt, dass das Auge etwa 10 % der Lesezeit waagerecht in der Zeile vorwärts springt und 90 % der

Lesen als Prozess

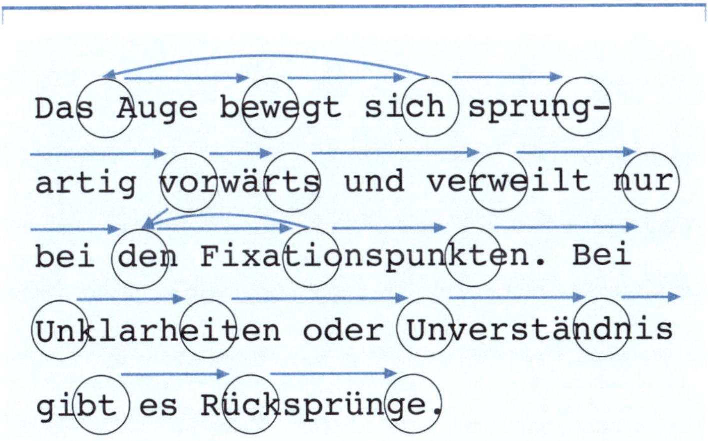

Lesezeit pausiert.[1] In dieser Ruhezeit werden einige Buchstaben scharf fixiert, die anderen als Bild, nicht als Einzelbuchstaben identifiziert. Diese Art des Sehens nennt sich auch peripheres Sehen.[2]

Konkret bedeutet das, dass sich bei 30 cm Leseabstand und einem Sehwinkel von 2° ein Zeilenabschnitt von ca. 1 cm je Augenbewegung ergibt. Je nach Schriftgröße lassen sich fünf bis zehn Buchstaben erfassen und »auf einen Blick« lesen. Während der Verweilzeit, der Zeit also, in der das Auge nicht in Bewegung ist, findet der Verständnisprozess statt. Bei Verständnisproblemen gibt es Rücksprünge. Im Gegensatz dazu werden häufig vorkommende Wortkombinationen als Ganzes gespeichert und so schneller erfasst.

Aufmerksamkeit und Lesefluss lassen sich tachoskopisch sehr gut messen

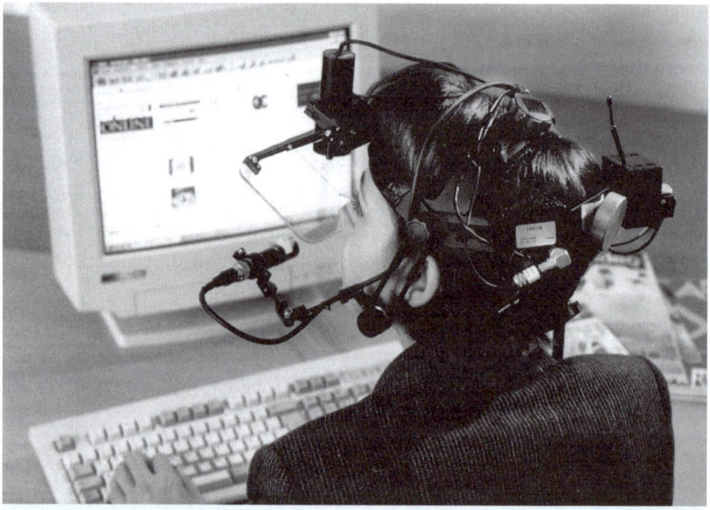

Quelle: ISN-Institut Schantz, Neubauer und Partner, 20354 Hamburg

Rücksprünge werden Regressionen genannt, die Haltepunkte Fixationen. Die notwendigen Regressionen steigen mit der Informationsdichte eines Textes. Sie sind manchmal durchaus erwünscht, um den Leser innehalten zu lassen. So führen Fragen im Text, die sich auf Vorangegangenes beziehen, oft automatisch zu Rücksprüngen und zu einer nochmaligen Verarbeitung des Textteiles. Das kann bei wissenschaftlichen Werken, bei Lehrmaterial oder auch bei Werbetexten

1 Dieser Vorgang lässt sich sehr gut am eigenen Auge ausprobieren: Halten Sie sich während des Lesevorgangs ein Auge zu, sodass Ihre Hand die Augapfelbewegung spürt. Sie werden den Unterschied zwischen Pausieren und Bewegung sehr gut nachvollziehen können.

2 Weitere Literatur dazu bei Kapr, A./Schiller, W.: Gestalt und Funktion der Typographie. 2. Aufl. Leipzig, VEB Fachbuchverlag, 1977.

Lesen als Prozess

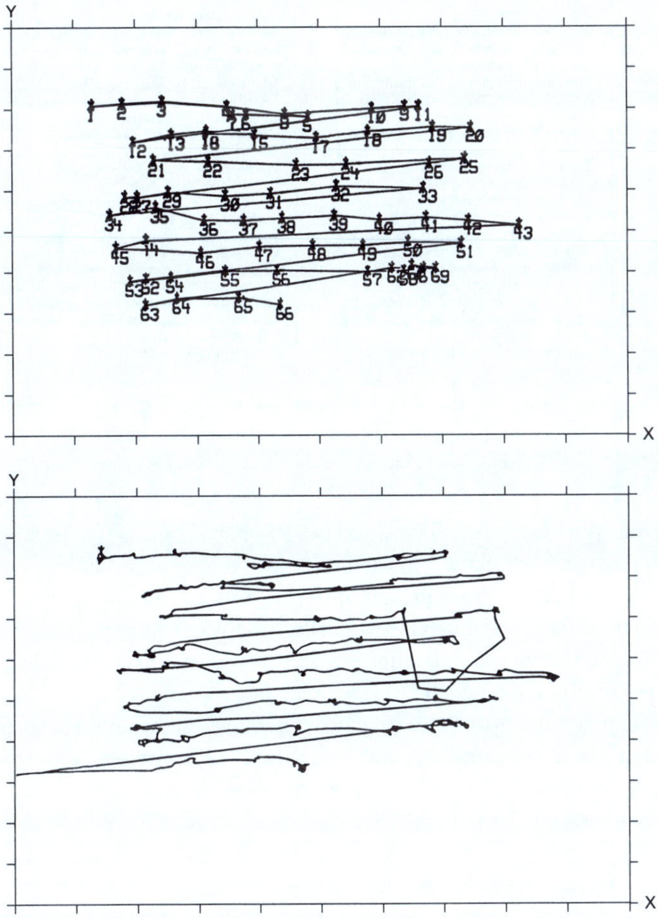

durchaus gewollt sein. Generell kann man also sagen, je größer das Vorwissen, umso höher das Lesetempo.[1]

Die Aufmerksamkeit des Lesers wandert parallel zum Blick. Aufgrund von Erwartungshaltungen und Verständnisprozessen wird manchmal später Kommendes eher verstanden als das, was aktuell gesehen wird. Entsprechend schweift manchmal der Blick analog zu dieser Erwartung über die Zeilen und überspringt unwillkürlich ganze Zeilen oder Abschnitte.

1 Deppert, Alex: Verstehen und Verständlichkeit. Wissenschaftstexte und die Rolle themaspezifischen Vorwissens. Wiesbaden, Dt. Universitatsverlag, 2001.

Übungsvarianten des Speed Reading

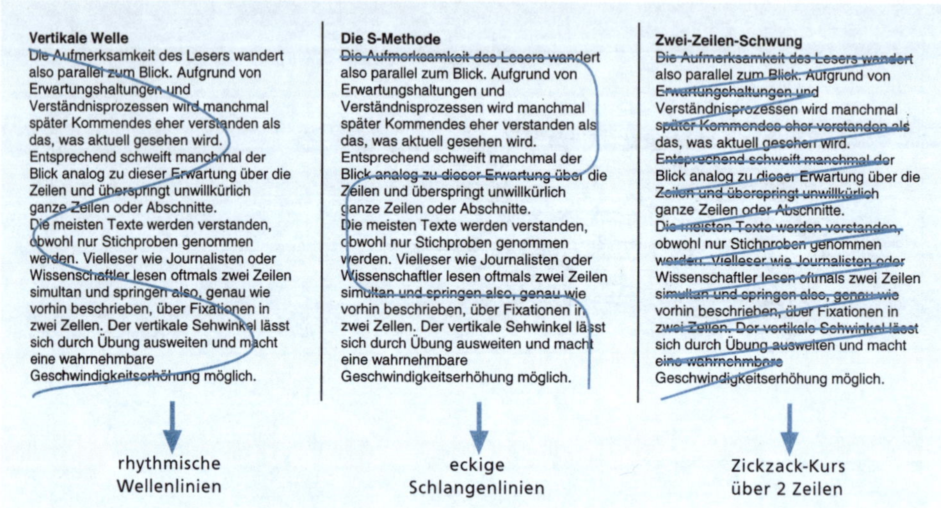

Die meisten Texte werden verstanden, obwohl nur Stichproben genommen werden. Vielleser wie Journalisten oder Wissenschaftler lesen oftmals zwei Zeilen simultan und springen also, genau wie vorhin beschrieben, über Fixationen in zwei Zeilen. Der vertikale Sehwinkel lässt sich durch Übung ausweiten und macht eine wahrnehmbare Geschwindigkeitserhöhung möglich.

Speed Reading

Techniken des Speed Reading zielen auf noch mehr Lesetempo. Sie nutzen die Ausweitung von vertikalem und horizontalem Sehvermögen gleichzeitig. Untersuchungen kommen zu dem Schluss, dass das Gehirn Lese-Inhalte bei erhöhtem Tempo, ab etwa 400 Wörtern in der Minute, besser verarbeiten kann als bei normaler Geschwindigkeit mit etwa 200 Wörtern in der Minute.[1]

Um eine solche Geschwindigkeit zu erreichen, ist ein systematisches Training unbedingt erforderlich. Drei einfache Übungsvarianten seien hier kurz präsentiert: Die populärsten Techniken des Speed Reading sind die vertikale Welle, die S-Methode (oder das Z-Lesen) und der Zwei-Zeilen-Schwung.

Umgebungsfaktoren

Das Leseverhalten von Texten ist wissenschaftlich gut erforscht sowohl für das Lesen von Papiermanuskripten als auch von Texten am Bildschirm. Für beides benötigt man eine möglichst störungsfreie Umgebung und Licht. Papier sollte waagerecht im Abstand von 30 cm vor dem Leser liegen, der Bildschirm etwa 50 cm vom Auge entfernt stehen, mit der obersten Textzeile auf Augenhöhe.

1 Hintergrund und Übungen dazu etwa bei Buzan, Tony: Speed Reading. Schneller lesen, mehr verstehen, besser behalten. 8. Aufl., München, MVG, 2002. Hörner, Gerhard: Professionelles Speed Reading. München, MVG, 2001.

3.3 Das Lektorieren

Liegt das Manuskript im Verlag vor, setzt die Arbeit des Lektorierens ein. Ziel dieser Arbeit ist es zunächst, eine Bewertung des Manuskriptes vorzunehmen, die entweder:

- zur Annahme des Manuskriptes führt oder
- zur bedingten Annahme, bei der Nachbesserungen und Änderungen durch den Autor nötig sind, oder
- zur Ablehnung des Manuskriptes.

Es handelt sich zu diesem Zeitpunkt bei allen Arbeiten zunächst einmal um Formen des Lesens, und zwar um Lesen in unterschiedlicher Form und mit unterschiedlichen Zielen. Die Tiefe der Bearbeitung hängt davon ab, ob es sich um ein Manuskript nach Absprache, auf der Basis eines Autorenvertrages bzw. auf der Basis der Autorenrichtlinien eines Verlages handelt oder um ein unverlangt dem Verlag zugesandtes Manuskript.

Unverlangte Manuskripte

Unverlangte Manuskripte sind vor allem in Belletristikverlagen durchaus üblich und nehmen täglich einen Teil der Lektoratsarbeit in Anspruch.[1] Diese Manuskripte werden meist ausgesprochen kurz geprüft. Der größte Teil dieser unverlangten Sendungen geht umgehend wieder zurück an den Autor, mit einem vorgefertigten Formschreiben versehen. In den Verlagen sind die Ressourcen für eine detaillierte Prüfung im Allgemeinen nicht vorhanden. Gleichzeitig sind die aktuellen verlegerischen Erfolgsfälle mit unverlangten Manuskripten und unbekannten Autoren im deutschen Verlagswesen an einer Hand abzählbar.

Abgesprochene, also beauftragte Manuskripte

Abgesprochene, also beauftragte Manuskripte werden im Falle einer ablehnenden Einschätzung sehr vorsichtig und achtsam geprüft. Das hat zum einen seine Gründe in den verlagsinternen Abläufen und Planungsprozessen, zum anderen im notwendigen Klärungsverfahren mit dem Autor. Da die Durchlauf- und Bearbeitungszeit nach Manuskriptabgabe im Verlag planbar und absehbar ist, sind wichtige Manuskripte oftmals schon beworben oder fester Bestandteil der laufenden Marketingaktivitäten des Verlages. Hier muss der Lektor abwägen und prüfen, ob eine Nachbesserung durch den Autor mit den verlegerischen Planungen im eigenen Hause übereinstimmt.

Verlagsinterne Kriterien und Prioritäten für Titel

Solche Kategorisierungen bieten für die ausgesprochen häufigen Engpässe eine gute Orientierung. So teilen viele Verlage ihre Titel im Projektstadium nach ihrer Wichtigkeit für Umsatz, Absatz oder unternehmenspolitische Ziele in A-, B- und C-Titel ein. Dabei stehen A-Titel für die höchste wirtschaftliche oder strategische Bedeutung des Verlages. Eine solche Prioritätensetzung führt zur Erweiterung der Hand-

1 Hier empfiehlt es sich pauschal, eher ein Exposé zu schicken als ein ganzes Manuskript. Weitere Anregungen finden sich im Literaturverzeichnis zu Kap. 2.

lungsmöglichkeiten im Lektorat: Nicht jedes schlechte und zu spät abgegebene Manuskript bedeutet eine dramatische Verschärfung der Arbeitssituation; ein gezielter Einsatz der Kräfte im Lektorat wird leichter möglich.

Die Konsequenz ist ein angemessenes Handeln: Eine schlechte Manuskriptqualität bei einem C-Titel zwingt den Lektor möglicherweise zur neuerlichen Suche nach einem geeigneten Autor und zur vollständigen Absage an den aktuellen Autor. Das schwierige Manuskript eines A-Titels macht auch heute noch in vielen Fällen den Lektor zum Koautor, weil oft keine andere Chance mehr besteht, den Titel annähernd termingerecht zu produzieren. Dieses »verlagsinterne Neuschreiben« kann aufgrund eines Bewertungsrasters jetzt allerdings auf die wirklich entscheidenden Titel reduziert werden. Diese Kriterien erleichtern die Einschätzung des eigenen Aufwandes. Natürlich bleibt aber die Zusammenarbeit mit dem Autor ein zentrales Aufgabengebiet des Lektors, dessen Aufgabenbereich sich aufgrund der gerade geschilderten, ausgesprochen häufigen Schwierigkeiten vom »ersten Leser« hin zum Schwerpunkt »Führung von Autoren« rund um das Manuskript verlagert hat. Diese Verlagerung ist auch zentral bei der Bearbeitung des Manuskriptes, weil sie zu einem aktiven und zielgerichteten Handeln führt.

Autorenmanagement

Autorenmanagement ist eine nicht sehr beliebte, aber zutreffende Bezeichnung für diese Form der Lektoratsarbeit und die dahinter stehende Haltung. Sie besagt, dass die Abstimmung mit dem Autor eine klare Position, generell also Klarheit des Lektors über sein Vorgehen, seine Ziele und seine eigenen Möglichkeiten, zur Vorbereitung des Autorengespräches erfordert. Was ist nötig an Verbesserungen, an Überarbeitungen, an Ergänzungen, und was davon ist dem Autor sowohl zuzutrauen als auch zuzumuten? In welcher Zeit, besser noch in welchen Etappen, muss aus Verlagssicht die Bearbeitung und Verbesserung des vorliegenden Materials erfolgen? Mit einer Checkliste und konkreten Terminvorstellungen, die im Verlag abgestimmt sind, ergibt die Abstimmung mit dem Autor Sinn. Transparenz und Bewusstheit für die Folgen und Möglichkeiten aller weiteren Arbeiten am Manuskript erleichtern und professionalisieren den Umgang zwischen Autor und Lektor.

Überschreitung des Abgabetermins

Kommt das abgesprochene Manuskript deutlich nach dem vereinbarten Abgabetermin und ist der Lektor aus unterschiedlichen Gründen mit der Qualität nicht einverstanden, gerät er und mit ihm der Verlag in eine Zwangslage. Da die Überschreitung des Abgabetermins ein äußerst empfindlicher Punkt für alle verlagsinternen Planungen und Abläufe ist, gehört das Autorenmanagement im Sinne einer verantwortungsbewussten und partnerschaftlichen Zusammenarbeit mit dem Autor auf der Basis klarer Eckdaten und Termine sowie definierter Inhalts- und Sprachkriterien zur Hauptaufgabe des Lektors. Die Arbeit am Text fällt dann zwangsläufig als Arbeitsgang im Gewicht deutlich hinter diese Steuerungs- und Führungsaufgaben zurück.

Systematik des Lektorierens

Liegt das Manuskript im Verlag vor, muss zeitnah die Entscheidung zur Annahme getroffen werden. Die hier vorgestellte Systematik dient lediglich der Orientierung. Sie basiert auf eindeutiger Schwerpunktsetzung: In jedem Arbeitsschritt wird nur genau ein Ziel verfolgt.

Dazu empfiehlt sich das folgende Vorgehen in zwei eigenständigen Arbeitsschritten:

1. Arbeitsschritt

Bestandsaufnahme des Manuskriptes und all seiner Bestandteile und generelle Bewertung des vorliegenden Materials

2. Arbeitsschritt

Überprüfung von Stil und Sprache

Bei sehr einfachen oder sehr kurzen Manuskripten kann dies selbstverständlich auch in einem Arbeitsschritt gleichzeitig erledigt werden.

3.3.1 Bestandsaufnahme und Bewertung

Für Bestandsaufnahme und Bewertung hat sich wiederum ein zweigeteiltes Vorgehen bewährt, mit dem sichergestellt wird, dass unvollständiges und schlechtes Material schnell und unaufwendig erkannt und nicht weiterbearbeitet wird.

Es beginnt mit einem ersten Überblick. Der Lektor »überfliegt« die Materialien Seite für Seite ganz grob; in der Literatur[1] wird das als kursorisches Lesen bezeichnet. Dieses sehr oberflächliche Lesen dient der ersten Orientierung und schafft ein generelles, erstes Verständnis der Beziehungen zwischen den Kapiteln bzw. Teilen des Textes. Die Schwerpunkte des Textes lassen sich klar ausmachen und mit den Vorstellungen des Lektors abgleichen. Diese Vorstellungen liegen im Allgemeinen als Konzept vor, das zwischen Autor und Lektor abgesprochen ist. Handelt es sich um ein unverlangtes Manuskript, gleicht der Lektor das vorgefundene Material mit dem Verlagsprogramm und insbesondere der Ausrichtung seines Programmbereichs ab. Bei Sach- und Fachbuchverlagen, ganz besonders in wissenschaftlichen Verlagen, trägt die Fachkompetenz des Lektors zur schnellen Entscheidungsfindung bei. Je größer die eigenen Kenntnisse im vorgefundenen Themengebiet, umso leichter fällt die Bewertung des Manuskriptes in dieser Phase.[2]

Über die Inhalte hinaus geht es in diesem Arbeitsschritt ebenfalls um die für Sach- und Fachbuchmanuskripte wesentliche Vollständigkeit des abgelieferten Materials. Es muss den Absprachen genügen und da-

1 Vgl. Nadolski, D./Miltschin, A. E.: Lektorieren und Redigieren von Fachliteratur. Leipzig, Fachbuchverlag, 1979, S. 38. Der Titel ist nicht mehr lieferbar und basiert auf einem anderen Verständnis der Manuskriptarbeit: Hier gibt es keine wirtschaftlichen Zwänge und damit auch keinen zeitlichen Rahmen.

2 Hier bietet sich der Verweis auf die 5-Gang-Lesetechnik von Endres an, erhältlich als Arbeitsblätter beim Beltz Verlag, Weinheim und Basel.

Beim kursorischen Lesen werden die zentralen Elemente der Seiten erfasst; so erschließt sich die generelle Disposition des Textes beim ersten Durchsehen

Bei digitalen Manuskripten lässt sich in den meisten Textverarbeitungsprogrammen eine Funktion *"Änderungen verfolgen"* einschalten. Mit dieser Funktion werden Korrekturen nachvollziehbar und farblich abgehoben, sowohl am Bildschirm als auch im Ausdruck. Der Autor kann die Änderungen an seinem Text prüfen und letztlich genehmigen.

3.4.1 Formale Aspekte

Der Text sollte in sich stimmig und logisch sowie übersichtlich aufgebaut sein. Ob dies tatsächlich der Fall ist, wird bei der formalen Prüfung des Manuskriptes ermittelt. Dabei geht es um die Klärung der folgenden Fragen:

- Stimmt das Inhaltsverzeichnis bzw. die Gliederung mit dem Konzept überein?
- Stimmt das Inhaltsverzeichnis bzw. die Gliederung mit den tatsächlich vorgefundenen Kapitelüberschriften überein? Wenn nein, wie sieht dann das Inhaltsverzeichnis korrekt aus?
- Steht im jeweiligen Kapitel das, was auch gemäß Kapitelüberschrift und zu erwartendem Gehalt darin enthalten sein müßte?

Falls sich bei dieser Prüfung Ungereimtheiten ergeben, müssen diese mit dem Verfasser des Textes geklärt und anschließend behoben werden.

Abb. 3.3.1.1 Arbeitsgliederung bei schwierigem Manuskript

Stark anwenderorientierte Texte, z.B. technische Handbücher und Bedienungsanleitungen, erfordern manchmal eine weitergehende Prüfung. Diese geht noch einen Schritt weiter und verschafft Klarheit über die zugrundeliegende Struktur (und möglicherweise dem gesamten Manuskript zugrundliegende Mängel) auf einer nächsttieferen Ebene.

Eine solch umfassende redaktionelle Bearbeitung ergibt sich meist aus Faktoren wie Haftung, bestimmten zugesagten Texteigenschaften u.ä.. Technische Dokumentationen sind beispielsweise Teil des Produktes und gehören mit zum Haftungsumfang des Produktes. Das Fehlen von Details kann zur Produkthaftung führen.

Im Mittelpunkt stehen:

- ***Prüfung der Proportionalität***

  Die vorliegenden Texte werden im Umfang überprüft. Sind gleich wichtige Textteile auch gleich umfangreich? Gibt es deutliche Ungleichgewichte? Wenn ja, sind diese begründet und damit zu vernachlässigen?

mit neben dem Textteil auch die notwendigen Orientierungshilfen enthalten. Vollständig ist ein Manuskript typischerweise, wenn es folgende Elemente enthält:

- Inhaltsverzeichnis
- Textteil
- Alle Abbildungen, durchnummeriert
- Alle Bildunterschriften im Text mit Zuweisung der Abbildungen
- Abbildungsverzeichnis
- Markierung der Stichwörter für das Register im Text
- Fußnoten und alle Quellenangaben

Es empfiehlt sich, schon jetzt eine Checkliste einzusetzen, die während der ganzen Bearbeitung beim Manuskript verbleibt und sicherstellt, dass das Rad nicht immer wieder neu erfunden werden muss.

Nach diesem ersten, kursorischen Lesen entscheidet sich, ob ein zweiter vertiefender Lesedurchgang erforderlich ist. Wird das Manuskript an dieser Stelle für nicht weiter verfolgenswert befunden, aus welchem Grunde auch immer, werden jetzt alle Arbeiten an diesem Text beendet. Das Manuskript geht mit der entsprechenden kurzen Erläuterung zurück an den Autor oder es wird vernichtet.[1]

Hat sich beim ersten Lesen erwiesen, dass eine weitere Bearbeitung lohnt, dann folgt jetzt ein gründliches und detailliertes Lesen, also ein Lesen Wort für Wort. Dieser Lesedurchgang dient der Vertiefung des Verständnisses und dem Abschluss der Bestandsaufnahme. Ein vertieftes Verständnis wird durch zwei Techniken erleichtert:[2]

- Antizipation, also gedankliche Vorwegnahme der folgenden Texte
- Übersetzung in die eigene Sprache, Entwicklung eigener Vorstellungen

Die Antizipation der folgenden Textteile zeigt die Schlüssigkeit der Gedanken- und Textfolge auf. Ein roter Faden ist schnell zu erkennen, genauso schnell werden Abweichungen ausgemacht. Das gilt ebenfalls für Schwierigkeiten des Autors, die im Allgemeinen auf diesem Weg gut zu erkennen sind: Wenn nur Fachwissen dargestellt wird, ohne dass Fakten sprachlich verknüpft werden, ist oftmals jeder Satz gleichzeitig auch ein Absatz. Umgekehrt weist das völlige Fehlen von Absätzen darauf hin, dass es keine innere Textstruktur geben könnte. Das Übersetzen in die eigene Sprache führt dazu, dass der Lesende leichter eigene

1 Aufgrund der Menge an unverlangt zugesandten Manuskripten können einige Verlage die Kosten für die Rücksendung der Manuskripte nicht mehr übernehmen. Besonders kleinere Verlage sind mit 10 bis 15 eingehenden Manuskripten pro Tag völlig überlastet und auch finanziell nicht flexibel.

2 Abweichend dazu Endres, der sich aber nicht auf Lektorieren, sondern auf effizientes Erfassen von Textinhalten konzentriert.

Checkliste Manuskript

Titel

Schwerpunkt/Einzelheiten	korrekt	Klärung/Veränderung
Ist das Manuskript vollständig?		
Titelei (Titel, Untertitel)		
Text		
Bilder (Grafiken, Tabellen, Fotos, etc.)		
Bildunterschriften		
Formeln		
Fußnoten, Verweise		
Anmerkungen		
Anhang		
Register		
Literaturverzeichnis		
Impressum		
Ist der Text korrekt?		
Sachliche Irrtümer		
Überholte Daten		
Fachausdrücke		
Widersprüche		
Wiederholungen		
Überschneidungen		
Zitate, Namen, Daten		
Verwechslungen		
Falsche Steigerung		
Falscher Wortgebrauch		
Unlogischer Satzbau		
Sprachschnitzer		
Sonderschreibweisen		
Ist die Schreibweise einheitlich?		
Rechtschreibung		
Groß-/Kleinschreibung		
Getrennt-/Zusammenschreibung		
Silbentrennung		
Zeichensetzung		
Zahlen		
Fremdwörter		
Anführungszeichen		
Apostroph		
Abkürzungen		
Eigennamen		
Titel, Berufsbezeichnungen		
Wissenschaftliche Zeichen		
ph- und f-Schreibung		
Maße und Gewichte		
Gedankenstriche		
Bildnummerierung		
Abweichungen vom Duden		welche?
Verbleib beim Manuskript!		

Vorstellungen entwickelt und damit sprachlich verdeckte Fehler und Probleme schnell auffindet.

Kursorisches Lesen und dieser detaillierte Lesevorgang führen dazu, am Ende die Frage nach der groben **Stimmigkeit der Disposition** beantworten zu können. Ist der Aufbau logisch und konsequent, ist das Manuskript vollständig? Was fehlt, was ist zuviel vorhanden? Mit der Beantwortung dieser Fragen ist der erste Arbeitsschritt des Lektorierens abgeschlossen.

Überprüfung von Stil und Sprache 3.3.2

Wenn die Bestandsaufnahme abgeschlossen und die generellen Fragen zur Disposition des Manuskriptes geklärt sind, ist es erfahrungsgemäß sinnvoll, sich bewusst und ausschließlich dem Thema von Stil und Sprache zuzuwenden. Auch wenn das Manuskript inhaltlich vollständig und in Ordnung ist, kann die sprachliche Umsetzung große Mängel aufweisen. Auch diese Mängel sollten so früh wie möglich behoben werden. Wenn diese Probleme erst bei der redaktionellen Bearbeitung auffallen, ist aufgrund von Zeitdruck und bisheriger Kommunikation mit dem Autor, der von seinen sprachlichen Problemen bislang nichts gehört hat, das so genannte Neuschreiben durch den Redakteur oft nicht mehr zu vermeiden. Wer sich eingehender mit dem Thema Sprache und Stil auseinander setzen möchte, sei auf das Literaturverzeichnis verwiesen.

Eine stichprobenartige Analyse

Eine stichprobenartige Analyse des Textes vermittelt dem Lektor schnell ein Bild von dessen sprachlicher Qualität. Er erkennt, ob der Autor regionale oder umgangssprachliche Wörter verwendet, ob sein Schreibstil verständlich ist oder nicht. Der sprachlichen Qualität eines Textes kommt besonders dann hohe Bedeutung zu, wenn sehr abstrakte Themen einem breiten (Laien-)Publikum vermittelt werden sollen.

Mit der Bestandsaufnahme und der Sprachprüfung sind die Schritte des Lektorierens in Sach- und Fachbuchverlagen bereits abgeschlossen. In belletristischen Verlagen geht die Arbeit im Lektorat jetzt vielfach noch weiter und umfasst die in Kapitel 3.4.2 dargestellten Aufgaben des sprachlichen Redigierens.

Ist das Lektorieren abgeschlossen, wird das Manuskript zu einer weiteren Bearbeitung entweder an den Autor zurückgereicht, oder es wird zur redaktionellen Bearbeitung innerhalb des Verlages weitergegeben. Es empfiehlt sich, textrelevante Aspekte, die bei der Weiterverarbeitung zu beachten sind, in Form einer Checkliste dem Manuskript anzuhängen.

3.4 Das Redigieren

Ziel des Redigierens ist es, ein Manuskript zur erhalten, das zur Vervielfältigung von der Herstellungsabteilung optimal weiterverarbeitet werden kann. Dafür empfiehlt sich eine strikte Trennung der unterschiedlichen Aspekte, die nacheinander zu behandeln sind:

- Formale Aspekte
- Sprachliche Aspekte
- Sachliche Aspekte
- Verstehensaspekte

Eine klare Trennung stellt nicht nur die bestmögliche Qualität der Arbeit sicher, sondern verschafft dem Bearbeiter auch Transparenz über den tatsächlichen Umfang der notwendigen Korrekturen und eine realistische Einschätzung des Bearbeitungsstandes.

Bei redaktionellen Arbeiten wird grundsätzlich am Text gearbeitet. Deshalb ist schon vorbereitend zu klären, ob und wieweit der Autor in das Redaktionsgeschehen mit einzubeziehen ist. Muss der Autor über jede Änderung informiert werden? Das erhöht den Aufwand bei der Be-

Checkliste der Redaktionsarbeiten

	Notwendig?	Wer ist verantwortlich?	Termin
Formale Aspekte			
Prüfung der Systematik			
Logische Konsistenz der Systematik			
Sprachliche Aspekte			
Optimierung des Textes in Richtung der Bedeutungsschwerpunkte			
Detailbearbeitung – Vereinheitlichung – Korrektur			
Sachliche Aspekte			
Prüfung der Fakten			
Prüfung der Rechtesituation, Materialbeschaffung/-sicherung			
Prüfung der Quellen und Verweise			
Verstehensaspekte			
Prüfung der notwendigen/ schon vorhandenen Lesehilfen			
Erarbeitung von weiteren Lesehilfen			
Vorgaben zur Textgestaltung			

arbeitung stark. Eine diesbezügliche eindeutige Verabredung, auch schriftlich, macht beiden Seiten Rechte und Pflichten klar. Der Autor ist zunächst einmal Urheber seines Textes und hat das alleinige Recht an seinem Text. Der Verlag benötigt diesen Text in einer zur Vervielfältigung geeigneten Form und kann auch nur dann seiner Pflicht nachkommen, ihn zu veröffentlichen. Es geht also immer um ein Entgegenkommen beider Seiten.

Werden im Laufe des Redigierens kleinere Änderungen vorgenommen, empfiehlt es sich meistens, diese in der Redaktion im Manuskript auszuführen und vom Autor genehmigen zu lassen. Hat der Autor keine Rechte mehr am Text, sind diese Überlegungen hinfällig. Für gewöhnlich behält der Autor allerdings seine Rechte, sodass die vertraglichen und urheberrechtlichen Grundlagen der gemeinsamen Arbeit berücksichtigt werden müssen. Im Normvertrag, der vom Börsenverein des Deutschen Buchhandels vorgefertigt wurde, ist die Genehmigung von wesentlichen Änderungen durch den Autor vorgesehen.[1]

Bei digitalen Manuskripten lässt sich in den meisten Textverarbeitungsprogrammen eine Funktion »Änderungen verfolgen« einschalten. Mit dieser Funktion werden Korrekturen nachvollziehbar und farblich abgehoben, sowohl am Bildschirm als auch im Ausdruck. Der Autor kann die Änderungen an seinem Text prüfen und letztlich genehmigen.

Formale Aspekte 3.4.1

Der Text sollte in sich stimmig und logisch sowie übersichtlich aufgebaut sein. Ob dies tatsächlich der Fall ist, wird bei der formalen Prüfung des Manuskriptes ermittelt. Dabei geht es um die Klärung der folgenden Fragen:

- Stimmt das Inhaltsverzeichnis bzw. die Gliederung mit dem Konzept überein?
- Stimmt das Inhaltsverzeichnis bzw. die Gliederung mit den tatsächlich vorgefundenen Kapitelüberschriften überein? Wenn nein, wie sieht dann das Inhaltsverzeichnis korrekt aus?
- Steht im jeweiligen Kapitel das, was auch gemäß Kapitelüberschrift und zu erwartendem Gehalt darin enthalten sein müsste?

Falls sich bei dieser Prüfung Ungereimtheiten ergeben, müssen diese mit dem Verfasser des Textes geklärt und anschließend behoben werden.

1 Vgl. dazu Normvertrag des Börsenvereins des Deutschen Buchhandels, im Internet unter www.boersenverein.de zu finden.

Arbeitsgliederung bei schwierigem Manuskript

Prüfung der Systematik
- mithilfe einer Arbeitsgliederung (Weiterleitung an Herstellung!)

Arbeitsgliederung

Inhaltsebene I	Ebene II	Ebene III	Ebene IV	Ebene V	Ebene VI	Ebene VII
Absatz 1						
	Absatz 2					
		Absatz 3				
Absatz 4						
	Absatz 5					
...						

- Inhalt der Absätze notieren und in Abhängigkeit voneinander ordnen; im Vergleich von Inhaltsverzeichnis, Kapitelüberschriften und tatsächlichem Inhalt/Gehalt

Stark anwenderorientierte Texte, z. B. technische Handbücher und Bedienungsanleitungen, erfordern manchmal eine weiter gehende Prüfung. Diese verschafft Klarheit über die zugrunde liegende Struktur (und möglicherweise dem gesamten Manuskript zugrunde liegende Mängel) auf einer nächsttieferen Ebene.

Eine solch umfassende redaktionelle Bearbeitung ergibt sich meist aus Faktoren wie Haftung, bestimmten zugesagten Texteigenschaften u. Ä. Technische Dokumentationen sind beispielsweise Teil des Produktes und gehören mit zum Haftungsumfang des Produktes. Das Fehlen von Details kann zur Produkthaftung führen.

Im Mittelpunkt stehen:

- **Prüfung der Proportionalität**
  Die vorliegenden Texte werden im Umfang überprüft. Sind gleich wichtige Textteile auch gleich umfangreich? Gibt es deutliche Ungleichgewichte? Wenn ja, sind diese begründet und damit zu vernachlässigen?

- **Prüfung möglicher Ausschlüsse und möglicher Überschneidungen**
  Meist gibt es mehrere Möglichkeiten, ein Manuskript aufzubauen. Wie auch immer die Entscheidung lautet, meistens gibt es Ausschlüsse, also nicht dargestellte Themen, und auch Überschneidungen, also mehrfach aufgegriffene Themen. In diesem vorliegenden Titel beispielsweise wird immer wieder auf das digitale Manuskript hingewiesen, ohne dass in jedem Kapitel eigenständige Unterkapitel dazu sinnvoll erscheinen.

- **Prüfung der Kontinuität der Gliederung**
  Autoren schaffen es immer wieder, während des Schreibens ihrem Text einen neuen Schwerpunkt zu geben. Die Überprüfung der Kontinuität, des roten Fadens innerhalb der Gliederung des Textes, zeigt, ob ein Bruch oder ein Wendepunkt vorliegt.
- **Prüfung der Kongruenz zwischen Überschrift und Inhalt**
  Dieser Prüfschritt stellt sicher, dass das Verhältnis zwischen beiden Elementen angemessen ist. Dazu gehört die Ermittlung von Überschriften, die als Inhalt nur weitere Überschriften führen, aber keinen Textinhalt. Weitere Missverhältnisse sind zentrale Aussagen in Unterkapiteln letzter Ebene, pompöse Kapitelüberschriften mit nur einem aussagearmen Satz als Inhalt usw.

Ziel einer guten Systematik

Ziel ist ein angemessen aufgebauter Text, der nicht zwangsläufig absolut logisch stimmig oder vollständig ausgewogen sein muss. Beides kann, muss aber nicht Ziel sein. Es erleichtert die Arbeit in diesem ersten Schritt sehr, wenn der Redakteur diese Differenz sowohl erkennt als auch auszuhalten weiß, wenn er Perfektion hinter Leserinteresse oder Leseraktivierung zurückstellt. Sinnvolle Brüche im Spannungsbogen können durchaus motivierend und mobilisierend auf den Leser wirken, wenn es sich nicht nur um unzureichend kaschierte inhaltliche Mängel handelt.

An dieser Stelle ist die Überprüfung der Unterteilung der Gliederung ebenfalls zu überdenken. Bei Lesern mit hoher Vorbildung ist eine vielstufige Teilung durchaus machbar, die jedoch vier Stufen nicht überschreiten sollte. Je niedriger die Vorbildung, desto weniger Stufen sollte die Unterteilung aufweisen. In diesem Fall empfiehlt sich eine große Zahl von Kapiteln und Rubriken, wie wir sie etwa in Lexika oder in Schulbüchern finden.

Umsetzung

Nachdem der Redakteur sich einen Überblick verschafft hat, muss er entscheiden, ob und wie er mit der vorliegenden Systematik weiter verfährt. Notwendige Änderungen sind durchzuführen. Handelt es sich um umfangreiche Ergänzungen, sollte der Autor damit betraut werden. Durchgehende und kleine Änderungen werden meistens in der Redaktion vorgenommen und kurz mit dem Autor abgeklärt, der im Zweifelsfalle Einspruch erheben kann. Nach der formalen Prüfung sind alle größeren überflüssigen Textteile entfernt und nötige Ergänzungen neu geschrieben worden. Der Redakteur überprüft die vom Autor vorgenommenen Änderungen anhand seiner Unterlagen und wird bei kleineren Problemen redaktionell bearbeiten. Damit ist die formale Bearbeitung des Manuskriptes abgeschlossen.

3.4.2 Sprachliche Aspekte

Jetzt kann das Manuskript sprachlich bearbeitet werden. Zwei Perspektiven stehen im Vordergrund: Einmal die Überprüfung der Kapitelüberschriften, zum anderen die Verbesserung des Textes.

Überprüfung der Kapitelüberschriften

Generell gilt, dass Kapitelüberschriften genau, klar, möglichst kurz und insgesamt ausdrucksstark sein sollten. Das muss nicht für jeden Titel gelten; der kleinste gemeinsame Nenner lautet dann, dass alle Überschriften die gleiche sprachliche Wertigkeit haben.

Ein weiterer Arbeitsgang prüft, ob die Inhalte in der Kapitelüberschrift angemessen repräsentiert sind. Die einfachste und meist unwillkürlich umgesetzte Vorgehensweise dafür ist: Zur Überschrift zurückgehen, nachdem das Kapitel gelesen wurde, und Inhalt und Titel miteinander abgleichen.

Optimierung des Textes

Der tatsächlichen Veränderung des Textes geht das Festlegen von Bedeutungsschwerpunkten voraus. Worauf soll besonderer Wert gelegt werden? Was ist besonders wichtig und hervorzuheben? Was soll dem

Kapitelüberschriften mit gleicher Wertigkeit
Variante a: sachliche Lösung, Variante b: eigenständige Lösung

Variante a:

1. Das Manuskript
1.1 Das Zettelmanuskript
1.2 Die erste Gliederung
1.3 Das Rohmanuskript
1.4 Die Reinschrift

2. Anforderungen an das Manuskript
2.1 Die Umfangsberechnung
2.2 Abbildungen und Tabellen
2.3 Literaturangaben und Zitate
2.4 Das Register

Variante b:

1. Sortieren und Strukturieren: Ein Manuskript entsteht
.1 Aus der Zettelwirtschaft zum ersten Ansatz
.2 Gliedern und Strukturieren
.3 Die eigene Ordnung ergänzen
.4 Nach eigenem Ermessen: vollständig!

2. Professionelle Manuskripte und ihre Anforderungen
.1 Die Umfangsberechnung aus Anschlägen und Zeichen
.2 Von Bildern, Diagrammen und Tabellen
.3 Die gute Ordnung des Urheberrechts
.4 Aus Suchen wird Finden

Leser verdeutlicht werden? Nach den Antworten richtet sich dann die Bearbeitung im Sinne der Bedeutungsschwerpunkte.

Es ist durchaus wünschenswert, wenn Autoren ihren persönlichen Stil schreiben und auch daran erkennbar sind und bleiben. Mit Blick auf den Leser prüft der Redakteur den gesamten Text dabei auf

- Anschaulichkeit
- Verstehbarkeit
- Konkretheit
- Glaubwürdigkeit und
- Genauigkeit

Besonderheiten hinsichtlich Sprache und Stil sind etwa Verwendung der alten Rechtschreibung oder ungebräuchlicher Schreibweisen wie etwa »Telephon« sowie die Benutzung von regionalen Ausdrücken. Sie werden ebenfalls festgehalten (siehe Abb. Checkliste zum Manuskript, S. 120) und, wenn nötig, vereinheitlicht. Hier empfiehlt es sich, dem Autor eine Liste seiner sprachlichen Extras zu vermitteln, wenn eine weitere Zusammenarbeit und ein nächster Titel geplant sind. Günstig ist es, im Vorfeld der Manuskripterstellung mit dem Autor Klarheit über Stil und Sprache herbeizuführen, beispielsweise indem ein von ihm verfasster Mustertext gemeinsam durchgegangen wird.

Sachliche Aspekte 3.4.3

Unter der sachlichen Prüfung sind drei eigenständige Arbeitsgänge zu verstehen:

- die Überprüfung von Fakten im Textteil des Manuskriptes
- die Prüfung von Quellen und Verweisen
- die Prüfung aller Materialien, ihrer Beschaffung sowie der jeweiligen Rechtesituation

Die im Manuskript dargestellten Fakten werden dem Redakteur in aller Regel vertraut sein; im Zweifelsfalle kann er auf umfassendes Material in seiner Handbibliothek zugreifen, um kleine Unstimmigkeiten sofort zu klären und zu erledigen. Faktenprüfung

Die Faktenprüfung wird, je nach Verlag, mehr oder weniger intensiv stattfinden. Es empfiehlt sich auch in Verlagen mit hohem Kosten- und Zeitdruck zumindest eine stichprobenartige Prüfung vorzunehmen; andere Verlage werden dies als selbstverständlich für ihre Arbeit empfinden.

Als Vorlage für eine konzentrierte und umfassende sachliche Überprüfung müssen Abbildungs-, Literatur- und Quellenverzeichnisse vorliegen sowie mögliche weitere Übersichten über Tabellen, Diagramme etc., sofern sie nicht unter die Abbildungen fallen.

In den meisten Verlagsverträgen liegt die Haftung nicht geklärter Rechte beim Autor; das hilft allerdings im Falle einer einstweiligen Ver fügung zum Lieferstopp des Titels wenig. Aus Verlagssicht ist es ratsam, ein separates Formblatt zu allen im Titel genannten Abbildungen zu erstellen und den Autor ganz konkret auf die Wahrung der hier anfallenden Rechte zu verpflichten. Das führt zumindest zu einem Überprüfungsvorgang, zu einem nochmaligen Nachdenken und verleiht dem Thema Urheberschaft, die letztlich jeder Autor für sich in Anspruch nimmt, ingesamt mehr Gewicht.

Das Hauptproblem der sachlichen Fehler besteht darin, dass schon geringfügige Abweichungen wesentlich sind, dafür aber sehr schwierig oder kaum auf den ersten Blick zu erkennen sind. Sie können in Zitaten wie auch bei digital veränderten Fotos sinnentstellend, sinnverändernd und insgesamt fatal sein.

3.4.4 Verstehensaspekte

Wichtig für die Verständlichkeit des Textes sind die so genannten Orientierungshilfen, die aus dem reinen Fließtext einen übersichtlichen, anschaulichen und leicht zu erfassenden Text machen. Orientierungshilfen gehören in das Repertoire der Herstellung, werden aber zu einem großen Teil zwischen Autor und Lektor oder Autor und Redakteur entwickelt. Spätestens beim letzten redaktionellen Schritt sind diese Orientierungshilfen einzuplanen und zu definieren; besser, diese Überlegungen erfolgen schon bei der Manuskriptabnahme in der direkten Klärung mit dem Autor.

Orientierungshilfen

Das Manuskript als Teil eines Buches erschließt sich leichter über strukturierende Ergänzungen wie Inhaltsverzeichnisse, Register, aber auch die Kopf- und Fußzeilen und Seitenzahlen (Kolumnentitel, s. Kap. 2.1). Die einzelnen Seiten in sich werden strukturiert über Absätze, Kapitel und Auszeichnungen einzelner Wörter (Kap. 2.1).

Beliebte Orientierungshilfen im Text sind alle Arten von Symbolen und Farben, weitere Elemente der typographischen Gestaltung wie Hinterlegung von Rasterflächen, Verwendung von Signets und Piktogrammen sowie Tabellen und Grafiken. Außerhalb des Manuskripttextes sind zur besseren Orientierung der Leser möglichweise sinnvoll ein Vorwort, der Klappentext, der im Schutzumschlag vorne und hinten auf der Klappe steht, Quellenangaben, Fußnoten und Anmerkungen sowie ein zusätzliches Register oder ein Glossar.

Über den Einsatz dieser Elemente ist in diesem vierten redaktionellen Arbeitsschritt zu entscheiden und sie sind anschließend entsprechend zu erarbeiten. Infografiken und Diagramme, also Ergänzungen über das bis hier schon Vorgefundene bzw. Eingefügte hinaus, werden spätestens zu diesem Zeitpunkt entwickelt. Je eher das der Fall ist, umso besser. Optimal erscheint die gemeinsame Entwicklung dieser Verstehenshilfen durch Lektor und Autor zum frühestmöglichen Zeitpunkt.

Typische Orientierungshilfen, über die im Detail entschieden werden muss

Orientierungshilfen	Üblicher Standard	Optional oder titelspezifisch
Zur besseren Erschließung des Textes	Absätze	Symbole
	Kapitel	Farben und Rasterflächen
	Überschriften	Tabellen und Grafiken
	Auszeichnungen	Piktogramme und Icons
Zur besseren Erschließung des gesamten Titels	Inhaltsverzeichnis	Klappentext
	Register	Quellenangaben
	Kolumnentitel	Fußnoten und Anmerkungen
	Seitenzahl	Index und Glossar

Manuskripte, die ohne Absätze vom Autor kommen oder in denen jeder Satz einen Absatz ausmacht, weisen sicher schon beim kursorischen Lesen auf eine mögliche Problematik des vorliegenden Materials hin. Auch Überschriften von Kapiteln, die als Text nur wiederum Kapitelüberschriften enthalten, signalisieren dem erfahrenen Lektor, dass hier Strukturierungsschwächen vorliegen dürften.

Tabellen können ausgezeichnet gliedern und vorhandenes Text- bzw. Datenmaterial strukturieren. Sie verbinden eine komprimierte Darstellung mit einer übersichtlichen Gliederung und dienen der Anschaulich- Tabellen

Tabellen verfügen über einen Tabellenkopf, über Zeilen, Spalten und einzelne Zellen

Boden: Bodenarten (stark vereinfacht)

	Bezeichnung	*Korngrößen Durchmesser in mm*	*Körnige Bestandteile*	*Nutzung in Mitteleuropa*
Grobböden	Schutt	> 20	Gesteinsbruchstücke bzw. Gerölle	Ödland
	Grus	2–02	kleine Steine bzw. Feinkies	Weideland
Feinböden	Sand	0,063–2	überwiegend Quarzkörner	Nadelwald, Roggen, Kartoffeln
	Schluff	0,002–0,063	Quarzkörner Tonmineralien	Laubwald, Wiesen, Weizen
	Ton	< 0,002	Tonmineralien	Buchenwald, Wiesen, Zuckerrüben, Hopfen

Kopf
Zeile
Spalte
Zelle

keit. Bestimmte Themen sind an Tabellen so gebunden, dass erfahrene Leser auch mit komplexen Formen sehr gut umzugehen wissen.[1]

Generell sollten Tabellen in Büchern einfach zu lesen sein. Das bedeutet, dass sie im Hochformat wie der Text aufgebaut werden sollten. Ist das nicht möglich, besteht immer die Möglichkeit, auf das Vorsatzpapier vorne oder hinten im Buch auszuweichen. Möglicherweise lassen sich zur Präzisierung und Übersichtlichkeit innerhalb der Tabelle bestimmte Symbole nutzen, die dann in einer Legende zur Tabelle noch zu erläutern sind.

Der Aufbau von Tabellen richtet sich nach dem kulturell bedingten Leseschema: Da oben links mit dem Lesen begonnen wird, sollten zentrale Informationen dort stehen. Außerdem ist es wichtig, dass Vorstellungen und Konzepte aus der Wirklichkeit in Tabellen integriert werden. Das bedeutet beispielsweise, dass bei Zahlenreihen im Tabellenkopf immer zuerst die kleineren, dann die größeren Zahlen folgen. Sinnvollerweise haben die Abstände zwischen den verwendeten Zahlen immer den gleichen Rhythmus.

Da der Norden »oben« ist, wird auch in Tabellen der Norden immer über den Süden gestellt

Entwicklung der Arbeitslosigkeit	2000	2001	2004	2006
Norden				
Süden				

3.5 Der Einsatz von Abbildungen

Abbildungen unterstützen die Textaussage, wenn sie nicht sogar das Hauptgewicht des Inhalts tragen (siehe dazu Leitmedium Text oder Bild, Kap. 3.1). Sie dienen dem besseren Verstehen des Textes und werden oft leichter erinnert als Sprachinformationen. Wenn sie die Kernidee des Textes illustrieren und eine Beziehung zwischen den dargestellten Sachverhalten abbilden, werden sie vom Leser als hilfreich und unterstützend wahrgenommen.

Vielfach sollen Abbildungen
- auf einen Blick den Gesamtzusammenhang erkennen lassen
- die Verständlichkeit des Gelesenen vertiefen
- verschiedene Details in einen Gesamtüberblick bringen
- Handlungsabläufe überschaubar darstellen
- Interesse wecken, motivieren und das Erinnern erleichtern

1 Die Fahrtenbücher der Bundesbahn waren ein gutes Beispiel. Als sie durch Computer ersetzt wurden, dauerte jede Auskunft zunächst deutlich länger und war ungleich aufwendiger für Kunden und Dienstleister.

Es bietet sich an, für bebilderte Texte ein Konzept zu entwickeln, um deren Wirkungsgrad abzusichern.

Bilder erfassen und verstehen

Bilder werden – wie Text – sehr unterschiedlich wahrgenommen.[1] Fest steht, dass Bildwahrnehmung in drei Schritten abläuft: Zunächst muss das zu betrachtende Bild Aufmerksamkeit erhalten, dann werden Figuren und Muster interpretiert und anschließend wird grob deren Bedeutung ermittelt.

Die ersten drei Zehntelsekunden der Betrachtung sind zur globalen inhaltlichen Orientierung ausreichend.[2] Die Ergebnisse hängen stark von unserem kulturell erlernten Schema ab: Der erste Blick entscheidet.

Bilder helfen, sich verändernde oder veränderte Vorstellungen von Welt zu normalisieren. Bildverstehen bedeutet: Die Ungleichgewichtigkeiten unseres mentalen Apparates werden abgebaut, ein neues Gleichgewicht wird aufgebaut. Das heißt auch, dass etwa neue Detailinformationen in einen Zusammenhang mit vorhandenem Wissen gebracht werden können. Informationen, die in scheinbarem Widerspruch zum bisherigen Wissen stehen, erhalten einen angemessenen neuen Platz und werden damit wieder plausibel.[3]

Bilder haben in den letzten 15 Jahren einen ganz neuen Stellenwert für das Textverstehen erhalten. Sie können bei der Entwicklung neuer Gedanken, Ideen und Erkenntnisse aktivieren, akzentuieren, konstruieren und ersetzen, sind entsprechend auch da, wo sie derzeit eher selten auftreten, besonders wirkungsvoll, nämlich im Fachbuch. Im Wesentlichen werden sie im Buchbereich in folgenden Funktionen eingesetzt, wenn Text das Leitmedium ist und Bilder den Text entsprechend ergänzen:

- **Dekorative Bilder**
  erhöhen die Attraktivität von Texten im Sinne der Unterhaltung und der Abwechslung. Sie müssen nicht im Zusammenhang mit dem Text stehen, sondern können rein schmückenden Charakter haben.
- **Repräsentative Bilder**
  finden sich meist in erzählenden Texten, wie etwa in Märchen. Sie liefern eine punktuelle Wiederholung des Erzählten und haben einen konkreten Bezug zum Inhalt.

1 Die aktuellen, sehr verschiedenen Befunde zur Bildwahrnehmung bewegen sich nach der jeweils forschenden Disziplin innerhalb einer großen Bandbreite, nämlich zwischen den Erziehungswissenschaften und dem Marketing etwa. Ein einheitliches Verständnis zum Verstehen von Bildern und zu deren Einsatz existiert nicht. Mit Bildwahrnehmung und Leseverhalten beschäftigt sich beispielsweise Weidenmann, Bernd: Psychische Prozesse beim Verstehen von Bildern. Bern, Huber, 1988.
2 Solche Messungen werden per Tachoskopie vorgenommen und ausgewertet. Siehe dazu umfassend die Zusammenstellung von Aufsätzen und Forschungsergebnissen von Gerd Antos und Gerhard Augst (Hrsg.): Textoptimierung. Das Verständlichermachen von Texten als linguistisches, psychologisches und praktisches Problem. Frankfurt a. M., P. Lang, 1989, S. 58–76.
3 Sehr tief und sehr wissenschaftlich dargestellt von Weidenmann, Bernd: Psychische Prozesse, S. 137 ff.

Bildwahrnehmung ist kein Scanningprozess, wie vielfach geglaubt wird

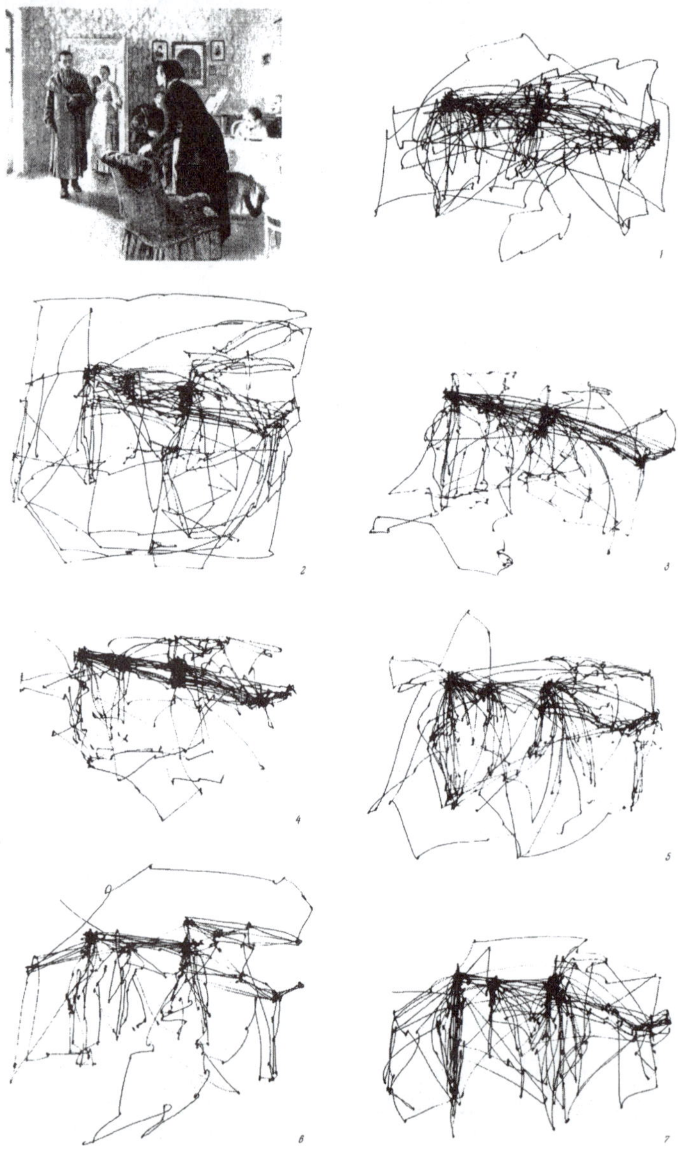

Blickbewegungen von sieben Personen bei Betrachtung des Bildes links oben

Quelle: A. L. Yarbus: Eye Movements and Vision. New York 1967, S. 172.

- **Organisierende Bilder**
  fassen Informationen über Handlungen übersichtlich zusammen. Sie zeigen Schritt für Schritt, wie Dinge zu tun sind, etwa in Gebrauchsanweisungen, beim Kochen oder in Versuchsanleitungen.

- **Interpretierende Bilder**
  erleichtern das Verständnis schwieriger Textpassagen durch Vergleiche und Analogien. Das Veranschaulichen von Elektrizität durch die Darstellung des Wasserkreislaufes ist ein Beispiel dafür.

- **Transformierende Bilder**
  bilden die Ausnahme: Sie sind kurzfristig innerhalb des Textes das Leitmedium und beziehen sich damit nicht auf einzelne Elemente der im Text gegebenen Information, sondern bieten eine Gesamtaussage, die im Text wiederum erläutert werden kann. Das Bild ist ohne Text vollständig verstehbar und wird vom Text nur ergänzt.

Bildschwerpunkte

Bei Abbildungen mit Köpfen bzw. Gesichtern ist immer das menschliche Gesicht der zentrale Orientierungspunkt. Hier befindet sich der Schwerpunkt des Bildes, nicht in seiner messbaren Mitte. Porträts sind entsprechend auf einer Seite so auszurichten, dass der Blick der porträtierten Person vom Seitenrand zum Bundsteg gerichtet ist. Ausschnitte und Details orientieren sich am Schwerpunkt der Abbildung, im Zweifelsfalle an der optischen Mitte. [1]

Abbildungsunterschriften

Abbildungen bedürfen einer Abbildungs- oder Bildunterschrift (kurz: BU). Diese sollte entweder strukturierend sein oder, falls die Strukturierung über die Abbildungsnummerierung hinreichend erfolgt ist, eine zusätzliche Information zum dargestellten Sachverhalt geben. Redundante Bildunterschriften werten die zugehörigen Abbildungen ab und führen zu geringerer Aufmerksamkeit.

Alle Abbildungen sind mit Quellenangaben zu versehen. Dies kann in der BU erfolgen oder in einem Abbildungsverzeichnis am Ende des Buches. Der Autor ist darauf hinzuweisen, dass ihm die Sicherung der Rechte obliegt und das Urhebergesetz auch für die Abbildungen in anderen Werken gilt.

Bei der Abgabe eines bebilderten Manuskriptes sollte unbedingt ein Abbildungsverzeichnis für die redaktionelle und herstellerische Weiterbearbeitung mitgeliefert werden. Diese Abbildungen sind separat auf Tauglichkeit sowohl im Sinne des Inhalts als auch im Sinne der Druckbarkeit zu überprüfen. Die verlagsinterne Kompetenz dazu ist in der Herstellung vorhanden.

1 Zu Symbolen und Piktogrammen siehe Adrian Frutiger: Der Mensch und seine Zeichen. 7. Aufl. Wiesbaden, Fourier, 2000.

3.6 Die Registererstellung

Vor allem im Sach- und Fachbuchbereich kommt der Erarbeitung von Registern eine besondere Bedeutung zu. Werke, die überwiegend konsultierend gelesen werden, erschließen sich über das Register besser als beispielsweise über das Inhaltsverzeichnis. Insbesondere wissenschaftliche Werke bedürfen der Erschließung durch ein oder mehrere Register; ohne diese Orientierungshilfen sind sie fast unbenutzbar.

Ein Register erschließt den Text durch Verzeichnung der wichtigen Begriffe dieses Textes. Dabei ist es zunächst irrelevant, ob der Begriff im Wortlaut selbst im Text vorkommt (»Stichwort«) oder ob es sich im Register um eine treffende Beschreibung des Sachverhaltes (»Schlagwort«) handelt. Die Begriffe werden meist in alphabetischer Reihenfolge aufgelistet. Über die Angabe der Seitennummer, seltener der Seiten- und Zeilennummer oder auch einer Abschnittsnummerierung, wird auf die entsprechenden Stellen im Text verwiesen. Häufig wird das Register differenziert in mehrere sachlich unterschiedene Teile, z. B. ein Personenregister, ein Sach- und ein Ortsregister. Bei nur einem Register spricht man auch von einem Gesamtregister.

Die Referenzierung auf den Text ist ein wesentliches Merkmal der Register und unterscheidet sie z. B. von den Glossaren. Als Glossar bezeichnet man ein Erklärungswörterbuch, das sich auf die im Text verwendeten Fachtermini bezieht. Meist sind die Erläuterungen sehr knapp gehalten, da sie lediglich das Verständnis des Textes ermöglichen sollen, während ausführliche Darstellungen gegebenenfalls im Text selbst zu finden sind.

Einstufige und mehrstufige Register

Man unterscheidet einstufige und mehrstufige Register (vgl. Abb.). Bei mehrstufigen Registern werden einzelnen Stichwörtern weitere Begriffe untergeordnet. Auch die untergeordneten Begriffe können ihrerseits wieder Unterbegriffe enthalten, sodass sich ein Hierarchiebaum ergibt:

Beispiel eines mehrstufigen Registers, rein alphabetisch gegliedert

Florenz 99 ff., 366
- Dom 101, 117
- Ponte Vecchio 103
- Santa Maria Novella 109 ff.
- Uffizien 120, 123

Rom 38 ff., 185, 224
- Forum Romanum 44, 48
- Kolosseum 41 ff.
- Pantheon 56, 224
- Vatikan 52

Wie das Beispiel in obiger Abb. zeigt, kann gerade in mehrstufigen Registern die alphabetische Abfolge der Registerbegriffe aufgegeben werden. Meist tritt an ihre Stelle eine sich aus dem Inhalt ergebenden Sortierreihenfolge, die dem Fachpublikum bekannt ist (im Beispiel: die Abfolge der Szenen im »Faust«). Eine solche Anordnung ermöglicht dann eine schnellere und bessere Orientierung als eine alphabetische Ordnung.

Beispiel eines mehrstufigen Registers, ab der zweiten Stufe nicht alphabetisch gegliedert

Goethe 211 ff., 324, 417
- Die Leiden des jungen Werthers 432
(...)
- Faust 288, 417
- - Zueignung 290
- - Vorspiel auf dem Theater 325 f.
- - Prolog im Himmel 213, 290 f.
- - Der Tragödie erster Teil 288, 324 f., 417–419
- - - Nacht 292
- - - Vor dem Tor 332, 435
- - - Studierzimmer 360
(...)
Heine 164, **199**, 268 f.
(...)
Keller 538, 649, 772

Erläuternde Register, Register mit Registerzusätzen

Neben dem rein verweisenden Register gibt es das erläuternde oder mit Zusätzen angereicherte Register. Hier findet der Leser wichtige Informationen zu den verzeichneten Stichwörtern bereits im Register, z. B. die Lebensdaten in einem Personenregister. Je anspruchsvoller und weitreichender die Nacharbeit der Register hier ist, umso mehr bekommt das Register einen eigenen wissenschaftlichen Wert. Das kann so weit gehen, dass teilweise das Register selbst wie ein Text gelesen wird und der Einstieg in den Text nur noch der Vertiefung bestimmter Sachverhalte dient.

Beispiel eines »Personenregisters mit Registerzusätzen« (Terminologie nach DIN)

Bruno, Giordano † 1600 1575.11,2
Busiris, Sohn des Poseidon, mythol. König von Ägypten 1655.9,2 1655.11,1
Caesar, Gajus Iulius † 44 v. Chr. 1354.8,5

Der Arbeitsablauf bei der Registererstellung

Das Erstellen von Registern ist immer in erster Linie inhaltliche und erst in zweiter Hinsicht technische Arbeit. Der eigentliche, intellektuelle Aufwand liegt in der Verschlagwortung der Texte, d. h. in der Auswahl der registerrelevanten Begriffe und der Zuordnung von Textstellen zu diesen Begriffen. Auch die nachfolgende Auswahl der relevanten Stellen im Text, das Trennen des Wesentlichen vom Unwesentlichen, die Anlage der mehrstufigen Hierarchien ist inhaltliche Arbeit.

Die Sortierung der Begriffe und die Zuordnung der Seitenzahlen aus dem Umbruch ist nur noch die technische Umsetzung dieser Arbeit – und doch ist sie es, die in der Regel größte Schwierigkeiten macht. Das hängt mit dem spezifischen Arbeitsablauf zusammen.

Im klassischen Produktionsprozess gibt es eine klare zeitliche Abfolge von Satz- und Registerarbeiten. Die Registerarbeiten können erst durchgeführt werden, wenn die Satzarbeiten am Text abgeschlossen sind, da sich die Register über die Seitenzahlen auf den konkreten Umbruch des Werkes beziehen. Schon eine einzige Korrektur im Satz, die eine Umbruchverschiebung mit sich bringt, kann zu Fehlern in den Seitenangaben im Register führen und wochenlange Arbeit hinfällig machen. Insofern ist der vorliegende imprimierte Ausdruck Grundlage der Registererarbeitung. Im Produktionsablauf muss daher eigene Zeit für die Registerarbeiten vorgesehen werden; ohne Register könnte das Werk nunmehr schon in den Druck gehen. Registerarbeiten verzögern bei dem geschilderten Ablauf Produktionsprozesse erheblich, zumal die erarbeiteten Register auch noch gesetzt und Korrektur gelesen werden müssen.

Für die Erarbeitung der Register wird i. d. R. folgendermaßen vorgegangen: Im imprimierten Ausdruck werden zunächst, z. B. mittels Textmarker, die relevanten Begriffe und zu verschlagwortenden Textpassagen gekennzeichnet. In diesem Arbeitsschritt liegt die eigentliche inhaltliche Leistung, nämlich das Identifizieren registerrelevanter Begriffe dank einer tief gehenden Kenntnis des Textes. Deshalb kann diese Arbeit nur von einem inhaltlich für den Text verantwortlichen

Registerarbeiten anhand von Karteikarten

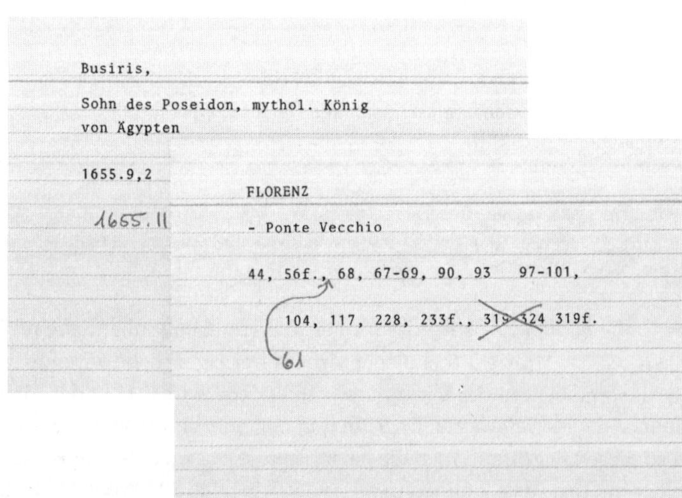

Mitarbeiter (dem Autor selbst, einem Redakteur oder Lektor) übernommen werden.

Dies geschieht bis heute häufig anhand von Karteikartensystemen. Für jeden Begriff, der im Register erscheinen soll, wird eine Karte angelegt, die diesen Begriff trägt. Auf diese Karteikarte werden beim Auswerten der markierten Textstellen manuell die zugehörigen Seitenzahlen eingetragen. Diese sind aus der Papiervorlage ersichtlich, da es sich um den endgültigen Umbruch handelt. Nach diesem Arbeitsgang werden die Karten in die gewünschte Sortierreihenfolge gebracht, gemäß ihrer hierarchischen Einordnung in das Register gekennzeichnet und als Stapel zur Erfassung bzw. in den Satz gegeben.

Schwächen der konventionellen Registererstellung

Das »Grundproblem« dieser Arbeitsweise ist, dass **die Seitenzahlen nach einem bereits feststehenden Umbruch manuell erfasst werden müssen.** Daran hat auch der Einzug der Computer in die Autorenstuben zunächst nichts geändert, auch wenn die Erfassung nun in einem Textverarbeitungssystem und nicht mehr auf Karteikarten geschieht.

Dieses manuelle Verfahren hat zwei Schwächen: Zum einen darf sich der Umbruch des Textkorpus tatsächlich nicht mehr verändern – schon ein aktualisiertes Vorwort, das aufgrund eines erhöhten Umfangs eine veränderte Paginierung des gesamten Werkes nach sich zöge, könnte monatelange Arbeit zunichte machen.

Zum anderen darf nicht vergessen werden, dass auch das so erstellte Register **Erfassungsfehler** in sich bergen kann und also Korrektur gelesen werden muss. Ein Register Korrektur zu lesen ist aber eine völlig andere und wesentlich mühsamere Tätigkeit, als einen Text Korrektur zu lesen: Wie soll man Ziffernfolgen auf ihre korrekte Erfassung hin überprüfen? Eine »Orthographie« – die Grundlage des Korrektors bei jedem Lesen eines Textes – gibt es hier nicht.

Es bleibt daher keine andere Möglichkeit, als jede (!) Referenzstelle im Text nachzuschlagen, um zu überprüfen, ob an der verzeichneten Stelle tatsächlich ein relevantes Vorkommen des Begriffes zu erkennen ist. Wo dies der Fall ist, kann die Seitenzahl als korrekt gelten. Doch wie geht man vor, wenn offensichtlich ein Erfassungsfehler vorliegt, das Stichwort nämlich nicht auf der verzeichneten Seite (z. B. »273«) zu finden ist? Woran erkennt man, was der Fehler in der Ziffernfolge »273« ist? Wollte der Autor »27« schreiben oder vielleicht »237« oder »723«?

Das Korrigieren von Registern gehört zu den aufwendigsten Arbeiten im Rahmen der Erstellung einer wissenschaftlichen Publikation. Aus diesem Grunde genügen viele Register auch leider nicht den an sie gestellten Ansprüchen.

Der Aufwand an inhaltlicher Arbeit während der Erarbeitung sowie für das anschließende Korrekturlesen ist beträchtlich. Deshalb wird häufig versucht, automatisiert Stichwortlisten aus dem Text zu extrahieren. Hierbei werden vorab definierte Schlüsselbegriffe, die später das Register bilden sollen, über eine automatische Suchroutine im

Text markiert und ohne weitere redaktionelle Bearbeitung zur Referenzierung herangezogen. Solcherart erzeugte Register sind selbst vom Laien (anhand der mangelhaften Benutzbarkeit) von einem intellektuell erarbeiteten Register auf Anhieb zu unterscheiden und führen zu großer Verärgerung. Häufig fehlen wichtige Begriffe und/oder relevante Fundstellen (z. B. Stellen, an denen der Suchbegriff in flektierter oder abgekürzter Form im Text steht und somit vom Rechner nicht gefunden werden kann, wobei es sich gleichzeitig durchaus um eine Textstelle von zentraler Bedeutung handeln kann). Gleichzeitig können andere, z. T. weniger relevante Stichworte mit vielen Fundstellen im Text eine Bedeutsamkeit suggerieren, die dem Stichwort gar nicht zukommt. Vor allem aber können sachliche Fehler unentdeckt bleiben: Es soll beispielsweise ein Namensregister in der geschilderten Weise automatisch erzeugt werden, indem der Bearbeiter eine Liste aller relevanten Personennamen erstellt und diese Liste mit dem Text ohne weitere menschliche Nacharbeit computergestützt abgeglichen wird. Kommt im Text z. B. ein Autor namens »Bauer« oder »Stahl« vor, der ins Register übernommen werden soll, so wird der Computer alle Vorkommen der Zeichenfolge »Bauer« bzw. »Stahl« markieren, also auch alle Stellen, in denen es um den Beruf des Bauern oder um das Metall geht, solange nur die **Zeichenfolge** (nicht deren Bedeutungsinhalt) identisch ist.

Registererstellung anhand von inhaltlichem Mark-up

Wie kann diesen Schwächen der herkömmlichen Methode der Registererstellung begegnet werden? Hier kann der Computer wertvolle Hilfe leisten.

Wie schon beschrieben, ist die Registerarbeit eine zweigeteilte, nämlich zunächst eine inhaltliche (das Identifizieren der registerrelevanten Begriffe im Text) und anschließend eine technische Arbeit (das Extrahieren dieser Begriffe und die Anreicherung mit den entsprechenden Referenzstellen).

Am o. g. Beispiel (»Bauer«/»Stahl«) wurde deutlich, dass der Computer bei der inhaltlichen Arbeit keine befriedigende Hilfe leisten kann. Dagegen lassen sich alle nachfolgenden, wesentlich mühsameren Arbeiten an den Computer delegieren.

Wenn ein Rechner also nicht über das Wissen verfügt, um aus dem Kontext eines Werkes die Registerbegriffe zu identifizieren, müssen ihm diese in geeigneter Form mitgeteilt werden. Dies geschieht, indem die Registerbegriffe nicht mehr nur auf dem Papier (Textmarker), sondern in der (Satz-)Datei gekennzeichnet werden. Diese Markierung muss in einer für den Rechner eindeutig erkennbaren Weise erfolgen. So könnte man z. B. die Unterstreichung als Markierung für Registereinträge wählen, jedoch nur, wenn an keiner anderen Stelle im Text eine Unterstreichung, etwa als typographische Hervorhebung, verwendet wird. In aller Regel wird man sich für eindeutige Zeichenketten entscheiden, bei entsprechender Arbeit in medienneutralen Strukturen möglicherweise gleich XML (vgl. Kap. 4.4).

So könnte der nachfolgende Text

> [...] Die Uraufführung der fünften Symphonie geriet zu einem Fiasko: Ein vierstündiges Programm ausschließlich mit den Werken Beethovens überforderte Ausführende und Hörer. J. F. Reichard berichtet darüber in seinen »Vertrauten Briefen« und nennt die Fünfte eine »große, sehr ausgeführte, zu lange« Symphonie. [...]

wie folgt ausgezeichnet werden, um eine eindeutige Identifizierbarkeit der zu registrierenden Stellen für den Computer zu erlangen:

> [...] Die Uraufführung der fünften Symphonie geriet zu einem Fiasko: Ein vierstündiges Programm ausschließlich mit den Werken **[[Beethoven]]**s überforderte Ausführende und Hörer. J. F. **[[Reichard]]** berichtet darüber in seinen »Vertrauten Briefen« und nennt die Fünfte eine »große, sehr ausgeführte, zu lange« Symphonie. [...]

Hier wurden doppelte eckige Klammern für die Identifizierung verwendet. Diese (oder jede andere, eindeutige) Codierung reicht aus, um alle nachfolgenden Schritte zu automatisieren. Diese basieren nunmehr nur noch auf Erkennungs- und Verarbeitungsalgorithmen von Zeichenketten. Frei formuliert sind die einzelnen Arbeitsschritte für den Rechner etwa folgende:

1. »Setze den Text und unterdrücke dabei für die Ausgabe die doppelten eckigen Klammern, führe sie aber im Quelltext weiterhin mit«
2. »Durchsuche den fertig umbrochenen Text nach der Zeichenfolge ›[[‹ bzw. ›]]‹«
3. »Kopiere die Zeichenfolgen, die zwischen ›[[‹ und ›]]‹ stehen, in den Arbeitsspeicher«
4. »Füge die Umbruchinformation (die Seitenzahl, auf der der Text steht, bezogen auf den aktuellen Umbruch) hinzu«
5. »Schreibe beide Informationen (Text und Seitenzahl) in eine zweite Datei«
6. »Sortiere diese Datei«
7. »Bei mehreren gleichen Einträgen (gleicher Text, gleiche oder unterschiedliche Seitenzahl) kumuliere diese Einträge zu einem Eintrag«

Nach einem solchen Algorithmus (der natürlich nicht vom Anwender selbst programmiert werden muss, sondern vielmehr das Arbeitsprinzip sämtlicher Registerprogramme abbildet) lassen sich nun zu **jedem beliebigen Zeitpunkt** und bezogen auf **jeden beliebigen Umbruch** die Register aus dem Text extrahieren.

Die einzige, allerdings notwendige Bedingung für alle computerunterstützten Arbeitsschritte ist dabei die eindeutige Kennzeichnung von Inhalten in den Daten. Dies ist jedoch keine signifikante Mehrarbeit gegenüber der Arbeit mit dem Textmarker. Es handelt sich vielmehr um eine Vorverlagerung von Arbeiten in das Manuskriptstadium, die andernfalls – mit mindestens identischem Aufwand – erst nach Abschluss der Satzarbeiten anfallen. Werden die Arbeiten direkt in der Datei vorgenommen, ist der Text nun aber für alle künftigen Verwertungsformen mit Zusatzinformation angereichert.

Je nach geplanter Weiterverarbeitung kann bzw. muss die Auszeichnung noch weiter differenziert werden.

Unterschiedliche Markierung (eckige und geschweifte Klammern) für verschiedene Registerarten, etwa ein getrenntes Komponisten- und Namensregister.

[...] Die Uraufführung der fünften Symphonie geriet zu einem Fiasko: Ein vierstündiges Programm ausschließlich mit den Werken **[[Beethoven]]**s überforderte Ausführende und Hörer. Johann Friedrich **{{Reichard}}** berichtet darüber in seinen »Vertrauten Briefen« und nennt die Fünfte eine »große, sehr ausgeführte, zu lange« Symphonie. [...]

Es liegt nahe, dass bei zunehmender Anreicherung der Texte mit unterschiedlichen Codes die Übersichtlichkeit leidet. Deshalb ist eine an den Inhalten orientierte Markierung sinnvoll (vgl. hierzu die Ausführungen über XML, Kap. 4.4).

Markierung der Registerbegriffe über semantisch differenzierte Tags. Hiermit wird der Text mit Zusatzinformationen angereichert, die nicht nur für die Registerarbeiten von Nutzen sind.

[...] Die Uraufführung der **<werk>**fünften Symphonie**</werk>** geriet zu einem Fiasko: Ein vierstündiges Programm ausschließlich mit den Werken **<komp>**Beethoven**</komp>**s überforderte Ausführende und Hörer. J. F. **<autor>**Reichard**</autor>** berichtet darüber in seinen »Vertrauten Briefen« und nennt die Fünfte eine »große, sehr ausgeführte, zu lange« Symphonie. [...]

Im Beispiel ist nicht etwa die Zeichenfolge **w-e-r-k** die eindeutige Kennzeichnung (das Wort »Werk« kommt ja auch an anderer Stelle im Text vor), sondern erst deren Verwendung in Verbindung mit den Spitzklammern **<-w-e-r-k->**. Dies ist die Syntax der Textauszeichnung in

SGML/XML. Die Markierungen werden »Tags« genannt (engl. für »Markierung, Schildchen«). Sie werden nicht nur für die Registerkennzeichnung, sondern auch für die Auszeichnung sämtlicher Textelemente eingesetzt. Größter Vorteil ist dabei die semantische (= dem Inhalt folgende) Codierung. Sie erlaubt als einzige Auszeichnungsform dem Rechner und dem menschlichen Leser gleichermaßen die Identifizierung und Beschreibung von Inhalten.

So wäre die oben gewählte Codierung nicht nur für die Erstellung von Registern geeignet: Derselbe Text könnte nun beispielsweise in einer elektronischen Publikation (CD-ROM, Internet) nach seinen Inhalten durchsucht werden, es könnte also etwa eine Suchabfrage: »Zeige alle Werke« oder »Suche den Autor Reichard« formuliert werden. Die semantische Kennzeichnung von (Register)elementen lässt sich also vielfältig weiter nutzen, da sie eine mit menschlichem Intellekt erarbeitete Erschließung des Textes maschinennutzbar abbildet.

Auch Begriffe, die nicht in dem Wortlaut im Text stehen, wie sie später im Register auftauchen sollen, lassen sich mit den Möglichkeiten von XML kennzeichnen:

Weiter gehende Erschließung des Textes über so genannte Attribute

[...]Die Uraufführung der **<werk titel=»Symphonie Nr. 5 c-moll op. 67«>**fünften Symphonie**</werk>** geriet zu einem Fiasko: Ein vierstündiges Programm ausschließlich mit den Werken **<komp name=»Beethoven, Ludwig van«>**Beethovens**</komp>** überforderte Ausführende und Hörer. J. F. **<autor name=»Reichard, Johann Friedrich«>**Reichard**</autor>** berichtet darüber in seinen »Vertrauten Briefen« und nennt die **<werk titel=»Symphonie Nr. 5 c-moll op. 67«>**Fünfte**</werk>** eine »große, sehr ausgeführte, zu lange« Symphonie. [...]

Diese Kennzeichnung wird in der Regel nicht im Quellcode manuell eingetragen, sondern mithilfe spezieller XML-Editoren, die dem Bearbeiter die Erfassung der Codes abnehmen (vgl. auch Kap. 4.4). Die Arbeitsweise ist mit dem Einsatz von Formatvorlagen in einer Textverarbeitung vergleichbar.

Datenbankgestützte Registererstellung

Bei sehr komplexen oder kommentierten Registern, bei denen das ständige Erfassen der Attribute **(titel=»Symphonie Nr. 5 c-moll op. 67«)** aufwendig wäre, ist eine Anbindung an eine Registerdatenbank denkbar, in der die Begriffe an zentraler Stelle vorgehalten werden und lediglich mit dem Text verknüpft werden. Um dies für den Benutzer komfortabel zu halten, sind allerdings spezielle Programme erforderlich, in denen diese Arbeitsschritte automatisiert werden können. Das Ergebnis in den Daten könnte dann etwa wie folgt aussehen:

> [...] Die Uraufführung der **<werk titel=»344«>**fünften Symphonie**</werk>** geriet zu einem Fiasko: Ein vierstündiges Programm ausschließlich mit den Werken **<komp name=»17«>**Beethovens**</komp>** überforderte Ausführende und Hörer. J. F. **<autor name=»49«>**Reichard**</autor>** berichtet darüber in seinen »Vertrauten Briefen« und nennt die **<werk titel=»344«>**Fünfte**</werk>** eine »große, sehr ausgeführte, zu lange« Symphonie. [...]

Registerarbeiten als Teil der Wertschöpfungskette

Werke, die zur besseren Erschließung eines oder mehrerer Register bedürfen, benötigen die besondere Aufmerksamkeit des Verlages. So sehr intellektuell erarbeitete Register das Werk veredeln, so sehr können unzureichende Register dem Ansehen des Werkes (und damit auch des Verlages) schaden, vor allem im wissenschaftlichen Umfeld. Um diesen Ansprüchen gerecht zu werden, sollte der Verlag die Registerarbeiten durch technische und inhaltliche Unterstützung begleiten. Je umfangreicher zu erstellende Register sind und je wahrscheinlicher es ist, dass ein Text mehrfach verwertet werden soll, umso eher sollte der Verlag auf automatisierte Registererstellung Wert legen. Voraussetzung dafür ist eine für den Rechner eindeutig greifbare Codierung der registerrelevanten Begriffe im Text, was auf die unterschiedlichsten Weisen geschehen kann. Sobald diese in das Dokument eingebracht sind, be-

Darstellung des o. g. Beispieltextes in einem XML-Editor (XMetaL 2.0)

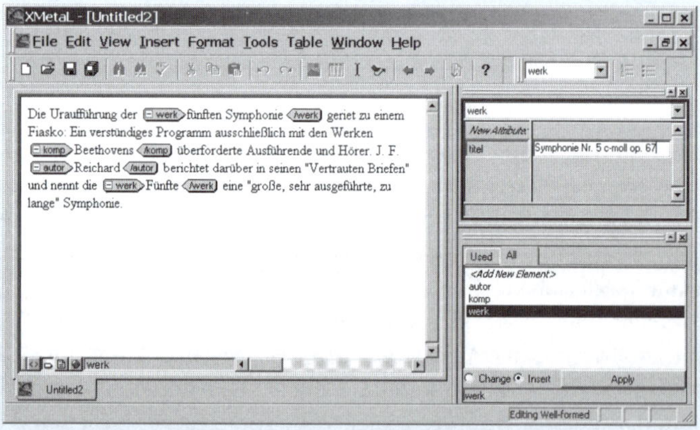

Im linken Fenster wird der Text erfasst und per Mausklick mit Elementen angereichert, die im rechten unteren Fenster aufgeführt sind. Im Fenster rechts oben (Attributfenster) können die weiter gehenden Spezifizierungen der einzelnen Elemente (»Attribute«) festgelegt und benannt werden.

steht technisch die Möglichkeit, die Register zu jedem Zeitpunkt der Satzarbeiten, bezogen auf den jeweils aktuellen Umbruch, zu erzeugen. Bedingung hierfür ist der Einsatz eines Satzsystems, das die Registercodierungen auswerten kann und über die Satzarbeiten hinweg beibehält. Im Idealfall wird die Registermarkierung als Teil der semantischen Auszeichnung des Textes im XML-Datenbestand vorgenommen und ein XML-fähiges Satzsystem eingesetzt. Mit nur wenig höherem Aufwand als bei der konventionellen Registerarbeit entsteht so ein Datenbestand, der für die technische Zweitverwertung ebenso zur Verfügung steht wie für inhaltliche Anfragen an den Text und der damit den höchsten Ansprüchen genügt, die an die Datenqualität gestellt werden können.

Das Korrekturlesen 3.7

Die Entwicklung des Verlagswesens und letztlich der Siegeszug der Elektronik haben dazu geführt, dass in deutschen Buchverlagen kaum noch fest angestellte Korrektoren arbeiten. Es werden keine Korrektoren mehr ausgebildet; in den Tarifverträgen sind sie nicht mehr gesondert berücksichtigt.[1] Zuletzt wurden in den Korrektoraten der Zeitungs- und Buchverlage sowie großer Druckereien im Wesentlichen Schriftsetzer als Korrektoren eingesetzt. Sie konzentrierten sich auf die abschließenden Prozesse vor dem Druck und arbeiteten an der Schnittstelle zwischen Verlag und Druckerei bzw. Verlag und Setzerei. Die hierbei anfallenden Abläufe sind in Kap. 4.8 konkret dargestellt.

Der Begriff der Korrektur ist im Verlag selbst inhaltlich nicht eindeutig festgelegt, sodass unterschiedliche und vielfach auch redaktionelle Arbeiten darunter zusammengefasst werden. Die Erfordernisse an das Korrekturlesen hängen von folgenden Faktoren ab:

- vom Zeitpunkt des Korrekturlesens
- von der Herkunft der Daten
- vom verlagsspezifischen Workflow
- von den Anforderungen, die sich aus dem Text ergeben
- und von den Anforderungen, die der Projektverantwortliche oder der Verleger stellt

Entsprechend unterschiedlich sind die Tätigkeiten und die Kombinationen von einzelnen Tätigkeiten, die zum Korrekturlesen gehören. Verlage mit standardisierten Abläufen können gut übersehen, an welchen Schritten im Arbeitsablauf welche Korrekturtätigkeiten anfallen. Solche Standards sind nicht immer vorhanden, sodass es durchaus zu stets individuellen Aufträgen an denjenigen kommen kann, der mit dem Korrekturlesen befasst ist. So gehört beispielsweise einmal die

1 Das ist in der Schweiz noch anders; hier gibt es noch eine offizielle Ausbildung für Korrektoren; vgl. dazu S. 144.

Überprüfung von Registereinträgen zu den Tätigkeiten dazu, ein anderes Mal sind ausschließlich Konvertierungsprobleme zu erkennen.

Vor dem Korrekturlesen sollte grundsätzlich ein elektronischer Korrekturgang erfolgen. Dieser kann während des Schreibens oder im Anschluss mithilfe eines Korrekturprogramms, eines Rechtschreibprogramms oder eines Spellcheckers erfolgen. Das Korrekturlesen selbst lässt sich aber nicht durch eine Software ersetzen, da ihre Möglichkeiten begrenzt sind. Die Hürden semantischer oder grammatischer Fehler nehmen Programme nur teilweise, sei es, dass sie nicht alle Fehler anzeigen, sei es, dass sie zu häufig Fehlalarm geben, um sie bei größeren Textmengen ökonomisch nutzen zu können. Außerdem ist Korrekturlesen ohnehin erforderlich, wenn es um Sachverhalte wie die Überprüfung typographischer Aspekte, um die Vereinheitlichung von Schreibweisen, um die Überwachung der formalen Einheitlichkeit oder die Prüfung der inhaltlichen Plausibilität geht.

Zeitpunkte des Korrekturlesens

Korrekturen in Fahne und Umbruch werden im Kapitel 4.8 erläutert. Im jetzigen Manuskriptstadium wird mit dem Begriff des Korrekturlesens entweder die sprachliche redaktionelle Bearbeitung (Kap. 3.4) verbunden oder aber eine orthographische Korrektur des Manuskriptes unter Berücksichtigung der Grammatik und der Zeichensetzung. Dieser Korrekturgang wird Vorauskorrektur genannt.

Orthographische Korrektur

Die Vorauskorrektur dient dazu, möglichst fehlerfreie Texte zur Übernahme in ein Satzsystem abzugeben. Korrekturen im Satzsystem abzugeben. Korrekturen im Satzsystem werden nämlich erfahrungsgemäß erheblich teurer als solche im Manuskriptstadium. Deshalb empfiehlt es sich, schon bei der redaktionellen oder/und Vorauskorrektur auf die Vereinheitlichung von Schreibweisen (Graphik oder Grafik, aufgrund oder auf Grund usw.) zu achten. Darüber hinaus sollte eine Vorauskorrektur klären, wo es sich um Fehler handelt, die sich mithilfe eines Programms oder mithilfe der Funktion **Suche–Ersetze** beheben lassen, oder um solche, für deren Lösung der Autor noch einmal herangezogen werden sollte.

In der Regel werden diese Vorarbeiten im Manuskriptstadium nicht mehr oder nur unvollständig geleistet, sodass ein Großteil der Korrekturen auf die Satzstadien verschoben werden muss. In diesen erfolgt dann auch erst das eigentliche Korrekturlesen.

Freie Redaktionsbüros

Manuskripte lassen sich sehr kostengünstig von externen Dienstleistern bearbeiten. Freie Redaktionsbüros oder Lektorate, einzelne freiberuflich arbeitende Schriftsetzer oder ehemals fest angestellte Korrektoren lesen meist schnell und preiswert Korrektur. Lektor oder Redakteur prüfen das Manuskript im Vorfeld auf die zu erwartende Fehlermenge und wählen einen entsprechenden Dienstleister aus. Eine kontinuierliche Zusammenarbeit macht Anforderungsprofil und Qualitätssicherung für beide Seiten, für Verlag und Dienstleister, einfacher.

Korrekturschema für Buchdruckereien von 1733

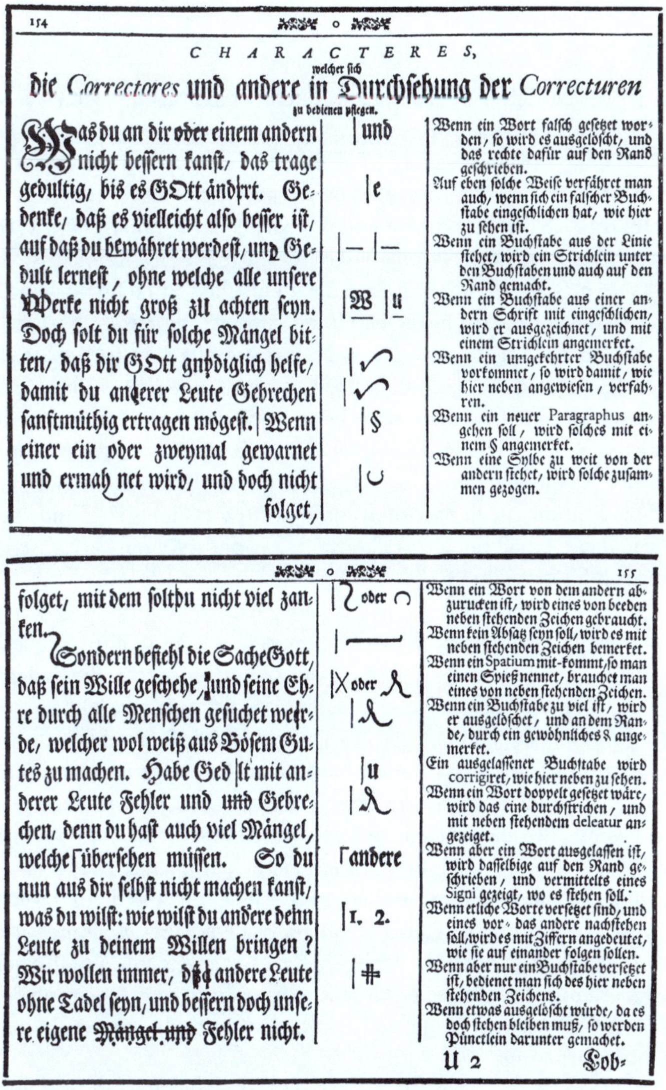

154

CHARACTERES,
die Correctores und andere in Durchsehung der Correcturen welcher sich zu bedienen pflegen.

Was du an dir oder einem andern nicht bessern kanst, das trage gedultig, bis es GOtt ändrrt. Gedenke, daß es vielleicht also besser ist, auf daß du bewähret werdest, und Gedult lernest, ohne welche alle unsere Werke nicht groß zu achten seyn. Doch solt du für solche Mängel bitten, daß dir GOtt gnädiglich helfe, damit du anderer Leute Gebrechen sanftmüthig ertragen mögest. Wenn einer ein oder zweymal gewarnet und ermah net wird, und doch nicht folget,

Wenn ein Wort falsch gesetzet worden, so wird es ausgelöscht, und das rechte dafür auf den Rand geschrieben.
Auf eben solche Weise verfähret man auch, wenn sich ein falscher Buchstabe eingeschlichen hat, wie hier zu sehen ist.
Wenn ein Buchstabe aus der Linie stehet, wird ein Strichlein unter den Buchstaben und auch auf den Rand gemacht.
Wenn ein Buchstabe aus einer andern Schrift mit eingeschlichen, wird er ausgezeichnet, und mit einem Strichlein angemerket.
Wenn ein umgekehrter Buchstabe vorkommet, so wird damit, wie hier neben angewiesen, verfahren.
Wenn ein neuer Paragraphus angehen soll, wird solches mit einem § angemerket.
Wenn eine Sylbe zu weit von der andern stehet, wird solche zusammen gezogen.

155

folget, mit dem solt du nicht viel zanken.
Sondern befiehl die Sache Gott, daß sein Wille geschehe, und seine Ehre durch alle Menschen gesuchet werde, welcher wol weiß aus Bösem Gutes zu machen. Habe Gedult mit anderer Leute Fehler und und Gebrechen, denn du hast auch viel Mängel, welche übersehen müssen. So du nun aus dir selbst nicht machen kanst, was du wilst: wie wilst du andere dehn Leute zu deinem Willen bringen? Wir wollen immer, daß andere Leute ohne Tadel seyn, und bessern doch unsere eigene Mängel und Fehler nicht.

Wenn ein Wort von dem andern abzurucken ist, wird eines von beeden neben stehenden Zeichen gebraucht.
Wenn kein Absatz seyn soll, wird es mit neben stehenden Zeichen bemerket.
Wenn ein Spatium mit-kommt, so man einen Spieß nennet, brauchet man eines von neben stehenden Zeichen.
Wenn ein Buchstabe zu viel ist, wird er ausgelöschet, und an dem Rande, durch ein gewöhnliches ₰ angemerket.
Ein ausgelassener Buchstabe wird corrigiret, wie hier neben zu sehen.
Wenn ein Wort doppelt gesetzet wäre, wird das eine durchstrichen, und mit neben stehendem deleatur angezeiget.
Wenn aber ein Wort ausgelassen ist, wird dasselbige auf den Rand geschrieben, und vermittelts eines Signi gezeigt, wo es stehen soll.
Wenn etliche Worte versetzet sind, und eines vor- das andere nachstehen soll, wird es mit Ziffern angedeutet, wie sie auf einander folgen sollen.
Wenn aber nur ein Buchstabe versetzet ist, bedienet man sich des hier neben stehenden Zeichens.
Wenn etwas ausgelöscht würde, da es doch stehen bleiben muß, so werden Pünctlein darunter gemachet.

U 2 Lob-

Quelle: E. L. Grieshaber, Wider die Druckfehler. Betrachtungen über das Korrekturlesen. Stuttgart, J. B. Metzlersche Verlagsbuchhandlung und C. E. Poeschel Verlag, 1961

Exkurs Schweiz

Korrektor/Korrektorin mit eidgenössischem Fachausweis

Früher ließen sich in der schweizerischen Druckbranche technisch begabte Handsetzer (Schriftsetzer) oft zu Maschinensetzern ausbilden. Schriftsetzer mit grafischem Flair übten in der Offizin die Funktion eines Grafikers aus, und sprachlich begabte Berufsleute amteten als Korrektoren. Korrektor durfte und darf sich jeder nennen. Diese Tätigkeit wird aber schlecht erfüllt, wenn nur mittelmäßige Kenntnisse der deutschen Rechtschreibung und der deutschen Sprache vorhanden sind. Der Schweizerische Typographenbund unterbreitete darum im Jahre 1946 der für das Lehrlingswesen des grafischen Gewerbes der Schweiz zuständigen Zentralkommission einen vom Korrektorenverein ausgearbeiteten Entwurf zu einer Lehr- und Prüfungsordnung für Korrektoren. Ein Jahr später beschlossen die Arbeitnehmerorganisationen und der Arbeitgeberverband, dass ein Reglement über die Ausbildung und die Prüfung der Korrektoren ausgearbeitet werden sollte, und übertrugen diese Arbeit der Zentralkommission, der späteren Paritätischen Berufsbildungsstelle (PBS).

Die erste Eignungsprüfung in der Deutschschweiz wurde, weil damals am Samstag noch gearbeitet werden musste und um Lohnausfälle zu vermeiden, am Sonntag, 8. Februar 1948, durchgeführt (für die Kollegen aus dem französischsprachigen Gebiet der Schweiz ein Jahr später). Allerdings überschätzten 4 der 11 Kandidaten ihre Deutschkenntnisse. Am ersten Kurs, bei dem noch monatlich die Aufgaben der Fächer Deutsch, Fremdsprache (Französisch oder Englisch) sowie Theorie zu lösen waren, beteiligten sich anfänglich 25 Männer. 11 Kandidaten verzichteten nach und nach meistens aus zeitlichen Gründen auf die Fortsetzung des Kurses. Einige Monate nach Kursende fand dann die erste Korrektorenprüfung statt, der sich 8 ehemalige Kursteilnehmer stellten. 7 Kandidaten konnten schließlich den Ausweis in Empfang nehmen, der ihnen bestätigte, geprüfte Korrektoren zu sein. Bereits ab dem zweiten Kurs standen zum Beantworten der Übungsbriefe zwei Monate Zeit zur Verfügung.

Die Zahl der Lernwilligen nahm zu. Zur Eignungsprüfung für den Fernkurs mit Beginn im Frühjahr 1961 wollten 73 Kandidaten zugelassen werden. Im Hinblick auf diesen Andrang und darauf, dass mit den zur Verfügung stehenden Kapazitäten nur etwa 35 Ausbildungsplätze angeboten werden konnten, beschloss die Zentralkommission einen Numerus clausus. Gemäß den neu definierten Zulassungsbedingungen mussten vor Kursbeginn bei vierjähriger Lehre drei Gehilfenjahre absolviert sein. Ebenfalls 1961 wurde die ganztägige Abschlussprüfung erstmals an einem Samstag durchgeführt, weil in der Zwischenzeit in weiten Teilen des Buchdruckgewerbes nur noch an fünf Tagen gearbeitet werden musste. In den folgenden Jahren war die Bereitschaft, während zweier Jahre pro Tag rund zwei Stunden Aufwand in die Weiterbildung zu investieren, nicht immer im gleichen Ausmaß vorhanden. Der Kurs für die romanische Schweiz konnte gar einmal mangels Teilnehmern nicht durchgeführt werden. Anfang der Siebzigerjahre wurde das Reglement so geändert, dass unter bestimmten Bedingungen auch Korrektoren ohne Schriftsetzerlehre zum Kurs zugelassen werden konnten. Und Beachtung fand, dass sich ebenfalls Frauen in diesem Metier ausbilden lassen wollten.

Das Korrekturlesen vor allem in Zeitungsbetrieben wird heute oft von Personen ausgeführt, denen die Arbeitsabläufe in den Druckereien schlecht oder gar nicht vertraut sind. Sie müssen deshalb im Kursverlauf zusätzlich Zeit aufwenden und sich die fehlenden Kenntnisse aneignen. Bei Kursende sollten ihnen nicht nur die Syntax und die Orthographie der Muttersprache und der gewählten Fremdsprache geläufig sein, sie müssen unter anderem auch Texte nach gut lesbarem, teilweise handgeschriebenem, jedoch fehlerhaftem Manuskript korrigieren können. Korrigiert werden muss ebenfalls konvertierter Text ohne Manuskript unter Beachtung der typographischen Regeln. In der Fachtheorie sind von der Manuskriptbearbeitung bis zur Bogenrevision alle Arbeiten im Korrektorat zu erklären. Das Korrekturlesen nach Manuskript sowie das Korrekturlesen von Text aus Datenübernahme in der Muttersprache und in der Fremdsprache sollte so fehlerfrei durchgeführt werden können wie das Revidieren einer Akzidenzdrucksache, einer Zeitungsseite oder des Bogens eines Werks.

Zur zweitägigen Berufsprüfung, die unter der Aufsicht des Bundesamts für Berufsbildung und Technologie durchgeführt wird, ist heute grundsätzlich zugelassen, wer über das Fähigkeitszeugnis für einen Beruf der Druckvorstufe oder eines andern Berufes der grafischen Industrie verfügt oder den Korrektorenfernkurs der PBS oder einen gleichwertigen Kurs abgeschlossen hat. An die Prüfung zugelassen werden auch Personen, die mindestens 22 Jahre alt sind und ein Jahr Praxis bei voller Arbeitszeit als Korrektor nachweisen können sowie eine mindestens gleichwertige sprachliche und fachliche Ausbildung, wie sie der Korrektorenfernkurs bietet, oder wenn sie mindestens drei Jahre Praxis als Korrektor bei voller Arbeitszeit nachweisen. Die bestandene Berufsprüfung Korrektor/Korrektorin berechtigt, sich als »Korrektor/Korrektorin mit eidgenössischem Fachausweis« zu bezeichnen.

Stephan Dové

Ausführungsbestimmungen zum Reglement über die Berufsprüfung Korrektor/Korrektorin

		Fach 1 Muttersprache		**Fach 2** Fremdsprache		**Fach 3** Fachtechnik
Mündliche Positionen	1.1	Sprachkenntnisse 45 min	2.1	Sprachkenntnisse 45 min	3.1	Berufskenntnisse 45 min
Schriftliche Positionen	1.2	Grammatik 60 min	2.2	Grammatik/ Übersetzung 60 min	3.2	Fachtheorie 60 min
Praktische Positionen	1.3.1	Korrekturlesen nach Manuskript 60 min	2.3	Korrekturlesen nach Manuskript 60 min	3.3	Akzidenzdrucksache oder Zeitungsseite 15 min
	1.3.2	Textbereinigung 30 min	2.4	Korrekturlesen von Text aus Datenübernahme 30 min	3.4	Bogen eines Werks oder einer Zeitschrift 45 min
	1.3.3	Korrekturlesen von Text aus Datenübernahme 90 min	2.5	Textbereinigung 30 min		

Total Zeit mündliche Prüfungssituationen	2 Stunden 15 Minuten
Total Zeit schriftliche Prüfungssituationen	3 Stunden
Total Zeit praktische Prüfungssituationen	6 Stunden
Gesamtzeit	11 Stunden 15 Minuten

Abdruck mit freundlicher Genehmigung der Paritätischen Berufsbildungsstelle für visuelle Kommunikation, Bern

Das fertige Manuskript

Die Bearbeitung des Manuskripts in Lektorat und Redaktion ist abgeschlossen; die Übergabe an die Herstellungsabteilung des Verlages erfolgt. Damit werden die bislang auf den Inhalt zielenden Arbeitsschritte abgelöst durch Arbeitsschritte, die die technische Umsetzung zum Ziel haben. Der Hersteller im Verlag bereitet das übergebene Material so auf, dass eine Vielzahl grafischer Betriebe damit in geeigneter Form umgehen kann. Dabei liegt vom Gestaltungskonzept bis zum Druckauftrag die Verantwortung sowohl für gestalterische als auch für technische Fragen beim Hersteller. In den letzten Jahren wurde das grafische Gewerbe stark durch die technischen Entwicklungen verändert. Das führte zu einer Vielfalt an technischen Einzellösungen in Verlagen. So haben sich manche Verlage entschieden, schon redaktionelle Arbeiten am Layoutsystem durchzuführen und ein entsprechend großes Software-Know-how in der Redaktion aufzubauen. Andere Verlage dagegen haben sich für individuelle Software in Form speziell entwickelter **Redaktions-** oder **Contentsysteme** entschieden, die mit der heute gängigen Datenpraxis vielfach nicht kompatibel sind. Es gibt hier keine klassisch richtige Arbeitsform, sondern eine große Bandbreite von Möglichkeiten.

Da ein Ende dieser Entwicklung derzeit nicht absehbar ist, werden in diesem Kapitel Schwerpunkte gesetzt. Diese Schwerpunkte beziehen sich konkret auf das Material, das an die Herstellung übergeben wird. Das kann in unterschiedlicher Form geschehen:

- als reines Papiermanuskript ohne jedes Datenmaterial
- als digitale Daten mit einem Papiermanuskript
- als medienneutral strukturierte Daten, die eine vielfältige Nutzung der Substanz ermöglichen

Mit diesen Vorgaben werden Prozesse notwendig, die sehr unterschiedlich ablaufen. Nicht jedes Papiermanuskript muss erfasst werden; für Reprints oder Kleinauflagen wie Dissertationen reicht eine gut vorbereitete Vorlage.

Falls in dieser Phase – die Inhalte sind fertig bearbeitet, die Gestaltung und technische Umsetzung noch offen – evtl. Texte neu erfasst oder konvertiert werden, ist ebenfalls nochmals ein Korrekturdurchgang notwendig.

Digitale Daten sind nicht zwangsläufig auch medienneutral. Wer Daten nicht nur an einem Layoutsystem bearbeiten möchte, sondern nachher auch noch gut strukturierte Daten für die **Mehrfachnutzung** benötigt, hat deutlich mehr Aufwand zu betreiben. Ob sich dieser Aufwand lohnt, muss im Verlag gemeinsam mit Lektorat, Redaktion und Herstellung entschieden werden.

Wenn die notwendigen Entscheidungen zur Datenhaltung, zur Ausgabe der Daten und damit zur Druckvorlage getroffen sind, stehen vor allem technische und gestalterische Aufgaben an. Es gilt zum einen, das vorliegende Manuskript oder die vorliegenden Daten so aufzubereiten, dass die richtige Menge gut lesbarer Seiten entsteht, zum andern müssen Sonderarbeiten wie Formelsatz, aber auch der professionelle Umgang mit Abbildungen rechtzeitig und kompetent beauftragt und überprüft werden.

4.1 Aktuelle Systemlösungen im Überblick

In Verlagen wird mit verschiedenen Systemen gearbeitet, um die bearbeiteten Texte schließlich zu gestalten und zu verarbeiten. In manchen Verlagen arbeiten Redakteure an so genannten DTP-Arbeitsplätzen, die heute unter dem Begriff **Layoutsysteme** gefasst werden. Andere Verlage geben alle diese Arbeiten am Bildschirm an Zulieferbetriebe, die wiederum danach ausgewählt werden, welches Datenverarbeitungssystem für Text- und Bilddaten sie vorrangig einsetzen.

Man unterscheidet die am Markt befindlichen Systemlösungen grob in die drei Kategorien Textverarbeitungsprogramme, Werksatzprogramme und layoutorientierte Programme. So genannte Hybridlösungen fangen die Nachteile der einzelnen Programme auf und setzen sich am Markt derzeit durch. Alle vier Lösungsmöglichkeiten sind im Einsatz. Ihre Nutzung hängt vom vorliegenden Manuskript und dem dazugehörigen Datenmaterial ab.

4.1.1 Layoutorientierte Programme bzw. DTP-Programme

Layoutorientierte Programme (QuarkXPress, InDesign, PageMaker etc.) haben ihre Stärken in der layoutintensiven Einzelseitengestaltung. Die Arbeitsweise wird sehr stark durch den direkten, manuellen Eingriff in die einzelne Seite am Bildschirm bestimmt. Je mehr jede Seite individuell aufgebaut werden muss, umso unverzichtbarer sind die in dieser Programmgruppe am besten ausgebauten Grafikfunktionen und die direkte Eingriffsmöglichkeit und Kontrolle am Bildschirm. Auch für typographisch hochwertigen Satz stehen alle notwendigen Optionen zur Verfügung (vgl. auch Kap. 4.5). Über sog. Stilvorlagen lässt sich mittlerweile auch in diesen Programmen die Umsetzung der Typographie weitgehend automatisieren.

Diese Programme sind die »Alleskönner« unter den Satzsystemen. Sie sind meist relativ leicht erlernbar und bringen rasche Ergebnisse. Aus diesen Gründen sind sie in vielen Verlagen zu finden. Hier werden von den Werbedrucksachen über Bucheinbände bis hin zum Satz ganzer Bücher viele Publikationen direkt im Hause gemacht.

Klassische Einsatzbereiche sind neben dem gesamten Akzidenzbereich Bücher mit starkem Bildanteil, wie Kinder- und Jugendbücher, Schulbücher, Kochbücher oder Bildbände.

Den Vorteilen hinsichtlich Gestaltungsfreiheit, Layoutmöglichkeiten und Benutzerfreundlichkeit stehen jedoch auch entscheidende Nachteile gegenüber.

Bei textlastigen Manuskripten sind nachträgliche Arbeiten im Text, wie beispielsweise das Einfügen von Korrekturen, schlecht auszuführen. Solche Tätigkeiten müssten vorab mit einem Textverarbeitungsprogramm realisiert werden.

Entscheidend ist allerdings die Qualität der erzeugten Daten, die meistens nicht medienneutral abzuspeichern sind (vgl. Kap. 4.4.1). Außerdem werden diese Programme in der Regel bei umfangreichen Werken sehr instabil, was zu häufigen Programmabstürzen führen kann. Die Automatisierungsmöglichkeiten sind gegenüber den Werksatzprogrammen immer noch sehr gering, der Datendurchsatz ist für Mengensatz unerfreulich langsam.

Textverarbeitungsprogramme 4.1.2

Textverarbeitungsprogramme (Word, WordPerfect etc.) dienen der Erfassung, Korrektur und Ausgabe von textlastigen Dokumenten. Sie bestechen in der Regel durch komfortable Editierfunktionen. Ihre Layoutfähigkeiten sowie die Eingriffsmöglichkeiten in die Einzelseite sind gegenüber den DTP-Programmen deutlich geringer, die Satzfunktionalitäten hingegen sind nicht so weit ausgebaut wie bei den Werksatzprogrammen. Dennoch sind die Formatierungsmöglichkeiten für viele Publikationen mehr als ausreichend. Speziell auf den Büro- und Heimanwenderbereich zugeschnitten, sind diese Programme auf fast jedem Rechner zu finden. Insofern stellen Schriftstücke, die über Textverarbeitungsprogramme gesetzt werden, den prozentual größten Anteil dar – das aber sind natürlich bei weitem nicht nur Bücher.

In der Verlagsbranche dienen Textverarbeitungsprogramme in erster Line der Manuskripterstellung und -korrektur, weniger dem Satz. Der überwiegende Anteil der Autoren, die über einen Computer verfügen, erfasst seine Texte mithilfe von Textverarbeitungsprogrammen. Diese ermöglichen in der Regel eine problemlose Datenübergabe an ein Satzsystem (sowohl Werksatz wie Layoutsatz) – wenn zuvor vom Autor bestimmte Richtlinien bezüglich der verwendeten Software beachtet wurden (vgl. hierzu Kap. 2.3 und 4.3).

Doch häufig werden Textverarbeitungsprogramme auch zur druckreifen Fertigstellung eines Werkes eingesetzt, meist dann, wenn der Autor selbst für die Aufbereitung der Daten zuständig ist, was z.B. beim überwiegenden Teil der veröffentlichten Doktorarbeiten der Fall ist.

4.1.3 Werksatzprogramme

Werksatzprogramme (3B2, PageOne, Oasys, TUSTEP etc.) sind auf Mengensatz ausgelegt. Bei meist nur geringer Grafikfähigkeit können größte Textdatenmengen mit hohem Automatisierungsgrad in höchster Satzqualität umbrochen werden. Da diese Programme regelbasiert arbeiten, werden sehr hohe Geschwindigkeiten mit bis zu 100000 Seiten Umbruch und mehr pro Minute (TUSTEP) erreicht. Schon diese Zahl macht deutlich, dass es hier nicht mehr um die individuelle Seitengestaltung und -prüfung geht, sondern um die einheitliche Formatierung beliebig umfangreicher Datenbestände.

Belletristik, Sach- und Fachbuch sowie der gesamte lexikalische Bereich sind die klassischen Bereiche, in denen Werksatzprogramme zum Einsatz kommen.

Der Einsatz eines Werksatzprogrammes bedingt aber nicht automatisch, dass nach Abschluss der Satzarbeiten eine gute Datenqualität vorliegt. Hinsichtlich dieses Kriteriums können die Werksatzprogramme in drei Gruppen unterteilt werden:

- Programme mit proprietärem[1] Datenformat
- SGML/XML-importfähige Programme
- SGML/XML-import- und -exportfähige Programme

Es wird neben vielen anderen Kriterien daher für den Verlag bei der Auswahl der Dienstleister darauf ankommen, ob er seine medienneutral strukturierten Daten nach Abschluss der Satzarbeiten korrigiert, aber in gleicher Struktur zurückerhalten möchte. Häufig werden die Daten auch erst im Rahmen der Satzarbeiten in ein medienneutrales Format überführt (z.B., wenn der Autor in einem Textverarbeitungsprogramm geschrieben hat). Dann ist die Übergabe dieser Daten an den Verlag unabdingbar, da ihm der Datenbestand zuvor noch gar nicht medienneutral vorlag.

Werksatzprogramme sind fast ausschließlich im professionellen Bereich zu finden. Die Bedienung ist meist nur relativ mühsam zu erlernen.

1 Als proprietär bezeichnet man ein Datenformat, das an eine spezielle Software (z.B. ein Textverarbeitungsprogramm oder ein Layoutprogramm) gekoppelt ist und in der Regel nur von dieser ohne Konvertierungsschritte gelesen und geschrieben werden kann. Häufig bereiten diese Datenformate große Schwierigkeiten bei der Konvertierung in andere Formate.

Aufbau eines XML-basierten Satz- und Layoutsystems (PowerPublisher)

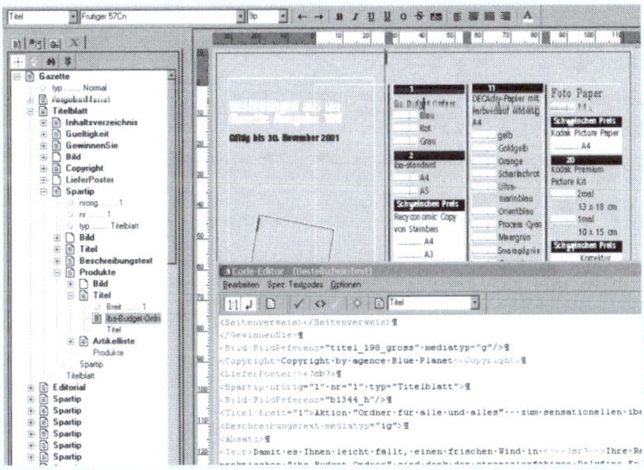

Links die aktuell erreichte Position im Dokument anhand einer hierarchischen Darstellung der Dokumentstruktur, rechts das WYSIWYG-Fenster, das intuitives Arbeiten wie in einem DTP-System erlaubt. Im Vordergrund des XML-Editor, der den Quellcode wiedergibt. Korrekturen im Text und Struktur sind gleichermaßen im Quellcode oder in der grafischen Ansicht möglich.

Formatierung nach Regeln

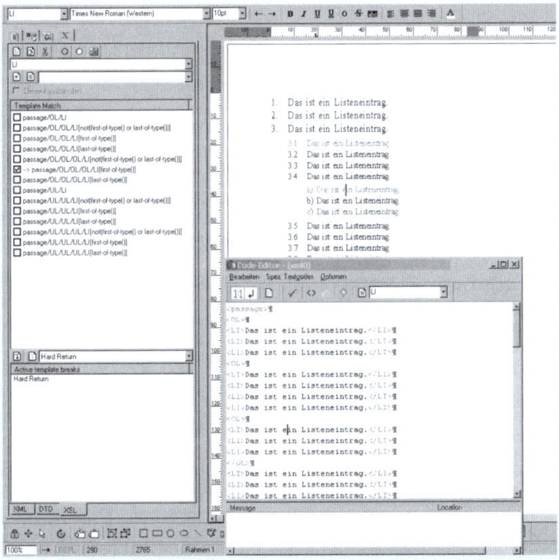

Das gleiche Element (hier: <LI>) kann abhängig von seiner Position im Strukturbaum unterschiedlich formatiert werden. Hierzu muss das System in der Lage sein, Formatierungen innerhalb der Hierarchie zu vererben sowie umgekehrt diese Vererbung an jeder Stelle zu durchbrechen. Weitere Möglichkeiten stellen z. B. das Auslesen der Reihenfolge des Auftauchens eines Elements dar: So kann beispielsweise das erste Vorkommen eines Elements zu einer anderen Formatierung führen als die nachfolgenden Vorkommen des selben Elements (wichtig z. B. für den vergrößerten Zeilenabstand vor einem ersten Listenelement).

Formatierungsregeln

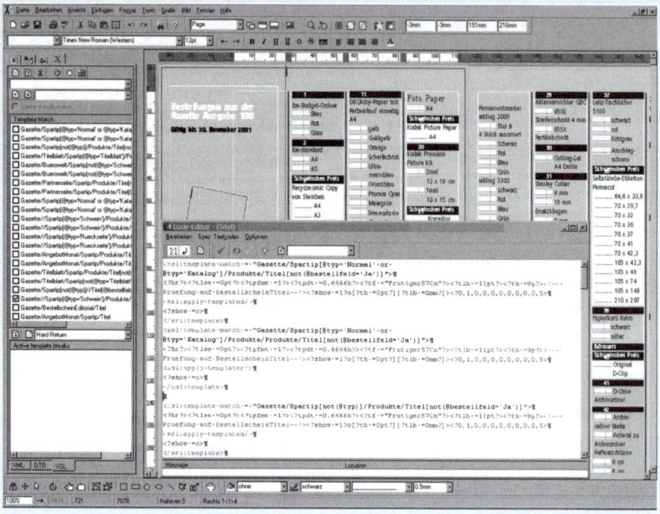

Die Formatierungsregeln sind ihrerseits wiederum in einer XML-Datei abgelegt, in der die Anweisungen als Processing Instructions stehen. Damit ist eine präzise formale Beschreibung sowie die Systemunabhängigkeit auch der Formatierung gewährleistet.

4.1.4 Hybridlösungen

Relativ neu am Markt sind Programme, die die Layoutfunktionen eines DTP-Programmes mit den datentechnischen Vorzügen und den typographischen Möglichkeiten eines Werksatzprogrammes verbinden (PowerPublisher). Im Zuge der zunehmenden Umstellung vieler Verlage auf medienneutrale Datenhaltung bietet sich der Einsatz eines solchen Programmes an, zumal damit auch die layoutintensiven Werke medienneutral vorgehalten werden können und zur Zweitverwertung zur Verfügung stehen.

Kriterienkatalog für die Auswahl des geeigneten Satzsystems.

Kriterium	**Ausprägung:**	«	‹	0	›	»	
Wiederverwertbarkeit der Inhalte	gering						hoch
Ist ein elektronisches (Begleit-)Produkt geplant, das aus den gleichen Daten entstehen soll (CD-ROM/Internet)?	nein						ja
Strukturiertheit bzw. Strukturierbarkeit der Daten	gering						hoch
Automatisierbarkeit von Teilprozessen:							
– Fußnoten?	nein						ja
– Sortierung der Inhalte?	nein						ja
– Register?	nein						ja
– Querverweise?	nein						ja
– Kolumnentitel?	nein						ja
– Inhaltsverzeichnis?	nein						ja
– Parallelisierung von Textteilen?	nein						ja
– Erzeugen von Hilfslisten?	nein						ja
Layoutintensive Einzelseitengestaltung	ständig						nie
Hat der Verlag vergleichbare Werke im Programm oder ist das geplant?	nein						ja
Dauer des Projektes	kurz						lang
Systematik der Daten	gering						hoch
Text-/Bild-Verhältnis	hoher Bildanteil						niedriger Bildanteil
Bilder noch während der Satzarbeiten bearbeitungsbedürftig	häufig						selten
Umfang des Werkes	gering						hoch
Qualität der Quelldaten (z.B. Konvertierbarkeit v.Tabellen)	schlecht						gut
Sollen Metadaten mitverwaltet werden?	nein						ja
Sonderzeichen/Nicht lateinische Schriftzeichen?	selten						häufig
Stammen die Daten aus einer Datenbank? – Verschlagwortung von Artikeln – Verwaltungsdaten, z.B. Korrekturstand, Autorenhonorare etc. – …	nein						ja
Aufwendiger Formelsatz?	ja						nein
Eigene Kriterien:							
	eher Layoutsoftware				eher SGML-Satzsystem		

Exkurs Briefing-»Workflow«

Planung eines neuen Projektes

Die Konzeption des Layoutbriefings entsteht in enger Zusammenarbeit zwischen den beteiligten Partnern aus Redaktion/Lektorat und Herstellung. Als Schnittstelle hält die Herstellung den Kontakt zum Gestaltungsbüro, kündigt unter Angabe des geplanten Erscheinungstermins sowie des voraussichtlichen Beginns der Entwurfsarbeiten das Projekt an und erstellt einen Projektplan mit Termineckpunkten für alle Beteiligten.

- Abgabe detailliertes Redaktionsbriefing
- Abgabe 1. Entwurf von Gestaltungsbüro
- Besprechung mit Redaktion/Lektorat
- 1. Korrekturen an Gestaltungsbüro
- Abgabe Entwurfsmodifikation an Herstellung
- 2. Korrekturen an Gestaltungsbüro
- Satzanweisung/ Vermaßung/ Datenübermittlung an Herstellung
- Umsetzung der Anweisung in Setzerei
- Überprüfung der Umsetzung von Herstellung bzw. Gestaltungsbüro
- Freigabe an Setzerei

1. Abgabe eines detaillierten Redaktionsbriefings für die Neugestaltung. Siehe Tabelle »Checkliste Briefing«.
2. Neuentwürfe und Neukonzeption bestehender alter Auflagen. Das Briefing hierfür sollte alle vorkommenden Überschriftenhierarchien und Textebenen enthalten, ebenso alle Sonderfälle mit Hinweisen auf Beispiele in der alten Auflage oder mit entsprechenden Manuskripten, die sich beispielhaft als Layoutvorlagen eignen. Das Verhältnis »Alt« zu »Neu« wird bei einem solchen Verfahren sehr deutlich; was bleibt, was ändert sich, wo werden Bestandteile, Abbildungen oder Tabellen eingebaut, was eignet sich für den Einsatz von Sonderfarben, welche Auszeichnungen sind unveränderbar, welche verbesserungswürdig bzw. variabel.
3. Bei der Übergabe des Briefings an das Gestaltungsbüro sollten eindeutige Aussagen zum Umfangsverhalten bei der Neugestaltung und zum Umfang der zu erstellenden Entwürfe gemacht werden. Außerdem sollte beschrieben sein, welche Textdaten als »Rohmaterial« zum Layouten zur Verfügung stehen bzw. welche Textdaten aus Altdaten umgewandelt werden können.

Monika Schoch

Checkliste Briefing

Werktitel	Titel des Werks (evtl. Hinweis auf Reihenzugehörigkeit und/oder auf bereits existierende Gestaltung)
Bearbeiter/in	Redaktionelle/r Bearbeiter/-in (Name, Telefon, E-Mail-Adresse)
Format	mit Aussagen zur Behandlung des Anschnitts
Farbigkeit	1-, 2- oder 4-farbig
Umfang	voraussichtlicher/geplanter/definitiver Umfang
Erscheinen	geplanter Erscheinungstermin
Textumfang	Zeichen pro Seite/Zeichen absolut; verbindlich?
Textstruktur	1 **Überschriftenhierarchie** Auflistung aller vorkommenden Kategorien (Beispiele in Kopie beilegen) Aussage zur Notwendigkeit und Veränderbarkeit etwaiger Nummerierungen (röm., arab.) 2 Benennung aller **Seitenelemente** (Kolumnentitel, Pagina, Marginalspalte etc.) und Textqualitäten (Tabellen, Schaubilder, Grafiken, Merk- und Beispielkästen, Bilder, Legenden, Buchstabenwechsel, Kapitelanfang, Titelei, Verzeichnisse), die im Entwurf behandelt werden sollen
Farbeinsatz	Aussage zu Vorstellungen, den Einsatz von Farbe betreffend (Hinterlegung, Schrift)
Textmuster	– Zusammenstellung inhaltlich relevanter **Mustertexte,** für alle vorkommenden Fälle oder: Lieferung des Vorläuferbandes mit Auflistung der zu bearbeitenden Seiten, ggf. Manuskriptkopien von neuen Textstrukturen – Aussage zur Möglichkeit von **Datenübernahme** aus Redaktionssystem/Word etc. Hinweise auf besondere **Textanforderungen** (Auszeichnungen, Formeln, Noten, Betonungen, Akzente, Sonderzeichen)
Bebilderung	– Abbildungen/Grafiken/Karten (Menge pro Seite und insgesamt, Aussage zu Quellen/Bilddaten) – Zusätzliche Bildqualitäten (Bildtafeln, Piktogramme, Collagen/Composings etc.)
Besonderheiten	Weitere Besonderheiten
Positionierung	Reihe, Zielgruppen, Lesealter, Tonalität, Abgrenzung, Alleinstellung **Konkurrenzwerke** (ggf. Kopie der betreffenden Umschläge und Innenseiten)
Umfang Musterseiten	Umfang der zu erarbeitenden Musterseiten (Layouterstellung)
Terminierung	Abgabe-/Präsentationstermin

4.2 Das Papiermanuskript

Manuskripte auf Papier lassen sich auch ohne digitale Daten in geeigneter Form reproduzieren (siehe dazu Kapitel 2.4, Repro- und Aufsichtsvorlagen). Das gilt für **unveränderte Nachdrucke** von Werken, die schon in gedruckter Form, aber ohne digitale Daten vorliegen. Auch in diesem Fall werden die Vorlagen- oder Manuskriptseiten direkt auf fotografischem Weg für den Offsetdruck reproduziert.

Wenn die Vorlage gut ist, aber dennoch Veränderungen in einem Umfang anfallen, der einen Neusatz angezeigt sein lässt, bestehen die Möglichkeiten der Mehrfacherfassung (Kap. 4.2.1) oder der optischen Zeichenerkennung (Kap. 4.2.2).

Unveränderte Nachdrucke

Unveränderte Nachdrucke lassen sich dann unaufwendig erneut produzieren, wenn der Druckauftrag an die Druckerei geht, welche die vorige Auflage gedruckt hatte und noch im Besitz der Filme oder Druckplatten ist. Meist liegen die Filme vor. Der Titel bedarf meistens einer Änderung im Impressum, wo Jahr und Auflage bzw. unveränderter Nachdruck genannt werden. Das lässt sich mit dem Neusatz dieser Seite schnell und kostengünstig erledigen. Falls der Druckbetrieb gewechselt wird, ist zu klären, ob die Filme verwendbar sind und welche Kosten für ihre Versendung anfallen.

Sollten die Filme nicht nutzbar sein, kann ein Titel aus der Auflage fotografisch reproduziert und mit der Austauschseite in der Titelei anschließend gedruckt werden. Dabei müssen zwar Qualitätsverluste im Schriftbild hingenommen werden, die aber in vielen Fällen tolerierbar sind.

Reprints und Faksimiles

Unter Reprints sind unveränderte Nachdrucke zu verstehen, meist auch ohne die übliche Korrektur des Impressums. Sie werden typischerweise im Offsetdruck produziert. Manchmal handelt es sich um den Nachdruck eines bibliophilen Werkes, das in einer preiswerten Form einem größeren Markt zugänglich gemacht werden soll. Faksimiles (lat.: fac simile! = »mache ähnlich!«) sind im Gegensatz dazu höherwertig und stimmen mit dem Original bis ins Detail überein. Sie werden oft über die auch für das Original verwendeten Druckverfahren hergestellt.

4.2.1 Verfahren der Mehrfacherfassung

Will ein Verlag ein vergriffenes Werk neu auflegen, sieht er sich häufig mit folgendem Problem konfrontiert: Große Teile der veröffentlichten Werke liegen nicht digital gespeichert vor. Das betrifft nicht nur die Verlage, sondern ebenso die Industrie bzw. die gesamte so genannte Informationsgesellschaft.

Werke, die vor 1975 publiziert wurden, sind in der Regel im Bleisatz gesetzt. In diesem überwiegend mechanischen Satzverfahren gab es keine elektronische Speicherung von Daten, selbst der Begriff der »Daten« war noch nicht geläufig. Auch die den Bleisatz ablösenden Satzverfahren (Filmsatz, Lichtsatz) boten in der Regel nur solche Speichermöglichkeiten, die sich als untauglich für die Weiterverwertung der Daten erwiesen haben.

Und auch beim Einsatz moderner Satz- und DTP-Systeme ist die Weiterverarbeitung der Daten nicht automatisch sichergestellt (vgl. Kap. 4.4).

Sind keine weiterverwertbaren Daten verfügbar, bleiben dem Verlag für die Neuauflage eines Werkes folgende Möglichkeiten:

1. Der Text wird von der Vorlage eins zu eins übernommen. Ein solcher unveränderter Nachdruck könnte erfolgen, indem die gedruckten Seiten als Aufsichtsvorlage (siehe Kap. 2.4) dienen und einfach abfotografiert werden. Alternativ lassen sich die gedruckten Seiten einscannen, sodass zwar die Wörter nicht erkannt werden, die ganze Seite aber wie eine Abbildung digital vorliegt.
2. Der Text kann nicht übernommen werden, es sind Änderungen im Inhalt oder in der Gestaltung erforderlich. Dann ist die Verfügbarkeit der Quelldaten des Inhalts notwendige Voraussetzung für alle weiteren Arbeiten. Der einzige Weg dazu führt über den Neusatz, für den digitale Textdaten benötigt werden. Hier können Korrekturen, Ergänzungen und Streichungen vorgenommen werden; aus diesen bereinigten Daten kann schließlich der neue Umbruch erstellt werden.

Die zweite Möglichkeit ist die häufigere und führt meist zu gravierenden Termin-, Kosten- und Qualitätsproblemen. Es gilt daher, einen möglichst kostengünstigen und zuverlässigen Weg zu finden, um einerseits alte Werke zu **(re)digitalisieren** und andererseits die daraus entstehenden Daten zukunftsfähig vorzuhalten. Das Thema der Zukunftsfähigkeit wird im Kapitel 4.4 ausführlich diskutiert.

Die Digitalisierung eines vorhandenen Werkes ist ein spezifisches Thema, denn der Aufwand muss nicht gleichgesetzt werden mit dem Aufwand einer ersten Erfassung. Im Unterschied zu einer Neuerfassung kann von einer weitestgehend fehlerfreien Vorlage ausgegangen werden.

Es gilt daher, bei der Digitalisierung (eines Werkes) Fehler so weit auszuschließen, dass ein aufwendiger Korrekturprozess mit möglicherweise mehreren Korrekturdurchgängen entfallen kann. Dieser belastet die Kosten- und Terminsituation umso stärker, je umfangreicher das Werk ist.

Die beiden folgenden, ausgesprochen üblichen Verfahren nutzen diesen Vorteil nur bedingt:

- Das Abschreiben und vollständige Neuerfassen des Werkes durch Schreibkräfte
- Das Einlesen der Daten über OCR (**optical character recognition,** optische Zeichenerkennung, vgl. Kap. 4.2.2)

Beide Verfahren sind ihrer Natur nach so fehleranfällig, dass nach Abschluss der Datenerfassung ein »normaler« Satzauftrag über mehrere Korrekturgänge hin erforderlich ist. Damit entspricht das finanzielle und zeitliche Engagement für eine Neuauflage eines bestehenden Werkes annähernd dem eines neuen Titels: Es entfallen lediglich die Autorenhonorare, dafür kommen die Kosten für die Erfassung hinzu.

Dieser Umstand sprengt oft genug die Verlagskalkulation und macht viele Nachauflagen unmöglich.

Die doppelte Datenerfassung

Eine gängige Möglichkeit, dies zu umgehen und eine größtmögliche Fehlerfreiheit zu erreichen, ist der Weg der doppelten Datenerfassung. Hierbei wird unterstellt, dass es äußerst unwahrscheinlich ist, dass zwei unterschiedliche Schreibkräfte an derselben Stelle im Manuskript den selben Fehler eintasten. Das gesamte Werk wird also zweimal erfasst. Liegen beide Versionen vor, so können diese über ein Computerprogramm automatisch verglichen und die Unterschiede der beiden Versionen protokolliert werden. Anschließend muss nur noch dieses Fehlerprotokoll abgearbeitet werden, um einen nach menschlichem Ermessen fehlerfreien Datenbestand zu erzielen.

Arbeiten dieser Art werden überwiegend in Osteuropa und Fernost (z.B. in China oder Indien) ausgeführt, da hier durch das niedrigere Lohnniveau die doppelte Erfassung häufig günstiger ist als die einfache Erfassung in Deutschland – der ja dann immer noch der Korrekturprozess folgen muss.

Es gibt hierbei drei unterschiedliche technische Verfahren, die unterschiedlich zuverlässige Ergebnisse erzielen:

1. Das am häufigsten angewandte Verfahren ist das günstigste und zugleich fehleranfälligste: Nachdem Schreibkraft A den Text erfasst hat, erfasst ihn Schreibkraft B ein zweites Mal, während der Computer automatisch den bereits erfassten Text mit der zweiten Erfassung abgleicht. Sobald eine Differenz zwischen beiden Versionen auftaucht, erscheint ein Warnhinweis, der der Schreibkraft B die Möglichkeit zur Korrektur der betreffenden Textstelle gibt. Hierbei kann es nun vorkommen, dass versehentlich (z.B. aufgrund von Ermüdung) gerade die falsche Version dem Rechner als die korrekte bestä-

Das klassische »double keying«

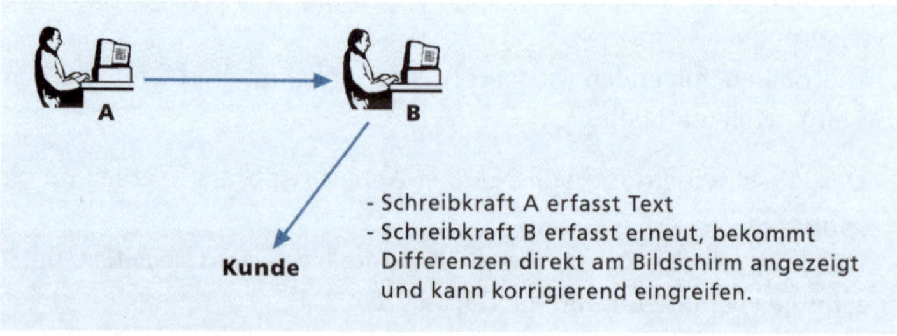

tigt wird – der automatische Vergleich ist abgeschlossen, der Fehler wird bestehen bleiben.

2. Sehr zuverlässig, aber etwas teurer und zeitintensiver ist das oben beschriebene Verfahren der echten Doppelerfassung mit anschließendem Vergleich über ein Fehlerprotokoll. Der Korrekturabgleich wird nur im digitalen Fehlerprotokoll vorgenommen, und zwar von einer Person C. Es werden dabei keine Korrekturen manuell eingetragen, sondern lediglich im Protokoll gekennzeichnet, ob an den abweichenden Stellen Version A oder Version B richtig ist. Die so gekennzeichnete »Korrekturdatei« kann anschließend über ein weiteres Skript automatisch zur Ausführung gebracht werden, sodass die Korrekturen ohne Handeingriffe in den Datenbestand einfließen. Diese Technologie ist noch nicht weit verbreitet, erzielt aber hervorragende Ergebnisse.

Doppelerfassung mit Vergleichsprotokoll

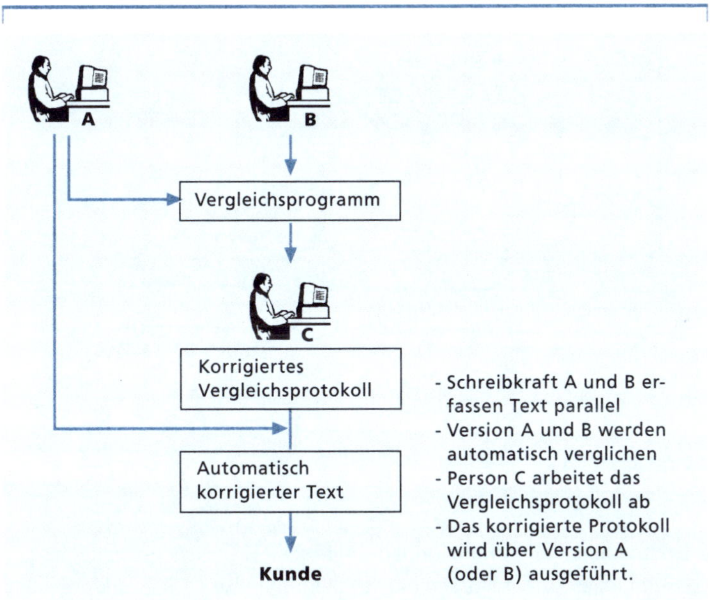

3. Eine Möglichkeit, die intellektuelle Kontrolle ganz entfallen zu lassen, bietet die dreifache Erfassung. Hierbei wird der Text dreimal abgeschrieben und anschließend wieder Version A mit Version B automatisch verglichen. Bei Abweichungen zwischen den beiden Fassungen gibt an der entsprechenden Textstelle die Schreibweise von Version C den Ausschlag, wobei unterstellt wird, dass die Variante, die zweimal erfasst wurde, die korrekte ist. Nur, wenn Version C eine wiederum eine andere Schreibweise als A und B aufweist, muss der Fehler von Hand korrigiert werden. Der Vorteil dieses Verfahrens liegt zum einen in der Geschwindigkeit, denn die drei Schreibkräfte

können die Texte zeitgleich erfassen, während ein Abarbeiten von Fehlern immer erst nach dem Abschluss der Erfassungsarbeiten geschehen kann. Zum Zweiten bietet es eine statistisch sehr hohe Sicherheit vor Fehlern. Daneben erfordert es ausschließlich Erfassungskräfte und keine Korrektoren, also weniger qualifiziertes Personal. Andererseits erhöhen sich natürlich die Erfassungskosten um die Hälfte.

Dreifacherfassung mit vollautomatischer Fehlerkorrektur

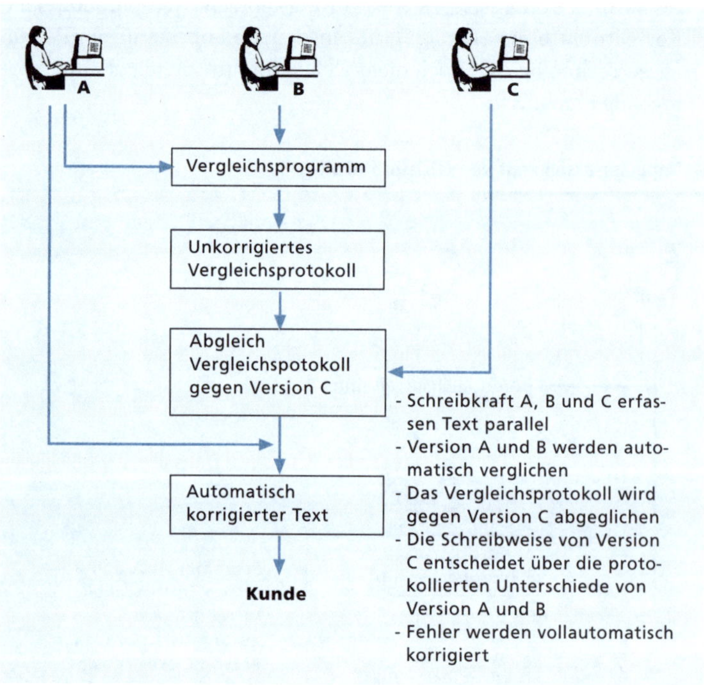

Mischformen stellen das doppelte manuelle Erfassen, abgeglichen gegen einfaches OCR-Erfassen, sowie das doppelte OCR-Erfassen (über unterschiedliche Schrifterkennungssoftware), abgeglichen gegen einfaches manuelles Erfassen dar.

Über die Methoden der Doppel- bzw. Mehrfacherfassung lassen sich Kosten und bis zu 70 % der Zeit einsparen, die bei einer einfachen Erfassung mit anschließendem Korrekturlesen und manuellem Ausführen der Korrekturen anfallen würden. Dies macht viele Projekte erst möglich, die ansonsten bereits an den hohen Kosten und Zeiten für die Datenerfassung, vor allem aber für den Korrekturprozess, scheitern würden. Die Entscheidung darüber, ob diese Mehrfacherfassung in Deutschland erfolgt oder im kostengünstigeren Ausland, sollte gut fundiert sein.

Schwierigkeiten bei der Erfassung im Ausland

Den unbestreitbaren Vorteilen der Erfassung im Ausland stehen umgekehrt große Nachteile gegenüber. Der zu betreibende Aufwand ist sehr hoch und lohnt nur bei umfangreichen Werken. Das beginnt bei den sprachlichen Barrieren und kulturellen Unterschieden zwischen Auftraggeber und Auftragnehmer. Hinzu kommt die Tatsache, dass aufgrund der Zeitverschiebung täglich nur ein relativ enges Zeitraster für Rücksprachen und Nachfragen bleibt.

Die Verhandlungssprache ist i. d. R. englisch, wobei es häufig aufgrund mangelnder Sprachkenntnisse auf beiden Seiten nicht möglich ist, sich präzise verständlich zu machen. Das wird umso gravierender, je komplexer die zu erfassenden Inhalte sind: Chemische oder mathematische Formeln, komplexe Paragraphenwerke etc. können teilweise aufgrund der Schwierigkeiten, die Sachverhalte hinreichend präzise zu vermitteln, nicht bearbeitet werden.

Die Erfassungskräfte schreiben einen für sie fremdsprachlichen, also meist unverständlichen Text ab, können also nicht nach Sinnzusammenhängen schreiben, sondern vielmehr nur Zeichen für Zeichen eintasten. Deshalb können keinerlei Umsetzungen erwartet werden, die sich für eine deutschsprachige Erfassungskraft selbstverständlich aus dem Inhalt ergeben würden. Eine Schreibanweisung, die vollständig alle Eventualitäten des gedruckten Buches abdeckt, und eine detailliert ausgezeichnete Schreibvorlage sind daher unbedingte Voraussetzung für ein gutes Ergebnis.

Selbst so trivial erscheinende Fragen wie die, ob die gedruckte Seitenzahl miterfasst werden soll oder nicht – und wenn, ob sie getrennt codiert werden soll –, müssen schriftlich und absolut eindeutig geklärt sein. Es darf keinerlei Verständnis der Inhalte vorausgesetzt werden.

OCR-basierte Texterfassung 4.2.2

Bei guter Vorlagenqualität wird häufig das »Einlesen« der Buchseiten als kostengünstigste Variante der Redigitalisierung herangezogen. Es wird umgangssprachlich auch als »Einscannen« bezeichnet. Gemeint ist aber nicht das Ablegen der Seiten als eingescannte Grafiken, sondern die rechnergestützte Einzelzeichenerkennung derselben. Dieses Verfahren wird OCR genannt – eine Abkürzung des englischen Ausdrucks »optical character recognition«, zu deutsch »optische Zeichenerkennung«.

Dabei wird eine Vorlagenseite, in der Regel die gedruckte Buchseite, über einen herkömmlichen Scanner als Bild reproduziert und diese Bilddatei anschließend an eine Zeichenerkennungssoftware übergeben. Diese erkennt die Zeilenausrichtung anhand der Weißräume zwischen den Zeilen und teilt anschließend die einzelne Zeile in einzelne Zeichen auf, indem wiederum die Weißinformationen zwischen den Buchstaben ausgewertet werden.

Indem zunächst dem OCR-Programm unbekannte Bitmaps speziellen Zeichen zugeordnet werden, wird das Programm auf eine bestimmte Schrift trainiert

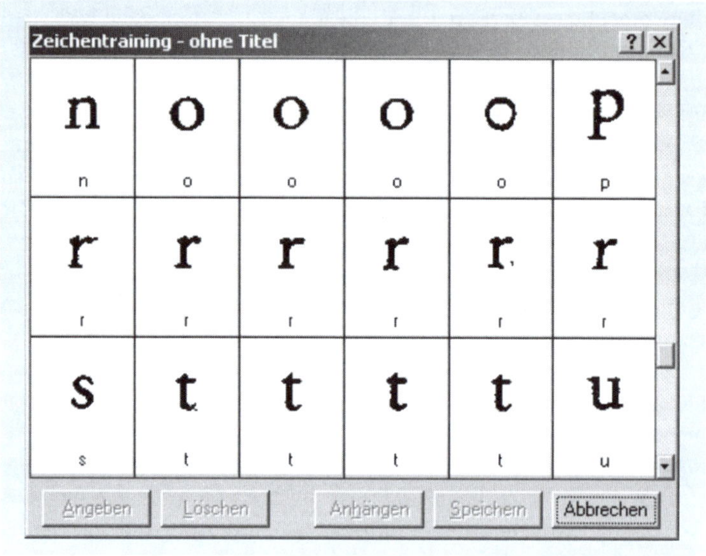

Interaktive Zuordnung von Zeichen, die das OCR-Programm (z.B. aufgrund einer Verschmutzung in der Vorlage) nicht automatisch erkennen konnte.

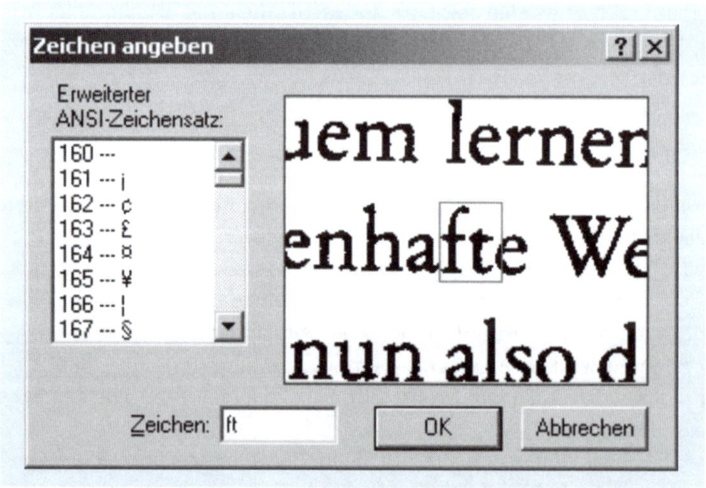

Übrig bleiben auf diese Art und Weise isolierte »Bitmaps«, die im Anschluss über unterschiedliche Verfahren der Mustererkennung den Buchstaben zugeordnet werden, denen sie am ehesten entsprechen. Auf diese Weise wird Zeichen für Zeichen erkannt und hintereinander in einer neuen Datei als Text abgespeichert.

Einige OCR-Programme lassen sich nicht nur auf spezielle Vorlagenschriften trainieren, sondern auch auf Sonderzeichen, die standardmäßig nicht erkannt werden können, z.B. die Diakritika des Altgriechischen ά, έ, ή, ί, ΐ, ό, ϋ, ΰ. Dies geschieht, indem die Software Zeichenformen, die sie nicht zuordnen kann, dem Benutzer vorlegt und diese Zeichen dann durch den Benutzer einem Buchstaben oder einer Codefolge zugewiesen werden. So können auch Sonderzeichen oder selbst Frakturschrift via OCR mit hoher Genauigkeit digitalisiert werden.

OCR-Programme arbeiten sehr schnell und bei guter Vorlagenqualität hinreichend zuverlässig. Die Bedienung kann durch gering qualifiziertes Personal geschehen, da es sich im Wesentlichen um technische Abläufe (Auflegen der Vorlagen auf den Scanner, Überprüfen des Scanvorgangs, Zuweisen der zu erkennenden Bereiche auf der Seite) handelt. Daher ist die Digitalisierung über OCR da, wo sie aufgrund der Vorlagenqualität in Frage kommt, das günstigste und häufig auch schnellste aller Verfahren.

Folgende Randbedingungen sind zu berücksichtigen:

- Nur eine gute Vorlagenqualität ergibt akzeptable Ergebnisse: Ein kontrastreicher Druck, eine Vorlage ohne Verschmutzungen sind unbedingte Voraussetzungen. Ein alter Druck mit ausgebrochenen Buchstaben, vielleicht sogar mit Einschlüssen im Papier, wird viele Fehlerkennungen mit sich bringen.
- Nicht jede Schrifttype eignet sich gleichermaßen gut für die automatische Zeichenerkennung. Auch bei guter Vorlagenqualität können Schriftarten, die evtl. dem menschlichen Auge ein sehr angenehmes Lesen ermöglichen, dem Scanner jedoch große Schwierigkeiten bereiten. Dies gilt z.B. für viele Schriften aus der Schriftgruppe IV, der klassizistischen Antiqua, da hier Kontraste in der Strichdicke sehr stark sind (und somit die z.T. sehr feinen so genannten Aufstriche vom Scanner nicht wahrgenommen werden).

Schwierigkeiten der OCR-Software bei feinen Haarstrichen, v.a. bei klassizistischer Antiqua (z.B. Bodoni)

H

II Der feine Querstrich im »H« kann während des Scannens leicht ausbrechen und zu Fehlerkennungen (z.B. II) führen.

- Auch stark unterschnittene Schriften stellen ein Problem dar, da die Software Schwierigkeiten hat, die einzelnen Buchstaben aufgrund durchgehender Weißräume zu isolieren. Aber auch viele serifenlose

Schriften eignen sich entgegen der landläufigen Meinung nicht für OCR, da sie mangelhafte oder gar keine Unterscheidungen zwischen bestimmten Zeichen (l, 1, I) aufweisen.

Schwierigkeiten der OCR-Software bei serifenlosen Schriften

- Jedes OCR-Ergebnis ist fehlerbehaftet. Meist sind es jedoch »typische« Fehler wie das fehlerhafte Erkennen der Buchstabenfolge »rn« als »m«, die sich durch Prüfmechanismen aufspüren lassen.

Schwierigkeiten der OCR-Software bei Serifenschriften

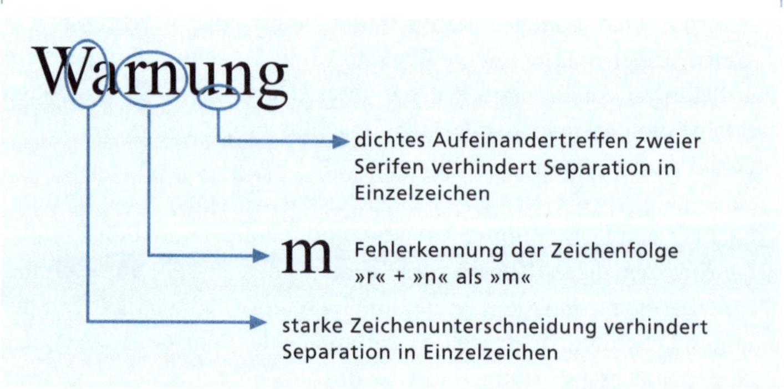

- Die OCR-Software **muss** auf jedes vorkommende Sonderzeichen trainiert werden – bei fehlender Programmanpassung kann es ansonsten passieren, dass jedes Diakritikum, das außerhalb des ANSI-Zeichensatzes liegt (und damit der Software nicht standardmäßig bekannt ist), schlicht unterdrückt wird, weil es als Verschmutzung der Vorlage interpretiert wird, zumal kein entsprechendes Zeichenmuster hinterlegt ist. Das hätte z.B. für das Scannen altgriechischer Texte (mit über 200 Akzent-Buchstaben-Kombinationen) fatale Folgen.

- Eine hierarchische Strukturierung oder gar eine semantische Erschließung des zu erfassenden Textes leistet das OCR-Verfahren nicht. Stark strukturierte Texte müssen daher neben dem Korrekturlesen auch hinsichtlich ihrer Dokumentenstruktur stark nachgearbeitet werden (Überschriftenkategorien müssen ergänzt, Untergliederungen kenntlich gemacht werden). Je tiefer daher die Strukturierung eines zu digitalisierenden Textes geht, desto eher ist die (Doppel)erfassung mit vorhergehender Manuskriptauszeichnung dem OCR-Verfahren vorzuziehen.

- Keinesfalls kann bei diesem Verfahren auf das anschließende Korrekturlesen verzichtet werden. Damit bietet sich OCR vor allem dann an, wenn die Texte nicht unverändert übernommen werden sollen, sondern als Grundlage für eine Überarbeitung dienen und dabei auch korrigiert werden können.

Einen wirklich erfolgversprechenden Ansatz bietet das doppelte OCR der Texte durch unterschiedliche Erkennungssoftware mit anschließendem automatischen Fehlerabgleich, je nach Textart gekoppelt mit automatischer Rechtschreibkorrektur. Dieses Verfahren verspricht hohe Fehlerfreiheit bei immer noch günstigen Einkaufspreisen, löst aber nicht die Probleme der mangelhaften semantischen und strukturellen Erschließung der Texte.

4.3 Das digitale Manuskript

Häufig werden digitale Manuskripte im Verlag selbst oder von beauftragten Herstellerbüros mit Layoutprogrammen wie Quark XPress oder PageMaker druckfertig gemacht. In Zusammenarbeit mit der Redaktion legt ein Hersteller oder ein Grafiker bzw. Buchgestalter die in Kapitel 4.5 dargestellten layoutspezifischen Vorgaben fest. Anschließend erfolgt die Übernahme der Autorentexte in das entsprechende Layoutprogramm des Verlages.

4.3.1 Datenspeicherung und -organisation

Vor der Abgabe des Manuskriptes durch den Autor sollte aus Herstellersicht eine Absprache bezüglich der Datenspeicherung und des Datenversandes erfolgen, um unnötige Konvertierungsprobleme zu vermeiden (s. Kap. 2.3).

Absprachen zum Datenformat

Nach einer entsprechenden Befragung des Autors (s. Fragebogen in Kap. 2.3.2) lässt sich besser einzuschätzen, inwieweit einem Autor der Umgang mit komplett vorgegebenen Format- oder Stilvorgaben zuzutrauen ist oder ob die Abgabe des Manuskriptes als Fließtext zur einfachen Datenkonvertierung die bessere Lösung ist. Auch ein rechtzeitiger Probelauf mit einer Testdatei zur Lesbarkeit der Autorendaten ist ratsam.

Einigt man sich auf die Speicherung in einem neutralen Datenformat wie Rich Text Format (RTF) oder Nur Text gehen zwar oft die Textauszeichnungen verloren, der Text und seine Struktur an sich bleiben aber erhalten. Meist funktioniert das besser als die Abspeicherung der Daten in dem vom Autor verwendeten softwareeigenen Datenformat, z.B.

datei.doc. Die unterschiedlichen Programme und Programmversionen sind selten kompatibel.

Absprachen zum Speichermedium

Auch das verwendete Speichermedium muss vor Manuskriptabgabe festgelegt werden. Bei der Manuskriptarbeit wird häufig nach wie vor die Diskette als Speichermedium eingesetzt. Ihre Speicherkapazität von 1,4 MB ist zwar vergleichsweise gering, reicht jedoch für die meisten Textdateien aus. Häufig arbeiten Autoren auch mit CD-Brennern oder anderen externen Laufwerken, z.B. für ZIP, wobei relativ große Datenmengen gespeichert werden können.

Bei der Überarbeitung des Manuskriptes werden Dateien oft per E-Mail oder ISDN zwischen Autor und Verlag hin- und hergeschickt. Die Endabgabe des Manuskriptes sollte besser auf einem festen Datenträger erfolgen, da es auch bei der Übertragung der Daten schon zu Informationsverlusten kommen kann. Außerdem ist auch immer ein kompletter Ausdruck der gelieferten Datei abzugeben – der Ausdruck wird als Originalmanuskript im Verlag abgelegt. Anhand dieses Ausdruckes bleiben die inhaltliche Struktur und die Textauszeichnung sichtbar, auch für den Fall, dass sie bei der Datenübernahme in der Datei verloren gehen.

Datenspeicherung im Verlag

Die eingehenden Daten werden im Verlag zunächst als Originaldaten des Autors gespeichert und abgelegt. In den meisten Fällen erfolgt eine Speicherung der zu bearbeitenden Daten auf einem Server, der von allen Dateien regelmäßig Sicherungskopien erstellt. Von den Daten dieses Originalordners wird jeweils eine Kopie zur Bearbeitung gezogen, an der von Redaktion über Korrektorat bis zur Herstellung nacheinander verschiedene Personen arbeiten. Die jeweils am Manuskript arbeitenden Personen haben über ihren Arbeitsplatzrechner auf die letzte Version der Datei Zugriff. Wichtig ist, dass immer nur eine Fassung existiert, an der gearbeitet wird. Ist es erforderlich, einen Zwischenstand abzuspeichern, muss dieser deutlich gekennzeichnet werden und am besten aus dem allgemeinen Zugriff auf den Server entfernt werden, z.B., indem die entsprechendenden Dateien auf CD gebrannt werden.

Beseitigung von Konvertierungs- und Satzfehlern

Beim Laden der Autorentexte aus dem Schreibprogramm ins Layoutprogramm kann es, insbesondere wenn keine genauen Absprachen zwischen Autor und Verlag erfolgt sind, zu Konvertierungsfehlern kommen.

Aber auch vom Autor selbst produzierte Satzfehler (damit sind hier nicht die Rechtschreibfehler gemeint) müssen an dieser Stelle beseitigt werden. Dies wird zunächst über Suchen- und Ersetzen-Funktionen realisiert.

Die am häufigsten zu beseitigenden Fehler sind dabei folgende:

- vom Programm falsch interpretierte Umlaute ä, ö, ü und ß wieder einfügen
- doppelte Leerzeichen tilgen

- den korrekten Einsatz von Binde- und Gedankenstrich kontrollieren und korrigieren (s. S. 279, Richtlinien für den Schriftsatz aus Duden Band 1)
- Auslassungspunkte, die durch drei einzelne Punkte dargestellt wurden, über die Tastenkombination alt/Punkt durch die richtigen Auslassungspunkte ersetzen

Eine ganze Reihe von Fehlern lässt sich jedoch nur durch manuelles Eingreifen und nicht oder nur bedingt durch Suchen und Ersetzen ausfindig machen. Dazu gehören vor allem:

- manuelle Zeilenschaltung
- manuelle Silbentrennung
- Tabellen und Einzüge, die durch Leerzeichen oder mehrere Tabulatoren erzeugt wurden
- nicht korrekte Verwendung von An- und Abführungen, Apostrophzeichen, ganzen und geschützten Leerzeichen (s. S. 279, Richtlinien für den Schriftsatz aus Duden Band 1)

Ist der Text dieserart bereinigt worden, können den einzelnen Textarten die entsprechenden Stilvorlagen zugewiesen werden und das Manuskript erhält allmählich seine gewünschte Form.

Musterdateien

Die Musterdatei wird für jeden zu bearbeitenden Manuskriptteil zugrunde gelegt, indem die Texte in diese Musterdatei geladen werden. Layoutprogramme sind nicht für Massensatz vorgesehen, die Bearbeitung sehr großer Dateien kann zu Systemabstürzen und anderen Programmfehlern führen. Deshalb wird ein Manuskript auch im Verlag normalerweise in mehreren Teilen, z. B. geordnet nach Kapiteln, bearbeitet. Es ist also wichtig, dass die kompletten Stilvorlagen **vor** dem Beginn der Manuskriptbearbeitung in der Herstellung festgelegt werden. Nachträgliche Änderungen, und sei es nur in einer einzigen Textart, müssen in allen zu bearbeitenden Dateien ausgeführt werden.

Eine textleere Musterdatei wird abgespeichert und als Grundlage für jede neu angelegte Textdatei verwendet. Layoutprogramme bieten die Möglichkeit, Dateien gewissermaßen als Formular zu speichern. In diesem Fall bleibt die Grundform der Musterdatei immer unverändert vorhanden. Bei jedem Öffnen und Verändern des Formulars, z. B. wenn Texte geladen werden, fragt das System automatisch einen neuen Namen ab, unter dem die geänderte Datei zu speichern ist.

4.3.2 Stilvorlagen und Typogramme

In modernen Satzanweisungen in Form so genannter Typogramme werden sämtliche vorkommenden Textarten festgehalten: angefangen von der Grundschrift, über alle Überschriftenarten, Fußnoten, Marginaltexte etc. Für all diese Textarten werden Stilvorlagen festgelegt und in o. g. Musterdatei gespeichert.

DUDEN Satz- und Korrektur
Satzauszeichnung Kapitelbeginn

Linie horizontal
Stärke: 1,2 dtp-point
Länge: 150 mm
Farbe: Pantone 542 cv,
Tonwert 100 %

Linie vertikal
Stärke: 0,7 dtp-point
Länge: 4,25 mm
Farbe: Pantone 542 cv,
Tonwert 60 %

Einzug: 3,5 mm

Kapitelüberschrift
Frutiger CN Bold · ausmitteln
15 dtp-point, +5 spationiert
Farbe: Pantone 542 cv, 100 %
linksbündig, 3,5 mm Einzug

3,5 mm

Kapitel mit Nummerierung
Frutiger CN Bold
9 dtp-point [Ziffer 8,5 pt]; +5
Farbe: Pantone 542 cv, 100 %
linksbündig in Marginalspalte

Das Manuskript erstellen

2. Kapitel 9. Zeile v. o.

1. 1/2 Wz 11. Zeile v. o.

Meist besteht ein Manuskript gemischt aus Stichwörten, die konkret im Text vorkommen, und so genannten *Schlagwörtern*, die den Inhalt einer Sache kurz und prägnant bezeichnen, aber als Wort innerhalb des Textes nicht unbedingt vorkommen müssen.

1.1/2 Lz

Das traditionelle Manuskript

2.1

1/2 Lz

Überschrift · 2. Hierarchie
Frutiger CN Bold
9 auf 12 dtp-point, +5 spat.
linksbündig ohne Einzug

Kapitelnummerierung
Frutiger CN Bold
8,5 dtp-point, +5 spationiert
Farbe: Pantone 542 cv, 100 %
linksbündig in Marginalspalte

Auch wenn der Computer in viele … Menschen unserer Gesellschaft eingezogen … davon ausgehen, dass jeder, der etwas zu Papier bringen möchte, dafür die Unterstützung der neuen Technik nutzen möchte und kann. Im Folgenden wird auf die durchaus noch anzutreffenden Varianten der traditionellen Manuskripterstellung eingegangen – das Schreibmaschinenmanuskript, auch Typoskript genannt, wie auch das handschriftliche Manuskript.

1.1/2 Lz

Anforderungen an das traditionelle Manuskript

2.1.1

1 Lz

Form des Manuskriptes

2.1.1.1

1/2 Lz

Überschrift · 3. Hierarchie
Frutiger CN Bold
9 auf 12 dtp-point, +5 spat.
linksbündig ohne Einzug

Überschrift · 4. Hierarchie
Frutiger CN Bold
9 auf 12 dtp-point, +5 spat.
linksbündig ohne Einzug

…hon angedeutet, …riante des Man… …die gelieferte Textvorlage in ein Satzsystem / … d. h. den Text erfassen. Damit es beim Entziffern des Textes nicht zu Fehlern kommt, ist das Einhalten gewisser formaler Dinge unverzichtbar. Wichtig sind eine gute Lesbarkeit und eine klare, übersichtliche Gliederung. Beim Autor sollte in jedem Falle eine Kopie des Manuskriptes verbleiben, damit Rückfragen seitens des Verlages o… …geklärt werden können.

Verwen… …merierte und einseitig beschriebene Blätter im… …chender Zeilenabstand sorgt für gute Lesbarkeit… …gen von Korrekturen; bei Schreibmaschinenm… …facher Zeilenabstand üblich, manchmal findet… …nd Verwendung. Ein breiter Rand von etwa 3,5 c… …on Korrekturen sehr günstig. Ein Text erschließt… …en Worten, sondern auch aus seinem

Marginalien 2002
in der Marginalspalte
mit Textverweisen
und Stellenangaben

Marginalien
Frutiger CN Light [Mager]
7,5 auf 9 dtp-point, +5 spat.
linksbündig, Flattersatz

Grundschrift
Kepler Normal
9,5 dtp-point, +0,5 spat.
Zab: 12 dtp-point
Einzüge bei Absätzen:
3,5 mm
doppelte franz. An- und Abführungen » «
Versalien:
8,5 dtp-point, +10 spat.
Kursive:
9 dtp-point, +3 spat.

19

Pagina · auf Textkante außen
Frutiger CN Bold
7,5 dtp-point, +5 spationiert

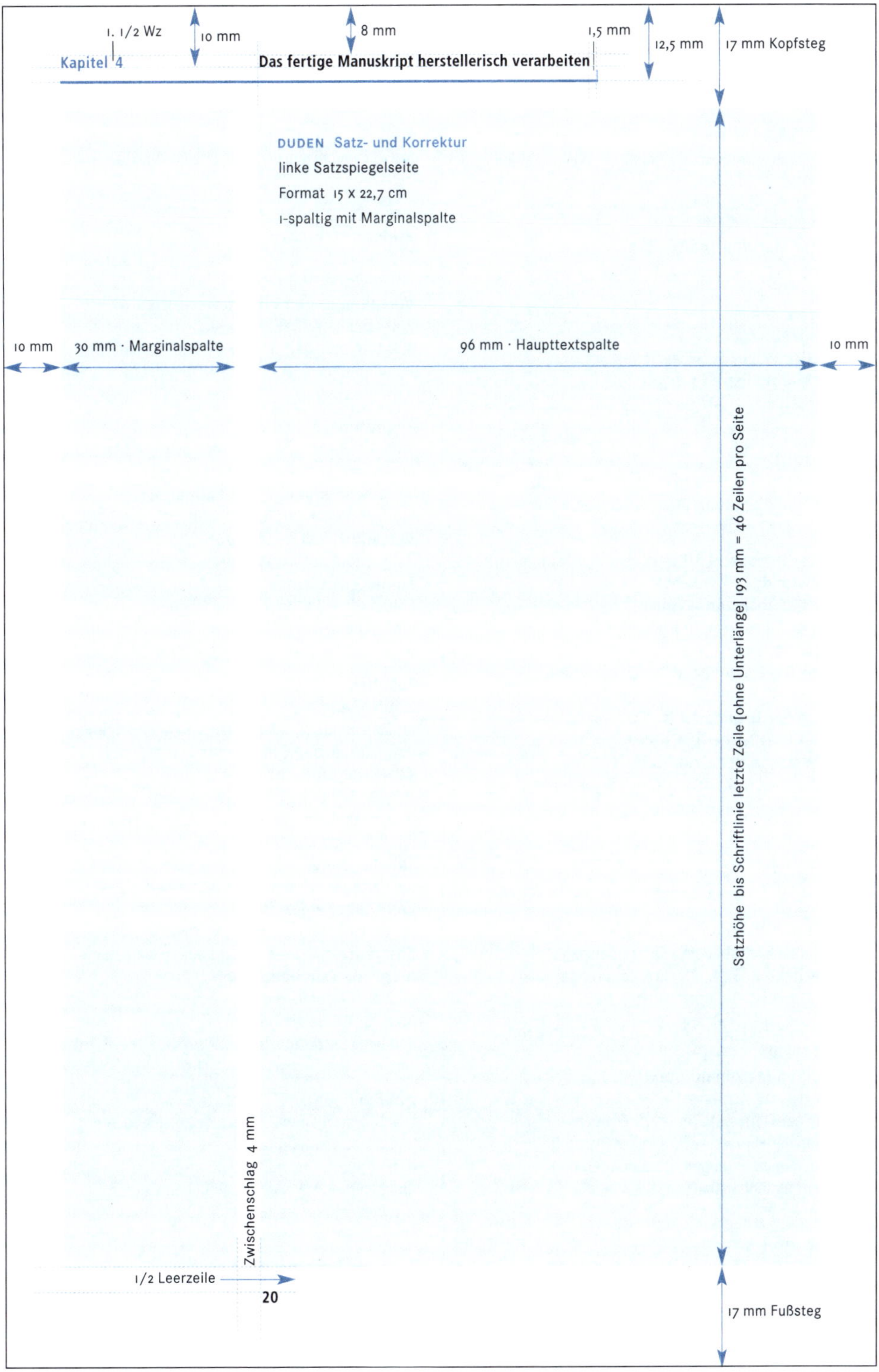
1. 1/2 Wz
10 mm
8 mm
1,5 mm
12,5 mm
17 mm Kopfsteg
Kapitel 4
Das fertige Manuskript herstellerisch verarbeiten
DUDEN Satz- und Korrektur
linke Satzspiegelseite
Format 15 x 22,7 cm
1-spaltig mit Marginalspalte
10 mm
30 mm · Marginalspalte
96 mm · Haupttextspalte
10 mm
Satzhöhe bis Schriftlinie letzte Zeile [ohne Unterlänge] 193 mm = 46 Zeilen pro Seite
Zwischenschlag 4 mm
1/2 Leerzeile
20
17 mm Fußsteg

Typographie und Gestaltung

Format 15,0 x 22,5 cm

Satzspiegel
Breite 96 mm; Höhe 193 mm
Zeilenanzahl pro Seite 46
Breite der Marginalspalte 30 mm
Kopfsteg 8 mm
Fußsteg 17 mm
Außensteg 10 mm
Bundsteg 10 mm
Satzart Grundschrift einspaltig, Blocksatz
Satzart Marginalspalte links-, bzw. rechtsbündig, Flattersatz

Grundschrift
In diesem Buch wird die Kepler Normal eingesetzt, die auch für die Neukonzeption der Duden-Reihe weiterentwickelt und ausgebaut wurde.

Grundschriftgröße 9,5 dtp-point, + 0,5 spationiert
Zeilenabstand 12 dtp-point
Einzüge bei Absätzen 3,5 mm
An- und Abführungen französische, mit Spitzen nach innen » «
Versalien GS 8,5 dtp-point, + 10 spationiert
Kursive GS 9,25 dtp-point, + 3 spationiert
Namen in der Grundschrift 9,5 dtp-point, Small Caps [Kapitälchen], + 6 spationiert
Textverweise in der Grundschrift
Frutiger Roman CN, 7,5 dtp-point, + 5 spationiert; auf Schriftlinie der Grundschrift

Überschriften
Kapitelüberschrift Frutiger Bold CN, 15 dtp-point, + 5 spationiert
Kapitelnummerierung Frutiger Bold CN, 8,5 dtp-point, + 5 spationiert; linksbündig in Marginalspalte
Überschriften 2.,3.,4. Hierarchie Frutiger Bold CN, 9 auf 12 dtp-point, + 5 spationiert

Marginalien Frutiger Light CN, 7,5 auf 9 dtp-point, + 5 spationiert;
Versalien im Marginalientext
7 dtp-point, + 15 spationiert
linksbündiger Flattersatz [auf rechter Buchseite]; rechtsbündiger Flattersatz [auf linker Buchseite]; für Kapitelnummerierungen, Abbildungen und Zusatzinformationen zum Text

Kolumnentitel
Frutiger Bold CN, 7,5 dtp-point, + 5 spationiert; linksbündig auf Kante der linken Haupttextspalte bzw. rechtsbündig auf Kante der rechten Haupttextspalte

Pagina Frutiger Bold CN, 7,5 dtp-point, + 5 spationiert; rechts und links unten auf jeweiliger Textaußenkante mit 1/2 Leerzeile Abstand zum Text

Bildunterschriften
Frutiger Light CN, 7,5 auf 9 dtp-point, + 5 spationiert; linksbündiger Flattersatz
Versalien in den Bildunterschriften
7 dtp-point, + 15 spationiert
Auszeichnungen in den Bildunterschriften
Frutiger Roman CN; 7,5 auf 9 dtp-point, + 5 spationiert

Fußnoten
Frutiger Light CN, 7,5 auf 9 dtp-point, + 5 spationiert; linksbündiger Flattersatz auf Einzugskante
Auszeichnungen in den Fußnoten
Frutiger Roman CN; 7,5 auf 9 dtp-point, + 5 spationiert
Versalien in den Fußnoten
7 dtp-point, + 15 spationiert
Fußnotenziffern
Frutiger Roman CN, 7,25 auf 9 dtp-point, + 5 spationiert

Tabellen
Kopfzeilen
Frutiger Bold CN, 7,5 auf 9 dtp-point, + 5 spationiert, bzw. nach Bedarf Zeilenabstand: 12 dtp-point
Tabellengrundschrift
Frutiger Light CN, 7,5 auf 12 dtp-point, + 5 spationiert, bzw. nach Bedarf Zeilenabstand: 9 dtp-point; linksbündiger Flattersatz
Tabellenfond
Sonderfarbe Pantone 542 CV, Tonwert: 10 %
Fond Tabellenkopf
Sonderfarbe Pantone 542 CV, Tonwert: 10 %
Spaltentrennlinien 1 dtp-point, weiß negativ
mögliche Tabellenbreiten
96 mm [Satzbreite]
42 mm [1/2 Satzbreite]
130 mm [Satzbreite zzgl. Marginalspalte]

Abbildungen
Die Bildvorlagen wurden teilweise eingescannt und als Infografik überarbeitet oder aus den Dateien herausgelöst, in die Buchtypographie umgewandelt und bearbeitet. Einige Abbildungen wurden von den Originalen reproduziert.

Satz und Umbruchsystem
PageOne (alpha Integrierte Systeme); A–Z Satztechnik GmbH, Mannheim

In Textverarbeitungsprogrammen wird die Veränderung des Schriftschnittes z.B. auf kursiv oder fett meist über eine Einstellung in der Menüleiste oder Anklicken dafür vorgesehener Buttons vorgenommen. Dies ist in Layoutprogrammen auch möglich, sollte jedoch keinesfalls angewendet werden.

Schriftauszeichnung
Helvetica BoldItalic
fett
kursiv

Soll ein Text kursiv und fett erscheinen, so wird der jeweilige Schriftschnitt, z.B. ***Helvetica BoldItalic,*** aus den Schriftarten ausgewählt. Bei diesem Schriftschnitt sind die einzelnen Buchstaben extra so gestaltet, dass trotz ihrer Winkelung oder Breite angemessene Buchstabenzwischenräume entstehen, sodass die Proportionen von starken und Haarlinien korrekt sind und ein gut lesbares Schriftbild ensteht. Das Einstellen von **fett** und *kursiv* aus der Menüleiste hat zur Folge, dass die Schrift auf elektronischem Weg fetter und leicht winklig gerechnet wird. Dies hat zur Folge, dass dann die Leerräume zwischen den Buchstaben nicht stimmen, die Schrift wirkt gequält.

Selbst wenn der Unterschied nicht immer sofort ins Auge fällt, bergen derart digital verstellte Schriften Probleme in sich: Oft kommt es bei der Ausgabe der Datei, z.B. auf dem Belichter, zu Umbruchfehlern oder anderen Problemen.

Zuweisung der Stilvorlagen

Um die korrekte Stilvorlage zuweisen zu können, müssen die einzelnen Textarten herausgefiltert werden. Dazu stehen verschiedene Möglichkeiten zur Verfügung.

Hat der Autor auf Wunsch des Verlages einen Fließtext ohne Auszeichnung der einzelnen Elemente geliefert, ist es Aufgabe der Redaktion, vor Übergabe des Manuskriptes an die Herstellung die Auszeichnung des Textes manuell durch Unterstreichungen vorzunehmen. Für den Hersteller werden auf einem gesonderten Blatt die verwendeten Farben und Arten der Unterstreichung – also Doppellinie, Wellenlinie, Einfachlinie etc. – erläutert. Dabei muss die Redaktion nicht festlegen, wie die jeweilige Unterstreichung typographisch umgesetzt werden soll, sondern nur, welcher Textart sie entspricht, z.B.:

Einfachlinie rot:	Überschrift ersten Grades
Einfachlinie grün:	Überschrift zweiten Grades
Wellenlinie:	Marginaltext
Doppellinie schwarz:	Bildunterschrift

Leider gehen beim Konvertieren der Daten aus der Autorendatei ins Layoutprogramm oft die vom Autor vorgenommenen Auszeichnungen verloren. Auch hier wird oft vonseiten der Redaktion eine nachträgliche Auszeichnung vorgenommen, besonders wenn im Text, wie bei Sachbüchern häufig der Fall, viele verschiedene Textarten vorkommen. Der Hersteller ist in den meisten Fällen mit den Inhalten eines Buches nicht so vertraut, dass er eine qualifizierte Zuordnung vornehmen könnte.

Einfacher ist es, wenn der Autor eine korrekte Zuordnung der Textarten durch eigene Auszeichnungen vorgenommen hat und diese nach dem Laden des Textes ins Layoutprogramm noch vorhanden sind. Dann können den Auszeichnungsarten des Autors die entprechenden Stilvorlagen des Verlages gegenübergestellt werden und Erstere mittels Suchen- und Ersetzen-Funktion ausgetauscht werden.

inhaltliche Struktur	Manuskript	Stilvorlagen im Satz
Überschrift ersten Grades	**Helvetica 12 Punkt halbfett**	**Frutiger Bold 12 Punkt, linksbündig ohne Einzug Abstand danach: 6,375 mm**
Überschrift zweiten Grades	**Helvetica 9 Punkt halbfett**	**Frutiger Bold 9 Punkt, linksbündig ohne Einzug, Abstand danach: 4,25 mm**
Überschrift dritten Grades	Helvetica 9 Punkt unterstrichen	Frutiger Normal 9 auf 12 Punkt linksbündig o ohne Einzug
Grundschrift	Helvetica 9 Punkt	Kepler 9,5 auf 12 Punkt Einzug erste Zeile: 3,5 mm deutsche An- und Abführungen

Eine weitere Möglichkeit der Auszeichnung durch den Autor ist die Verwendung von Markierungen (s. Kap. 2.1.2.1).

Mit der Suchfunktion des Programmes wird nach den entsprechenden Markierungen gesucht und dem nachfolgenden Text die entsprechende Stilvorlage zugewiesen.

inhaltliche Struktur	Manuskript	Stilvorlagen im Satz
Überschrift ersten Grades	<ÜS 1>	**Frutiger Bold 12 Punkt, linksbündig ohne Einzug Abstand danach: 6,375 mm**
Überschrift zweiten Grades	<ÜS 2>	**Frutiger Bold 9 Punkt, linksbündig ohne Einzug, Abstand danach: 4,25 mm**
Überschrift dritten Grades	<ÜS 3>	Frutiger Normal 9 auf 12 Punkt linksbündig o ohne Einzug
Grundschrift/Grundtext	<GT>	Kepler 9,5 auf 12 Punkt Einzug erste Zeile: 3,5 mm deutsche An- und Abführungen

Anschließend werden ggf. Abbildungen im Text platziert und die einzelnen Seiten auf gestalterische Feinheiten überprüft (s. Kap. 4.5 Seitengestaltung).

Die medienneutrale Datenstrukturierung 4.4

Ansprüche an die Datenqualität 4.4.1

Der überwiegende Teil der im Einsatz befindlichen Satzsysteme sind layoutorientierte Programme. Sie werden häufig auch als Desktop-Publishing-Programme (kurz: DTP-Programme) bezeichnet. Diese Programme sind außerordentlich leistungsfähig hinsichtlich der Gestaltungsmöglichkeiten, der Benutzerfreundlichkeit und ihres Funktionsumfangs, gleichzeitig aber ist die durch sie erzeugte Qualität der (Satz-)Daten in aller Regel unbefriedigend. Dies bedarf der Erläuterung.

DTP-Programme sind von ihrer Grundkonzeption allesamt dafür ausgelegt, einen vorliegenden Datenbestand in ein Layout zu überführen. Sie dienen also auch nicht in erster Linie der Daten**erfassung**. Diese Formatierung ist in der Regel eine »Daten-Einbahnstraße«, d.h., eine Rückübernahme der Daten aus dem DTP-System ist nicht vorgesehen. Wenn aber keine Rückübernahme der Texte geplant ist, müssen diese auch nicht getrennt von ihrer Formatierung und anderen Informationen gespeichert werden. Basierend auf dieser Maßgabe ist es aus Sicht der Programmentwickler unproblematisch, jegliche Information, die für eine möglichst komfortable Bedienung benötigt wird, in beliebiger Form in die Satzdatei mit aufzunehmen. Ziel ist dabei, dass das eigene DTP-Programm diese Information besonders effektiv nutzen kann. So unterschiedlich, wie nun der Aufbau der einzelnen Programme ist, so unterschiedlich sind daher auch die Datenformate, die diese Programme erzeugen – nicht selten in einer Form, die eine Konvertierung unmöglich oder zumindest unwirtschaftlich macht.

Da die DTP-Programme überwiegend für den Akzidenz-Bereich (z.B. für den Einsatz in Werbeagenturen, bei Grafikern etc.) entwickelt wurden und nicht für den Satz von Büchern, ist diese »Schwäche« der Systeme nachvollziehbar, denn die Zweitverwertung eines Datenbestandes außerhalb der eigenen Programmfamilie war nicht erforderlich. Und bis vor wenigen Jahren gab es auch innerhalb der Verlagsbranche noch kaum ein Bewusstsein dafür, dass den Daten, die den Publikationen zugrunde liegen, ein eigener Wert zukommt.

4.4.2 Verlage als »Informationsdienstleister«

Aus vielerlei Gründen – nicht zuletzt durch den Siegeszug des Internets – hat in den letzten Jahren ein Umdenken in den Verlagen begonnen. Es steht nicht mehr die Ware Buch im alleinigen Mittelpunkt des verlegerischen Interesses, sondern die Schaffung von Substanzen in Form eines vielfältig verwertbaren Datenbestandes. Der Verlag versteht sich zunehmend als Informationsdienstleister, wobei der derzeit wichtigste Kanal für die Übermittlung der Information zum Kunden das bedruckte Papier ist. Diese Unterscheidung mag auf den ersten Blick akademisch klingen, hat aber massive Auswirkungen auf die Praxis. Denn neben die Buchproduktion treten neue Herausforderungen: Um den höher werdenden Ansprüchen des heutigen Marktes gerecht zu werden, benötigt der Verlag **durchsuchbare** Daten – und diese sind, wie oben gezeigt, mit den herkömmlichen Methoden der Satzerstellung nicht zu gewinnen.

4.4.3 Cross Media Publishing

Das angestrebte Ziel lautet:

> Mit **möglichst geringem Aufwand**
> die Inhalte **mehrfach nutzen**
> und in **unterschiedlicher Zusammenstellung**
> über **verschiedenste Kanäle** zum Kunden bringen.

Das bezieht sich auf die Zweitverwertung im **Print** (Hardcover und Taschenbuch aus demselben Datenbestand, Sammelbände, Studienausgaben etc.) ebenso wie auf CD-ROM- oder DVD-Produktion, Internetpräsenz oder andere elektronische Medien **(Non-Print).** Die Inhalte sollen darüber hinaus nicht nur wiedergegeben werden, sondern auch (elektronisch) durchsuchbar sein.

Dieser Ansatz wird als »Cross Media Publishing« (»medienübergreifendes Publizieren«) bezeichnet. Grundvoraussetzung hierfür ist ein möglichst fehlerfreier Datenbestand, der in einer Form vorgehalten werden muss, die für alle Publikationsformen als Quelldatenformat dienen kann.

Theorie des »Cross Media Publishing«

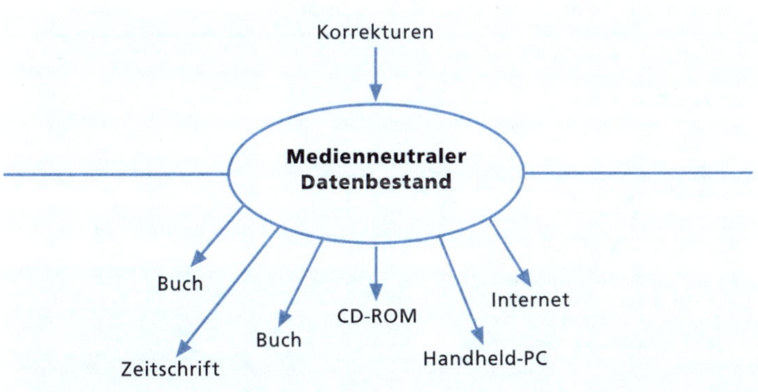

Schon diese zwei Forderungen (Fehlerfreiheit, Medienneutralität) sind nicht einfach zu erfüllen. Bereits die Fehlerfreiheit der Quell(!)daten stellt ein Problem dar:

Die Daten, die der Verlag von seinen Autoren bekommt, sind in der Regel keineswegs fehlerfrei, sondern werden es erst während der Satzarbeiten. Hier nämlich werden die Manuskripte nochmals (eventuell mehrfach) Korrektur gelesen und die Autorkorrekturen in den Satzdatenbestand eingepflegt. Der fehlerfreie Datenbestand kann also erst am Ende der Satzarbeiten stehen.

Proprietäres Datenformat

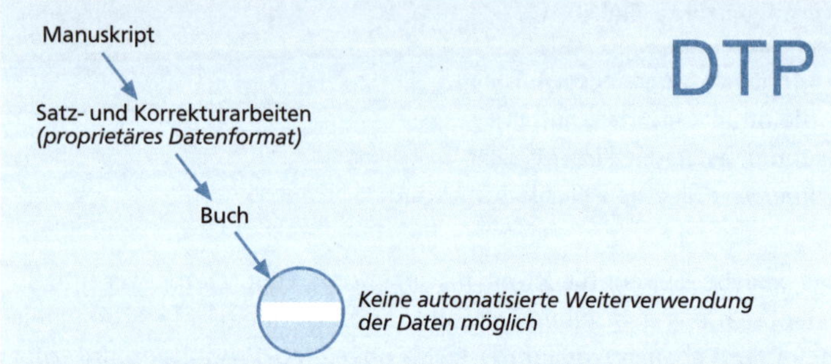

Aufgrund des proprietären Datenformates in vielen DTP-Programmen sind die so erzeugten Satzdaten nicht für eine Weiterverwendung geeignet.

Hier liegt die Schwäche des Systems: Die Theorie des Cross Media Publishing basiert auf dem prinzipiellen Vorhandensein korrigierter, medienneutraler Daten. In der Praxis aber muss der Verlag ebendiese Daten zunächst mühsam erstellen. Dies geschieht im Rahmen der Satzarbeiten.

Genau diese Satzdaten sind aber, wenn sie mit einem DTP-Programm erstellt wurden, nun zwar möglicherweise fehlerfrei, aber auf-

Arbeitsablauf vom unkorrigierten Manuskript

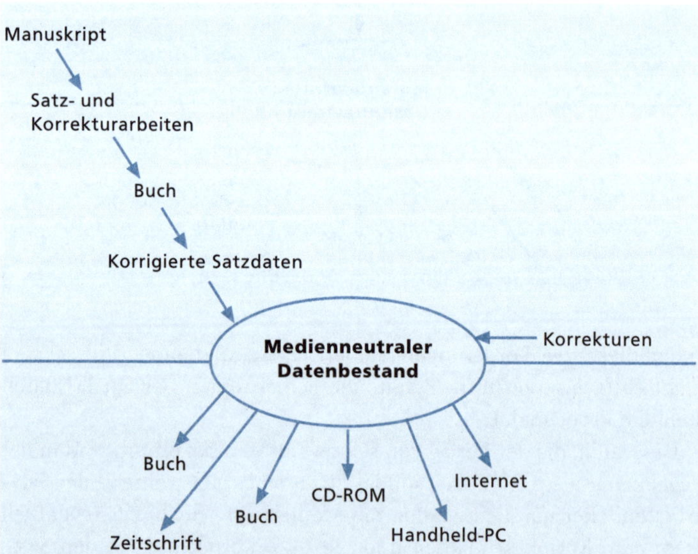

Arbeitsablauf vom unkorrigierten Manuskript zu medienneutralen Daten über den »Umweg« der Satzarbeiten. Voraussetzung ist ein Satzsystem, dessen korrigierte Satzdaten weiterverwertbar sind.

grund ihres Datenformates nicht mehr als Quelldatenformat für andere Publikationsformen geeignet. Sie entsprechen nicht im Mindesten den Ansprüchen an Medienneutralität.

Wenn eine Weiterverwertung des Datenbestandes geplant ist, muss daher darauf geachtet werden, dass die Daten mit Abschluss der Satzarbeiten problemlos in ein medienneutrales Format überführt werden können bzw. idealerweise schon in einem solchen vorliegen.

Voraussetzung: Medienneutralität von Daten 4.4.4

Was aber verbirgt sich nun hinter dem Begriff »Medienneutralität« – und wie lässt sich diese erreichen?

Als medienneutral – also »unabhängig vom eingesetzten Medium« – wird ein Datenbestand bezeichnet, der

- ohne Konvertierungsschritte[1]
- **für alle Ausgabeformen** eingesetzt werden kann.

Darüber hinaus besteht dieser Anspruch auch für die **Eingabeseite,** der Datenbestand muss also

- auf allen Rechnersystemen (Windows, Macintosh, Linux ...)
- und Rechnergenerationen verlustfrei und ohne Konvertierung eingesetzt werden können, und zwar
- weltweit in allen Sprachkreisen.

So hoch diese Forderungen sind, so sehr sind sie doch nur notwendige technische Voraussetzung (und keineswegs das Ziel) aller nachfolgenden verlegerischen Aktivitäten. Denn auch ein Datenformat, das überall technisch lesbar ist, ist damit noch nicht recherchierbar. Es gibt also noch einen weiteren Anspruch an die Daten, nämlich die Möglichkeit, diese gemäß ihren spezifischen Inhalten zu durchsuchen.

Universelle Einsetzbarkeit der Daten 4.4.5

Die Mehrfachverwendung von Daten ist für den Verlag von größtem Interesse: Hat er einmal das Geld investiert, um einen Datenbestand fehlerfrei zu bekommen (i. d. R. auf dem Weg der Satzarbeiten), so ist jede Aktualisierung und jede Folgepublikation, die aus diesem Datenbestand erzeugt werden kann, nur noch mit einem Bruchteil der Kosten

1 Es wird hierbei zwischen *Konvertierungen* und sog. *Transformationen* unterschieden: Als Konvertierung bezeichnet man die Umwandlung eines (i.d.R. proprietären) Datenformates in ein anderes (häufig ebenfalls proprietäres). Hierbei müssen vor allem die programmspezifischen Codes in andere Formate umgewandelt werden. Von Datentransformationen (diese kommen auch und gerade in der medienneutralen Umgebung häufig vor) spricht man, wenn ein strukturiertes Dokument in eine ganz bestimmte Struktur für eine bestimmte Ausgabeform gebracht werden muss (z. B. die Einteilung in logische Einzelseiten für die Darstellung im Internet).

Crossmedialer Workflow

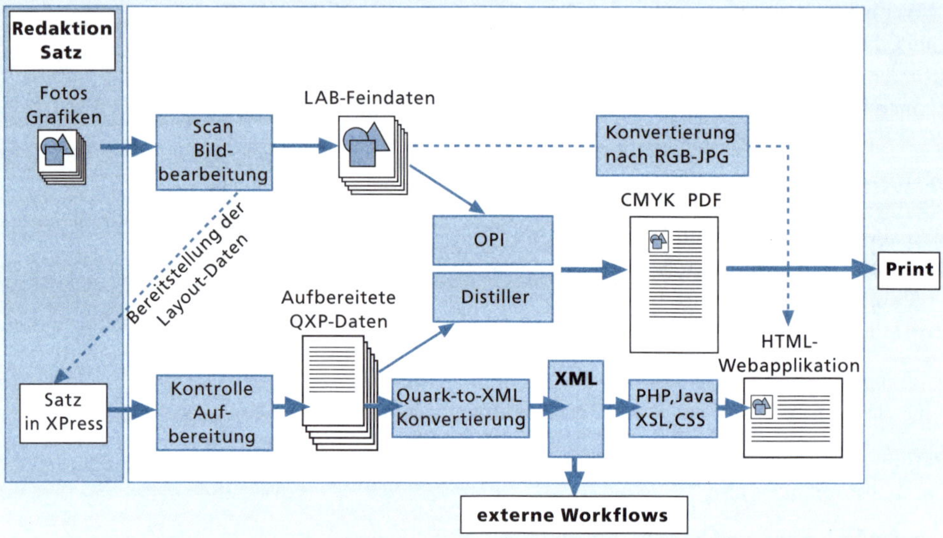

Bilder, Layout- und Textdaten werden medienneutral produziert und können sowohl im herkömmlichen Satzverfahren als auch für das Internet genutzt werden.

CMYK: Cyan, Magenta, Yellow und Black (die vier Druckfarben
CSS: Cascading Style Sheets
DTD: Document Type Definition
LAB: Farbbezugssystem, das es ermöglicht, Farbdaten geräte- und systemunabhängig auszutauschen
OPI: Open Prepress Interface
PDF: Portable Document Format
PHP: Hypertext Preprocessor
RGB: Abkürzung für die Grundfarben rot, grün und blau
XML: Extensible Mark-up Language (medienneutrales Datenformat)
XSL: Extensible Stylesheet Language (Internet-Seitenbeschreibungssprache)

verbunden. Kann dieser Datenbestand nun nicht nur für Print-, sondern auch für Non-Print-Publikationen als Quelle dienen, so hat der Verlag die Voraussetzungen für das Cross Media Publishing erfüllt. Er kann seine Inhalte in den verschiedensten Medien zielgruppengerecht, schnell und kostengünstig publizieren.

Die notwendigen Voraussetzungen hierfür zu schaffen ist zunächst ein technisches Problem, das sich auf mehreren Ebenen stellt. Zum einen gilt es, anstelle der proprietären Codes der Satzsysteme einen Code zu finden, der von möglichst vielen Softwareanbietern unterstützt wird. Doch nicht nur die eingesetzte Software kann Konvertierungsprobleme verursachen: Auch die unterschiedlichen Betriebssysteme auf den verschiedenen Rechnern verwalten die Daten intern unterschiedlich, sodass z. B. eine Windows-Datei nicht ohne weiteres auf einem Macintosh-Rechner gelesen werden kann. Weitere Probleme stellen sich auch bei unterschiedlichen Ländereinstellungen, unter denen die Rechner betrieben werden können: Eine Datei, die auf einem Rechner mit deutschsprachigem Betriebssystem völlig korrekt angezeigt wird, kann u. U. in den USA völlig korrupt erscheinen, da z. B. Akzentbuchstaben durch andere Zeichen ersetzt worden sind.

ASCII-Zeichentabelle

		00	10	20	30	40	50	60	70
		0	16	32	48	64	80	96	112
00	0	NUL	DLE	SP	0	@	P	`	p
01	1	SOH	DC1	!	1	A	Q	a	q
02	2	STX	DC2	"	2	B	R	b	r
03	3	ETX	DC3	#	3	C	S	c	s
04	4	EOT	DC4	$	4	D	T	d	t
05	5	ENQ	NAK	%	5	E	U	e	u
06	6	ACK	SYN	&	6	F	V	f	v
07	7	BEL	ETB	'	7	G	W	g	w
08	8	BS	CAN	(	8	H	X	h	x
09	9	HT	EM	)	9	I	Y	i	y
0A	10	LF	SUB	*	:	J	Z	j	z
0B	11	VT	ESC	+	;	K	[	k	{
0C	12	FF	FS	,	<	L	\	l	|
0D	13	CR	GS	–	=	M	]	m	}
0E	14	SO	RS	.	>	N	^	n	~
0F	15	SI	US	/	?	O	_	o	DEL

Sie stimmt mit der internationalen Referenzversion des 7-bit-ISO-646-Zeichensatzes bis auf das Währungssymbol (Speicheradresse 24 »$«) überein. Im ISO-Zeichensatz erscheint hier das generische Währungssymbol ¤.
Die ersten 32 (hexadezimal 0×20) Einträge des ASCII-Codes enthalten Steuersymbole, von denen allerdings viele heute ungebräuchlich geworden sind.

Einheitliche Zeichencodierung 4.4.6

Die Ursache der Kompatibilitätsprobleme zwischen den Betriebssystemen ist immer dieselbe und hat ihre Wurzeln in der Rechnerarchitektur: Standardmäßig wird zur Abspeicherung eines Zeichens ein Byte Speicherplatz belegt. Ein Byte, das aus acht Bit (= acht logischen 1- bzw. 0-Zuständen) besteht, kann $2^8 = 256$ unterschiedliche Zustände annehmen. Damit sind auf einem Byte maximal 256 unterschiedliche Zeichen abbildbar. Dieser Code wird fälschlich oft als ASCII-Code bezeichnet; der eigentliche ASCII-Code[1] ist in der ISO-Norm 646 festgelegt als ein 7-bit-Code und umfasst nur 128 Zeichen.[2]

Da es nun weit mehr als 256 benötigte Zeichen gibt, die darüber hinaus länderspezifisch sehr unterschiedlich sein können (Akzente im Französischen, Umlaute im Deutschen, andere Zeichenformen im Kyrillischen oder Griechischen etc.), sind diese 256 Zeichen weltweit nicht identisch belegt, sondern vielmehr in länderspezifischen Codierungssystemen, so genannten »Codepages«. Diese Codepages sind untereinander unverträglich, denn unterschiedliche Codepages können denselben Binärcode für **verschiedene** Zeichen benutzen oder verschiedene Codes für dasselbe Zeichen. Jeder Rechner muss daher viele verschiedene Codierungssysteme unterstützen. Wenn Text zwischen verschiedenen Codierungssystemen oder Betriebssystemen ausgetauscht wird, läuft dieser Text Gefahr, verstümmelt oder verfälscht zu werden.

Ein Beispiel: Auf einem Rechner mit der Codepage CP1250 (auf deutschen Rechnern gebräuchlich) wird ein »ä« eingetippt. Gemäß der Adresse in der Codepage speichert der Rechner ein Byte mit dem logischen Zustand E4 bzw. binär 11 100 100 ab. Wird die Datei auf einem Rechner mit der Codepage CP437 (in USA übliche Voreinstellung) geöffnet, liest dieser zwar korrekt 11 100 100, hat auf der zugehörigen Speicheradresse aber nicht das »ä«, sondern ein Grafiksymbol, welches folgerichtig am Bildschirm angezeigt wird, in der international häufig gebräuchlichen Codepage CP850 dagegen ein »õ«.

Die wichtigsten Codepages sind in der Norm ISO-8859 festgeschrieben. ISO-8859 bietet jeweils für Sprachgruppen einen gemeinsamen Zeichensatz an. So deckt beispielsweise ISO-8859-1 (Latin1) die meisten westeuropäischen Sprachen ab, ISO-8859-2 die meisten osteuropäischen Sprachen und ISO-8859-7 das (Neu-)Griechische.

Die einzige Möglichkeit, auf allen Rechnersystemen überall auf der Welt diese Darstellungsfehler auszuschließen (eine notwendige Voraussetzung z. B. für das Funktionieren des Internets), ist es, nur diejenigen Zeichen zu verwenden, die tatsächlich überall identisch belegt sind. Hier haben sich die Rechnerhersteller darauf verständigt, den eigentlichen ASCII-Code, also die internationale Referenzversion des 7-bit-Code, allen Codepages auf allen Betriebssystemen zugrunde zu legen und die länderspezifischen Zeichen erst ab der Speicheradresse 129 zu belegen.

1 ASCII steht für American Standard Code for Information Interchange.

2 Neben der internationalen Referenzversion des ASCII-Zeichensatzes gibt es mehrere Dutzend nationale Varianten, in denen viele Codepositionen nach den jeweiligen nationalen Bedürfnissen belegt sind. So stehen in der deutschen Referenzversion an den Stellen, an denen in der internationalen Version die eckigen und geschweiften Klammern, der Backslash und der senkrechte Strich stehen, die Umlaute, statt der Tilde das ß, statt @ das §-Zeichen. Seit sich 8-bit-Codes durchgesetzt haben, sind die nationalen Varianten des 7-bit-ASCII-Codes in der Praxis kaum mehr von Bedeutung.

Solange also nur dieser 7-bit-Code verwendet wird, wird eine solcherart codierte Datei auf allen Rechnern konvertierungsfrei lesbar sein.

Wo aber 256 Zeichen nicht ausreichen, um alle Zeichen darzustellen, reichen 128 Zeichen sicherlich erst recht nicht. Dennoch sollen natürlich weiterhin sämtliche Zeichen dargestellt werden; auch diejenigen, die nicht im 7-bit-ASCII-Code enthalten sind.

Die Lösung dieses Problems besteht darin, alle Zeichen, die außerhalb dieses Basisalphabets liegen, als eine eindeutige Kombination aus Zeichen zu codieren, die ihrerseits wieder Bestandteil des 7-bit-Codes sind. Hierbei hat man sich auf eine Konvention verständigt, die Bestandteil von SGML (s. u.) geworden ist: Ein Sonderzeichen wird immer mit einem »&« beginnend codiert und mit einem »;« abgeschlossen; die dazwischenliegenden Zeichen beschreiben das Sonderzeichen. Diese Zeichenfolge wird **entity reference,** kurz **Entity** genannt.

Einige Beispiele aus der ISO-8879 Latin1 – Alphabeterweiterung:

ä ä
ö ö
ü ü
ß ß
á á

In der Tat folgt die gesamte Zeichencodierung im Internet (präziser: im WWW, also dem graphischen Dienst im Internet) diesem Prinzip. Anders könnten Internetseiten nicht länderübergreifend korrekt angezeigt werden, da aufgrund der unterschiedlichen Codepages gleiche Bit-Zeichenfolgen (und nur diese werden übertragen) z. T. mit unterschiedlichen Zeichen belegt sind. Sind die länderspezifischen Zeichen dagegen als Entitys codiert, kommt die identische Zeichenfolge auf dem Zielgerät an; die Interpretation der Entitys übernimmt erst der Browser, also das Gerät des Endnutzers.

4.4.7 Die Strukturen eines Dokumentes

Für die universelle Einsetzbarkeit und Austauschbarkeit von Dokumenten (oder allgemeiner: Informationen) reicht aber die eindeutige Codierung von Einzelzeichen nicht aus. Mindestens ebenso wichtig ist es, die Strukturen der Dokumente – einschließlich der Teile, die von anderen typographisch unterschieden werden sollen, wie Überschriften, Auszeichnungen etc. – eindeutig zu codieren.

Als Struktur bezeichnen wir die **Summe der Beziehungen aller eindeutig benennbaren Bestandteile eines Dokumentes.** Hierbei unterscheidet man hierarchische und nicht hierarchische Strukturen sowie lineare und nicht lineare Strukturen.

Die hierarchische Struktur gibt den vertikalen Aufbau eines Dokumentes wieder (Kapitel, Unterkapitel, Untergliederung der Unterkapitel etc.), während die linearen Strukturen die horizontale (sequenzielle) Abfolge der Strukturelemente gleicher Hierarchieebene bezeichnen.

Als nicht hierarchische Strukturen oder Binnenstrukturen bezeichnet man die Summe der in einer Hierarchieebene nebeneinander stehenden Elemente unabhängig von ihrer Abfolge. Die nicht lineare Struktur bezeichnet alle Elemente eines Textes, die ein nicht lineares

Hierarchische und nicht hierarchische Strukturen eines Dokumentes

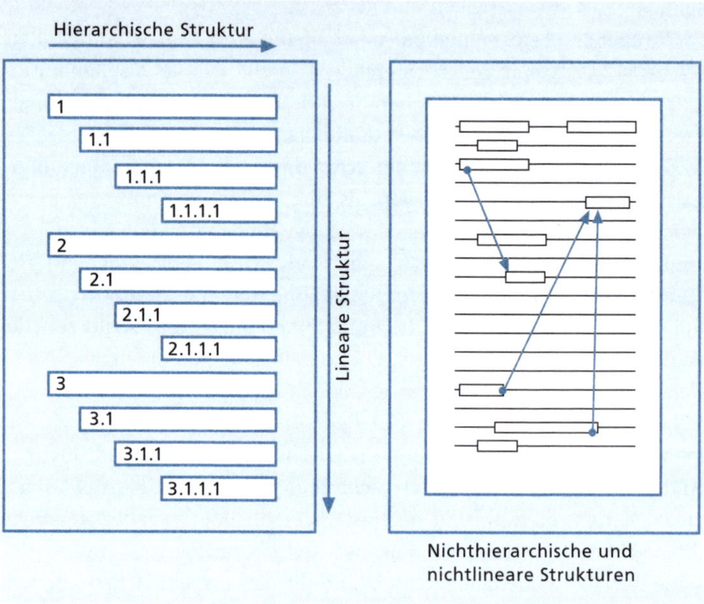

Lesen ermöglichen: Querverweise (»Hyperlinks«), Fußnoten, Register etc.

Es gibt mehrere Gründe, die Struktur und nicht die Formatierung eines Dokumentes eindeutig zu beschreiben. Der wichtigste ist sicherlich, dass die Struktur eines Dokumentes sich aus seinem Inhalt heraus ergibt, während die Formatierung nichts Absolutes ist. Anders gesagt: Ein Dokument bestimmten Inhalts kann auf die unterschiedlichste Weise formatiert werden, ohne dadurch seine Struktur zu verlieren. Wenn also der Text und seine Struktur eindeutig codiert sind, wird sich daraus jede Formatierung (automatisiert) herstellen lassen.

Dieser Ansatz wirkt zunächst befremdlich. Und doch ist der Grundgedanke so alt wie das Büchermachen selbst: Typographie dient dazu, dem menschlichen Leser die Struktur eines Textes (und nicht den Text selbst!) erkennbar zu machen. Jede Typographie bildet die Struktur eines Dokumentes ab: Überschriften werden hervorgehoben, um sie kenntlich zu machen, kursive oder eingerückte Passagen haben eine eigene Bedeutung im Text (sie kennzeichnen z.B. Eigennamen oder Zitate) und werden nicht etwa willkürlich gesetzt. Insofern ist es seit jeher Voraussetzung für gute Typographie, dass sich der Hersteller mit der Struktur eines Textes genauestens auseinander setzt, um sie typographisch umsetzen zu können. Dies war bislang nur durch eine intensive Beschäftigung mit den Inhalten möglich – und immer subjektiv geprägt.

Die Struktur eines Textes in einer objektivierten und für den Rechner lesbaren Form im Dokument abzuspeichern, löst damit eine ganze Reihe Probleme. Einerseits kann der Text automatisiert weiterverarbeitet werden, und zwar in beliebiger Typographie und für die unterschiedlichsten Ausgabeformen. Damit wird dem Anspruch auf Medienneutralität Rechnung getragen. Indem die Struktur explizit aus den Daten codiert ist, entfällt die Notwendigkeit der immer wieder erneuten Erschließung. Die Möglichkeit der mehrfachen Nutzung einmaliger Vorarbeiten reduziert die Kosten einer Zweitverwertung enorm. Gleichzeitig wird nicht nur der Text selbst, sondern auch seine Struktur elektronisch durchsuchbar, weil sie für den Rechner erkennbar ist. Und schließlich lassen sich in einem Text sehr viel mehr strukturelle Informationen abspeichern, als zur rein typographischen Umsetzung benötigt werden, z.B. die Differenzierung nach Autor, Titel, Verlagsort, Verlag und Publikationsjahr in einer Bibliographie, obwohl diese Angaben häufig typographisch nicht unterschieden werden. Auch so genannte »Metadaten«, die überhaupt nicht gedruckt werden sollen, aber für den Verlag von großem Nutzen sein können, lassen sich aufnehmen, z.B. Angaben über den Autor, Bearbeitungsstand und vieles mehr.

Kennzeichnung der Struktur 4.4.8

Um die Struktur eines Textes zu kennzeichnen, gilt das gleiche Grundprinzip wie bei der Zeichencodierung: Die eingesetzte Codierung muss **eindeutig** und idealerweise **auf allen Rechnersystemen** gleichermaßen lesbar sein. Die Vereinbarung für die Kennzeichnung von Strukturelementen lautet: Ein Element wird immer von einer Anfangs- und einer Endecodierung umschlossen. Diese »Elementbezeichner« müssen – analog zur Kennzeichnung von Entitys – wiederum aus Zeichen des 7-bit-Codes zusammengesetzt sein. Der Wortlaut der Bezeichner ist frei wählbar, er muss von Spitzklammern umschlossen sein.

Diese Elementbezeichner werden **Tags** (engl. tag = Markierung) genannt und in Start- und Endetag unterteilt. Dabei entspricht die Endemarkierung (das Endetag) der Anfangsmarkierung (dem Anfangstag), erweitert um einen zusätzlichen Schrägstrich **(Slash)** hinter der öffnenden Klammer.

Beispiel einer semantischen Auszeichnung

```
<buch>
<autor>Umberto Eco</autor>
<titel>Der Name der Rose</titel>
</buch>
```

Dabei ist **<autor>** das Starttag, **</autor>** das Endetag und »Umberto Eco« der Inhalt des Elements »autor«. Die Elemente können hierarchisch beliebig tief geschachtelt sein, dürfen einander aber nicht überlappen.

Diese Art der Auszeichnung, die den Inhalt beschreibt, wird auch als semantische Auszeichnung oder semantisches Mark-up bezeichnet.

Die einzelnen Elemente können, je nach gewünschter Weiterverarbeitung, auch noch weiter untergliedert werden:

<autor><vorname>Umberto**</vorname>**
<nachname>Eco**</nachname></autor>**

Es gilt: Eine rein typographische Auszeichnung gibt die Struktur eines Dokuments selten präzise wieder, weil sie relativ undifferenziert ist. Hingegen lässt sich aus einer beliebig komplexen sachlichen Auszeichnung immer eine typographisch einwandfreie Lösung erzeugen.

Werden z. B. unterschiedliche Inhalte gleichermaßen kursiv formatiert, kann der Rechner aus der Information »kursiv« keinen eindeutigen Rückschluss auf den Inhalt der solchermaßen codierten Information ziehen. Hingegen ist es ein Leichtes, mehreren unterschiedlichen Tags einheitlich die Formatierung »kursiv« zuzuweisen.

Der entscheidende Vorteil des semantischen Mark-ups gegenüber einer direkten Formatierung ist folgender: Es lassen sich auch Elemente kennzeichnen, die typographisch überhaupt nicht hervorgehoben werden sollen, aber für die getrennte Weiterverarbeitung oder die gezielte Durchsuchbarkeit der Texte maschinentechnisch greifbar sein müssen.
Die Kennzeichnung

[...] Im Jahre 1924 war **<name>**Stresemann**</name>** Außenminister [...]

erlaubt dem Rechner z. B. eine gezielte Suche nach Namen (der Anweisung für den Rechner würde hier lauten: »Durchsuche nur den Text, der zwischen den Zeichenfolgen ›**<name>**‹ und ›**</name>**‹ steht«), während das tag **»<name>«** möglicherweise im Satz typographisch überhaupt nicht ausgewertet wird – wohl aber im Datenbestand erhalten bleibt. Die Tiefe der Strukturierung soll dabei kein Selbstzweck sein, sondern die angestrebten Verwertungen des Datenbestandes vorbereiten:

[...] Im Jahre **<jahr>**1924**</jahr>** war **<name>**Stresemann**</name>** **<amt>**Außenminister**</amt>** [...]

Beispiel eines mit Zusatzinformationen angereicherten Musterartikels eines Lexikons

```
<artikel>
        <meta>
                <autor>
                        <vorname>Friedrich</vorname>
                        <nachname>Leitner</nachname>
        </autor>
                <fachgebiet>chirurgie</fachgebiet>
                <redakteur>Krause</redakteur>
                <art-status>5</art-status>
                <schlagworte>operationstechnik beinbruch
                humerusfraktur</schlagworte>
                <kategorie>3</kategorie>
                <rechte>verlag</rechte>
        </meta>
        <eintrag>
                <stichwort>Oberschenkelfraktur</stichwort>
                <engl>fracture of the humerus</engl>
                <text> [...] </text>
                <literatur> [...] </literatur>
        </eintrag>
</artikel>
```

Der Datenbestand der oben stehenden Abbildung lässt sich neben dem eigentlichen Satz in vielfältiger Weise nutzen: Für den Satz müssen evtl. nur die Tags **<eintrag>**, **<stichwort>**, **<engl>**, **<text>** und **<literatur>** ausgewertet und typographisch umgesetzt werden. Gleichzeitig aber dient derselbe Text als Datenbank für interne, organisatorische und administrative Abfragen (welcher Artikel ist bereits redigiert, welcher ist imprimiert, welcher Autor hat welche Artikel geschrieben, wo liegen die Rechte etc.). Weiterhin ist der Text durch die Verschlagwortung und Einteilung in Fachgebiete über eine reine Volltextsuche hinaus durchsuchbar und gliederbar und damit für eine intelligente CD-ROM- oder Internetabfrage vorbereitet. Auch ließe sich der Datenbestand z.B. als Grundlage für ein englisch-deutsches Lexikon nutzen, indem die Daten nach dem Tag **<engl>** sortiert werden. Fachlexika, z.B. nur mit Artikeln bestimmter Fachgebiete, lassen sich ebenso automatisch aus dem Datenbestand erzeugen wie die Honorarabrechnung der Autoren. Über eine Kategorisierung der Artikel ließe sich entscheiden, welche Artikel im Internet kostenlos und welche zu welchem Entgelt angeboten werden und vieles mehr.

Darstellung des Beispieltextes in einem XML-Editor (XMetaL 2.0) in der »Tags-on-View«. Im rechten Fenster die Liste der verfügbaren Tags.

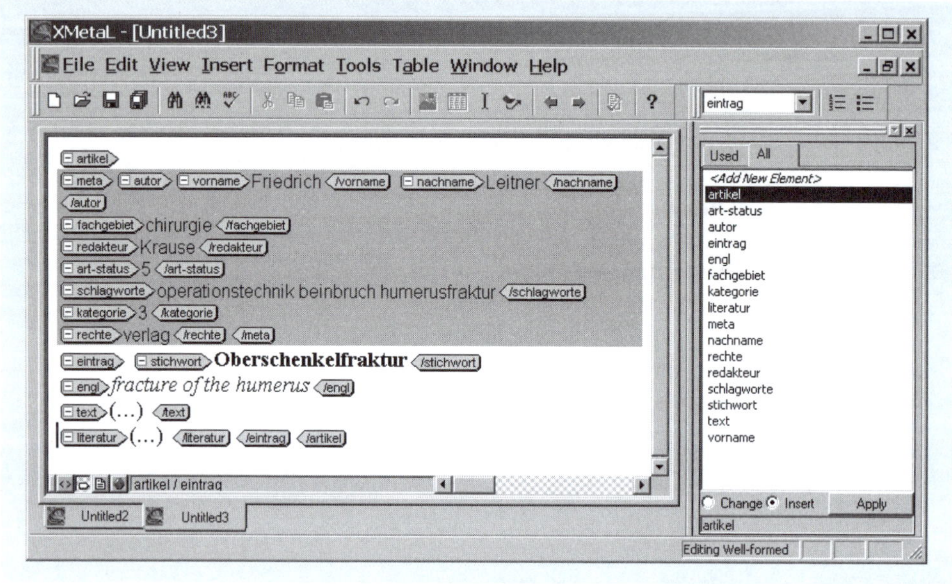

Derselbe Text in der »Normal View«

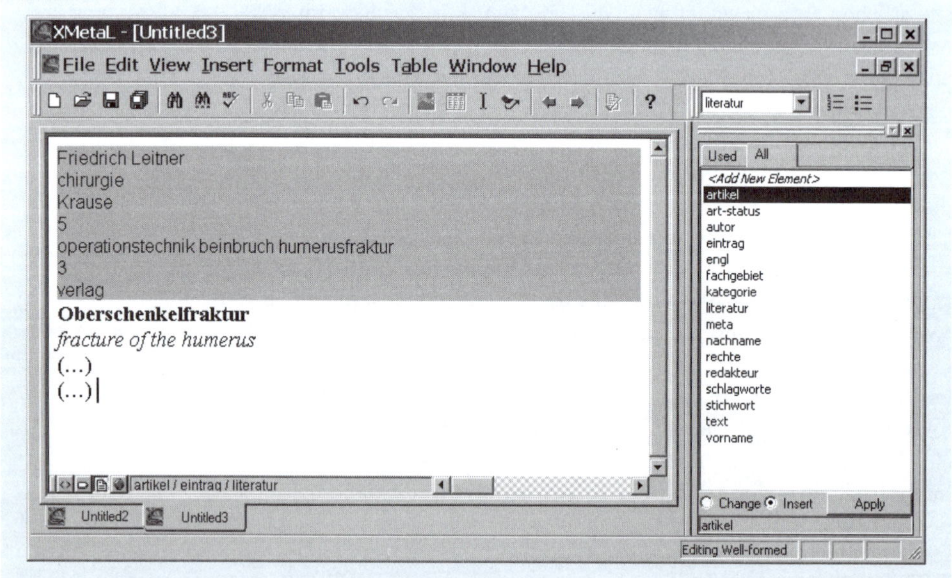

Das abermals selbe Dokument in der »Plain Text View« – das ist die Form, in der der Datenbestand auf der Festplatte gespeichert wird.

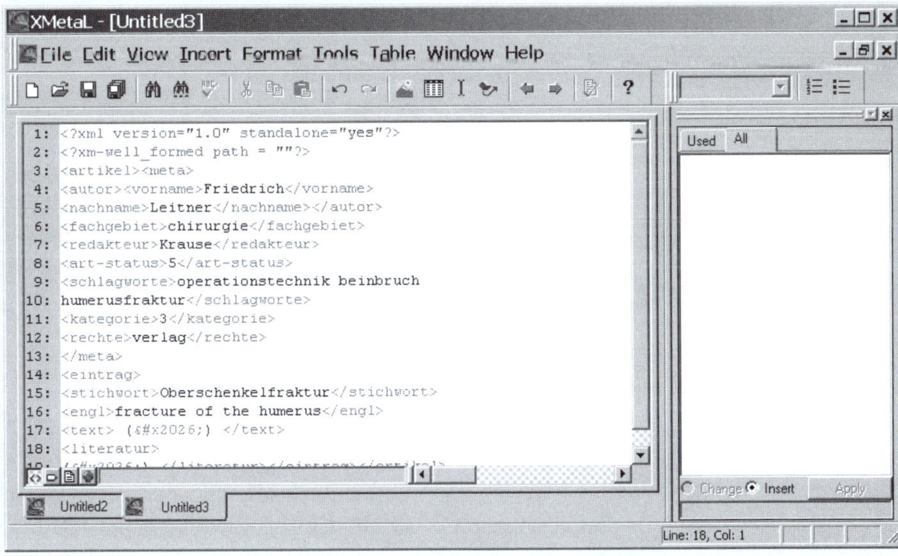

Attribute

4.4.9

Über so genannte Attribute lassen sich die einzelnen Tags noch weiter spezifizieren:

<artikel id="2884" sprache="deutsch" pubdat="2001">
[...]
</artikel>

Dabei ist **artikel** der Elementname, **id** der Attributname und **2884** der Wert des Attributs **id.** Über diesen Mechanismus werden z.B. auch Querverweise (»Hyperlinks«) realisiert: Einem Element wird eine eindeutige Adresse innerhalb eines Dokuments zugewiesen werden Ein Verweis auf den Artikel mit der ID 2884 würde dann z.B. lauten:

Siehe auch: **<verw idref="2884">**Oberschenkelfraktur**</verw>**.

Mithilfe der (vom Bearbeiter definierbaren bzw. in der DTD festgelegten) Tags und ihrer (nach den gleichen Regeln wählbaren) Attribute lässt sich ein Dokument beliebig präzise beschreiben.

Zum Vergleich: Die Wiedergabe des Quellcodes (Ausschnitt!) einer Datei, die nur das Wort »Oberschenkelfraktur« enthält, aus einem DTP-Programm. Schwer vorstellbar, aus diesem Code Zweitverwertungen vorzunehmen…

ì3f™ÌÿЗЗЗf3™3Ì3ÿ3f3fff™flÿf™3™f™™™Ì™ÿ™Ì3Ìfl™ÌÌÌÿÌÿ3ÿfÿ™ÿÌÿÿÿ333f3™3Ì3ÿ
333333f33™33Ì33ÿ33f33f3ff3™f3Ìf3ÿf3™33™3f™3™™3Ì™3ÿ™3Ì33Ì3fÌ3™Ì3ÌÌ3ÿÌ3ÿ3
3ÿ3fÿ3™ÿ3Ìÿ3ÿÿ3f3fff™flÿf3f33ff3f™3fÌ3fÿ3fff3fffff™flÌffÿff™f3™ff™f™™f
Ì™fÿ™flf3Ìffl f™Ìfllfÿlfÿf3ÿffÿf™ÿflÿfÿÿf™3™f™™™Ì™ÿ™3™33™f3™™3™Ì3™ÿ3™f™3
f™ff™™f™Ìf™ÿf™™™3™™f™™™™™Ì™™ÿ™™Ì™3Ì™fÌ™™Ì™Ì Ì™ÿÌ™ÿ™3ÿ™fÿ™™ÿ™Ìÿ™ÿÿ™Ì3Ìfl™
ÌÌÌÿÌ3Ì33Ìf3Ì™3ÌÌ3Ìÿ3Ìfl3flffl™flÌflÿfl™Ì3™Ìf™Ì™™ÌÌ™Ìÿ™ÌÌÌ3ÌÌflÌ™ÌÌÌÌÿ
ÌÌÿÌ3ÿlfÿÌ™ÿÌÌÿÌÿÿÌÿ3ÿfÿ™ÿÌÿÿÿ3ÿ33ÿf3ÿ™3ÿÌ3ÿÿ3ÿfÿ3fÿffÿ™fÿÌfÿÿfÿ™ÿ3™ÿf™
ÿ™™ÿÌ™ÿÿ™ÿÌÿ3ÌÿflÿⅢÌÿÌÌÿÿÌÿÿÿ3ÿÿfÿÿ™ÿÿÌÿÿÿÿÿÚÚÚ×××Ú×ÚÚ×××ÚÚÚ××Ú××××ÚÚÚ×
×ÚÚÚ×Ú×××Ú××ÚÚÚ××Ú×××Ú×Ú××ÚÚÚ××Ú×××Ú×Ú×××ÚÚ×Ú×Ú××Ú×ÚÚ××ÚÚ×Ú×Ú××××Ú××
×Ú××ÚÚ××Ú×Ú×××Ú×Ú×××Ú×××ÚÚ×××ÚÚ×××Ú×Ú×××Ú×Ú×Ú×××Ú×Ú×××Ú×××Ú×Ú×××
ÚÚ×Ú×Ú××Ú××Ú××ÚÚ×Ú×××Ú×××××Ú×Ú×××Ú×Ú×××××Ú××××××Ú×Ú××××Ú×××Ú×Ú×××××Ú×××
Ú×Ú×Ú××Ú×××××Ú×××Ú×Ú××Ú×××Ú×Ú×Ú××Ú××Ú×××Ú×Ú××××Ú×××××Ú×Ú×××Ú×ÚÚÚÚÚ×Ú××××
ÚÚ××Ú××××Ú×××Ú×ÚÚÚÚÚ×Ú×××Ú×ÚÚ×××ÚÚÚÚÚ×Ú×××Ú×Ú×××ÚÚÚÚ×ÚÚ×××Ú××Ú×××Ú×Ú×××
Ú×××××Ú×ÚÚ××Ú×Ú×××Ú×ÚÚ××Ú×××ÚÚ×××ÚÚÚ××Ú×Ú×××Ú×Ú×××Ú×Ú×Ú××Ú×××Ú×Ú×××Ú×ÚÚ
×Ú×××Ú×Ú×Ú××Ú××Ú×Ú×××Ú×ÚÚ××Ú×××××Ú×Ú×ÚÚ×××ÚÚÚ××Ú×Ú××ÚÚÚ××ÚÚÚ×Ú×ÚÚ×××ÚÚÚ××
ÚÚÚÚ××Ú××Ú×××ÚÚÚ××Ú××ÚÚÚÚ×Ú×ÚÚÚ××Ú××ÚÚÚÚ×Ú×××Ú×Ú×Ú××Ú×××Ú××Ú××××××ê×××××
××××××××××××Ú××××××××××××××××××Ú×××××××××Ú×××Ú×××××ê××××Ú××××Ú××××××××
××××××ÚÚÚ××ê*ê××××××××××××××××××××××ê*ê×××××××××××××LISTINFOIKEY¼,&07¼
LIST4cmprCPngxœCPngxœLISTÝcmpr6ä_³3&3QJ[œíZ_IGŸÛø|g;Æ>‡$®›s×¥P ä8ÿÜ&à;ÿ
ÁNpÇví<É{w{õÕë»ÓÞ\b#@*Uû ¥˜‡>4U%DE+ åÁ ø!â!y˜@j‹˜"<DEä¯ßîÌÏÜflw
tŸõi¾ ™ï+}óÌìì7s-
?=5M¥²l96R< àdzAbá'ËM2Ù8 ´0Ùjµ(àÿ®Ñ£¡ÜÇ)öÏþ©èÖlðR*é‰gÉ™ƒ›ý?5™ÏKÀS'R ý
ylÔíb¼û®ÁÿlB˙[²ÛQ¶>í¯WÎÕuÕÄe™\¸õ×äJàô WSxþû¡ãÊâ øÌÐƒ78¾Wö‹ iä"O<¸Ÿ)Á ö¨
fí{ûL¾Óù-?Ÿ¯‹+¥'~w¸þ^ÿ|¼.è³HCÏleUŸ›USUçX]Ùèg"ÓêrNW˙‹Yú%ïg
:ÕJ;‰í³Ã†rÉ§léŒF5E×³⁄₄ªedº˙Ëñ\Nâ7³Ù‹ª±*çWóT]ÆÄøèô'¾þÞâiñq<'áxÊ¸Ô£®˙ñâ3#\
N1SZ†ê=)]7iS= .
ÙKyÕ˜3u"‹fÿ-¿>£ûÍQß
óÇé;ï=XÈ^
…"Ö*I)UôyXªÅ P-µ¼M_.ÅT‹A- Z
j1p©;£ÁŸê£_ü-xíõ6rA)o¼!ã§§¦q^Jg(Mg3$¢ŒcŒ¥¦ú:
T7XÎO.ºº˙ËÞO¾A#dèÝý¾,¡$³jâêZrq/¼BÎÊÛ
¾Ïð/*:ª)U-\'§ÉCã‡XÙ Lü
õÁúúú¡ìòr63XÐuæ‰¾4µºœÈú.üºŸ·}ã³þÛqClhùýÇ\4Ààæ6È œdœjbò-ÕÑï·[hkfriÕÉ{Œ]
}S:ÂÊÇ|sV¸rØÁúõ™gk~
¾'¶Z$á>¡ÏÔâðP B° »¤ 'Ú¤@©.ëÚVâôZ½"7m=n#M^¹Ïwèµ
z{˜<ÿ£v‰ßaxûï·Ÿ?*‹ÿ˙LÌ˜ôÙw-¢ ¥càcÃ=Yê4[
ú^& x>Ècú±Tz¯˙¿Ó)Gn»×¾èw5Ÿõ±R~<,ñ±ÿ/ø"¯Ü»ä>ùß'VîÓNë¡Å<¶³'miüÚŒ<fº‡µÞää
2Þ'·¢ósîi4eÄïÇÚ˙Õ·hßâ¡ÄØnÛcÄ^ð«Äáqùò¡¹˙%ŸwÎuc4JÐ‡
gKÇârºè·xhÒ™Xópð{]!Ñ3¦ƒƒÖ^
ê$›O7 Í_tôîÈ]ÏköÇÞ+®¿âÊÑdà¾ú_=ûOG^ 7áòl@3áýÉ1·¾óJ³#ïŸtäÛ™
ÓÿµßˌõˌÕ/§êLÙÓÁ¨9¦Ÿi©ÇißvW_ï @ä_YÎ˙.o_&ä¼ò"GÞxµÉ'ßØhväÌµG¾‹8òöü-G
Ÿßëˌr|?©Q þ›"Õ-FJ¶^< ª˙WùQä»y+çA½xœD¼"½nýÚñhh¬µAö_
ì³óÔÂ<$ïÃ ý¶ËÄENÜ-G¼ª˙_MÿeD:N¬¼¸±¥=Ò¿‡~æ/é˜
âC‡ÜßLä†W^øºõ >Ô1D»ØÆ Ë¹y®Qâmxaïo-w…xßŸúP2O¯¾ÜÍ
/ÇN)ÙýÑgk}¦äÇ¥],Œö‰¡='Ø>]ié
ñ!W¶râÃ~#+!s u¸ö¼_B¯ ò

4.4.10 Die Dokumentenanalyse

Es stellt sich die Frage, wie weit diese Beschreibung gehen soll, also mit welchen und wie vielen Tags und Attributen das zur Bearbeitung anstehende Dokument hinreichend präzise strukturiert werden soll. Denn das Einbringen der Tags ist ein eigener technischer Schritt, der immer auch mit Kosten verbunden ist.

Diesem Schritt muss aber noch ein anderer vorausgehen, nämlich die inhaltliche Entscheidung, welche Strukturen gekennzeichnet, welche Zusatzinformationen in den Datenbestand eingebracht werden sollen. Dabei wird die Tiefe der Auszeichnung immer den geplanten Verwertungen des Datenbestandes folgen. Es ist wichtig, sich klar zu machen, dass die Entscheidung darüber, was alles ausgezeichnet werden soll, eine inhaltliche und keine technische Verantwortung ist und **vor** der technischen Umsetzung getroffen werden. Dieser Prozess wird als Dokumentenanalyse bezeichnet. Hierbei wird das Dokument formal und inhaltlich auf seine Strukturen hin analysiert und die gewünschte Strukturierungstiefe festgelegt.

SGML/XML 4.4.11

So sinnvoll ganz augenscheinlich die Strukturierung und medienneutrale Speicherung von Dokumenten ist, sie wird doch erst dann wirklich lohnend, wenn dies nach einer definierten und allgemein bekannten Syntax geschieht. Damit besteht der Bedarf nach einer allgemein gültigen Auszeichnungssprache, die die Regeln festlegt, nach denen Dokumente strukturiert werden können. Diesen Standard setzt seit 1986 SGML, die **Standard Generalized Mark-up Language,** festgelegt in der ISO-NORM 8879. SGML ist dabei nicht selbst eine Auszeichnungssprache (d. h., es werden keine Tags vorgegeben), sondern definiert die Syntax, in der eigene Auszeichnungssprachen definiert werden können. Jede Art von Dokument muss entsprechend seiner Eigenart nach Inhalt und Struktur erschlossen werden. Die heute gängigen Dokumentenformate und Seitenbeschreibungssprachen leisten dies nicht, da sie die Struktur, wo überhaupt, nur unzureichend und unflexibel wiedergeben können.

SGML löst dieses Problem dadurch, dass keine Struktur vorgegeben wird, sondern eine Sprache zur präzisen Beschreibung von Dokumentstrukturen bereitgestellt wird.

Der Grundgedanke von SGML ist, strukturell gleichartige Dokumente nach der gleichen Syntax zu beschreiben. Das erscheint nahe liegend, denn hat ein Verlag Kochbücher und Belletristik im Pogramm, so wird es sinnvoll sein, alle Kochbücher mit den gleichen Tags zu beschreiben, ebenso das Literaturprogramm. Wahrscheinlich wird es aber wenig sinnvoll sein, das Kochbuchprogramm und die Belletristik mit einem gemeinsamen **Tagset,** also derselben Summe von Tags, präzise und aussagekräftig abzubilden.

Um Gleichartiges gleich zu beschreiben, werden in SGML so genannte Dokumenttypen gebildet, deren formale Beschreibung die Dokumenttypdefinition (DTD) von SGML ist.

Der Dokumenttyp »Kochbuch« wird z. B. die Tags **<rezept>**, **<zubereitung>**, **<zutaten>** etc. enthalten, während diese Tags im Dokumenttyp »Drama« sicherlich nicht vorkommen werden, dafür aber z. B. **<regieanweisung>**, **<sprecher>** etc.

Die DTD ist somit das »Regelwerk«, dem jedes Dokument diesen Typs folgen muss. In der DTD selbst definiert man:

- Elementtypen **(Tags)**, die im Text vorkommen können
- ihre Beziehung zueinander
- ihre Attribute
- Entitys, auf die hingewiesen werden kann

Ein einfaches Beispiel einer XML-DTD:

```
<!DOCTYPE  kochbuch     [                                            >1
<!ELEMENT  kochbuch                (vorwort, rezept+, nachwort?)     >2
<!ELEMENT  vorwort                 (#PCDATA)                         >3
<!ELEMENT  rezept                  (zutaten, zubereitung)            >4
<!ATTLIST  rezept       typ        (vegetarisch | fleisch) »fleisch« >5
                        kalorien   CDATA        #REQUIRED            >6
<!ELEMENT  zutaten                 (#PCDATA)                         >7
<!ELEMENT  zubereitung             (#PCDATA)                         >8
<!ELEMENT  nachwort                (#PCDATA)                         >9
]>
```

Diese DTD liest sich wie folgt:

Zeile 1:	Es wird der Dokumenttyp **»kochbuch«** beschrieben.
Zeile 2:	Ein Kochbuch besteht immer aus einem Vorwort, dann folgen mehrere **Rezepte (rezept+)**, dann optional ein **Nachwort (nachwort?)**.
Zeile 3:	Das Element Vorwort ist nicht weiter gegliedert, es enthält Text **(#PCDATA=»Parsable Character Data«)**.
Zeile 4:	Jedes Rezept gliedert sich in die Elemente **»Zutaten«** und **»Zubereitung«**.
Zeile 5:	Darüber hinaus wird das Element **»Rezept«** mit dem Attribut **»typ«** klassifiziert, ob es ein vegetarisches oder ein Fleischgericht ist. Voreingestellt ist **»fleisch«**.
Zeile 6:	Das Element **»Rezept«** wird weiterhin mit einem Attribut **»kalorien«** versehen. Das Attribut kann beliebige Werte annehmen **(PCDATA)**. Es muss ausgefüllt werden **(#REQUIRED)**.
Zeile 7–9:	Die Elemente **»zutaten«**, **»zubereitung«** und **»nachwort«** sind nicht weiter gegliedert, sie enthalten Text.

Nach einer solchen (hier modellhaft vereinfachten) DTD lässt sich jetzt nicht nur ein Kochbuch abbilden, sondern beliebige Kochbücher des Verlages. Gegebenenfalls muss die DTD um das eine oder andere, obligatorische oder fakultative Tag ergänzt werden, um alle Kochbücher beschreiben zu können.

Mithilfe eines so genannten **Parsers** lassen sich SGML-Dokumente hinsichtlich ihrer strukturellen Korrektheit überprüfen (»parsen«). Der Parser analysiert die DTD, also das Regelwerk, und kontrolliert, ob das vorliegende Dokument mit den aufgestellten Regeln übereinstimmt.

Auf diese Weise lassen sich strukturelle Fehler in Dokumenten weitestgehend ausschließen. Ein solcher Parser liegt auch den SGML/XML-Editoren zugrunde, sodass beim Erfassen neuer Dokumente gar kein fehlerhafter Code erstellt werden kann, da der Rechner einem nur Elemente anbietet, die an der erreichten Cursorposition gemäß DTD zulässig sind.

Das Gerüst eines »Kochbuches« gemäß der o. g. Muster-DTD mit drei Rezepten. Die grau hinterlegten Felder müssen vom Bearbeiter ausgefüllt werden. Nur an bestimmten Cursorpositionen können weitere Tags eingefügt werden (diese tauchen dann im rechten unteren Fenster auf), entsprechend den Regeln der DTD.

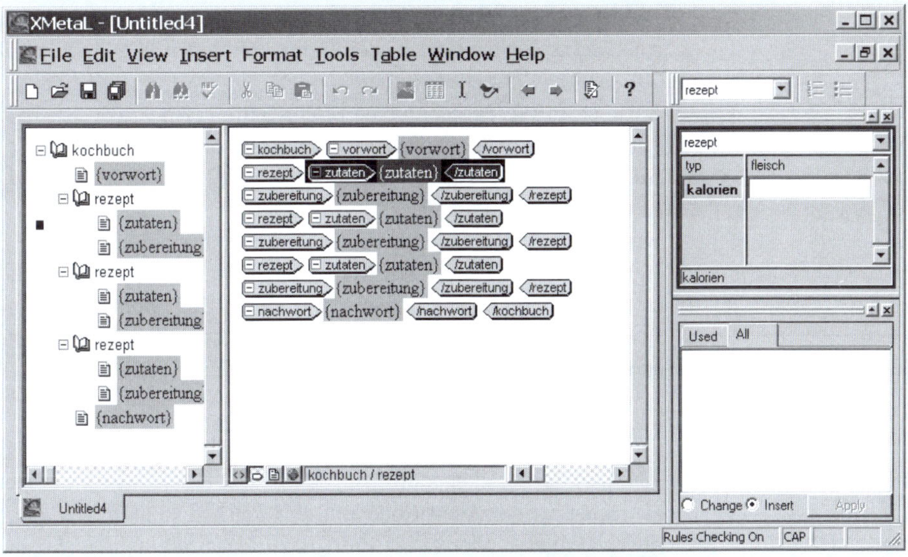

Auf diese Weise lässt sich die Arbeit z.B. in Fachinformationsredaktionen höchst effizient gestalten, weit über das Maß dessen hinaus, was Formatvorlagen zu leisten in der Lage sind.

Eine DTD zu erstellen, die möglichst präzise und aussagekräftig ein umfangreiches Verlagsprogramm beschreibt, ist ein aufwendiger eigener Prozess. Diese Arbeiten werden in der Regel nicht im Verlag vorgenommen, sondern an spezialisierte Dienstleister vergeben. Diese entwickeln in enger Abstimmung mit Lektorat, Redaktion und Herstellung die DTDs entsprechend den spezifischen Bedürfnissen des Verlages zur Aufbereitung seiner Substanzen.

Unterscheidung zwischen SGML und XML

Seit SGML 1986 zum ISO-Standard wurde, hat sich die IT-Branche rasant weiterentwickelt. Neue Möglichkeiten und Anforderungen, vor allem die der leichten Nutzbarkeit von SGML-Dateien im Internet, haben zu einer Weiterentwicklung bzw. Vereinfachung des SGML-Standards geführt, der unter dem Namen XML (Extensible Mark-up Language) seit 1998 festgeschrieben ist.

XML ist ebenso wie SGML eine Metasprache, dient also dazu, eigene Auszeichnungssprachen mit selbst gewählten Tags etc. zu entwickeln. Der gleichen Syntax folgend, ist XML eine Teilmenge von SGML. XML wurde entwickelt, um die Leistungsfähigkeit von SGML mit den Erfordernissen des Internets zu kombinieren; XML ist also das »SGML fürs Internet«.

Was ist HTML?

Was ist der Unterschied zu HTML, der heute vorherrschenden Sprache im Internet?

HTML ist keine Metasprache, sondern eine konkrete Anwendung von SGML. Vereinfacht gesagt, ist HTML nichts anderes als eine konkrete DTD, in der ca. 60 Tags definiert sind, die die wichtigsten Formatierungen im Bereich des Screendesigns abdecken. SGML/XML dagegen als Metasprachen sind die Baukästen, mit denen DTDs (wie z. B. die HTML-DTD) geschrieben werden können.

XML ist im Wesentlichen eine vereinfachte Form von SGML, in der bestimmte Optionen ausgeblendet bzw. fest voreingestellt sind, die in SGML frei definierbar sind; das stellt jedoch für Verlagsobjekte i. d. R. keinerlei Einschränkung dar.

Diese Vereinfachungen machen es erheblich leichter, Software für XML zu entwickeln, was sich sowohl in der Menge der verfügbaren Software als auch in Preis und Bedienerfreundlichkeit niederschlägt. Vieles spricht dafür, dass XML das Datenformat nicht nur im Internet, sondern auch für die Speicherung von Textdaten überhaupt wird.

Die wichtigsten Unterschiede zu SGML sind:

- Als Standardzeichencode wird UNICODE (ISO 10646) definiert. UNICODE ist ein 16-bit-Code, d. h. pro Zeichen werden 2 Byte Speicherplatz verwendet.[1] Dies führt dazu, dass nunmehr nicht mehr 256, sondern ca. 65 500 Zeichenadressen eindeutig definiert sind, sodass man nur noch in den seltensten Fällen auf die Definition eigener Entitys zurückgreifen muss.
- In SGML besteht die Möglichkeit, Tags wegzulassen, wenn sich aus dem Aufeinandertreffen von Ende- und nachfolgendem Starttag die Struktur auch implizit zweifelsfrei ergibt. Dies muss in der DTD festgelegt werden. Diese Option macht die Dateien schlanker, aber schlechter zu handhaben, da zum »Verständnis« der Datei immer die DTD vorliegen muss. In XML gibt es diese Möglichkeit nicht: Die Tags müssen immer paarig aus Start- und Endetag bestehen.[2] Damit

1 UTF-16. Abgrenzung gegenüber UTF-8.

2 Einzige Ausnahme: So genannte »EMPTY-Tags«, die per definitionem keinen Inhalt haben, z. B. Abbildungsaufrufe. Sie werden in XML durch einen Schrägstrich / vor der schließenden Klammer gekennzeichnet: <abb/>.

ist eine XML-Datei auch ohne DTD selbsterklärend lesbar – notwendige Voraussetzung für den Einsatz von XML im Internet (sonst müsste mit jeder Internetseite jedes Mal die zugehörige DTD mitübertragen werden).
Eine XML-Datei ohne DTD wird als »wohlgeformte« (»well-formed«) Datei bezeichnet, eine (geparste) XML-Datei mit DTD als »valide«.

SGML/XML in der Verlagsbranche 4.4.12

Bei allen offenkundigen Vorteilen darf nicht übersehen werden, dass der Einsatz von SGML/XML sich nicht für jedes Verlagsprojekt lohnt. Eine Strukturierung in der beschriebenen Weise lohnt sich vor allem für textlastige bzw. umfangreiche Werke sowie Periodika. Daneben sind es vier Hauptgesichtspunkte, die den Aufwand einer Arbeit in medienneutralen Strukturen rechtfertigen:

- **Die inhaltliche und/oder administrative Arbeit wird durch den Einsatz von SGML/XML signifikant erleichtert.**
  Das betrifft sowohl die Vorteile durch das Parsen wie auch das Auswerten jeder Metainformation für den Verlag, die automatische Register- und Querverweiserstellung und vieles mehr.
- **Durch den Einsatz von SGML/XML lassen sich Zeit und Kosten sparen.**
  Durch klare, immer wiederkehrende Abläufe lässt sich ein schlanker, überprüfbarer Workflow etablieren, der z.B. im Zeitschriftenbereich entscheidende Vorteile mit sich bringt.
- **Die Mehrfachverwertung des Datenbestandes ist sehr wahrscheinlich.**
  Das allein ist ein Grund, die mehrfache Datenpflege zu vermeiden und alle Korrekturen in einen optimal (= maximal automatisierbar) weiterverwertbaren Datenbestand einzutragen.
- **Es ist eine recherchierbare, elektronische Ausgabe des Datenbestandes geplant.**
  Sobald es um die gezielte Recherche von Inhalten geht, führt an einem semantischen Mark-up kein Weg vorbei.

Ein Verlag, der SGML/XML einsetzt, wird damit seine Titel immer einer Prüfung unterziehen, inwieweit sie einem oder mehreren der o.g. Kriterien entsprechen. Abhängig davon wird entschieden, ob der Titel konventionell (also z.B. mit einem DTP-Programm) oder auf der Grundlage eines medienneutral ausgezeichneten Datenbestandes produziert werden soll. Im Laufe der Zeit wird somit das wirklich werthaltige Verlagsprogramm in einer weiterverwertbaren Form vorliegen, die es dem Verlag ermöglicht, als Informationsanbieter alle erforderlichen Publikationskanäle zu bedienen.

4.4.13 Zusammenfassung

In Zeiten des Überangebotes an Information wird es immer wichtiger, Informationen gezielt suchen, finden und auswerten zu können. Dies kann nur gelingen durch die maschinell auswertbare Strukturierung und Vernetzung von Informationen. SGML bzw. XML bieten hierfür einen Standard an, gemäß welchem Daten medienneutral und formatunabhängig gespeichert werden können. Hierfür werden die Daten inhaltlich erschlossen und anschließend mit semantischem Mark-up (über Tags und deren Attribute) ausgezeichnet. Die Medienneutralität wird durch die Beschränkung auf ein Basisalphabet (den 7-bit-ASCII-Code bei SGML bzw. den UNICODE bei XML) sichergestellt, alle nicht in diesem Alphabet enthaltenen Zeichen müssen als sog. Entities codiert werden. Die Dokument-Typ-Definition (DTD) beschreibt als Regelwerk alle SGML-Dateien gleichen Typs; gemäß den hier aufgestellten Abhängigkeiten der Elemente zueinander kann jede SGML-Datei auf ihre strukturelle Korrektheit hin überprüft werden.

Während sich das WWW bisher für den Austausch von Textinformationen einer feststehenden, sehr an typographischen Belangen orientierten DTD (HTML) bedient hat, werden zunehmend die Vorteile des semantischen Mark-ups auch im Internet gesehen und die dadurch entstehenden besseren Recherchemöglichkeiten eingefordert. Zu diesem Zweck wurde XML entwickelt, um inhaltlich strukturierte Dateien auch ohne DTD im Internet zur Verfügung zu stellen. XML wird vor allem bei professionellen Informationsanbietern – und das sind in erster Linie Verlage – eine entscheidende Rolle spielen.

Für Verlage, die neben der Verbreitung der Inhalte im Print auch die elektronische Verwertung anstreben, stellt SGML/XML die Grundlage für die problemlose Mehrfachverwertung ihrer Daten dar. Bedingung hierfür ist der Einsatz geeigneter Satzsysteme, die SGML/XML lesen und schreiben können.

Typische Faktoren und Wortrhythmik

Lesbarkeit bedeutet stets den Grad der Geschwindigkeit, mit der Texte gelesen werden. Folgende typographische Faktoren, die Lesbarkeit beeinflussen, sind näher untersucht worden:

Die optische Irradiation

Der Gesamteindruck einer Seite wird über unbedruckte und bedruckte Flächen zu einem Grauton. Geringste Lesewiderstände entstehen bei einem gleichmäßigen Lichtwert für die gesamte Doppelseite. Dazu müssen Buchstaben trotz ihrer großen individuellen Unterschiede so geschnitten werden, dass eine optische Gleichmäßigkeit des Gesamteindrucks entsteht. Papier wirft das einfallende Licht zerstreut zurück, sodass es bei zarten Strichen zum Eindruck von Helligkeit kommt. Das Problem lässt sich keinesfalls mechanisch lösen, also beispielsweise über unterschiedliche Schwärzegrade der verwendeten Druckfarbe.

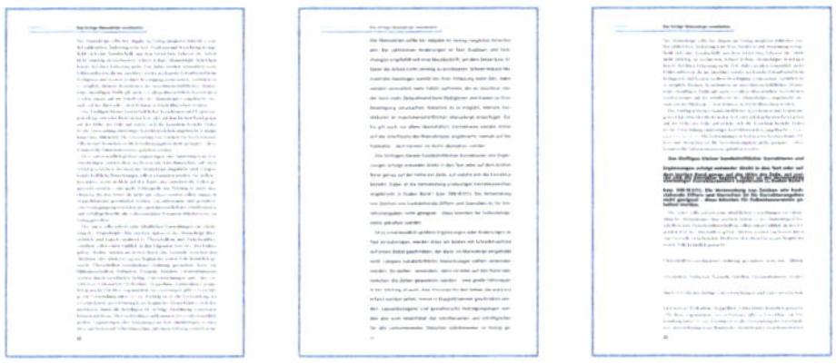

Zwei gleichmäßige Seiten, die mit unterschiedlichen Schriften und Abständen aufgebaut wurden, sowie eine Seite, die eine ungleichmäßige graue Fläche erzeugt.

Das »snellensche Prinzip«

Dieses Prinzip orientiert sich am Auflösungsvermögen des Auges. Großbuchstaben sind demnach optimal dann zu erkennen, wenn das Verhältnis von Buchstabenhöhe und Linienstärke das Verhältnis von 5 zu 1 annimmt. Ein Buchstabe, der nach diesem Prinzip konstruiert wird, ist optimal lesbar und verschwimmt später als alle anderen Kombinationen von weißer Fläche und schwarzer Linie.

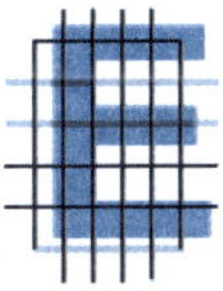

Konstruktion des Buchstabens **E** nach dem snellenschen Prinzip: Vertikal und horizontal ist das Quadrat eingeteilt in je 5 gleiche Abschnitte.

Optische Täuschungen

Für die Gestaltung von Schriften gilt, dass nicht die wahren Verhältnisse die Messlatte darstellen, sondern das Auge entscheidet. So entsteht beispielsweise der Eindruck gleich großer Buchstabenhöhe nur dann, wenn die Buchstaben faktisch unterschiedlich hoch sind. Buchstaben mit Rundungen müssen etwas höher sein, um gegenüber waagerecht stehenden Buchstaben den Eindruck von gleicher Höhe zu bewirken.

Unterschiedliche Höhen, hier nachmessbar, führen zum Eindruck von Einheitlichkeit.

Wortrhythmik

Seit Ende des 19. Jahrhunderts liegen interessante empirische Untersuchungen zur Lesbarkeit der Buchstaben als solche oder in ihren Kombinationen vor.[1] Für unsere lateinische Schrift lässt sich zusammenfassen, dass die Konsonanten für die Lesbarkeit wichtiger sind als die Vokale. Vokale befinden sich sehr einheitlich alle im Mittelband, Konsonanten organisieren durch unterschiedliche Ober- und Unterlängen die Rhythmik und damit die Lesbarkeit. Die mittelzeiligen Buchstaben sind etwa im Deutschen bis zu 75 % an der Wortbildung beteiligt, sodass den Buchstaben mit Ober- und Unterlängen eine besondere Gestaltungsaufgabe zukommt. Die Wortrhythmik trägt bei zu Wiedererkennung und Erkennbarkeit und wird deswegen vor allem von Marketing und Werbewirtschaft analysiert und genutzt.

Buchstaben mit Ober- und Unterlängen führen zu einem eher differenzierten visuellen Wortrhythmus, Buchstaben im Mittelband zu einer geringen Differenzierung.

differenziert	wenig differenziert
gestaltungswillig	verwirren, zusammen
Odol	Wasser
Rhythmik, Rhythmus	Hannover

Lesbarkeit einzelner Schriften

Eine lange und sehr engagiert geführte Debatte betrifft die Lesbarkeit von Antiqua-Schriften, die – nach Meinung zahlreicher Experten – deutlich über der von Grotesk-Schriften liegt. Der Prüfstein dafür ist die Frage, ob ein Text auch dann identifiziert werden kann, wenn die untere Hälfte abgedeckt wird. Das wiederum ist bei Antiqua-Schriften immer gesichert; hier hat kein Buchstabe im oberen Teil die gleiche Form. Dennoch geht die Diskussion weiter, da es bislang keine Verständigung auf Kriterien und Ergebnisqualitäten gibt: Was ist gute Lesbarkeit? Und woran ist sie im Detail zu erkennen?

Diese Beispiele werden häufig aufgeführt. Es liegt auf der Hand, dass nicht nur aufgrund der Buchstabenform der Wortsinn verstanden wird, sondern auch aufgrund des Gesamtzusammenhangs.

Antiqua	Grotesk
quer auer sauer galapagos	quer auer sauer galapagos
quer auer sauer galapagos	quer auer sauer galapagos

1 Zur Erhellung und durchaus nicht nur zum Amüsement zu lesen: John McK. Cattel: Über die Zeit der Erkennung und Benennung von Schriftzeichen, Bildern und Farben. In: Philologische Studien, Bd. 2, 1885, S. 635 ff. Schwerpunkt: Die Lesbarkeit von Kleinbuchstaben; B. Roethlein: The relative legibility of different faces of printing types. In: American Journal of Psychology, 23, 1912. S. 1 ff. zur Rangfolge lateinischer Versalien.

Lesbarkeit einzelner Schriftarten

Kursive oder fette Schriften sind unterschiedlich gut lesbar. Die Ergebnisse etlicher Lesbarkeitsanalysen lassen sich wie folgt zusammenfassen:[2]

TEXTE IN GROSSBUCHSTABEN, ALSO VERSALIEN, VERHINDERN DAS LESEN GERADEZU. DIE LESEGESCHWINDIGKEIT VERRINGERT SICH UM ETWA 50 %. MEHR FIXATIONEN, MEHR REGRESSIONEN. EINZELNE WÖRTER ODER BUCHSTABEN WERDEN DURCHAUS IN DIESER FORM GUT ERKANNT UND HEBEN SICH VON ANDEREN TEXTTEILEN SCHNELL LESBAR AB.[3]

Kursive Schriften sind für einen kurzfristigen Einsatz sehr gut geeignet. Bei längeren Texten ermüdet das Auge schneller, die Lesegeschwindigkeit sinkt.

Es gilt dennoch die Faustregel: Kursive Schriften sind etwa gleich schnell zu lesen wie die normalen Antiqua-Schriftschnitte.

kleinschreibung ist an sich kein problem. auf 100 buchstaben kommen in unserer sprache nur etwa 4 oder 5 großbuchstaben. tatsache, wenn auch nicht geliebt: die kleinschreibung bedarf zwar einer kurzen eingewöhnungszeit, danach aber ist die lesegeschwindigkeit genauso hoch wie bei einem text in gemischter schreibweise.

Gebrochene Schriften wie dieſe Schwabacher verſchmelzen im mittleren Bereich zu einem dunklen, in ſich geſchloſſenen Band und ſind auch für geübte Leſer nur ſchwer leſbar.

Brigitte Witzer

2 Vgl. dazu zusammengefasst und übertragen: Lothar Jegensdorf: Schriftgestaltung und Textanordnung. Otto Maier Verlag, Ravensburg 1980, S. 50 f.
3 Vgl. dazu auch Jegensdorf, a. a. O.

4.5 Die Seitengestaltung

Muster für eine Satzanweisung siehe Teil II, S. 168 ff.

In der Satzanweisung wird – meist in Form eines Formulars – festgehalten, wie das Buch gestaltet werden soll. Es ist empfehlenswert, einige Musterseiten zu erstellen.

Im Folgenden werden Begriffe erläutert, die die eigentliche Buchgestaltung betreffen.

Erstes Ziel aller drucktechnischen Bemühungen ist die **ideale Lesbarkeit,** anders gesagt, die einfachst mögliche Aufnahme des Inhaltes durch den Leser. Bei den Überlegungen zur typographischen Gestaltung eines Buches sollten daher die **Lesegewohnheit** und die **Leseerwartung** eines Lesers im Vordergrund stehen. Das wiederum bedeutet, dass bei der Gestaltung gewisse Grundregeln eingehalten werden müssen. Diese Grundregeln sollen im Folgenden erklärt werden.[1]

4.5.1 Die Schriftart

Vor diesem Hintergrund ist die Wahl der Schrift von herausragender Bedeutung. Die Entscheidung für eine bestimmte Schrift hat weit reichende Konsequenzen, die auch jedem drucktechnischen Laien schnell klar werden.

Die Schrift beeinflusst nicht nur den ersten Eindruck vom Buch, den der Leser beim Durchblättern in einer Buchhandlung gewinnt, sondern durch ihre Formgestalt auch das Leseverhalten des Lesers.

Auswahlkriterium »Zeichenvorrat«

Eine Schrift muss den satztechnischen Anforderungen, die durch den Inhalt des Werkes gegeben sind, gewachsen sein. Für mathematische Bücher, für wissenschaftliche Werke allgemein, war noch vor wenigen Jahrzehnten die klassizistische Antiqua Standard. Man schätzte vor allem kühle, sachliche Ausstrahlung.

Beispiele für eine »klassizistische Antiqua« (nach DIN)

Bodoni	Walbaum
Torino	Schadow

Diese überkommene Schriftsetzerregel kann heute so nicht mehr gelten. Heute bestimmt unter anderem der verfügbare **Zeichenvorrat** einer digitalen Schrift – des so genannten Fonts – bzw. der Schriftfami-

1 Umfangreiche illustrierte Erläuterungen zum Thema Schrift und Typographie in: Willberg, Hans Peter u. Friedrich Forssman: Lesetypographie. Mainz, 1996.

lie, ob sie für ein herzustellendes wissenschaftliches Buch geeignet ist oder nicht.

Die Standard-ASCII-Zeichensatzbelegung. Jede Schrift weist grundsätzlich diese Figuren auf, geringe Unterschiede bestehen zwischen den Betriebssystemen, z. B. zwischen IBM-kompatiblen PC und Apple MacIntosh.

—	—	=	[	y	—	µ	Ó	ñ
—		>	\	z	˜	¶	Ô	ò
—	!	?	]	{	™	·	Õ	ó
•	"	@	^	|	š	¸	Ö	ô
—	#	A	_	}	›	¹	×	õ
—	$	B	`	~	œ	º	Ø	ö
—	%	C	a	□	□	»	Ù	÷
—	&	D	b	€	ž	¼	Ú	ø
—	'	E	c	□	Ÿ	½	Û	ù
“	(	F	d	‚	Ê	¾	Ü	ú
”	)	G	e	ƒ	¡	¿	Ý	û
—	*	H	f	„	¢	À	Þ	ü
—	+	I	g	…	£	Á	ß	ý
—	,	J	h	†	¤	Â	à	þ
/	-	K	i	‡	¥	Ã	á	ÿ
—	.	L	j	ˆ	¦	Ä	â	—
—	/	M	k	‰	§	Å	ã	–
—	0	N	l	Š	¨	Æ	ä	“
—	1	O	m	‹	©	Ç	å	”
—	2	P	n	Œ	ª	È	æ	‘
—	3	Q	o	□	«	É	ç	’
—	4	R	p	Ž	¬	Ê	è	•
—	5	S	q	□	-	Ë	é	§
—	6	T	r	□	®	Ì	ê	
—	7	U	s	‘	¯	Í	ë	
—	8	V	t	’	°	Î	ì	
—	9	W	u	“	±	Ï	í	
—	:	X	v	”	²	Ð	î	
—	;	Y	w	•	³	Ñ	ï	
—	<	Z	x	–	´	Ò	ð	

Das soll an einem Beispiel erläutert werden: Heute ist es ohne Probleme möglich, zum Beispiel für mathematische Werke Ziffern zur Darstellung von Indizes oder Exponenten zu erzeugen, z. B. a^2, H_2O: Das digital vorliegende Zeichen – hier die 2 – wird einfach verkleinert dargestellt. Natürlich verringert sich dadurch aber auch die Linienstärke der verkleinert abgedruckten Ziffer im Vergleich zu einer normal groß abgedruckten Ziffer. Aus der technisch simplen Verkleinerung ergeben sich mehrere Probleme: Die **Lesbarkeit** wird verringert, weil das verkleinerte Zeichen einfach schlechter erkennbar ist. Bei einfacher Papierqualität und drucktechnisch bedingten Schwankungen im Farbauftrag können einzelne Teile des Zeichens schwach gedruckt sein, sie **brechen weg**, wie der Fachmann sagt.

**Links Mediävalziffern, rechts Normalziffern.
Obere Reihe: Bembo, untere Reihe: Garamond.**

1234567890 1234567890
1234567890 1234567890

Eine weitere Facette dieses Problems stellen die Mediävalziffern dar, das sind Ziffern mit Oberlänge und Unterlänge. Sie verhalten sich ähnlich wie Minuskeln (Kleinbuchstaben) und fallen damit im fließenden Text weniger auf. Sie können aber keinesfalls verkleinert dargestellt werden, um Fußnotenziffern abzugeben.

Die gewählte Schrift muss bei der an und für sich wünschenswerten Verwendung von Mediävalziffern **auch** über Normalziffern verfügen, mit denen Tabellen und Formeln hergestellt werden und schließlich Bruchziffern für Fußnoten. Bruchziffern sind im Vergleich zu gewöhnlichen Ziffern fetter. Sie müssen nicht verkleinert werden, sondern sind vom Schriftgestalter in der richtigen Größe und Linienstärke gezeichnet. Sonderschriften mit diesen Zeichen werden unter der Bezeichnung **Expert-Fonts** auf dem Markt vertrieben.

Expertziffern

1234567890 1234567890 1234567890
123456 1234567890

Erste Zeile: Helvetica 45 mit Bruchziffern für Exponent und Index und Normalziffern (Mitte) – die Schriften werden mit dem gleichen Schriftgrad aufgerufen.

Zweite Zeile: Vergrößert man die Sonderziffern auf die gleiche Versalhöhe (Höhe der Großbuchstaben) wie die der gewöhnlichen Ziffern, wird der Unterschied in der Strichstärke deutlich. Die Sonderziffern sind keine Verkleinerung von gewöhnlichen Ziffern, sondern Sonderschnitte.

An dieser Stelle muss ergänzt werden, dass es bei häufiger Verwendung von Sonderzeichen, wie z. B. $, Δ, Σ, ∃ usw., sinnvoll ist, eine Grundschrift zu wählen, zu der in Expert-Fonts derartige Zeichen angeboten werden. Die **Times New Roman** ist dafür ein Beispiel.

Heute ist es technisch kein Problem, Sonderzeichen in beliebiger Form für jede gewünschte Schrift angepasst herzustellen; bei der Bearbeitung der digitalen Daten allerdings entstehen hohe Kosten. Derartigen Aufwand wird man nur dann in Kauf nehmen, wenn ein umfangreiches Buchprojekt realisiert werden soll, z. B. ein Lexikon.

Ein zweites Beispiel soll das Problem noch deutlicher illustrieren: Die deutsche Sprache zeigt im Vergleich zu anderen europäischen Sprachen eine deutliche Häufung langer Wörter. Seit es gedruckte Bücher gibt, hat man versucht, zum Zweck der Platzersparnis und um das Schriftbild zu harmonisieren, Buchstabenbilder zu kombinieren. Ein kleiner Rest früher üblicher Kombinationen ist heute in Gebrauch. Diese zusammengefassten Buchstabenbilder nennt man **Ligaturen.**

Ligaturen:

ß

fl fi

Das Anliegen der Platzersparnis ist heute in den Hintergrund getreten; die Schönheit und Ausgeglichenheit einer Textzeile wird jedoch nach wie vor verbessert, wenn Ligaturen zum Einsatz kommen.

Es ist also vorteilhaft, sich für eine Schrift zu entscheiden, die einen gut ausgebauten Zeichenvorrat für möglichst alle Anwendungsfälle bietet. Noch vor rund dreißig Jahren bedeuteten diese Anforderungen des Werksatzes für die Setzereien lange Regalreihen mit Setzkästen, die so genannten Setzergassen, sowie die Bevorratung verschiedener schwerer Magazine für Gussmaschinen, mit denen man zeilenweise Satzguss herstellen konnte. Heute werden umfangreiche, sowohl technisch als auch gestalterisch vorbildliche Schriftfamilien auf handlichen CD-ROMs vertrieben. Jede Schrift, die benutzt werden soll, wird telefonisch gegen Zahlung einer Gebühr freigeschaltet und kann über einen Code geöffnet und eingesetzt werden.

Aus der Unzahl lieferbarer Schriften, die über einen ausreichenden Zeichenvorrat verfügen, sollte man eine klassische Buch- oder Werkschrift auswählen: Die ganz überwiegende Mehrheit der Buchschriften verfügt über Serifen, das sind die Endstriche an Kopf und Fuß der Buchstaben. Schriften mit Serifen bezeichnet man als Antiquaschriften, Schriften ohne Serifen als Groteskschriften.

Auswahlkriterium »Antiqua« oder »Grotesk«
Beispiel einer Antiqua (mit Serifen):

hxg

Beispiel einer Grotesk (ohne Serifen):

hxg

Serifen unterstützen das Erkennen der einzelnen Buchstaben durch das Auge des Lesers, was vor allem auch auf die Lesegewohnheiten unseres Kulturkreises zurückzuführen ist, da bis zu Anfang des letzten Jahrhunderts und bevorzugt auch noch heute in Büchern vorwiegend Antiquaschriften verwendet wurden und werden.

Auswahlkriterium »Grundform«

Grundsätzlich sind alle als Buchschrift (Namenszusatz »Buch« oder »Book«) lieferbaren Antiquaschriften mit ausreichendem Zeichenvorrat für die Buchproduktion geeignet. Jedoch können auch gute Groteskschriften das Auge beim Lesen unterstützen und für die Herstellung geeignet sein. Entscheidend dabei ist, ob die Grotesk einer klassischen Form folgt und eine an- und abschwellende Linienführung zeigt oder auf den geometrischen Figuren Kreis und Quadrat aufbaut und überall die gleiche Linienstärke aufweist. Groteskschriften des letzten Typs sind und wirken schön und ansprechend durch ihre Geradlinigkeit. Im Sinne der differenzierten Linienführung, die dem Auge in der Zeile einen Halt bietet, sind aber die Groteskschriften mit klassischer Zeichnung besser geeignet. Das gilt vor allem bei großen Textumfängen.

Lesbarkeit von Groteskschriften

Helvetica 55	Formata
Hamburgefons	Hamburgefons
1234567890	1234567890

Die Lesbarkeit einer Grotesk wird durch die Linienführung und die Linienstärke beeinflusst. Die Helvetica wirkt konstruiert, ihre Linienstärke scheint überall gleich. Die Formata dagegen zeigt die Linienführung der Antiquaschriften, deutlich erkennbar am »g«. Die Linienstärke ist variabel und die Buchstaben sind mit schrägen Linienenden versehen. Die Helvetica ist als Buchschrift ungeeignet, die Formata aber durchaus geeignet.

In die Gruppe der Schriften, die das Lesen längerer Texte erleichtern, gehören damit die Zeitungsschriften und die Werkschriften. Zeitungsschriften sind jedoch so gestaltet, dass sie Probleme lösen, die typischerweise bei der Zeitungsproduktion entstehen. Sie haben eine robuste Linienführung, verhältnismäßig hohe Kleinbuchstaben und häufig recht knappe Unterlängen (siehe Kasten), die allesamt das Lesen sehr eng bedruckter Seiten begünstigen. Zeitungsschriften wie z. B. die **Excelsior,** die **Concorde** und die bekannte **Times New Roman** sollten daher für die Buchproduktion nicht gewählt werden.

Die vertikale Ausdehnung einer Letter

Alle Buchstaben stehen auf einer Linie, der **Schriftlinie.** Die Höhe der Kleinbuchstaben, der **Gemeinen,** wird x-Höhe genannt. Die Höhe der Gemeinen wie »b«, »k« usw. wird Oberlänge genannt. Die Höhe der Großbuchstaben, der **Versalien,** nennt man **Versalhöhe.** Sie kann von der Oberlänge geringfügig abweichen. Buchstaben, die unter die Schriftlinie reichen, wie »g« oder »q«, haben eine **Unterlänge.**

Natürlich unterliegt die Schriftwahl neben allen technisch-formalen Entscheidungen auch der Mode. Nach einer Phase des Ausprobierens, die mit dem Rechnereinsatz in der Drucktechnik in den 1980er-Jahren begonnen hat, in der die neuen Möglichkeiten des digitalen Satzes zu unglücklichen Entwicklungen wie Unterstreichungen oder Rasterflä-

Zeitungsschriften

Ionic Nr. 5
Excelsior
Times New Roman

Eine Auswahl der als »Legible Five« (lesbare Fünf) bekannt gewordenen Zeitungsschriften. Die charakteristisch große x-Höhe (Größe der Kleinbuchstaben) ist deutlich erkennbar. Es fehlen: Opticon, Paragon. Letztere sind heute nicht mehr ohne Weiteres digital verfügbar.

chen im Werksatz führten, ist seit einiger Zeit eine Renaissance ruhiger, traditioneller Satzgestaltung im Werksatz zu beobachten. Das betrifft die **Buchgestaltung** ebenso wie die **Entwicklung neuer Schriften** für den Werksatz[1], wie die Prospekte der Schriftanbieter belegen.

Eine Auswahl klassischer Werksatzschriften für die Buchproduktion

Bembo Garamond
Centaur Palatino

Auch wenn eine serifenlose Schrift also zunächst unter Umständen frisch und modern wirkt, sollte die Schriftwahl für die Buchproduktion sich an den Lesegewohnheiten der Zielgruppe orientieren und im Zweifelsfall eher konservativ ausfallen.

Auswahlkriterium »Kursivschnitt«

Gute Schriften sind ausgezeichnet auch über viele Seiten zu lesen und verfügen über eine ausreichend große Zahl von Schnitten. Der gute kursive Schnitt einer Schrift zeigt die gleiche Grauwirkung wie der gewöhnliche oder normale Schnitt bei einer sichtbar anderen Linienführung.

Beispiele für Kursivschnitte

Baskerville gewöhnlich
Baskerville kursiv
Baskerville schräg
Akzidenz Grotesk gewöhnlich
Akzidenz Grotesk kursiv
Akzidenz Grotesk schräg

Sowohl bei der Antiqua als auch bei der Grotesk ist die Kursive keine digitale Modifikation. Die Kursivschnitte zeigen andere, vom Schriftgestalter geschaffene Figuren (vgl. »v«, »ä«, »s«).
Mit einem durch elektronische Modifikation entstandenen Schnitt – schräg (engl. oblique) – sollte auf keinen Fall gearbeitet werden.

Auswahlkriterium »Kapitälchen«

Gerade bei der Herstellung von Büchern sind Namensnennungen, z.B. bei Quellenangaben oder Personenregistern, häufig. Sie werden meist »ausgezeichnet« (hervorgehoben). Damit die Auszeichnung der

1 Zum Beispiel die Quadraat.

Namens- oder Quellenangabe den gleichmäßigen Graueindruck der Seite nicht zu sehr stört, verwendet man häufig die sog. Kapitälchen.

Großbuchstaben heißen Versalien, Kleinbuchstaben heißen Gemeine.

Kapitälchen sind Sonderformen, die den gewöhnlichen Versalien zwar ähneln, aber nur so groß sind wie die Gemeinen. Damit sie aber bei verkleinerter Größe auch die gleiche Strichstärke zeigen, sind sie im Verhältnis fetter (»Echte Kapitälchen«).

Kapitälchen

Glaubwürdigkeit und Nachvollziehbarkeit: Die Wirkung der Werke SCHILLERS auf das Theater sind unbestritten.

HERBERT WEHNER
HERBERT WEHNER

Oben: Einsatz von Kapitälchen. Sie können, wie hier gezeigt, mit einem führenden Versalbuchstaben eingesetzt werden.

Unten: Die obere Zeile wurde mit echten Kapitälchen gesetzt, in der zweiten Zeile werden Versalien elektronisch verkleinert. Echte Kapitälchen sind gedrungener und nicht durch digitale Manipulation herstellbar. Auf unechte Kapitälchen sollte verzichtet werden.

Werden Kapitälchen elektronisch erzeugt (»unechte« oder »falsche« Kapitälchen), geschieht dies mittels digitaler Verkleinerung, die eine zu geringe Strichstärke mit sich bringt und unschön im Text auffällt.

Eine gut ausgebaute Schrift wird mit entsprechenden Schnitten ausgeliefert, die häufig als »SC«-Font (SC = Small Caps, engl.: Kapitälchen) oder »OSF«-Font (OSF = Old Style Figures) bezeichnet werden.

4.5.2 Die Laufweite

Jede Schrift verfügt über eine charakteristische Laufweite. Dieser Begriff beschreibt den optischen Gesamteindruck einer Schrift in Bezug auf den Abstand von Buchstabe zu Buchstabe. Die Breite eines Buchstabens bezeichnet der Drucktechniker als Dickte. Sie besteht aus den Abständen zum letzten und zum nächsten Buchstaben (Vor- und Nachbreite) sowie aus der Breite des Buchstabenbildes selbst.

Die Beschreibung des Buchstabenbildes und der Dickte im digitalen Font lehnt sich an die Bleiletter an. Jedem Buchstabens ist ein Bereich mit einer charakteristischen Breite zugewiesen.

Im Gegensatz dazu sind bei Schreibmaschinen alle Buchstaben gleich breit. Die Unterschiedlichkeit jedes Buchstabens in der Drucktechnik aber erhöht die **Lesbarkeit.**

Eine Letter oder Type. Sie bildet nach wie vor die Grundlage des Satzes, wenn auch heute in digitaler Form, und aller Begrifflichkeiten der Satztechnik.

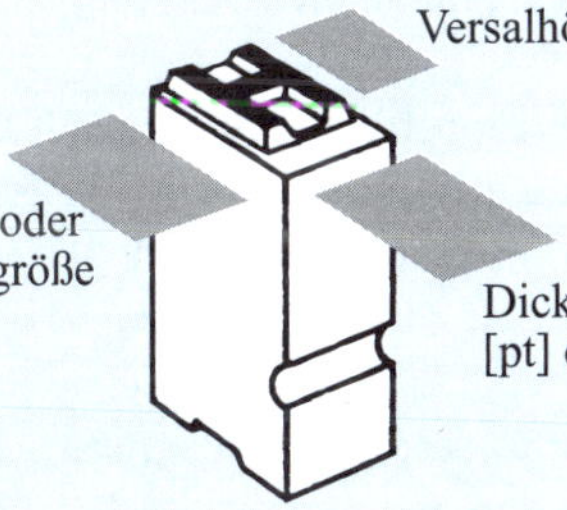

Während im Handsatz mit Bleilettern die Laufweite nur vergrößert werden konnte, ist heute das Verringern und das Vergrößern der Laufweite durch den Einsatz des Computers sehr einfach; in einem ausgewählten Text wird jedem Buchstaben eine Vergrößerung oder Verkleinerung seiner Laufweite zugewiesen – das **Buchstabenbild** bleibt dadurch unverändert, lediglich der Abstand der Buchstaben zueinander wird manipuliert. Darüber hinaus lassen elektronische Modifikationen auch

Beispiele zur Laufweite

1 Jede Schrift verfügt über eine
Jede Schrift verfügt über eine
Jede Schrift verfügt über eine

2 Jede Schrift verfügt über eine
Jede Schrift verfügt über eine

3 Jede Schrift verfügt über eine
Jede Schrift verfügt über eine
Jede Schrift verfügt über eine

4 Jede Schrift verfügt über eine
Jede Schrift verfügt über eine
Jede Schrift verfügt über eine
Jede Schrift verfügt über eine

1 **Times New Roman** mit normaler Laufweite, unterschnitten, gesperrt.
2 **Helvetica 55:** relativ große Laufweite,
Zentenar-Fraktur: geringe Laufweite.
3 **Univers 55, Univers 57, Univers 53.** Die Univers gehört zu den sehr gut ausgebauten Schriften. Diese Schnitte sind vom Schriftentwerfer in der vorliegenden Form gezeichnet worden. Weil von dieser Schrift sehr viele Schnitte vorliegen, behilft man sich mit einem Zahlensystem zur Bezeichnung der Schnitte. Bei der kürzlich überarbeiteten Version der Univers werden sogar drei Stellen eingesetzt.
4 **Bodoni.** Nicht modifiziert und Modifikation aus dem »typographischen Gruselkabinett«: Elektronisch gequetscht. Elektronisch schräg gestellt. Zum Vergleich: echter Kursivschnitt.

die **Verzerrung des Buchstabenbildes** zu, die das Buchstabenbild aber in jedem Fall zerstören (vgl. Abb. S. 205).

Ob eine Schrift eher schmale Buchstaben oder eher breite Buchstaben aufweist, unterscheidet der Fachmann durch die Angabe »schmal laufend« oder »breit laufend«.

Außerhalb einer gewissen Variationsbreite gibt es auch besonders schmal oder breit gezeichnete Schriften, die mit der Bezeichnung schmal (engl. condensed) oder breit (engl. extended) im Schriftnamen bezeichnet werden. Derartige Variationen sind für Bücher ungeeignet.

Da sich jede manipulative Veränderung der Laufweite durch die hohe Zahl einzelner Buchstaben pro Seite tausendfach multipliziert, kann mit einer geringen Veränderung der Laufweite eine deutliche Veränderung des Textumfanges und damit des Buchumfanges erreicht werden. Allerdings sollte eine Manipulation dieser Werte dem erfahrenen Fachmann überlassen werden. Die Schriften sind vom Schriftgestalter auf optimale Lesbarkeit hin entwickelt worden. Die Veränderung der Laufweite darf – wenn überhaupt – nur in sehr geringem Umfang vorgenommen werden, sodass die Lesbarkeit des Textes nicht leidet. Das gilt auch für die Schriftgröße und den Zeilenabstand.

Schriftfamilie, Schriftschnitt

Die Schriftfamilie ist die Sammlung aller Schriftschnitte, also Variationen einer Schrift. Alle Schnitte innerhalb einer Schriftfamilie ähneln und ergänzen sich. Üblicherweise verfügen Schriftfamilien heute über vier Schnitte (gewöhnlich, kursiv, halbfett, halbfett-kursiv). Für besondere Zwecke werden heute aber auch Schriftfamilien hergestellt, die mehr als einhundert Schnitte in sich vereinen. So kann für alle eventuellen Anwendungsfälle ein passender Schnitt vorgehalten werden, wie das heute z.B. bei Orientierungssystemen für Flughäfen oder öffentliche Verkehrsmittel der Fall ist.

Im Gegensatz zur Zeitung, bei der eine gegebene Textmenge auf dem zur Verfügung stehenden Platz untergebracht werden muss oder der

Beispiel: Schriftfamilie Akzidenz Grotesk

Akzidenz Grotesk	
AG gewöhnlich	(regular)
AG kursiv	*(italic)*
AG h'f	**(bold)**
AG h'f kursiv	***(bold italic)***
AG fett	**(black)**

Text vom Redakteur gekürzt wird, kann bei einem Buch leicht auf eine nächste Seite ausgewichen werden oder es werden z. B. die Schriftgröße oder der Zeilenabstand verändert.[1] Modifikationen an der Laufweite sollten sich daher für die Satzherstellung verbieten, sie stellen eine unglückliche Notlösung für Problemfälle dar.

Der Schriftgrad 4.5.3

Der Schriftgrad oder Kegel gibt die vertikale Größe der Schrift an. Er wird als typographischer Punkt bzw. Point angegeben. Der Wert des Schriftgrades bezeichnet aber nicht die Größe des sichtbaren Zeichens, sondern die Höhe des Kegels (siehe Abb. S. 207). Das bedeutet, dass zwei Schriften, in gleicher Schriftgröße gesetzt, unterschiedlich hohe Buchstaben haben können. Gerade zierliche Werksatzschriften werden oft durch die Schriftgestalter kleiner angelegt, sodass zum Erreichen einer bestimmten Größe ein größerer Schriftgrad verwendet werden muss. Das bedeutet dann eine größere Strichstärke und damit eine größere Unempfindlichkeit des Zeichens für den Druckprozess.

Versalhöhe

Die horizontale Ausdehnung der Schrift ergibt sich durch ihre Laufweite. Diese variiert von Schrift zu Schrift.

Der grau markierte Bereich entspricht der Größe des Kegels. Beide Schriften sind in der gleichen Schriftgröße gesetzt! Deutlich zu erkennen ist, dass bei verschiedenen Schriften die Versalhöhe (Höhe der Großbuchstaben) und die x-Höhe (Höhe der Kleinbuchstaben) stark differieren können. Sie können also für eine Schriftgrößenbestimmung nur ungefähr herangezogen werden. Allein die Schriftlinie (die Linie, auf der die Buchstaben stehen) ist gleich. (Beispielschriften: Centaur und Ellington.)

Bedauerlicherweise ist das System der Schriftgrößenbestimmung etwas kompliziert, was auf bestimmte Entwicklungen in der Geschichte der Drucktechnik zurückzuführen ist. Mit dem Einzug der Digitaltechnik in die Druckverfahren in den 1970er- und 1980er-Jahren des letzten Jahrhunderts hat man versucht, neue Einheitensysteme zu entwickeln.

1 Grundlage für die Festlegung der Schriftwerte wie Schriftgröße usw. in der Satzanweisung ist die sog. Manuskriptberechnung. Sie erfolgt zu Beginn der Herstellung bzw. Kalkulation anhand eines Satzmusters. Änderungen dieser Einstellungen zu einem späten Zeitpunkt in der Satzherstellung führen bei aufwendigen Werken zu hohem Arbeitsaufwand und hohen Kosten.

Zu den verschiedenen typographischen Systemen vgl. auch Teil II, S. 324

Diese Versuche sind jedoch gescheitert. Die heute verwendeten Systeme arbeiten mit dem Punkt bzw. dem englischen Pendant Point als Einheit. Der Millimeter als Einheit des Schriftgrades hat sich nicht durchsetzen können.

Drei Schriftgrößen: Die Schrift Bembo in 9 pt, 10 pt und 12 pt. Deutlich erkennbar sind die unschönen übergroßen Wortabstände, die sich beim größeren Schriftgrad ergeben. Größere Schrift – für Leseanfänger und Nichtmuttersprachler – verlangt breitere Zeilen!

Historisch wurde in Deutschland und Frankreich mit dem Didot-Punkt gemessen, im englischsprachigen Ausland mit dem Pica-Point. Der (oder das) Pica-Point hat sich durch die Verbreitung der Computertechnologie auch in Deutschland durchgesetzt.

Historisch wurde in Deutschland und Frankreich mit dem Didot-Punkt gemessen, im englischsprachigen Ausland mit dem Pica-Point. Der (oder das) Pica-Point hat sich durch die Verbreitung der Computertechnologie auch in Deutschland durchgesetzt.

Historisch wurde in Deutschland und Frankreich mit dem Didot-Punkt gemessen, im englischsprachigen Ausland mit dem Pica-Point. Der (oder das) Pica-Point hat sich durch die Verbreitung der Computertechnologie auch in Deutschland durchgesetzt.

Leider lässt sich am gedruckten Buchstaben die Schriftgröße ohne spezielle Hilfsmittel nicht direkt und unmittelbar ablesen oder abmessen, denn nicht das **Buchstabenbild** entspricht der bestimmten Größe in Punkt (bzw. Point), sondern der Kegel. Mithilfe eines entsprechenden Lineals, dem **Typometer,** ist das Abmessen durch Vergleich mit aufgedruckten Buchstaben möglich. Allerdings muss beachtet werden, dass es sich um ein Typometer der richtigen Einheit handelt (Punkt/Point). Zur Messung sind nur die oben und unten eckigen Buchstabengrundformen verwendbar, wie z. B. M, N, H, P. Runde Buchstaben wie S, C, O sind eine Idee größer, damit sie nicht unerwünscht optisch kleiner wirken. Zum **ungefähren** Bestimmen der Schriftgröße mit einem gewöhnlichen Lineal kann folgende Faustregel herangezogen werden, bei der die Versalhöhe die Höhe der Großbuchstaben ist:

Versalhöhe in mm × Schriftgröße in pt.

Historisch wurde in Deutschland und Frankreich mit dem Didot-Punkt (Abk. p) gemessen, im englischsprachigen Ausland mit dem Pica-Point (Abk. pt). Der (oder das) Pica-Point hat sich durch die Verbreitung der Computertechnologie auch in Deutschland durchgesetzt. Ein gerundeter Pica-Point, der so genannte Postscript-Point, wird ebenfalls verwendet. Er wurde eingeführt, als die ersten, noch leistungsschwachen computergesteuerten Satzsysteme entwickelt wurden, bei denen Nach-Komma-Stellen eine Überforderung der Rechnerleistung darstellten. Viele Satzprogramme lassen heute mehrere Einheiten (Punkt, Point, Postscript-Point, aber auch Millimeter) zur Schriftgradangabe zu.

Die Schriftgrößeneinheiten und ihre Entsprechung in Millimeter

Bezeichnung	Didot-Punkt[1]	Pica-Point	Postscript-Point
Einheit	1 P	1 pt	1 PS-pt
entspricht	0,376 mm	0,351 mm	0,353 mm
		$= \frac{1}{72,27}$ Zoll	$= \frac{1}{72}$ Zoll

[1] im digitalen Satz nicht mehr eingesetzt

Für den Werksatz sind Schriftgrößen von 9 bis 11 pt empfehlenswert. Diese Größen werden als »Lesegrößen« bezeichnet. Schriftgrößen von 6 bis 8 pt nennt der Fachmann »Konsultationsgrößen«, da sie nur für konsultierend gelesene Texte verwendet werden, z.B. in Lexika, Fußnoten u.Ä. Bei »Großdruck« – z.B. für ältere Menschen oder Leser mit Sehschwächen – werden Schriftgrößen bis 14 pt verwendet. Ebenfalls größere Schriftgrößen werden eingesetzt bei Büchern für Kinder und Leseanfänger sowie Lehrwerken für Nichtmuttersprachler (1 bis 2 pt zusätzlich). Eine verbindliche Regel lässt sich für die genannten Sonderzwecke nicht geben, der Fachmann wird die Schriftgröße von der gewählten Schrift abhängig machen.

Der Begriff Schriftgrad – in Abgrenzung von »Schriftgröße« – lässt sich aus der Verfügbarkeit der Bleisatzschriften für Schriftsetzer ableiten. Schriften wurden für den Bleisatz nur in bestimmten Größen hergestellt, beispielsweise in Punktschritten in den kleinen Schriftgrößen von 8 bis 12 Punkt, die größeren Schriftgrößen wurden nur in größeren Punktabstufungen hergestellt; die Schriftgröße war in den größeren Größen prinzipiell eine runde Zahl. Der nächstgrößere »Schriftgrad« bedeutet damit beispielsweise Sprünge wie 8 pt, 9 pt, 10 pt, 12 pt, 14 pt, 16 pt, 20 pt, 24 pt, 30 pt.

Typometer

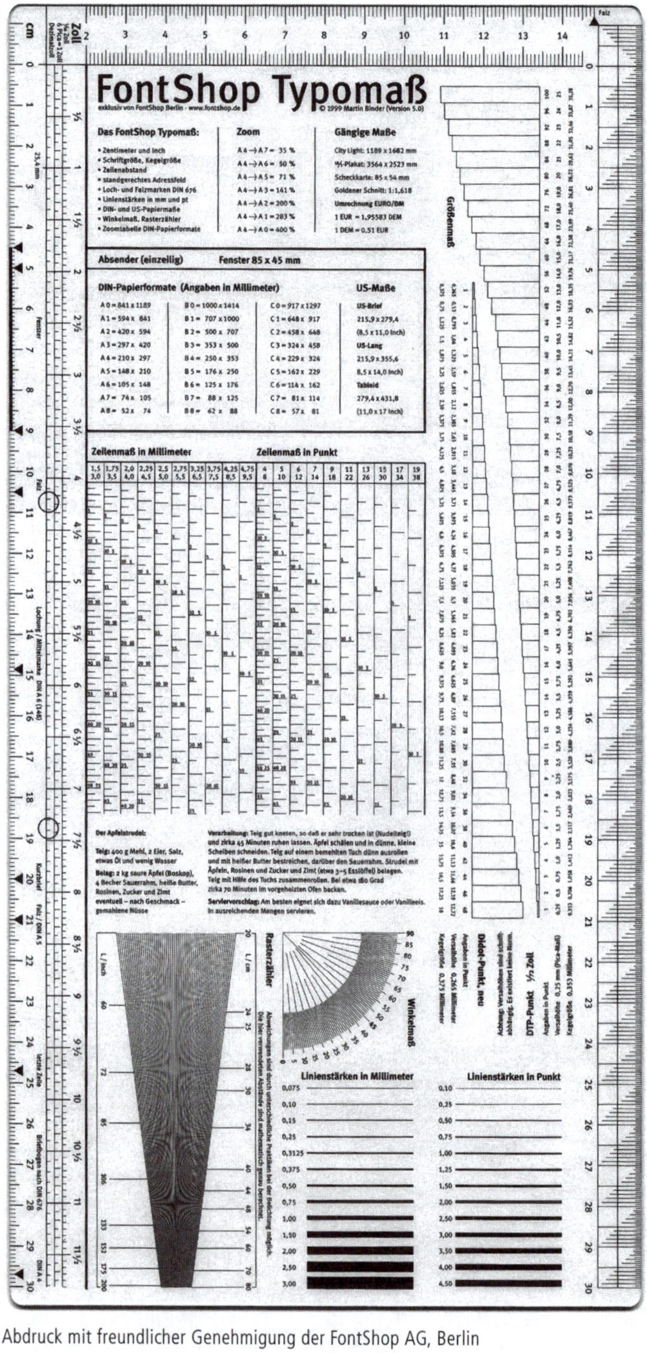

Abdruck mit freundlicher Genehmigung der FontShop AG, Berlin

Der Zeilenabstand

4.5.4

Der Zeilenabstand beschreibt den Abstand von einer Schriftlinie zur nächsten. Die Schriftlinie ist dabei die gedachte Linie, auf der die Buchstaben stehen. Der veraltete Begriff **Durchschuss** dagegen stammt aus der Zeit des Bleisatzes. Er beschreibt lediglich den Spalt zwischen einer Zeile und der nächsten, genau genommen also den Spalt zwischen Bleitype und Bleitype. Ein durchschnittlicher Zeilenabstand (oft abgekürzt als ZAB) von rund 110 bis 120 Prozent der Schriftgröße ist empfehlenswert. Beispielsweise ergeben 115 Prozent von 9 pt einen ZAB von 10,35 pt, gerundet 10,4 pt. Die Angabe erfolgt grundsätzlich in Point, z. B. »10/12« (lies »10 auf 12«). Die Angabe bedeutet: 10 Point Schriftgröße, 12 Point Zeilenabstand.

Zeilenabstand (ZAB) und Durchschuss

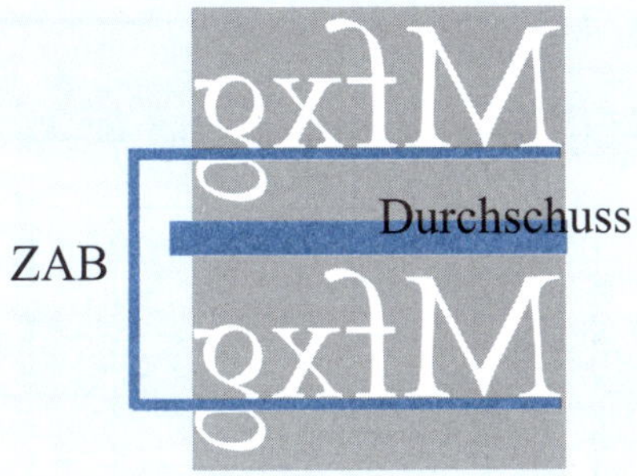

Der **kompresse** Satz, d. h. Zeilenabstand und Schriftgröße sind gleich, wirkt gedrängt und erschwert die Lesbarkeit. Er wird nur beim Satz großer Textmengen auf geringem Raum eingesetzt, z. B. bei der Herstellung von Lexika.

Der ZAB gehört zu den Werten, die den Umfang eines Buches deutlich beeinflussen. Wird er nur etwas nach oben oder nach unten korrigiert, ergeben sich – umso deutlicher, je mehr Text zu drucken ist – große Schwankungen beim Seitenumfang und damit beim Papierbedarf.

Veraltet sind die Begriffe **Filmvorschub** oder **Vorschub**. Sie bezeichnen den mechanischen Transport des lichtempfindlich beschichteten Materials (Film oder Papier) über eine Strahlenquelle hinweg – eine Kathodenstrahlröhre (engl. Cathode Ray Tube, CRT) oder einen Laser. Die Begriffe stammen aus der Phase des rechnergesteuerten Satzes mit der Ausgabe auf Capstanbelichtern in den 1970er- und 1980er-Jahren, in der lediglich lange Textfahnen belichtet werden konnten; die Belichtung von mehrspaltigem Satz war unmöglich. In Belichtern dieser Bauart wird das zu belichtende Material über Walzen an einem hin- und herstreifenden Laserstrahl vorbeigeschoben. Wegen mangelhafter Wiederholgenauigkeit, die für farbige Produkte aber unerlässlich ist, werden Belichter heute vor allem nach dem Innen- oder Außentrommelprinzip hergestellt, bei denen das lichtempfindliche Material nicht bewegt wird und ein rotierender Laserstrahl die Belichtung erzeugt.

4.5.5 Der Satzspiegel

Der Satzspiegel ist die vom gewöhnlichen Text bedeckte Fläche auf einer Seite eines Druckproduktes. Der fortlaufende Text wird auch als **Fließtext** bezeichnet. Im Gegensatz dazu gehören die Seitenzahlen (Pagina) und andere Ergänzungen auf der Seite wie z. B. der Kolumnentitel nicht zum Satzspiegel, das gilt auch für die **Marginalien**.

Marginalien sind Anmerkungen am Rand, außerhalb des Satzspiegels, rund 1 bis 2 pt kleiner als die Grundschrift gesetzt. Sie sollen auf derselben vertikalen Position wie die Zeile stehen, auf die sie sich beziehen.

Wichtige Bezeichnungen rund um den Satzspiegel.
Erläuterungen zum Kolumnentitel s. S. 224, zur Signatur s. Teil II, S. 276

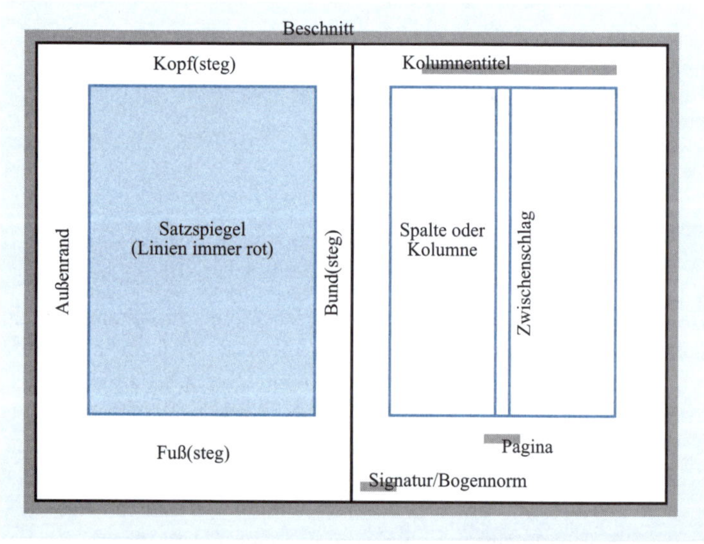

Die Größe und das Seitenverhältnis des Satzspiegel lassen sich über verschiedene Formeln berechnen. Grundsätzlich aber gilt die Regel:

Außenrand > Bund(steg), Fuß(steg) > Kopf(steg)

Letztlich entscheiden aber der geschulte Geschmack des Mediengestalters und die Produktionsbedingungen über die Größe des Satzspiegels. Ist eine bestimmte Seitenzahl vorgegeben, muss der Satzspiegel unter Umständen vergrößert werden, damit die Einzelseite mehr Text aufnehmen kann. Ein ausgewogenes Verhältnis des Satzspiegels in Bezug auf die Seite sollte jedoch erhalten bleiben.

Grundsätzlich gilt, dass unbedruckter Raum, so genannter **Weißraum,** eine Seite elegant und großzügig wirken lässt. Je mehr Weißraum, umso deutlicher ist dieser Eindruck beim Leser. In Verbindung mit gutem Papier erhält das so gestaltete Buch eine besondere ästhetische Qualität. Dieser Luxus bleibt häufig der schönen Literatur vorbehalten, bei wissenschaftlichen Veröffentlichungen wird der Weißraum meist gering gehalten.

In allen Skizzen zur Planung des Satzspiegels und für die Buchproduktion wird der Satzspiegel rot eingezeichnet.

Bekannte Seitenformatregeln – sowohl auf das Papierformat als auch auf den Satzspiegel anwendbar – sind der **goldene Schnitt** mit einem Seitenverhältnis von 5:8 und das **DIN-Verhältnis** von $1:\sqrt{2}$ oder genähert 5:7 (stets Breite × Höhe).

Direkt mit dem Satzspiegel verknüpft ist das erforderliche **Papierformat** des Buches. Natürlich ist es erst dann sinnvoll, über einen Satzspiegel nachzudenken, wenn das Format des Buches festgelegt ist. Hier spielen ganz pragmatische Faktoren eine wichtige Rolle: Soll das Buch handlich sein oder ist es für das Ausbreiten auf Unterlagen gedacht? Muss es in ein handelsübliches Regal passen?

Papierformate

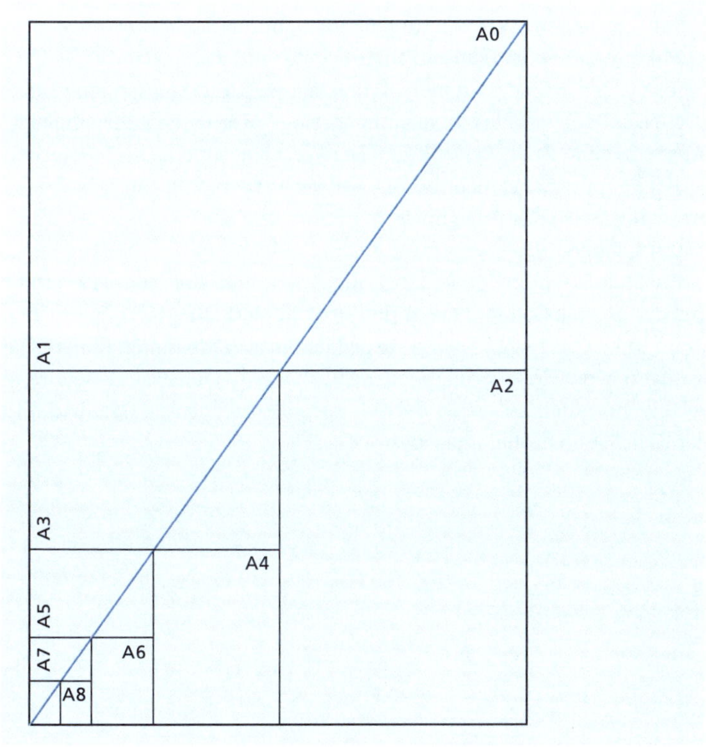

Die Normformate nach DIN. Reihen A und C

Format	Reihe A Papierendformate in mm	Reihe C Umschlagformate in mm
0	841 × 1189	917 × 1297
1	594 × 841	648 × 917
2	420 × 594	458 × 648
3	297 × 420	324 × 458
4	210 × 297	229 × 324
5	148 × 210	162 × 229
6	105 × 148	114 × 162
7	74 × 105	81 × 114

4.5.6 Spaltenbreite, Spaltenzahl, Zwischenschlag

Für große Papierformate kann es sinnvoll sein, zwei und mehr Spalten einzurichten. Der **Zwischenschlag**, der Abstand zwischen den Spalten, sollte dabei einen Wert von rund 5 mm nicht unterschreiten.

Mit zunehmender Spaltenzahl pro Seite wird zwangsläufig die Spaltenbreite jeder Spalte kleiner – vorausgesetzt, die Spalten sind identisch. Das bedeutet, dass eine immer geringer werdende Zahl von Buchstaben in einer Zeile stehen kann. Der Wert von rund 55 bis 60 Zeichen pro Zeile sollte dabei nicht unterschritten werden, weil sonst das Lesen erschwert wird; das Auge muss zu häufig die Zeile wechseln und nach unten springen.

Zusätzlich kommt es bei zu geringer Spaltenbreite zu unerwünscht großen Wortabständen, wenn der Text im **Blocksatz** gesetzt wird, also wenn linke und rechte Satzkante gedachte vertikale Linien bilden. Die wenigen in der Zeile verbleibenden Silben werden über die Zeilenbreite verteilt und die Zeile reißt optisch auf; die erwünschte Grauwirkung der Zeile ist nicht mehr gegeben.

Satzarten

Als Satzarten bezeichnet man die Art und Weise der Anordnung der Zeilen in der Kolumne oder Spalte.

Blocksatz: Linke und rechte Satzkante bilden gedachte vertikale Linien, Wörter werden getrennt, die Breite der Zeilen wird durch variabel breite Wortabstände (sog. Keile) ausgeglichen. Die letzte Zeile im Absatz »läuft aus«, das heißt, die Zeile wird nicht auf die volle Spaltenbreite gebracht.

Rausatz: Nur die linke **oder** rechte Satzkante (»linksbündiger R.« oder »rechtsbündiger R.«) bilden gedachte vertikale Linien, Wörter werden getrennt, die Wortabstände sind nicht variabel.

Flattersatz: Wie Rausatz, aber: Wörter werden **nicht** getrennt, das Zeilenende wird nach Sinn gesetzt.

Überschriften, Rubriken, Auszeichnungen 4.5.7

Wenn Überschriften eingesetzt werden, müssen Autor, beteiligte Grafiker und Mediengestalter entscheiden, ob und in welcher Form die Überschriften hervorgehoben werden sollen. Diese als **Auszeichungen** bezeichneten Abweichungen von der Norm der Grundschrift des Werkes sollten sparsam eingesetzt werden. Schon das Verändern der Schriftgröße führt zu einem Herausheben aus dem gewöhnlichen Text – wie dieses Beispiel illustriert.

Es können an dieser Stelle nicht alle denkbaren Auszeichnungskombinationen und Anordnungsmöglichkeiten genannt werden, mit denen eine Überschrift aus dem Textzusammenhang hervorgehoben werden kann. Wichtig ist hier allein der Grundsatz: So wenig Auszeichnung wie möglich, so viel Auszeichnung wie nötig. Der Text soll als gleichmäßig graue Fläche erscheinen, zu viele Störungen wirken hemmend auf den Lesefluss. Entscheidend ist für Überschriften auch, dass sie räumlich richtig zugeordnet sein müssen; über der Überschrift muss mehr Leerraum stehen als darunter.

So wenig Auszeichnung wie möglich, so viel Auszeichnung wie nötig.

»Rubriken« lautet der Fachbegriff für Zwischenüberschriften. Sie werden passend zu den Überschriften ausgezeichnet, z. B. wie in diesem Absatz durch eine **Spitzmarke**, den hervorgehobenen Beginn eines Absatzes ohne zusätzlichen Freiraum – hier durch den halbfetten Schriftschnitt. Die Rubriken sind den Überschriften untergeordnet und die Form der Auszeichnung muss dem Gesamtschriftbild angepasst sein. Auch hier ist wichtig, dass der Gesamtgraueindruck des Textes möglichst wenig gestört wird.

Spitzmarken sollten auch eingesetzt werden, wenn die Gefahr besteht, dass in einem stark strukturierten Text mit vielen Überschriften der optische Zusammenhalt auf der Seite verloren geht.

Auszeichnungen
Kursive
KAPITÄLCHEN
Halbfette
Fette
Raster-Unterlegungen
Balken
Farbe
VERSALSATZ
S p e r r u n g e n

Auszeichnen

Auszeichnen bedeutet das Hervorheben wichtiger Textteile, Sätze oder Wörter. Entweder wird harmonisch oder kontrastierend ausgezeichnet.

Harmonische Auszeichnungen verändern nicht oder nur wenig den Graueindruck der Auszeichnung, wie z.B. durch die *Kursive* der Grundschrift oder durch KAPITÄLCHEN.

Kontrastierende Auszeichnungen verändern den Grauwert der Auszeichnung, z.B. durch die **Halbfette** oder **Fette** der Grundschrift oder auch durch grafische Elemente wie Raster-Unterlegungen, Balken oder Farbe.

Im Werksatz – der Satzherstellung von Büchern – sollte bei der Auszeichnung mit Schrift, nicht mit Linien oder sonstigen Elementen gearbeitet werden.

Das Gesagte gilt entsprechend für den Fließtext. Die geeignetsten Auszeichnungen sind diejenigen, die den Grauwert, der durch den Textblock erzeugt wird, am wenigsten stören. Die *Kursive* oder die KAPITÄLCHEN fallen beim ersten Blick kaum auf und erschließen sich erst beim Lesen. Die **Halbfette** – das heißt, der halbfette Schnitt der Grundschrift – oder Formen wie VERSALSATZ[1] oder S p e r r u n g e n[2] fallen schon beim ersten Blick auf den Text auf. Bei der Herstellung von Büchern sollte aber eher zurückhaltend mit Auszeichnungen umgegangen werden. Rasterflächen oder Unterstreichungen sind in Büchern meist fehl am Platz (vgl. Abschnitt »Die Schriftart«, S. 200).

1 Um Auszeichnungen in Versalien nicht zu aufdringlich erscheinen zu lassen, sollten die Versalien grundsätzlich etwas verkleinert werden. Ideal im Werksatz aber ist der Einsatz von Kapitälchen.

2 Sperrungen werden grundsätzlich durch Einfügen von sog. Festausschluss (Halbgevierte etc.) oder durch das Verändern der Laufweite erreicht, nicht aber durch Einfügen von Wortzwischenräumen (Keilen).

Absätze

4.5.8

Absätze bilden einen neuen Sinnabschnitt und sollen als solche erkennbar sein. Eine mögliche Methode, den neuen Absatz deutlich sichtbar einzuleiten, ist die Freizeile. Da der Textblock einer Seite einen Graubereich bildet, der möglichst wenig gestört oder unterbrochen werden soll, ist eine Freizeile wenig geeignet, einen neuen Absatz einzuleiten.

Bruchteile vom Grundschrift-ZAB

Ein Problem ergibt sich, wenn Bruchteile einer Zeilenhöhe als Abstand eingesetzt werden, beispielweise ein Wert von 2 Millimetern. Der Rhythmus der Zeilen im Vergleich zu denen auf der Rückseite gerät durcheinander, das Seitenregister passt nicht mehr. Die Folge ist: Die Druckzeilen der Rückseite sind bei bestimmten wenig opaken Papiersorten als störende Schatten sichtbar und erschweren den Lesefluss.

Opazität: Lichtundurchlässigkeit (Adjektiv: opak)
Transparenz: Lichtdurchlässigkeit

Vor und nach Überschriften kann bei opaken Papieren das Seitenregister verlassen werden. Zwei oder mehr ganze ZAB werden z. B. in zwei Drittel und ein Drittel geteilt. Der größere Wert wird als Abstand über der Überschrift eingesetzt, der kleinere wird vor dem folgenden Fließtext eingefügt. Zusammen ergeben beide Werte ganze Fließtext-Zeilenabstände, sodass das Seitenregister auf dem Rest der Seite wieder passt.

Einzüge

Besser geeignet zum Kenntlichmachen eines neuen Absatzes ist der **Einzug.** Die Größe des Einzugs kann bei der Herstellung so eingestellt werden, dass der eingezogene Bereich ein gedachtes Quadrat ergibt, das so genannte **optische Geviert.**

Im Mittelalter kannte man Absätze in unserer Form nicht. Das so genannte »Alinea«-Zeichen ◖ leitete eine neue Rubrik (s. S. 217) ein.
Besondere Buchstabenmaler, die Rubrikatoren, fügten die Zeichen rot ein, nachdem der restliche Text geschrieben worden war. Selbst nach Einführung des Buchdrucks wurde das nachträgliche Einfügen von Rubriken und Alineazeichen ◖ zunächst beibehalten.

Eine Möglichkeit zur Ermittlung des Einzugwertes: das optische Geviert

Der Einzug wird nach Überschriften oft weggelassen, man sagt dann, die Zeile **beginnt stumpf.**

4.5.9 Ausgangszeilen

Die letzte Zeile eines Absatzes nennt man **Ausgangszeile.** Besonders unschön ist es, wenn eine Ausgangszeile zufällig die volle Breite der Spalte erreicht. Abhilfe schafft das manuelle Trennen von Wörtern am rechten Spaltenrand in den Zeilen darüber, der so genannte manuelle Zeilenumbruch. Eine andere Möglichkeit ist, am Ende der Zeile ein **Geviert** einzugeben. Dieses nicht druckende Zeichen hat die Breite und die Höhe einer Letter in der gewählten Größe, bei einer 10-pt-Schrift also eine Breite und eine Höhe von je 10 pt, ist damit rund 3,5 mm breit und hoch. Der Computer umbricht das Zeichen zusammen mit den Silben davor oder sorgt für einen Freiraum am Ende der Zeile, die das Absatzende erkennbar macht. Allerdings kann der Zeilenumbruch auch beim Einsatz eines Gevierts ungünstig ausfallen, wenn mit dem Geviert z.B. nur eine einzige Silbe in die nächste neue Zeile umbrochen wird. Ist das verwendete Satzprogramm nicht in der Lage, solche Ausgangszeilen zu erkennen und automatisch zu beseitigen, muss das Werk auf derartige Fehler manuell untersucht werden.

4.5.10 Anführungen

Wie alle anderen typographischen Einstellungen, sollten auch die Anführungen in einer einheitlichen Form angewendet werden[1]. Man unterscheidet die Form der Anführungen und ihre Lage in der Zeile. Folgende Formen sind üblich:

„Deutsche Form (99/66)“
“Anglo-amerikanische Form (66/99)”
(Die Anführungszeichen erinnern an die Zahlen 66 bzw. 99.)
«Französische Form in Frankreich»
»Französische Form im deutschsprachigen Raum«

Unbedingt zu vermeiden ist das **Zoll-** bzw. **Inch-Zeichen,** das mit einem Anführungszeichen nichts zu tun hat (z.B. 12"-Monitor). Die meisten Satzprogramme schalten beim Tastenanschlag auf Umschalt-2 heute automatisch auf das richtige Anführungszeichen um. Nach einem Leerzeichen wird das Anführungszeichen, nach einem Buchstaben das Abführungszeichen eingesetzt – vorausgesetzt, die entsprechende Automatik wurde nicht deaktiviert.

Die unterschiedliche Position eines Anführungszeichens – nach einem Wortzwischenraum (Keil) oder nach einem Buchstaben – nutzt man auch bei der Konvertierung von Daten. Darunter ist das Einlesen und Umwandeln von Fremddaten zu verstehen, sodass sie vom hauseigenen Satzprogramm weiterverarbeitet werden können.

1 Vgl. »Richtlinien für den Schriftsatz« (Teil II, S. 281).

Divis, Halbgeviertstrich, Geviertstrich

Ein häufiger Fehler bei der Textverarbeitung durch Nichtfachleute ist die Verwechselung der drei Striche, die eine Schrift bietet.

Das **Divis** (lat. dividere: teilen) ist kurz und kräftig, es ändert seine Form mit der Schrift. Es wird nur für Wortverbindungen und die Silbentrennung am Zeilenende eingesetzt.

Karl-Marx-Allee
Druck-Erzeugnisse

Der **Halbgeviertstrich** hat – wie der Name sagt – die Länge eines halben Gevierts. Er wird im Werksatz – wie hier – als Gedankenstrich eingesetzt. Davor und dahinter werden Wortzwischenräume gesetzt. Ausnahme: Einsatz in der Bedeutung »bis«.

10.00–12.00 Uhr

Der **Geviertstrich** hat die Länge eines Gevierts, er ist damit doppelt so lang wie der Halbgeviertstrich. Er wird nur noch im angloamerikanischen Bereich als Gedankenstrich eingesetzt.

Die verbreitete Bezeichnung »Streckenstrich« sollte vermieden werden, da sie irreführend ist.

Fußnoten 4.5.11

Fußnoten sind eine Form der Erläuterung – neben den Marginalien und den Erläuterungen am Ende des Kapitels oder des Buches. Für den Leser liegt ihr Vorteil in der schnellen Zugriffsmöglichkeit. Allerdings sollte eine Fußnote über wenige Zeilen nicht hinausgehen, lange Fußnoten sind durch ihre geringe Schriftgröße nur schlecht lesbar. Fußnotensammlungen, die eine halbe Seite oder sogar mehr umfassen, sind eine Zumutung für den Leser. In diesem Fall ist eine Ergänzung am Ende des Kapitels oder Buches vorzuziehen.

Fußnoten werden zwei Schriftgrade kleiner als der Fließtext gesetzt, die Erläuterungen stehen unten im Satzspiegel und werden vom Rest des Textes durch einen Freiraum oder eine Linie abgetrennt, letztere sollte rund ein Drittel der Satzspiegelbreite einnehmen.

Im Text wird durch eine hochgestellte Ziffer – möglichst aus einem entsprechenden Sonderfont (s. Abschnitt »Die Schriftart«, S. 200) – auf die Fußnote verwiesen. Zeichen wie * oder † sind für Fußnoten ungeeignet und nicht gebräuchlich.

Steht die Ziffer vor dem satzschließenden Zeichen, so bezieht sich die Fußnote auf das letzte Wort; steht sie hinter dem satzschließenden Zeichen, bezieht sie sich auf den ganzen Satz.

Folgende Verfahren der Nummerierung werden angewendet:

1. **seitenweise Nummerierung**
   die Fußnoten **jeder Seite** werden von 1 an durchnummeriert
2. **kapitelweise Nummerierung**
   die Fußnoten **jedes Kapitels** werden von 1 an fortlaufend nummeriert
3. **durchlaufende Nummerierung**
   die Fußnoten des **ganzen Werkes** werden fortlaufend nummeriert

Über die Stellung der Fußnotenziffer in Verbindung mit Anführungszeichen und Satzzeichen siehe auch »Richtlinien für den Schriftsatz« (Teil II, S. 281).

4.5.12 Bilder

Abbildungen sollten grundsätzlich an der Stelle des Manuskripts eingefügt werden, an der sie vom Text her erwartet werden. Auf jeden Fall sollten sie beim Umbruch in der Nähe des Bezugstextes bzw. innerhalb des betreffenden Textabschnittes stehen. Beziehen sich zahlreiche Textstellen und Hinweise auf verschiedenen Seiten auf Abbildungen, so sollten diese gesondert zusammengefasst werden. In allen Fällen, in denen Abbildungen nicht in nächster Nähe zum Bezugstext stehen, ist ein Hinweis im Text erforderlich.

Als Teile des Manuskripts werden Abbildungen, Abbildungsunterschriften, Tabellen, Formeln und dergleichen wegen Anordnung, Satzbreite und Schriftgrad in der technischen Arbeitsvorbereitung der Vorstufe aus dem laufenden Manuskript herausgenommen, gegebenenfalls kopiert, ausgezeichnet, vorbereitet und gesondert gesetzt.

Wichtig für den Autor:

1. Abbildungen, figürliche Darstellungen, Formeln, Tabellen und Ähnliches sollten fortlaufend oder kapitelweise eindeutig nummeriert werden. Bei den Abbildungsunterschriften steht »Abbildung 1, Abbildung 2« oder »Bild 1, Bild 2« usw., bei den Tabellen »Tabelle 1, Tabelle 2« usw.
2. Ihre Positionierung im Satz soll für den Umbruch bzw. die Montage rechtzeitig und eindeutig festgelegt werden.
3. Bildvorlagen sind einzeln nummeriert zu liefern (zur Bearbeitung von Bildvorlagen siehe Kap. 4.7, S. 247).

Wird die Bezeichnung »Abbildung« statt »Bild« gewählt, kann sie bei Bildunterschriften und im laufenden Text abgekürzt werden (Abb.). Abbildungsunterschriften werden meist in einem kleineren Schriftgrad der Grundschrift gesetzt; aber auch kursive oder halbfette Satzweise ist üblich. Sie stehen grundsätzlich linksbündig oder werden im Blocksatz auf Bildbreite gesetzt. Bei kurzen Unterschriften entfällt der Schlusspunkt meist. Bezeichnungen für Teilabbildungen (a, b, c, A, B usw.) können in der Unterschrift wie auch bei den Abbildungen kursiv oder halbfett gesetzt werden, aber auch durch Ziffern, z.B. ①, ② gekennzeichnet werden. Teilabbildungen können eine gemeinsame, vorausgehende Unterschrift haben.

Beispiele:

Bild 2 Förderlänge in der Bauachse einer Straße.
a Grundriss, b Querschnitt

Abbildung 63. a Fenster, b Tür, c Nische

Wenn mehrere Abbildungen einen gemeinsamen Titel haben, steht dieser unter der ersten Abbildung vor der Einzelunterschrift.

Beim Umbruch ist zu beachten:

- Zwischen Abbildung und Text soll oben und unten – gegebenenfalls auch seitlich – der Mindestabstand von einer Leerzeile der Grundschrift eingehalten werden. Zwischen Abbildungsunterschrift und dem folgenden Text werden ein oder zwei Leerzeilen der Grundschrift freigelassen.
- Füllt eine Abbildung mit Unterschrift fast die ganze Seite aus, so wird je nach Bild (Strichabbildung oder gerasterte Halbtonabbildung [zur Bearbeitung von Bildvorlagen siehe Abschnitt »Die Beschaffenheit einer Bilddatei«, S. 250]) und Satzspiegel mit wenigen Textzeilen auf Kolumnenhöhe ergänzt oder die Abbildung freigestellt. Quergestellte Abbildungen (möglichst auf Kolumnenhöhe bemessen) stehen mit ihrem Kopf immer links, sodass auf einer rechten Buchseite die Bildunterschrift am rechten Seitenrand erscheint.
- Zeigt eine Abbildung ein Personenporträt, so soll die Blickrichtung in Richtung Bund zeigen, nicht aus dem Buch heraus.

4.5.13 Tabellen

Wie alle Nicht-Text-Elemente im Buch sollen auch Tabellen an den Stellen im Text stehen, an denen auf sie verwiesen wird (vgl. Abschnitt »Bilder«, S. 222). Tabellen werden meist in kleinerer Schrift gesetzt, die häufig von der Satzbreite, von der Anzahl der Kolonnen und den Tabellenköpfen bestimmt wird.

Tabellenlinien haben in der Regel die Stärke von 0,3 mm, also rund einen Punkt bzw. Point, oder rund die Hälfte, also z.B. 0,15 mm. Die Linien sollten immer mit dem Schriftbild harmonieren, das heißt ungefähr der Strichstärke des Fließtextbildes entsprechen. Fette Linien oder Raster sollten vermieden werden, derartige Hervorhebungen sind den **Akzidenztabellen** vorbehalten, das sind Tabellen in Informationsbroschüren, Heften und dergleichen (siehe dazu auch den Abschnitt »Die Schriftart«, S. 200]). Querlinien werden **nur im Kopf verwendet**; für übersichtliche, leicht erfassbare Tabellen kann auf Linien ganz (»offene Tabelle«) oder nur auf die vertikalen Linien verzichtet werden (»halb offene Tabelle«).

Akzidenz ist der Ausdruck für private oder sonstige individuelle Drucksachen, die besondere Aufmerksamkeit erfordern und größeren Gestaltungsspielraum geben.

Die Zeilen einer Kolonne oder Spalte beginnen immer an deren Vorderkante, das gilt für den Kopf, für den Fuß, die Legendenspalte und auch die Überschrift der Tabelle, **alle Zeilen stehen also linksbündig.** Verstöße gegen die Regel ergeben eine unschöne Mischung aus verschiedenen Satzarten, denn zumindest Zahlenkolonnen werden immer linksbündig gesetzt werden müssen. Bei Zahlenkolonnen sind also Einer, Zehner usw., Dezimalstellen und bis-Striche (Halbgeviertstriche) untereinander zu stellen.

Beispiel:
5634,26 EURO
  81,53 EURO
6294,– EURO

Die blauen Flächen stellen hier stellvertretend Halbgevierte dar. Letztere sorgen dafür, dass bei Zahlen mit Nach-Komma-Stellen die gleichen Dezimalwerte korrekt untereinander stehen.

Mathematische Zeichen stehen frei vor Zahlenkolonnen und untereinander. Gestürzte Zeilen im Tabellenkopf laufen von unten nach oben. Hochkant stehende Tabellen, meist die Breite der Kolumnenhöhe ausnutzend, stehen mit ihrem Kopf immer links.

Die Bezeichnung »Tabelle« wird in Tabellenüberschriften und im Text ausgesetzt. Setzt sich eine Tabelle über mehrere Seiten fort, wird statt der ganzen Tabellenüberschrift nur eine Kurzform gesetzt, z.B.

Tabelle 7 Güterumschlag (Fortsetzung)
statt:
Tabelle 7 Güterumschlag der bedeutendsten Binnenhäfen in der Bundesrepublik Deutschland

Die Tabellen werden in der Arbeitsvorbereitung berechnet und mit Satzbreite, Breite der Kolonnen und Höhe nach Grundschriftzeilen angegeben. Beim Umbruch soll zwischen Text und Tabelle ein Abstand von einer oder zwei Leerzeilen eingehalten werden.

4.5.14 Der Kolumnentitel

Der Kolumnentitel hat die Aufgabe, dem Leser die Orientierung innerhalb einzelner Kapitel bzw. des Gesamtwerkes zu erleichtern. Ein **lebender Kolumnentitel** – dieser besteht aus einer Wiederholung der letzten Abschnittsüberschrift – ist daher einem **toten Kolumnentitel** vorzuziehen, der über Seiten den gleichen Wortlaut zeigt – z.B. die Überschrift eines Großkapitels. Die Seitenzahl steht häufig auf gleicher vertikaler Position, sie sollte sich stets zum Außenrand hin orientieren, der Kolumnentitel stets zum Bund hin. Der Kolumnentitel gehört nicht zum Satzspiegel. Häufig wird er 1 bis 2 Punkt kleiner gesetzt als der Grundschriftgrad.

Bei Nachschlagewerken ist es möglich, beispielsweise auf den linken Seiten (gerade Seitenzahl) das jeweils erste Wort eines neuen Eintrages als Kolumnentitel zu setzen und auf den rechten Seiten den jeweils letzten Eintrag, wie das z.B. bei Lexika der Fall ist. Dann ist die Seitenzahl natürlich nur von untergeordneter Bedeutung, sie kann in diesen Fällen im Bund oder auf Mitte des Satzspiegels stehen.

Die Initiale

4.5.15

Will man einen Text schmücken oder die Wichtigkeit eines Absatzes unterstreichen, kann eine Initiale angebracht sein. Meist wird anhand von 3 bis 4 Zeilen des Grundschriftgrades inklusive Zeilenabstand eine angemessene Schriftgröße für die Initiale verwendet. Die Initiale kann in der ersten Zeile stehen oder auch außerhalb des Satzspiegels. Auch eine Integration in den Textblock durch Einzug der ersten 3 bis 4 Zeilen ist denkbar.

Will man einen Text schmücken oder die Wichtigkeit eines Absatzes unterstreichen, kann eine Initiale angebracht sein. Meist wird anhand von 3 bis 4 Zeilen des Grundschriftgrades inklusive Zeilenabstand eine angemessene Schriftgröße für die Initiale verwendet.

Will man einen Text schmücken oder die Wichtigkeit eines Absatzes unterstreichen, kann eine Initiale angebracht sein. Meist wird anhand von 3 bis 4 Zeilen des Grundschriftgrades inklusive Zeilenabstand eine angemessene Schriftgröße für die Initiale verwendet.

Will man einen Text schmücken oder die Wichtigkeit eines Absatzes unterstreichen, kann eine Initiale angebracht sein. Meist wird anhand von 3 bis 4 Zeilen des Grundschriftgrades inklusive Zeilenabstand eine angemessene Schriftgröße für die Initiale verwendet.

Wie für alle Auszeichnungen gilt auch hier die Forderung, entweder eine harmonische Wirkung zu erzielen, indem man zum Beispiel die Grundschrift wählt, oder aber eine konträre Wirkung, was bedeuten kann, dass einer Antiqua als Grundschrift ein fetter Groteskbuchstaben als Initiale zugeordnet wird. Der ästhetische Gesamtcharakter einer Textseite und damit des Buches sollte aber gewahrt bleiben.

In wissenschaftlichen Werken ist die Initiale fehl am Platze.

Leerzeilen

4.5.16

Je nach Inhalt kann der Mediengestalter zusammen mit dem Autor entscheiden, Absätze und Abschnitte im Text durch Leerzeilen zu gliedern. Ein ruhiges Gesamtbild wird allerdings eher durch fortlaufenden Text erreicht. Einzüge verdeutlichen dann den Beginn eines neuen Absatzes (vgl. Abschnitt »Einzüge« in Kap. 4.5.8, S. 219).

Werden im Werk Formeln erläutert, so können Leerzeilen dem Leser helfen, den Abschnitt zu finden, den er lesen möchte. Leerzeilen bieten sich also zur Absatzgliederung bei naturwissenschaftlichen Publikationen eher an als bei geisteswissenschaftlichen.

4.5.17 Kapitelanfang, Kapitelüberschrift

Je nach Struktur und Aufbau eines Buches wird die Satzabteilung des Herstellers oder Verlages empfehlen, Kapitelanfänge jeweils auf einer neuen Seiten beginnen zu lassen, um den Kapitelübergang besonders deutlich hervorzuheben.

Ähnlich wie Leerzeilen können allerdings auch Sprünge auf neue Seiten ein Buch optisch unruhig erscheinen lassen. Folgen viele sehr kurze Kapitel aufeinander, kann die Übersichtlichkeit leiden. Unter Umständen ist in diesen Fällen schlicht umlaufender Text günstiger.

Beim Wechsel auf neue Seiten ist es ideal, wenn die Zeilen eines auslaufenden Kapitels auf einer linken Seite – die Ausgangskolumne – rund 20 Prozent oder mehr der Satzspiegelhöhe ausmachen. Der **Vorschlag,** also der Freiraum, den man üblicherweise **vor** einer neuen Kapitelüberschrift einfügt, sollte ebenfalls rund 20 Prozent der Satzspiegelhöhe betragen. Häufig wird der Vorschlag genutzt, um die Überschrift des neuen Kapitels zu positionieren.

Textstand Spitz-/Ausgangskolumnen

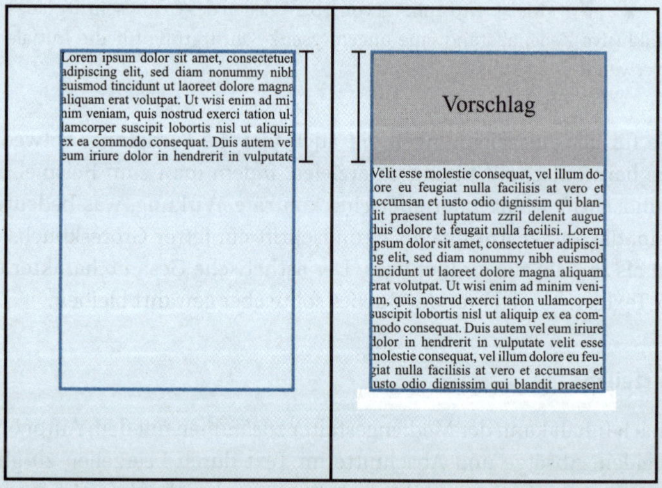

Die Ausgangskolumne (links) soll mindestens 20 Prozent der Satzspiegelhöhe lang sein, die Spitzkolumne (rechts), der Beginn eines neuen Kapitels, fängt um einen Vorschlag versetzt an. Der Vorschlag soll ebenfalls rund 20 Prozent der Satzspiegelhöhe ausmachen.

Die Titelei

4.5.18

Die Titelei ist die Gesamtheit der Seiten, die dem eigentlichen Text eines Buches vorangehen. Sie umfasst die Nennung des Titels, urheberrechtliche Angaben, Widmungen, ggf. ein Vorwort, usw. Zu den Bestandteilen der Titelei siehe Seite 269 in Teil II. Die Titelei besteht aus mehreren Teilen, die in der Satzanweisung – möglichst in grafischer Form von Musterseiten – festgehalten werden müssen. Das Muster einer Titelei ist in Teil II abgedruckt, siehe S. 269.

Der Umbruch

4.5.19

Während in der Akzidenz – also bei Privatdrucksachen mit geringem Seitenumfang – oft Computerprogramme eingesetzt werden, die sofortigen Umbruch leisten und die Formatierungen per Mausklick ermöglichen, arbeiten Verlage und Satzhersteller für Bücher mit Programmen, die häufig (auch) mit Kommandos gesteuert werden (können). In speziellen Eingabemasken werden die Formatierungen in numerischer Form durchgeführt. Um einen Umbruch betrachten und beurteilen zu können, bedarf es hier spezieller Rechenvorgänge, die erst auf ein Kommando hin starten. Der Vorteil dieser Verfahren ist die ungleich größere Leistungsfähigkeit und Datensicherheit bei umfangreichen Werken, die mehr als hundert Seiten umfassen.

Zeilen pro Seite

Zu den grundsätzlichen Überlegungen bei der Buchgestaltung gehören die Platzverteilung des Textes auf der Seite und selbstverständlich das Papierformat. Diese Entscheidungen sollten dem erfahrenen Fachmann überlassen werden.

Prinzipiell ist zu sagen, dass die Wahl der Textmenge pro Seite, ausgedrückt in der Schriftwahl, Schriftgröße (s. S. 209), Zeilenlänge und Zahl der Zeilen, die Lesbarkeit des Buches direkt beeinflusst. Die Leseforschung hat erkannt, dass das menschliche Auge beim Lesen nicht Buchstaben, sondern ganze Wortformen wahrnimmt. Außerdem liest der Mensch nicht Wort für Wort, sondern Wortgruppe für Wortgruppe. Anschließend springt das Auge in der Zeile etwas zurück, um erneut Wortgruppe für Wortgruppe zu erfassen. Die Länge der Zeilen sollte deswegen ein mittleres Maß von rund 55 bis 60 Buchstaben pro Zeile nicht deutlich über- oder unterschreiten.

Das Gleiche gilt für die Zahl der Zeilen pro Seite. In Abhängigkeit von der Schriftwahl und -größe sowie dem gewählten Papierformat und den Rändern an Kopf, Fuß, Bund und Außenrand ergibt sich zwangsläufig eine Zeilenzahl. Sie wird bei einem üblichen Papierformat in einem mittleren Bereich liegen.

Verlässt man für ein Herstellungsprojekt die mittleren Erfahrungsgrößen üblicher Buchformate, z.B. für einen Bildband[1] oder einen sonstigen Großformatband, darf selbstverständlich nicht die ganze Seitenfläche mit Text bedruckt werden; auch hier sollten die Textmenge bzw. Zeilenzahl und Zeilenlänge von einem mittleren Wert nicht abweichen.

Hurenkinder und Schusterjungen

Die Begriffe »Hurenkinder« und »Schusterjungen« stehen für besonders schwere Satzfehler. Schusterjungen sind Anfangszeilen eines neuen Abschnittes, die am Ende einer Seite oder Spalte zu stehen kommen.

Steht eine Ausgangszeile eines Absatzes, also dessen letzte Zeile, am Anfang einer Seite oder Spalte, nennt der Fachmann das ein Hurenkind.

Professionelle Satzsysteme sind heute allesamt in der Lage, diese Fehler zu beseitigen. Für den Ausgleich muss die Satzhöhe wieder auf die volle Zeilenzahl gebracht werden. Der Fachmann fügt dazu manuell Worttrennungen an den Zeilenenden über den Fehlerstellen ein und erzwingt so neue Zeilen.

Seitenfolge und Umfangsmeldung

Nachdem der Text in der Satzabteilung erfasst bzw. eingelesen und formatiert, also mit den korrekten typographischen Attributen versehen wurde, kann der **Rohumbruch** erfolgen. Zum ersten Mal werden die Fußnoten und Querverweise ausgegeben, Kapitel und Rubriken positioniert – zum Beispiel am Seitenanfang – und Trennungen vorgenommen. Die Seitenfolge ergibt sich laut Satzanweisung sowie den Angaben des Autors und des Mediengestalters. Der Mediengestalter wird nach einer ersten Kontrolle eine Umfangsberechnung an den Verlag bzw. die Herstellungsleitung geben, aus der sich die Zahl der Bogen für das Buch ergibt.

Haben sich nach dem Rohumbruch zu viele Seiten ergeben, kann der Mediengestalter in Abstimmung mit der Herstellungsleitung zum Beispiel die Schriftgröße oder den Zeilenabstand (ZAB) geringfügig verändern oder Größen wie den Satzspiegel u.Ä. modifizieren. Da ein Buch auf Bogen zu beispielsweise 16 Seiten gedruckt wird, kann eine fehlerhafte Seitenmenge dazu führen, dass am Ende des Buches viele Seiten, in diesem Beispiel bis zu 15, unbedruckt bleiben – und unnötige Kosten verursachen.

Auch die Abbildungen können sich deutlich auf den Umfang des Buches auswirken. Muss Platz gespart oder gewonnen werden, können

1 Besonders muss in diesem Zusammenhang auf die Papierwahl hingewiesen werden. Oft werden für Bildbände Kunstdruckpapiere, also Papiere mit einer besonders gleichmäßigen Oberfläche, verwendet. Diese Oberflächenveredelung erfolgt durch das Auftragen des »Striches«, einer Schicht aus bestimmten Mineralstoffen. Wird dieser Strich in Spezialmaschinen geglättet, erhält das Kunstdruckpapier einen besonders hohen Glanz. Aus dem Blickwinkel der Lesbarkeit sind diese Papiere für die Textwiedergabe problematisch, die Buchstabenbilder werden häufig zu fein wiedergegeben. Da das Papier glänzt oder einen Schimmer hat, wird das Umgebungslicht zu stark reflektiert. Das erschwert das Lesen.

neben den typographischen Werten die Bilder in bestimmten Grenzen skaliert, also vergrößert oder verkleinert werden (zur erforderlichen Auflösung von Bildern s. S. 250); oft ist auch das Beschneiden von Abbildungen – in Abstimmung mit dem Autor – ohne effektiven Informationsverlust möglich.

Der Formelsatz 4.6

Voraussetzung für einen guten Formelsatz ist heute entweder ein sauber geschriebenes Manuskript oder aber ein digitaler Datenbestand in vorher verabredetem Datenformat. Auch von einem geübten Mediengestalter kann nicht erwartet werden, dass er Formeln aus den verschiedenen Naturwissenschaften oder technischen Bereichen richtig gliedert und dabei Ausrutscher von Indizes unterscheidet, leicht verwechselbare Klein- und Großbuchstaben korrekt auseinander hält (k, K; x, X; z, Z) oder erkennt, ob es sich um eine Null oder den Buchstaben O handeln soll. Eine große Erleichterung verschaffen heute natürlich die halbprofessionellen Satzsysteme, die gerade an Universitäten weit verbreitet sind, z. B. TeX (sprich: tech). Wird ein mit Formeln bestücktes Manuskript hiermit erfasst und für ein drucktechnisches Computersystem aufbereitet, bleiben dem Druckfachmann neben der korrekten Konvertierung der Daten lediglich Restaufgaben wie das optisch richtige Zurichten der Abstände.

Da im Formelsatz sowohl kursiv als auch gerade zu setzende Formelbuchstaben vorkommen, außerdem griechische Buchstaben, Schreibschrift-, »lichte Antiqua-« sowie Fraktur- und/oder Groteskbuchstaben, ist der Manuskriptauszeichnung besondere Aufmerksamkeit zu widmen. Rein mathematische Werke enthalten in den Formeln vorwiegend Kleinbuchstaben, sodass es häufig genügt, lediglich die wenigen gerade zu setzenden Formelteile auszuzeichnen und in der Satzanweisung den Hinweis zu geben: »Formelbuchstaben kursiv, sofern nicht durch ... ausgezeichnet. Ziffern und Klammern stets gerade«. Treten gemäß den im Folgenden aufgeführten Richtlinien und den Erläuterungen im Teil II dieses Buches relativ viele gerade zu setzende Formelteile auf – dies kann vor allem bei physikalischen oder technischen Werken der Fall sein, in welchen eine Vielzahl von (stets gerade zu setzenden) Einheitszeichen vorkommen –, so kann die Auszeichnung der kursiv zu setzenden Formelteile sinnvoller sein. Dies ist auch der Fall, wenn relativ wenige Formeln in einem zu setzenden Text vorkommen.

Für die Auszeichnung können farbige Kennzeichnungen verwendet werden. Unbedingt vermeiden sollte man bei Formeln eine Auszeichnung bzw. eine Satzanweisung mit demselben Schreibgerät, mit dem die Formeln selbst geschrieben wurden. Hier können Verwechslungen mit gewünschten Querstrichen (wie sie in z. B. in der Elektrizitätslehre oder auch unter bestimmten Formelbuchstaben auftreten) oder auch mit Bruchstrichen entstehen.

4.6.1 Formelbuchstaben

Grundsätzlich gelten (gemäß DIN 1338 und den Empfehlungen der IUPAP[1 2] folgende Regeln:

Formelbuchstaben für **variable Größen** sollen als **Kursivbuchstaben** gesetzt werden, speziell **Vektoren (halb)fett kursiv.** Nach DIN 1303 können Vektoren auch als Kleinbuchstaben mit darüber gesetztem Pfeil ($\vec{a}$, $\vec{b}$, $\vec{c}$, ..., $\vec{A}$, $\vec{B}$, $\vec{C}$, ...) oder als Frakturbuchstaben gesetzt werden (in der Praxis werden sie auch häufig halbfett gerade gesetzt). Kursiv zu setzen sind auch diejenigen Funktions- und Operatorzeichen, deren Bedeutung frei gewählt werden kann, z.B.

$$f(x),\ G(x,y),\ \varphi\,(u,v)$$

Für **Tensoren** zweiter und höherer Stufe empfiehlt DIN 1303 **griechische Buchstaben,** bevorzugt Großbuchstaben oder Fettdruck, sofern nicht die Indexdarstellung der Form A_{ik}, T_{ikj} usw. vorgezogen wird. Vielfach setzt man Tensoren jedoch auch (halb)fett gerade oder in serifenlosen Kursivbuchstaben (Grotesk), so z.B. gemäß den Empfehlungen der IUPAP.

Gerade stehend zu setzen sind Ziffern, Klammern und allgemein alle **Zeichen mit feststehender Bedeutung.** Hierzu zählen neben den im Teil II zusammengestellten mathematischen Symbolen, den Einheitenzeichen und Vorsatzzeichen sowie den Symbolen für die chemischen Elemente z.B. auch das Summenzeichen Σ und das Produktzeichen Π, das Zeichen e für die Basis der natürlich Logarithmen (in Formeln meist als Basis einer Potenz auftretend, z.B. e^{-kT}, die ludolphsche Zahl (Kreiszahl) π, die imaginäre Einheit $\mathrm{i} = \sqrt{-1}$ (in technischer Literatur häufig durch den Buchstaben j symbolisiert) und die Operatoren d, ∂, Δ, ∇ (diese aus nur einem Buchstaben bestehenden Zeichen werden in der Praxis jedoch vielfach – vor allem in der rein mathematischen Fachliteratur – kursiv gesetzt).

4.6.2 Gliederung von Formeln (Ausschließen)

Der Begriff Ausschließen stammt aus der Zeit des Bleisatzes, in der die Zeichen in einer Zeile durch Einfügen von nicht druckendem Material auf die volle Zeilenbreite gebracht wurden.

Guter Formelsatz zeichnet sich durch eine optimale Gliederung der Formeln aus. Durch entsprechenden Zwischenraum zwischen den Formelteilen, der je nach Anwendungsfall auch verringert oder vergrößert werden kann, wird eine Formel sinnvoll gegliedert. Ausschließen darf nicht einheitlich und schematisch erfolgen, die sinnvolle Gliederung und die Wirkung auf das Auge haben Vorrang.

1 International Union of Pure and Applied Physics.

2 Symbole, Einheiten und Nomenklatur in der Physik. Deutsche Ausgabe von Symbols, Units and Nomenclature in Physics. Document U.I.P. 20 (1978). Physik-Verlag, Weinheim, 1981.

Anstelle bestimmter Richtlinien sollen daher im Folgenden einige Beispiele einfacher Formeln gegeben werden, die jeweils mit größerem (a) und kleinerem (b) Zwischenraum zwischen den Einzelbestandteilen gesetzt wurden.

1a)	$17 \;+\; 5 \;-\; 3 \;=\; 19$	**2a)**	$a \;+\; b \;-\; c \;=\; d$
1b)	$17 + 5 - 3 = 19$	**2b)**	$a + b - c = d$
3a)	$8 \;\cdot\; 2 \;+\; 5 \;\cdot\; 3 \;=\; 31$	**4a)**	$a \;\cdot\; b \;+\; c \;=\; e$
3b)	$8 \cdot 2 + 5 \cdot 3 = 31$	**4b)**	$a \cdot b + c = e$
5a)	$2a \;+\; bc \;+\; 6d \;=\; e$	**6a)**	$a(b \;+\; c) \;+\; d(e \;-\; f) \;=\; g$
5b)	$2a + bc + 6d = e$	**6b)**	$a(b + c) + d(e - f) = g$
7a)	$\frac{2}{3} \;+\; \frac{1}{2} \;=\; \frac{4}{6} \;+\; \frac{3}{6} \;=\; 1\frac{1}{6}$	**8a)**	$\frac{a}{b} \;+\; \frac{3c}{2} \;-\; \frac{d+e}{f-g} \;=\; 2\,(x \;+\; 1)$
7b)	$\frac{2}{3} + \frac{1}{2} = \frac{4}{6} + \frac{3}{6} = 1\frac{1}{6}$	**8b)**	$\frac{a}{b} + \frac{3c}{2} - \frac{d+e}{f-g} = 2(x + 1)$
9a)	$(a \;+\; b)^2 \;=\; a^2 \;+\; 2ab \;+\; b^2$	**10a)**	$a\sqrt{b \;+\; cd} \;+\; e(f^2 \;-\; 2g) \;=\; x$
9b)	$(a + b)^2 = a^2 + 2ab + b^2$	**10b)**	$a\sqrt{b + cd} + e(f^2 - 2g) = x$

Ob man für ein bestimmtes Werk eine der Version a) oder b) entsprechende Gliederung wählt, hängt in erster Linie vom Gesamteindruck (Text und Formeln) ab, doch können auch andere Gesichtspunkte (z. B. didaktischer Art) wesentlich sein. So kann beispielsweise ein größerer Ausschluss in einem Rechenbuch für den Grundschulunterricht sehr sinnvoll sein, bei einem Werk der höheren Mathematik aber eher störend wirken.

Ausschluss ist der drucktechnische Fachbegriff für nicht druckende Zeichen wie das Geviert oder Halbgeviert usw.

Je komplizierter die Formeln werden, desto wichtiger ist ihre Gliederung. Um sinnvoll gliedern zu können, muss jedoch die Bedeutung der einzelnen Formelteile bis zu einem gewissen Grade erkannt werden. Daher kann die Gliederung von Formeln der höheren Mathematik, der Physik oder Technik dem Mediengestalter erhebliche Schwierigkeiten bereiten. Es bedarf im Allgemeinen der Hilfe des Autors oder des Redakteurs, die – nach Möglichkeit anhand einiger für das betreffende Fachgebiet charakteristischer Formeln, die probeweise im Voraus gesetzt werden – den Mediengestalter auf typische zusammengehörende bzw. deutlich voneinander zu trennende Formelteile hinweisen sollten.

Typische **zusammengehörende Formelteile,** die in den meisten mathematischen, physikalischen und technischen Fachbüchern vorkommen, sind z. B. die Funktions- und Operatorzeichen mit ihren dazugehörigen Argumenten. Auf die in der folgenden Tabelle zusammengestellten Symbole folgt stets das so genannte Argument, d. h. das (oder die) Zeichen, auf das (oder die) sich die durch das Operatorzeichen symbolisierte mathematische »Anweisung« bezieht. Dies kann ein einzelner Formelbuchstabe sein, aber auch ein komplizierter mathematischer Ausdruck. Das Argument sollte stets nur mit geringem Zwischenraum an das Operatorzeichen anschließen, sodass die Zusammengehörigkeit deutlich wird. Bei vorangegangenem Exponenten oder einer nachfolgenden Klammer kann dieser Zwischenraum entfallen.

Häufig auftretende Symbole für Funktionen, Operationen u. Ä.:

arc	cos	div	inj lim	max	sec
arccos	cosec	dom	lg	min	sin
arcosh	cosh	exp	lim	mod	sinh
arcsin	cot	grad	lim inf	proj lim	sup
arctan	curl	Im	lim sup	Re	tan
arg	det	im	ln	rng	tanh
arsinh	dim	inf	log	rot	

Beispiele:

$$\sin\alpha + \cos\beta, \quad 2\sin\omega t + \cos\gamma$$

$$\sin^2\left[2\pi\nu\left(t - \frac{x}{c}\right)\right] - (\cos\varphi_1 + \cos\varphi_2 + \ldots)$$

$$\log x + \log y, \quad \log\left(1 + \frac{1}{x}\right) - \log\left(1 - \frac{1}{x}\right)$$

Dicht aneinander gerückt werden die kursiv zu setzenden Funkionszeichen (mit frei wählbarer Bedeutung) und das dahinter in Klammern stehende Argument, das häufig nur ein einzelner Buchstabe ist, aber auch aus zwei, drei oder mehr durch Kommata (auch Kommata und Semikolon) getrennten Formelbuchstaben bestehen kann oder aber auch Summen, Differenzen oder Produkte enthalten kann, z. B.:

$f(x)$ (gelesen: f von x), $f(x, y, z)$, $f(x, y, z; t)$
$V(r_1, r_2) = V(|r_2 - r_1|)$

Natürlich darf der Mediengestalter nicht zulassen, dass durch die automatischen Unterschneidungsvorgaben Formelzeichen zusammenfließen.

Funktionen dieser Art sollen sich deutlich von den ohne Multiplikationspunkt gesetzten Produkten unterscheiden, bei denen der zweite Faktor eine Klammer ist (in diesem Beispiel Funktion, Produkt, Funktion):

$$f(x, y) + x(y + y') + g(x, y, y')$$

Unmittelbar aneinander gerückt werden auch die Differenzialoperatoren d, ∂, Δ, ∇ und die darauf folgenden Formelbuchstaben, auf die sie sich beziehen, z. B.:

$$\frac{\mathrm{d}y}{\mathrm{d}x}, \quad \frac{\partial f(x,y)}{\partial x}, \qquad \nabla\varphi = e_x\frac{\partial\varphi}{\partial x} + e_y\frac{\partial\varphi}{\partial x} + e_z\frac{\partial\varphi}{\partial z}$$

Kombinationen der Form dx, dy, df, dV usw. treten fast ausnahmslos am Ende des hinter dem Integralzeichen stehenden mathematischen Ausdrucks auf, z. B.:

$$\int \sin x\,\mathrm{d}x, \quad \int e^{ax} \cos \mathrm{b}x\,\mathrm{d}x, \quad \int \frac{\mathrm{d}x}{\sin x}$$

Werden mehrere durch Komma, Semikolon oder durch kurze Textteile voneinander getrennte Formeln in eine Zeile gesetzt, so ist darauf zu achten, dass sie zusätzlich durch einen hinreichend großen Abstand voneinander getrennt sind (mindestens 1- oder $1\frac{1}{2}$-Geviert). Dies gilt auch für in Klammern gesetzte Hinweise oder Ergänzungen zu einer Formel, die zweckmäßigerweise ganz nach rechts gerückt werden.

Unsicherheiten bezüglich erforderlicher Zwischenräume treten gewöhnlich auch bei **Interpunktionszeichen innerhalb einer Formel** auf. Sofern es sich nicht um ein Dezimalkomma (zur Abtrennung der Dezimalstellen, z. B. 3,1415) handelt, sollte bei Aufzählungen hinter dem Komma stets ein kleiner Zwischenraum bleiben, z. B.:

$$k = 1, 2, 3 \quad f(x, y, z) \quad V(x_1, x_2, x_3; t)$$

Dies gilt auch, wenn auf das Komma drei Punkte folgen (für: usw.), z. B.:

$$k = 1, 2, 3, \ldots, n \quad f(x_1, x_2, \ldots, x_n)$$

Interpunktionszeichen nach einer Formel sollten mit einem kleinen Abstand gesetzt werden, vor allem dann, wenn sie aufgrund der Gestalt des letzten Formelzeichens optisch zu stark mit ihm verschmelzen. Unbedingt erforderlich ist dies, wenn der letzte Formelbuchstabe einen unteren Index besitzt.

Exponenten und Indizes 4.6.3

Als **Exponenten** bezeichnet man die in kleinerem Schriftgrad hinter einem Formelbuchstaben hochgestellten Zahlen oder Formelbuchstaben (gelegentlich auch kompliziertere mathematische Ausdrücke), die die Potenz der betreffenden mathematischen oder physikalischen Größe zum Ausdruck bringen, z. B.:

$$10^6 = 1000000 \quad 10^{-6} = \frac{1}{1000000} = 0{,}000001 \quad 10^{\frac{1}{6}} = \sqrt[6]{10}$$
$$a^x, \quad a^{\mathrm{i}+1}, \quad \mathrm{e}^{\mathrm{i}(\omega t + \varphi)} = \exp \mathrm{i}(\omega t + \varphi)$$

Indizes sind in kleinerem Schriftgrad gesetzte, tiefgestellte, gelegentlich (als obere Indizes) hochgestellte Hinweisbuchstaben oder Zahlen, die z. B. auf bestimmte Eigenschaften der betreffenden mathematischen oder physikalischen Größe, an deren Formelbuchstaben sie stehen, hinweisen. Formal, aus der Sicht des Mediengestalters, bestehen keine Unterschiede zwischen Exponenten und Indizes.

Sowohl Exponenten als auch Indizes können in gerader oder kursiver Schrift vorkommen. Auch für sie gilt das im vorangegangenen Abschnitt »Formelbuchstaben« Gesagte.

Indizes und Exponenten können Formelbuchstaben sein, die ihrerseits Indizes oder Exponenten besitzen. In diesen Fällen entstehen mehrstufige Ausdrücke, die durch die unterschiedliche Größe der einzelnen Buchstaben und Zahlen und durch entsprechendes Höher- und Tieferstellen deutlich als solche erkennbar sein sollen, z. B.:

$$a^{x_i} \quad a^{x^2} \quad a_{x_i} \quad a_{x_2} \quad a^n_{x_t}$$

Mehrstufige Ausdrücke sind zwar technisch realisierbar, erfordern aber besonderen Aufwand und sind nicht eindeutig zweifelsfrei lesbar. Sie sollten durch den Autor nach Möglichkeiten vermieden werden (z. B. durch die Schreibweise exp (...) an Stelle von $e^{\cdots}$.

Besitzt ein Formelzeichen außer einem Index auch einen Exponenten (bzw. einen oberen und einen unteren Index), so soll der Exponent bzw. der obere Index über dem ersten unteren Indexbuchstaben bzw. der ersten Indexzahl stehen oder an eine Klammer gesetzt werden, z. B.:

$$\mu_B^2 \text{ oder } (\mu_B)^2, \quad \text{aber nicht} \quad {\mu_B}^2$$

$$\nu_{max}^2 \text{ oder } (\nu_{max})^2, \quad \text{aber nicht} \quad \nu_{m\overset{2}{a}x}$$

Eine Ausnahme von dieser Regel tritt jedoch bei Tensoren auf: Hier können z. B. Ausdrücke der Form T_μ^ν, $T_{\mu}{}^{\nu}$, $T^{\nu}{}_{\mu}$ mit jeweils unterschiedlicher Bedeutung vorkommen. Der Autor bzw. der Redakteur sollte in diesen Fällen der Satzabteilung besondere Anweisungen geben.

4.6.4 Integralzeichen, Summenzeichen, Produktzeichen

Das Integralzeichen $\int$, das Summenzeichen Σ und das Produktzeichen Π sollen den darauf folgenden mathematischen Ausdruck, auf den sie sich beziehen, sowohl nach oben als auch nach unten etwas überragen. Die Formel gewinnt dadurch erheblich an Übersichtlichkeit. Die gewöhnlich über und unter diesen Zeichen stehenden Formelzeichen (die so genannten Grenzen) werden in einer kleineren Schrift gesetzt und sollen in der Mitte über bzw. unter dem Zeichen stehen, z. B.:

$$\int\limits_{x=a}^{x=b} f(x)\,\mathrm{d}x \quad \sum_{n=0}^{N+1} a_n \cos nx \quad \prod_{i=1}^{n-1} (a_i + b_i)$$

Umbrechen von Formeln 4.6.5

Formeln, die über die Satzbreite hinausgehen würden, müssen umbrochen, d.h. getrennt werden. Die Trennung sollte in erster Linie vor einem Gleichheitszeichen (oder einem ähnlichen Zeichen wie $\equiv$, $\approx$, $\leq$ oder $\cong$) erfolgen. Das Gleichheitszeichen wird nach DIN 1338 nur an den Anfang der neuen Zeile gestellt. Ist ein Umbrechen der Formel bei einem dieser Zeichen nicht möglich, so wird vor einem der Operationszeichen + oder − getrennt; ist auch dies nicht möglich, so kann die Trennung vor einem »Malpunkt« erfolgen (dieser sollte nicht durch ein Multiplikationskreuz ersetzt werden, wie es früher zum Teil üblich war). Auch diese Zeichen werden nach DIN 1338 nur an den Anfang der neuen Zeile gestellt. Abweichend von dieser Regel wird jedoch vielfach das Gleichheits- bzw. Operationszeichen bei gebrochenen Formeln sowohl am Ende der ausgehenden Zeile als auch am Anfang der neuen Zeile gesetzt.

Eine sich mit weiteren Gleichheitszeichen fortsetzende, frei stehende Formel sollte vor den Gleichheitszeichen geteilt werden, wobei nach Möglichkeit jeweils Gleichheitszeichen unter Gleichheitszeichen stehen soll. Operationszeichen (+, −, ·) werden unterhalb des Gleichheitszeichens eingezogen und stehen bei mehrmaligem Brechen untereinander. In Klammern stehende Formelteile sollten möglichst nicht getrennt werden.

Physikalische und technische Größen und Einheiten 4.6.6

Für die Definitionen, Benennungen und Formelzeichen physikalischer Größen und Einheiten liegen umfassende Empfehlungen vor. Die grundsätzliche Anwendung von Formelzeichen geht aus DIN 1301, 1304, 1313 und DIN 1338 hervor[1].

Wie in der Chemie, wo jedes Element eindeutig durch einen oder zwei Buchstaben symbolisiert wird, strebt man auch in Physik und Technik eine eindeutige Symbolik der Größen und Einheiten an. Diesen Bestrebungen sind jedoch durch die große Anzahl der verschiedenen Größenarten, zu denen noch ständig neue hinzutreten, gewisse Grenzen gesetzt, sodass viele Buchstaben in mehrfacher Bedeutung verwendet werden. Für die wichtigsten Größen setzt sich jedoch in zunehmendem Maße die in den erwähnten Empfehlungen vorgeschlagene, zum großen Teil international vereinheitlichte Symbolik durch. Im Bereich der Einheiten ist die Eindeutigkeit der verwendeten Zeichen bereits weitgehend gesichert, da ihre Anzahl kleiner ist als die der Größen; die Einheiten der meisten Größen sind aus bestimmten Grundeinheiten »abgeleitete« Einheiten, z.B. m/s (Meter/Sekunde) als Einheit der Ge-

1 Eine Zusammenstellung der wichtigsten Normblätter enthält das DIN-Taschenbuch 22, Einheiten und Begriffe für physikalische Größen. 8. Aufl., Berlin 1999.

schwindigkeit, C · m (Coulomb · Meter) als Einheit des elektrischen Dipolmoments.

Formelzeichen physikalischer und technischer Größen werden kursiv gesetzt, z. B. *m* (Masse), *C* (Kapazität), *F* (Kraft), *Re* (Reynolds-Zahl) usw. Zum Teil werden auch griechische Kursivbuchstaben und Frakturbuchstaben verwendet. Eine Zusammenstellung der wichtigsten Formelzeichen, die in vielen Bereichen der Naturwissenschaften und der Technik vorkommen, findet sich – alphabetisch nach den Namen der Größen geordnet – im zweiten Teil dieses Buches.

Soll der Vektorcharakter einer Größe zum Ausdruck gebracht werden, so wird der betreffende Formelbuchstabe als halbfetter (bzw. fetter) Kursivbuchstabe gesetzt, z. B.:

Impuls $\boldsymbol{p}$, Kraft $\boldsymbol{F}$, elektrische Feldstärke $\boldsymbol{E}$

Diese Symbolik hat die früher allgemein übliche Darstellung mithilfe der entsprechenden Frakturbuchstaben weitgehend verdrängt. Eine weitere Möglichkeit zur Kennzeichnung vektorieller Größen ist der Pfeil, der über das kursive Formelzeichen gesetzt wird (z. B. $\vec{p}, \vec{F}, \vec{E}$). **Tensoren** sollen als halbfette bzw. fette serifenlose Buchstaben (kursive Groteskbuchstaben) gesetzt werden (siehe Abschnitt »Formelbuchstaben«, S. 230).

Zur weiteren Kennzeichnung einer Größe können die betreffenden Formelbuchstaben mit hoch- oder tiefgestellten Indizes, Strichen u. Ä. versehen werden.

Einheiten und ihre **Vorsatzzeichen** werden gerade gesetzt, z. B. m (Meter), C (Coulomb) oder kHz (Kilohertz). Einheiten werden nie mit einem Schlusspunkt versehen und im Plural nicht verändert.

Einheiten eines Einheitensystems (kurz: Systemeinheiten) sind die **Basiseinheiten** und die als Potenzprodukte der Basiseinheiten dargestellten **abgeleiteten Einheiten.** Ausschließlich durch Einheitengleichungen miteinander verbundene Einheiten, in denen kein von 1 verschiedener Zahlenfaktor vorkommt, bilden ein kohärentes Einheitensystem.

Die Verwendung der Einheiten im amtlichen und geschäftlichen Verkehr ist für die Bundesrepublik Deutschland in Anlehnung an Empfehlungen der internationalen Generalkonferenzen für Maß und Gewicht (GKMG), einem Organ der Meterkonvention, gesetzlich geregelt[1].

Für die Verwendung naturwissenschaftlicher und technischer Größen und Einheiten außerhalb des Geltungsbereiches des Gesetzes und der Ausführungsverordnung, insbesondere in wissenschaftlichen Schriften, liegen verschiedene internationale Empfehlungen, z. B. der Internationalen Union für reine und angewandte Physik (IUPAP), vor,

1 a) Gesetz über Einheiten im Messwesen vom 2. 7. 1969; Bundesgesetzblatt 1969, Teil 1, Seite 709 (Neufassung 22. 2. 1985).
b) Ausführungsverordnung vom 13. 12. 1985 zum Gesetz über Einheiten im Messwesen; Bundesgesetzblatt 1985, Teil 1, Seite 2272.

die jedoch im Wesentlichen ebenfalls das Internationale Einheitensystem zur Grundlage haben. Das Gleiche gilt für die DIN-Normen[1], die in der Bundesrepublik Deutschland die Verwendung der Einheiten unter Beachtung der gesetzlichen Vorschriften für die unterschiedlichen Bereiche der Technik festlegen. Damit ist das **Internationale Einheitensystem** (Système International d'Unités – SIU) bzw. sind die SI-Einheiten – die von ihm festgelegten Einheiten – zur Grundlage der gesetzlichen Einheiten geworden.

Das SI-Einheitensystem

Die SI-Einheiten gehören zu einem kohärenten Einheitensystem, d.h., die aus den Basiseinheiten durch Produkt- und/oder Quotientenbildung abgeleiteten Einheiten werden jeweils mit dem Zahlenfaktor 1 gebildet.

Basiseinheiten sind:

m	**Meter**	für die Länge
kg	**Kilogramm**	für die Masse
s	**Sekunde**	für die Zeit
K	**Kelvin**	für die Temperatur
A	**Ampere**	für die elektrische Stromstärke
cd	**Candela**	für die Lichtstärke
mol	**Mol**	für die Stoffmenge

Die Einheiten für ebene und räumliche Winkel werden von der GKMG als **Supplementeinheiten**, vom Einheitengesetz als **abgeleitete Einheiten** bezeichnet:

rad	**Radiant**	für ebene Winkel
sr	**Steradiant**	für räumliche Winkel

Abgeleitete Einheiten als Produkte und/oder Quotienten von Potenzen der Basiseinheiten sind z.B.:

$\mathbf{m^2}$		für die Fläche
$\mathbf{kg \cdot m^{-3}}$	oder $\mathbf{kg/m^3}$	für die Dichte
$\mathbf{m \cdot s^{-1}}$	oder $\mathbf{m/s}$	für die Geschwindigkeit
$\mathbf{m \cdot s^{-2}}$	oder $\mathbf{m/s^2}$	für die Beschleunigung
$\mathbf{kg \cdot m^3}$	oder $\mathbf{kg/m^3}$	für die Konzentration
$\mathbf{cd \cdot m^2}$	oder $\mathbf{cd/m^2}$	für die Leuchtdichte

Für jede physikalische Größe gibt es zwar nur eine einzige SI-Einheit, gesetzlich zulässig sind jedoch jeweils eine Vielzahl weiterer Einheiten, die sich insbesondere durch die zulässige Bildung der dezimalen Vielfachen und Teile der verwendeten Einheiten ergeben. Die SI-Einheit der Geschwindigkeit ist z.B. Meter durch Sekunde (m/s), gesetzlich zuläs-

1 Vgl. Fußnote im Abschnitt »Physikalische Einheiten« in Teil II, S. 341.

sige Einheiten sind jedoch auch Millimeter durch Sekunde (mm/s), Zentimeter durch Sekunde (cm/s), Kilometer durch Sekunde (km/s) usw. sowie Meter durch Minute (m/min), Kilometer durch Stunde (km/h) usw.

Eine Liste gebräuchlicher SI-Einheiten und abgeleiteter Einheiten ist im Teil II abgedruckt.

Keine Einheiten im engeren Sinne (obwohl formal so zu behandeln) sind die Hinweiswörter bzw. -zeichen bei logarithmierten Größenverhältnissen: Bel (B) bzw. Dezibel (dB), Neper (Np) und Phon (phon).

Vorsätze vor Einheiten: Zur Bezeichnung von dezimalen Vielfachen und Teilen der Einheiten werden folgende Vorsätze bzw. Vorsatzzeichen verwendet:

	Vielfache:			**Teile:**	
da	Deka für den Faktor	10^1	**d**	Dezi für den Faktor	10^{-1}
h	Hekto	10^2	**c**	Zenti	10^{-2}
k	Kilo	10^3	**m**	Milli	10^{-3}
M	Mega	10^6	**µ**	Mikro	10^{-6}
G	Giga	10^9	**n**	Nano	10^{-9}
T	Tera	10^{12}	**p**	Piko	10^{-12}
P	Peta	10^{15}	**f**	Femto	10^{-15}
E	Exa	10^{18}	**a**	Atto	10^{-18}

Die Vorsatzzeichen werden (ebenfalls in gerade stehender Schrift) unmittelbar, d.h. ohne Zwischenraum, vor das betreffende Einheitenzeichen gesetzt. Beispiele:

dag	Dekagramm (= 10 g)	**dm**	Dezimeter (= 10^{-1} m)
hl	Hektoliter (= 100 l)	**cl**	Zentiliter (= 10^{-2} l)
kV	Kilovolt (= 1000 V)	**mA**	Milliampere (= 10^{-3} A)
MW	Megawatt (= 10^6 W)	**µm**	Mikrometer (= 10^{-6} m)
GeV	Gigaelektronvolt (= 10^9 eV)	**ns**	Nanosekunde (= 10^{-9} s)

Eine Kombination von Vorsatz- und Einheitenzeichen ist als neues Symbol aufzufassen; sie kann ohne Verwendung von Klammern zur Potenz erhoben werden, z.B. km^2, $\mu\mathrm{s}^{-1}$. Dabei bedeutet cm^3 immer $(\mathrm{cm})^3$ bzw. $(0{,}01\ \mathrm{m})^3$, aber niemals $0{,}01\ \mathrm{m}^3$. Eine Einheit darf nie mit zwei Vorsätzen bzw. Vorsatzzeichen versehen werden, z. B.:

$10^{-9} = 1\,\mathrm{ns}$, aber nicht: $10^{-9}\,\mathrm{s} = 1\,\mathrm{m\mu s}$

In einem Produkt aus Einheiten werden die einzelnen Einheitenzeichen durch einen Multiplikationspunkt miteinander verbunden oder durch einen kleinen Zwischenraum voneinander getrennt, z.B.:

N · m oder N m, aber nicht: Nm

Bei Einheitenprodukten, die zu einem gewohnten festen Begriff geworden sind, wie beispielsweise Kilowattstunde (Produkt aus Kilowatt und Stunde), wird der Zwischenraum meist fortgelassen, also kWh statt k W h gesetzt. Nach DIN 1338 ist dies jedoch nur in einem Ausnahmefall zulässig und zwar bei dem Einheitenprodukt Voltampere (VA).

Das Setzen des Mulitplikationspunktes sollte vor allem dann erfolgen, wenn leicht Missverständnisse auftreten können. Dies ist z. B. der Fall, wenn das Vorsatzzeichen mit einem Einheitenzeichen übereinstimmt: Denn ms könnte als Millisekunde (ms) oder als Meter mal Sekunde (m · s) gelesen werden.

Die Division einer Einheit durch eine andere kann in einer der folgenden Formen dargestellt werden:

$\frac{\mathrm{m}}{\mathrm{s}}$ oder m/s oder $\mathrm{m} \cdot \mathrm{s}^{-1}$

Besteht der Nenner aus dem Produkt mehrerer Einheiten, so ist bei einzeiliger Schreib- bzw. Setzweise auf eine eindeutige Darstellung zu achten. Für die Einheit der Wärmeleitfähigkeit $\frac{\mathrm{W}}{\mathrm{m} \cdot \mathrm{K}}$ sollte also z.B.

nicht	W/m/K	oder	W/m · K
sondern	W/(m · K)	oder	$\mathrm{W} \cdot \mathrm{m}^{-1} \cdot \mathrm{K}^{-1}$

geschrieben bzw. gesetzt werden.

Kurzzeichen für Teilchen und Quanten werden ebenfalls in gerade stehender Schrift gesetzt:

α	Alphateilchen	Ξ	Xiteilchen
γ	Photon	p	Proton
d	Deutron	π	Pimeson (Pion)
e	Elektron	Σ	Sigmateilchen
K	K-Meson (Kaon)	t	Triton
Λ	Lambdateilchen	τ	Tauteilchen
μ	Myon	Y	Ypsilonteilchen
n	Neutron	Ω	Omegateilchen
N	Nukleon	Ɉ	J/ψ-Teilchen
ν	Neutrino		

Der Ladungszustand der Teilchen wird durch Anfügen der Zeichen +, − oder 0 als rechter oberer Index gekennzeichnet, z.B. π^+, K^-, Σ^0. Antiteilchen werden durch einen über das Kurzzeichen gesetzten Querstrich, gelegentlich auch noch durch eine darüber gesetzte Tilde (˜) gekennzeichnet, z.B. $\bar{\nu}$, $\bar{\Lambda}$ bzw. $\tilde{\nu}$, $\tilde{\Lambda}$.

4.6.7 Chemische Namen, Symbole, Formeln und Gleichungen

Chemische Namen

Bei der Schreibung chemischer Namen (Elemente, Verbindungen, Gruppen) folgt man in Fachbüchern, Fachaufsätzen u. Ä. im Allgemeinen den Empfehlungen der deutschen Ausgabe der Internationalen Regeln für die chemische Nomenklatur und Terminologie[1]. Im Rechtschreibduden[2] ist diese Schreibweise jeweils als »chem. fachspr.« gekennzeichnet, z. B. Cadmium, Calcium, Cyan, Oxid.

Bei komplizierten chemischen Verbindungen, deren Namen sich aus einer Vielzahl von Wortelementen zusammensetzen und die zusätzlich Vorsätze, Zahlen, Buchstabensymbole und in Klammern gesetzte Teile enthalten können, werden die einzelnen Wortelemente zur leichteren Lesbarkeit im Allgemeinen durch ein Divis getrennt, wobei – von bestimmten Ausnahmen abgesehen – das nächste Wortelement mit einem Kleinbuchstaben beginnt. Diese Schreibweise entspricht nicht den im Rechtschreibduden aufgeführten Grundsätzen über die Schreibweise mit Bindestrich bei allgemeinsprachlichen Aneinanderreihungen, ist jedoch in der chemischen Fachliteratur allgemein üblich. Zahlen, Klammern und Vorsätze werden dabei ohne Zwischenraum mit Divis an die Wortelemente angeschlossen bzw. ihnen vorangesetzt.

Beispiele:
Eisen(II,III)-oxid
6,7-Dimethoxy-1-(3,4-dimethoxybenzyl)isochinolin
2-(o-Nitrophenyl)propionsäure
5-Butyl-5-ethyl-barbitursäure
17*α*,20*β*,21-Trihydroxy-pregna-1,4-dien-3,11-dion
L-Alanyl-D-alanin

Die Buchstaben L und D geben Auskunft über die Konfiguration am asymmetrischen Kohlenstoffatom: L (von lateinisch laevus) links (linksdrehend), D (von lateinisch dexter) rechts (rechtsdrehend). Diese Buchstaben werden in Kapitälchen, in Versalien oder in kursiven Versalien gesetzt. Neuerdings wird die Konfiguration häufiger durch die Buchstaben S (von lateinisch sinister links) und R (von lateinisch rectus recht, richtig) gekennzeichnet. Diese Buchstaben werden kursiv in gerade Klammern gesetzt. Der Drehsinn einer optisch aktiven Verbindung wird durch die Vorsätze (+) und (−) gekennzeichnet, z. B.

D-(−)-Milchsäure, (*S*)-(+)-2-Chlorbutan

1 Deutscher Zentralausschuss für Chemie. Nomenklatur der anorganischen Chemie. Wiley-VCH, Weinheim, 1993. Nomenklatur der organischen Chemie. Wiley-VCH, Weinheim, 1997.

2 Duden – Die deutsche Rechtschreibung, 22. Auflage, Mannheim, 2000.

Vorsätze, die bei der Alphabetisierung der betreffenden Verbindungen nicht berücksichtigt werden, werden gemäß der chemischen Nomenklatur kursiv gesetzt. Hierzu zählen unter anderem

o-, m-, p-	für ortho-, meta-, para- (diese Vorsätze kennzeichnen die Stellung von Substituenten in Benzolderivaten),
n-, sek- (sec-), tert-	für normal, sekundär und tertiär (diese Vorsätze geben an, ob ein unverzweigter oder ein verzweigter Alkylrest vorliegt),

ferner Vorsätze wie *cis-*, *trans-*, *syn-* und *anti-*, *endo-* und *exo-* usw. sowie die Symbole chemischer Elemente, die innerhalb des Namens einer chemischen Verbindung (bzw. davor) als so genannte Lokanten (zur Kennzeichnung des Substitutionsortes) dienen, z. B. bei **N**-Methylanilin.

Chemische Elemente und ihre Symbole

In der Tabelle in Teil II dieses Buches (Seite 369) sind die Elemente in alphabetischer Reihenfolge mit ihren Symbolen und Ordnungszahlen gemäß den »Internationalen Regeln für die chemische Nomenklatur und Terminologie« zusammengestellt. Die Tabelle enthält die Elemente bis zur Ordnungszahl 109. Nach einer Empfehlung der Nomenklaturkommission der »International Union of Pure and Applied Chemistry« (IUPAC) sollen die Elemente mit Ordnungszahlen über 109 nach Regeln bezeichnet werden, die den Namen direkt von der Ordnungszahl des Elements herleiten, wobei die folgenden Wortstämme verwendet werden:

nil = 0, un = 1, bi = 2, tri = 3, quad = 4, pent= 5, hex = 6, sept = 7, oct = 8, enn = 9

Danach ergeben sich für die ersten Elemente mit Ordnungszahlen über 109 folgende Namen: 110 Ununnilium (Symbol Uun), 111 Ununium (Symbol Unn), 112 Ununbium (Symbol Uub).

Neben den Symbolen der chemischen Elemente können obere und untere Indizes angebracht sein:

links oben	die Massenzahl (Nukleonenzahl)
links unten	die Ordnungszahl (Protonenzahl)
rechts oben	die Ladung (+ oder −) mit davor gesetzter Zahl der Elementarladungen je Atom oder die Kennzeichnung für einen angeregten Atomzustand (*)
rechts unten	die stöchiometrische Zahl (Anzahl der Atome je Molekül)
Beispiele:	^{235}U, $^{14}_{7}N$, $^{14}CO^{2}$, Ca^{2+}, He^{*}

Wenn es zum Verständnis der Zusammenhänge im Text erforderlich ist, kann die Massenzahl eines Isotops auch an den Namen des chemischen Elements bzw. an das Elementsymbol angehängt werden, z.B.

Uran 235 bzw. **U 235**, Sauerstoff 18 bzw. **O 18**

Chemische Formeln

Chemische Formeln werden durch Zusammensetzen der chemischen Symbole nach bestimmten Gesetzmäßigkeiten aufgebaut und geben die Zusammensetzung und den Aufbau der chemischen Verbindung wieder. Einfache Formeln werden direkt mit dem Text gesetzt. Dabei werden alle Symbole gerade (nicht kursiv) gesetzt.

Beispielsweise besteht ein Wassermolekül aus zwei Wasserstoffatomen (**H**) und einem Sauerstoffatom (**O**); seine chemische Formel lautet entsprechend H_2O. Beim Benzol liegen in einem Molekül sechs Kohlenstoffatome und sechs Wasserstoffatome vor; die chemische Zusammensetzung wird daher durch die Formel C_6H_6 wiedergegeben. Ist eine Gruppe innerhalb eines Moleküls mehrfach enthalten, so wird dies durch Klammern und eine dahinter gesetzte kleine, tiefgestellte Zahl zum Ausdruck gebracht, z.B.

$(CH_3)_2NH$, $(NH_4)_2SO_4$, $Pb(C_2H_5)_4$

Tritt ein Molekül mehrfach auf, so setzt man die betreffende Zahl in normaler Schriftgröße mit geringem Abstand vor die Formel, z.B. $2\,NH_3$ (2 Moleküle Ammoniak).

Neben den Symbolen für die chemischen Elemente kommen in chemischen Formeln gelegentlich auch andere Buchstaben vor, z.B. **R** für Restgruppen oder Radikale, **M** (früher auch **Me**) für Metalle, **Me** für einen Methylrest, **Ph**, **Ac** und **Et** für einen Phenyl-, Acyl- bzw. Ethylrest, **X** für sonstige Gruppen.

Man unterscheidet zwei Hauptarten chemischer Formeln, die **Summen-** oder **Bruttoformeln** und die **Struktur-** oder **Konstitutionsformeln**. Bei den Summenformeln werden alle Symbole einer Verbindung (mit den Indizes) ohne Zwischenraum nebeneinander gesetzt, z.B.

C_6H_6, C_2H_6O, O_3H_8

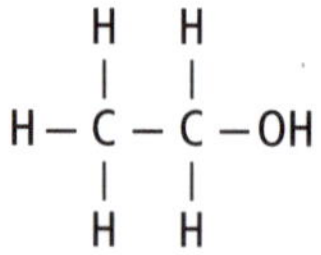

$CH_3{-}CH_2{-}OH$

Bei den Strukturformeln werden die einzelnen Atome oder – vereinfacht – nur bestimmte, häufig wiederkehrende Atomgruppen durch Bindungsstriche (Valenzstriche) miteinander verbunden. Die Bindungsstriche werden ohne Zwischenraum an die Buchstabensymbole gesetzt.

Bei komplizierter gebauten Formeln können auch längere Bindungsstriche erforderlich sein.

Neben den durch einen einfachen Strich dargestellten Einfachbindungen treten Doppel- und Dreifachbindungen auf, die entsprechend durch zwei bzw. drei parallele Striche (Bindungsstriche) dargestellt werden. (Bei Verwendung des Minuszeichens für die Einfachbindung verwendet man für die Doppelbindung das ohne Zwischenraum zwischen die Buchstabensymbole gesetzte Gleichheitszeichen, für die Dreifachbindung das Identitätszeichen ≡). Beispiele:

mit doppeltem bzw. dreifachem Bindungsstrich	**mit Gleichheitszeichen bzw. Identitätszeichen**
$CH_2{=\!=}CHCl$	$CH_2{=}CHCl$
$CH{\equiv\!\equiv}CH$	$CH{\equiv}CH$

Grundelement aller Strukturformeln aromatischer Verbindungen ist der so genannte Benzolring, die Strukturformel des Benzols. Wegen seines häufigen Auftretens wird er meist vereinfacht (Fortlassen der Elementsymbole) als Sechsring dargestellt, früher in länglicher Form, heute in Form eines gleichseitigen Sechsecks mit drei Doppelbindungen (wobei einer Doppelbindung jeweils zwei Einfachbindungen benachbart sind und umgekehrt) oder mit einem eingezeichneten Kreis, der die Ladungsverteilung im Ring besser symbolisiert.

Strukturformel des Benzols

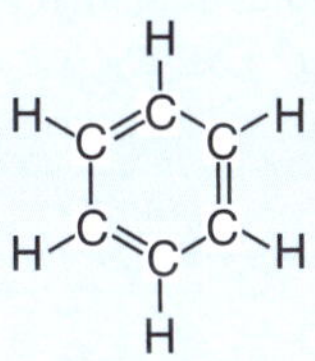

ausführliche Darstellung

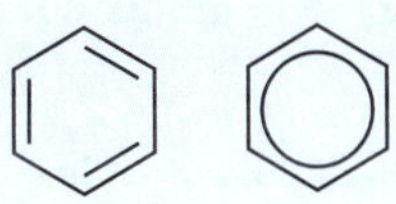

vereinfachte Darstellungen

Vom Benzol leiten sich zahlreiche Derivate ab, z. B.:

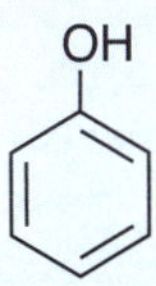

Phenol

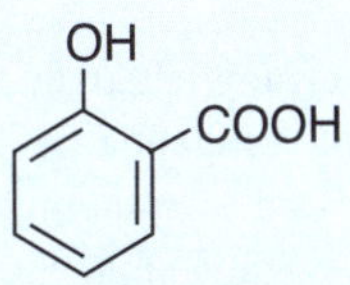

Salicylsäure

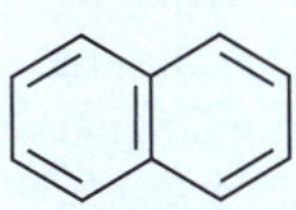

Naphthalin

Sie sind alle mehr oder weniger eben gebaut und lassen sich durch die angegebenen Strukturformeln gut darstellen. Bei den Ringverbindungen ohne Doppelbindung im Ring, den Cycloaliphaten, treten dagegen räumliche Strukturen auf, die sich nur durch eine angedeutete perspektivische Wiedergabe verdeutlichen lassen. Hier ein Beispiel dieser Wiedergabemöglichkeit:

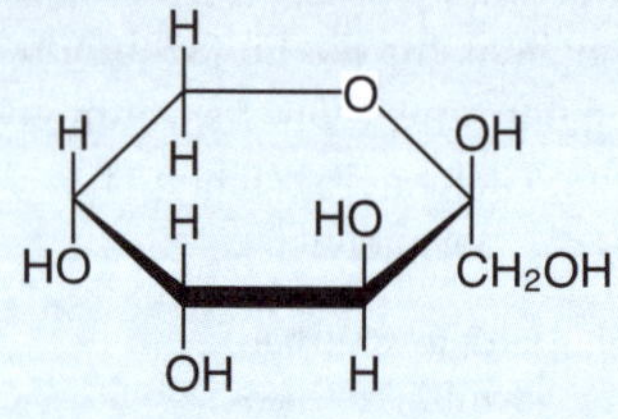

β-D-Fructopyranose

Auch aufwendigere räumliche Darstellungen wie die stereoskopischen Strukturformeldarstellungen lassen sich heute per Programm definieren – wie oben beschrieben durch Kommando oder grafische Eingabe.

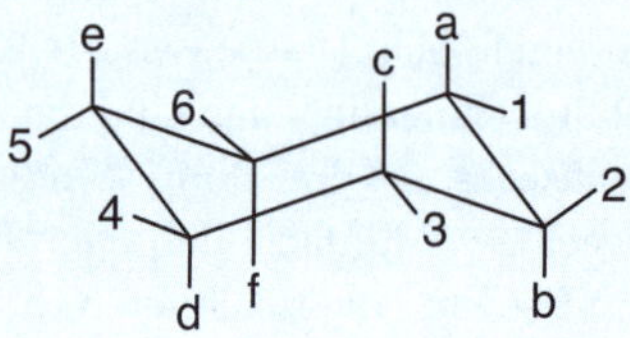

Bei allen Strukturformeln ist es wichtig, dass die Bindungsstriche auf die Mitte des Symbols des jeweils gebundenen Atoms zeigen, nicht auf das Symbol von anderen (angehängten) Elementen; bei **CH-**, **CH_2-**, **CH_3-**, **CO-**, **COOH**-Gruppen z.B. immer auf das **C**, bei **OH**-Gruppen immer auf das **O**. Beispiele:

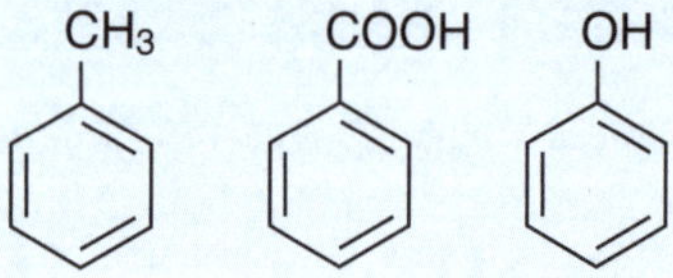

Alle heute verfügbaren Satzprogramme ermöglichen die exakte Positionierung von beliebigen Objekten über die Eingabe von X- und Y-Koordinaten – also auch Bindungsstriche für den Satz chemischer Strukturformeln. Bei der sehr anspruchsvollen Aufgabe aber, chemische Strukturformeln korrekt und optisch zufriedenstellend darzustellen, sollte heute auf spezielle Programme zurückgegriffen werden.

Zwei grundsätzliche Verfahren sind üblich: Entweder werden die Formeln per Kommando eingegeben[1] oder die Formeln werden auf einer grafischen Oberfläche gezeichnet und dann als Bilddatei in den Text eingebunden.

1 Hier ist vor allem das kostenlose Satzprogramm TeX zu nennen, zu dem es mehrere leistungsfähige Erweiterungen gibt, die chemischen Strukturformelsatz ermöglichen. Nähere Informationen liefert die Internetseite der deutschen Anwendergruppe für TeX unter: www.dante.de

Wie schon an anderer Stelle erwähnt, ist allein der Autor für die Korrektheit gesetzter Formeln verantwortlich. Verlag und Mediengestalter müssen allerdings die korrekte Einbindung der Daten in das Werk gewährleisten und auf eine entsprechende Freigabe durch den Autor achten.

Chemische Gleichungen

Eine chemische Gleichung ist die Darstellung einer chemischen Reaktion, bei der die links des Gleichheitszeichens stehenden chemischen Verbindungen sich zu den rechts des Gleichheitszeichens stehenden umsetzen. Analog zu einer mathematischen Gleichung muss die Anzahl der Atome eines bestimmten Elements links und rechts des Gleichheitszeichens gleich sein, z. B.:

$$2\,NaCl + H_2SO_4 = 2\,HCl + Na_2SO_4$$

Beim Setzen chemischer Gleichungen ist zu beachten, dass die einzelnen Bestandteile der Formeln klar und übersichtlich voneinander getrennt werden und vor allem keine Verwechslungen von Doppelbindungen (kein Zwischenraum zu benachbarten Symbolen) und Gleichheitszeichen (freigestellt) auftreten dürfen, z. B.

gut: $CH_2{=\!=}CH_2 + HBr = CH_3{-\!-}CH_2Br$

schlecht: $CH_2 = CH_2 + HBr = CH_3 - CH_2Br$

Weit häufiger als das Gleichheitszeichen werden heute so genannte Reaktionspfeile verwendet, die die Richtung einer chemischen Reaktion anzeigen oder – bei Gleichgewichtsreaktionen – die in beide Richtungen verlaufende Reaktion durch zwei entgegengesetzt gerichtete Pfeile ($\rightleftarrows$ oder $\rightleftharpoons$) symbolisieren:

$$C_6H_6 + HNO_3 \rightarrow C_6H_5 - NO_2 + H_2O$$
$$HNO_3 + H_2SO_4 \rightarrow H_2NO_3{}^+ + HSO_4^-$$
$$C_6H_6 - NO_2^+ + HSO_4^- \rightarrow C_6H_5 - NO_2 + H_2SO_4$$
$$2\,CrO_4^{2-} + 2\,H_3O \rightleftarrows Cr_2O_7^{2-} + 3\,H_2O$$
$$CH_3 - COOH + HOC_2H_5 \rightleftharpoons CH_3COOC_2H_5 + H_2O$$

Gelegentlich finden sich über, z. T. auch unter den Pfeilen zusätzliche Angaben, z. B. über Temperaturen oder Katalysatoren der Reaktion. Diese Angaben sind in kleinerer Schrift zu setzen; der bzw. die Pfeile sind entsprechend zu verlängern, sodass sich auch hier ein übersichtliches Formelbild ergibt:

$$C_2H_2 + H_2O \xrightarrow[H_2SO_4]{Hg^{2+}} CH_3CHO$$

Der Doppelpfeil ($\leftrightarrow$) wird nur in speziellen Fällen verwendet. Er soll zum Ausdruck bringen, dass die beiden durch ihn verbundenen Formeln »Grenzstrukturen« (bezüglich der Elektronenverteilung bzw. Bindung im Molekül) sind, z. B. beim Benzolring:

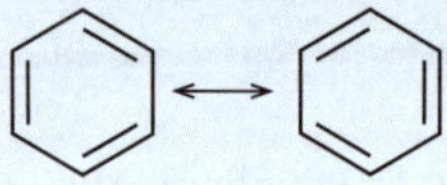

Der Doppelpfeil sollte nicht als »Ersatz« für die parallelen, entgegengesetzt gerichteten Reaktionspfeile verwendet werden.

Als Richtwert für den Zwischenraum vor und hinter dem Pluszeichen in einer chemischen Gleichung und dem Reaktionspfeil kann ein Drittel des Gevierts gelten. Wesentlich sind jedoch stets der Gesamteindruck und die Übersichtlichkeit, sodass bei aller anzustrebenden Einheitlichkeit der Abstände und Zwischenräume vor allem bei komplizierteren Gleichungen größere Zwischenräume zweckmäßiger sein können als kleine.

Weitere Pfeilformen, die gelegentlich auftreten können, sind:

—○→ für Reaktionen, die unter Umlagerung erfolgen,
—〰→ für Reaktionen, die durch eine Strahlung ausgelöst werden.

Die Pfeile ↑ und ↓, die vor oder auch hinter einem Elementsymbol oder einer chemischen Formel innerhalb einer Reaktionsgleichung stehen können, sollen zum Ausdruck bringen, dass das betreffende Reaktionsprodukt gasförmig entweicht (↑) bzw. sich als Niederschlag absetzt (↓), z. B.:

$$CaCO_3 + 2\,HCl \rightarrow CaCl_2 + H_2O + CO_2\uparrow$$
$$Ba(OH)_2 + H_2SO_4 \rightarrow BaSO_4\downarrow + 2\,H_2O$$

4.6.8 Der moderne digitale Formelsatz

Die zeitgemäße Herstellung von Print- und/oder Non-Print-Publikationen, die Formeln der in den vorigen Abschnitten besprochenen Art enthalten, ist heute dank hoch spezialisierter Programme[1] kaum mehr ein Problem. Das bedeutet für die Organisation und den Workflow der Druck- und Medientechnik eine Verschiebung der Verantwortlichkeiten und des Arbeitsaufkommens hin zum Autor: Musste Formelsatz noch vor wenigen Dekaden in der Druckerei oder im Verlag im Blei- oder so genannten Lichtsatz hergestellt werden, kann heute der Verfasser selbst die digitalen Daten zur Verfügung stellen.

1 Besonders zu verweisen ist auf das im universitären Bereich und in Forschung und Lehre eingesetzte TeX und seine Fortentwicklungen.

Das bedeutet somit einerseits, dass der Verfasser selbst für die Richtigkeit seiner Formeln verantwortlich ist, andererseits bedeutet das aber auch, dass der Verlag bzw. die Druckerei in der Lage sein muss, diese Daten in den Arbeitsfluss zu übernehmen. Das kann entweder durch die Übernahme der vom Verfasser erstellten Quelldaten geschehen oder aber durch den Austausch von Postscriptdaten in Form von EPS[1]-Dateien (Encapsulated Postscript) – dem heutigen De-facto-Standard für Datenaustausch.

Unabdingbar ist es, dass sich Autor und Verlag vor Beginn der Arbeiten über die Art dieses Datenaustausches verbindlich einigen.

Die Bildbearbeitung 4.7

Der moderne Druck von Büchern – nicht zu verwechseln mit dem Begriff »Buchdruck«, der Bleisatz und Hochdruckverfahren bedeutet – ermöglicht ohne weiteres, Bilder wiederzugeben. Die raue Papierqualität ist günstig für den Lesevorgang, jedoch ungünstig für die Bildreproduktion. Man wird, wenn Bilder abgedruckt werden sollen, in Bezug auf die zu wählende Papierqualität einen Kompromiss finden müssen.[2]

Bilder werden vom Mediengestalter in verschiedene Kategorien eingeteilt. Diese Kategorien und der Zustand bzw. die Darstellungsqualität des Bildes ergeben die Grundlage für die zu findende Kompromisslösung bei der Bildbearbeitung. Im Folgenden werden diese Bildkategorien kurz erläutert. – Tabelle S. 248.

Abbildungsart: Strich – Halbton 4.7.1

Strichbilder sind auf Linien aufbauende Abbildungen, z.B. Grafiken und Diagramme. Die Linienstärke sollte nicht zu fein gewählt werden. Moderne Rechnersysteme und Belichter steuern automatisch die Mindeststrichstärke, sodass sie einwandfrei auf den Druckvorlagen – der Druckplatte – erkennbar ist. Im Druck können sich sehr feine Linien jedoch als problematisch erweisen.

Halbtonbilder weisen zwischen Schwarz und Weiß bzw. der hellsten Stufe und der dunkelsten Stufe einer Farbe Graustufen oder Farbstufen auf, der Fachmann sagt **Halbtöne.** Halbtonbilder sind zum Beispiel Fotos, Gemälde usw. Man spricht von **Lichtern** für helle Töne, von

1 EPS-Dateien sind Postscriptdateien, die von den meisten Satz- bzw. Layoutprogrammen akzeptiert werden. In ihnen können Schriften eingebunden werden und – vektorisierte Daten vorausgesetzt – ohne Darstellungsverluste vergrößert oder verkleinert ausgegeben bzw. in andere Dokumente eingebunden werden.

2 Einen guten Überblick über die Wiedergabe von Bild und Text in Abhängigkeit von verschiedenen Papiersorten gibt das Buch von H. P. Willberg/F. Forssman: Erste Hilfe in Typografie. Mainz, 2000.

Anforderungen an Abbildungsvorlagen

Abbildung	Farbe	Vorlage	Beispiel	Anforderungen
Strich	einfarbig	Aufsicht	Schrift auf Barytpapier, Holzschnitte, Federzeichnungen	bei Mischung Schrift/Bild: Schrift separat auf Überleger fixieren; Achtung: bei Verkleinerungen, dito: feine Linien
		Durchsicht	Strichfilme, Fotosatzfilme	
	farbig	Aufsicht	farbig separat angelegte Strichzeichnungen, vollflächige Grafiken	je 1 Vorlage je Farbe, mit Passkreuz + Farbangabe
		Durchsicht	Kartographie	
Halbton	einfarbig	Aufsicht	sw-Fotos	Abzüge auf glattem, weißem, hochglänzenden Fotopapier; max. Bildschärfe; min. Körnigkeit; Schwärzeumfang max. 1,7
			Bleistiftzeichnungen, Radierungen	
		Durchsicht	sw-Diapositiv, -Negative	verbindliche Aufsichtsvorlagen (= Papierabzüge) sind anzufertigen – häufig: Verlust an Schärfe + Zeichnung
	farbig	Aufsicht	Papierabzug von Farbfiltern	wie Foto; zusätzlich: Farbstiche vermeiden; Farbdichteumfang max. 2,0
			Gemälde, Grafiken, Farbstiche	
		Durchsicht	Farbdia	Vorzug vor den Aufsichtsvorlagen (größere Farbbrillanz für Diapositiv-Beurteilung: Kaltlicht notwendig (5000° Kelvin)

Mitteltönen für die mittleren Bereiche und von **Tiefen** für die dunklen Bereiche.

Die drucktechnische Wiedergabe von Halbtönen im engeren Sinn ist nicht möglich. Eine Halbtonvorlage muss stets gerastert wiedergegeben werden. Die Feinheit des Rasters wiederum muss durch den Me-

Halbtöne

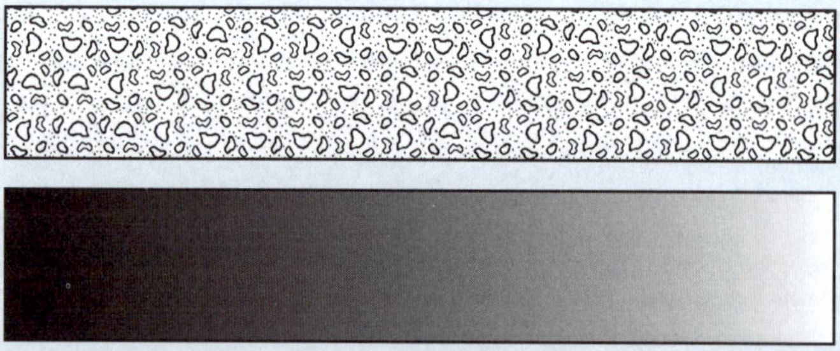

Oben: Strichbild; unten: (hier simuliertes) Halbtonbild. Echte Halbtöne können in keinem industriellen Druckverfahren wiedergegeben werden.

diengestalter an die Papierqualität angepasst werden. Im Werkdruck mit seinem rauen Papier wird dies erfahrungsgemäß zu einer schlechten Abbildungsqualität führen. Sollen Halbtonbilder in einem Buch erscheinen, wird der Mediengestalter bzw. der Hersteller den Autor bzw. den Künstler auf die mindere Abbildungsqualität aufmerksam machen oder es wird auf Kunstdruckpapier, sehr glattem Papier mit einer so genannten **gestrichenen** Oberfläche, gedruckt. Weil der Druck von Büchern in Papierbogen erfolgt, die gefalzt eine **Gruppe** von Seiten bilden – meist 16 oder 32 –, wird der Fachmann zu druckende Halbtonbilder auf einem oder mehreren Bogen Kunstdruckpapier zusammenfassen. Das bedeutet, dass die Bilder in Gruppen erscheinen und nicht direkt an den passenden Textstellen.

Zum Auffinden der Bilder ist dann meist ein Abbildungsverzeichnis am Ende des Buches erforderlich. Der Begriff »Bildtafel« und entsprechend »Tafelverzeichnis« ist heute überholt und sollte vermieden werden.

Farbigkeit: einfarbig – schwarz-weiß – mehrfarbig – 4C 4.7.2

Üblicherweise wird ein Buch in Schwarz gedruckt. Die schwarze Farbe kann **geschönt** sein, das bedeutet, dass z. B. etwas Blau zugesetzt wurde, um das Schwarz kräftiger erscheinen zu lassen. Soll eine Abbildung wiedergegeben werden, wird sie zunächst schwarz-weiß (s-w) gedruckt; soll sie einfarbig in einer anderen Farbe erscheinen, ist ein zweiter Druckgang erforderlich. Mehrfarbige Abbildungungen werden umso aufwendiger.

Bunte Abbildungen werden im Vierfarbdruck mit den vier Druckfarben Magenta, Cyan, Gelb und Schwarz gedruckt, der Fachmann sagt auch »4C« (von engl. four colours). In allen Fällen ist eine besondere Absprache mit Mediengestalter und Drucker notwendig, damit die Farbwiedergabe den Vorstellungen des Autors oder z. B. des Künstlers entspricht.

Vorlage: Aufsicht – Durchsicht 4.7.3

Die Originale oder sonstigen Bilder, die wiedergegeben werden sollen, bezeichnet man als »Vorlagen«. Sie müssen bestimmten Anforderungen entsprechen, die der Autor empfehlenswerterweise mit Herstellung und Druck abspricht. Qualitativ schlechte Vorlagen erfordern unvertretbar hohen Bearbeitungsaufwand.

Die Vorlagen unterscheidet man nach »Aufsicht«, z. B. Fotos, Bücher, Landkarten usw., und »Durchsicht«, z. B. Diapositive, aber auch Röntgenbilder usw. Die Vorlagen können positiv und negativ sein, seitenrichtig oder seitenverkehrt. Bei der Benennung von Vorlagen kann es zwischen den Bezeichnungen »sr« und »sv« für seitenrichtig und seitenverkehrt aufgrund der Ähnlichkeit von r und v in handschriftlicher

Schreibweise zu Verwechselungen kommen; Schutzhüllen von Vorlagen werden deshalb stets mit Versalien (Großbuchstaben) beschriftet: »SR« oder »SV«.

s. auch S. 63

Soll von einer Vorlage nur ein Ausschnitt wiedergegeben werden, muss vom Autor bzw. in Absprache mit dem Autor ein »Decker« hergestellt werden. Das ist eine Abdeckung aus weißem Papier oder besser Transparentpapier. Entweder wird von allen vier Seiten der Vorlage der Bereich abgedeckt, der nicht abgedruckt werden soll, oder auf dem Transparentpapier wird mit Filzstift der zu druckende Bereich markiert.

Beschriftungen auf Vorlagen führen häufig zu Missverständnissen. Im Zweifelsfall sollten sich Autor und alle an der Herstellung Beteiligten an die DIN-Korrekturzeichen für die Reproduktion halten (s. Teil II, S. 301).

Schließlich sollten die Vorlagen sauber, unzerkratzt und nicht geknickt sein.

4.7.4 Die Beschaffenheit einer Bilddatei

Bilder werden heute digital verarbeitet. Sie werden gescannt, in digitale Bildpunkte aufgelöst, den Druckbedingungen angepasst und gleichzeitig mit dem Text als Druckvorlage ausgegeben – z. B. als Druckplatte. Die wichtigsten Eigenschaften einer Bilddatei sind:

Die Auflösung

Unter dem Begriff »Auflösung« versteht man die Dichte der Bildpunkte (engl. Pixel) eines digital aufgelösten Bildes pro Streckeneinheit, z. B. Zentimeter, zumeist aber Zoll (engl. Inch). Die sich anschließende Rasterung der Bilder für den Druck in Rasterpunkte erfordert eine bestimmte Feinheit der Auflösung, die sich wiederum nach der Feinheit des Rasters im Druck richtet.

Die Faustregel für die Auflösung einer Bilddatei (1:1) besagt:

Rasterweite im Druck
[l/cm] × 2,54 × 2 = nötige Auflösung der Bilddatei [dpi]

Die Einheit für die Auflösung einer Bilddatei ist Pixel pro Zoll (bzw. Inch), ausgedrückt in Dots per Inch (dpi). Die Feinheit des Rasters im Druck dagegen wird traditionell in Linien pro Zentimeter (l/cm) angegeben oder z. B. als »60er-Raster«, was 60 Linien pro Zentimeter bedeutet.

Die Standardrasterweite für gewöhnlichen Offsetdruck liegt heute bei 60 Linien pro Zentimeter. Nach obiger Rechnung ist für eine 1:1-Abbildung eine Auflösung von 300 Pixel pro Zoll nötig (auch Dots pro Inch). Für Vergrößerungen muss die Bildauflösung entsprechend vergrößert werden, z. B. für eine 150-prozentige Vergrößerung um den Faktor 1,5.

Farbraum

Unter dem Begriff »Farbraum« versteht man die Gesamtheit aller darstellbaren Farben im jeweiligen Farbraummodell. Geht man beispielsweise von drei bestimmten Grundfarben Rot, Grün, Blau (R, G, B) aus, so bilden diese Farben und alle ihre Mischfarben den entsprechenden **Farbraum**.

Grundsätzlich soll eine Bilddatei möglichst alle Farben enthalten, die bei der Gewinnung der Datei vorlagen – beim Scannen oder bei der digitalen Fotografie. Überführt man in einem Bildbearbeitungsprogramm Bilddaten in einen anderen Farbraum, ist Datenverlust möglich, der in schlechterer Wiedergabequalität resultiert. Der Farbraum, der sich beispielsweise aus den standardisierten Offsetdruckfarben Cyan, Magenta und Yellow (Offset-C, M, Y) ergibt, ist aufgrund physikalischer Eigenschaften der Farben kleiner als der RGB-Farbraum. Wird ein Bild von dem erwähnten RGB-Farbraum in den CMY-Farbraum konvertiert, verschlechtert sich die Bildqualität.

Eine Reduktion von Information sollte dem Fachmann überlassen werden, keinesfalls sollte ein Laie eine Bildbearbeitung an Daten vornehmen, die für den Druck gedacht sind. Um dem Fachmann den größtmöglichen Spielraum zu bieten, sollten Bilder im CIE-L*a*b*- oder kurz Lab-Farbraum gespeichert werden. Die Farbdaten beziehen sich dann nicht auf ein bestimmtes Eingabe- oder Ausgabemedium, sondern sind geräteunabhängig mit virtuellem Bezug gespeichert (zum Begriff »Colormanagement« vgl. S. 259).

Speicherformat

Das Standardspeicherformat ist heute TIFF (Tagged Image File Format). Jede (nach dem TIFF-Standard mögliche) Komprimierung – also Zusammenfassung von Daten – sollte unterbleiben. Bilddaten nehmen im Vergleich zu Text ein Vielfaches an Speicher ein. Heute sind aber Speichermedien wie die CD-ROM wegen ihres geringen Preises für die Bildspeicherung und -übergabe an Dritte gut geeignet.

Beispiele für Vorlagenarten 4.7.5

Strich Schwarz-Weiß:	Schrift, Holzschnitte, Federzeichnung
Strich bunt oder 4C:	Kartographie, Grafiken
Halbton Schwarz-Weiß:	Schwarz-Weiß-Fotos, Bleistiftzeichnungen
Halbton 4C:	Radierungen, Gemälde, farbige Kupferstiche, Farbdias

Der Auftrag an den Grafiker 4.7.6

Technisch gesehen ist die Umsetzung von Zeichnungen, Infografiken, und Abbildungen aller Art heute kaum ein Problem mehr. Mussten noch vor fünfzehn Jahren z. B. für technische Darstellungen exakte Reinzeichnungen mit dem Tuschestift angefertigt werden, so kann heute auch ein Laie recht schnell saubere Zeichnungen mit vektororientierten Computerprogrammen erstellen.

Bei Büchern mit hohem Abbildungsanteil kommt es sehr auf den optischen Gesamteindruck an. Ein erkennbarer Gestaltungswille ist von Vorteil. Dazu gehört die Farbwahl (z.B. bei Infografiken), die Wahl der Strichstärken (z.B. bei Diagrammen) und vieles mehr. Die Beschriftung muss der Grundschrift angepasst sein. Sollen komplizierte Sachverhalte optisch aufbereitet werden – z.B. Fabrikationsverfahren oder komplexe Abläufe –, ist der erfahrene Grafikdesigner besser als jeder Laie in der Lage, eine eigene Bildsprache und aussagekräftige Umsetzungen zu finden.

4.7.7 Das Proof

Werden Bilder gedruckt, will man sich vor dem Druck von der späteren Darstellungsqualität überzeugen, um notfalls noch Änderungen vornehmen zu können. Das Problem ist, dass einfache Farbdrucker nicht die gleichen Farbeigenschaften wie Druckmaschinen haben. Daher werden die Bilddaten geprooft (engl.: proof = Beweis). Aufwendige Proofgeräte arbeiten mit Farbstoffen, die den in Druckmaschinen eingesetzten möglichst ähnlich sind. Bei hoher Auflösung kann das Druckergebnis vorausgesagt werden. Während bei einfachen Strichbildern wie Infografiken eine leichte Veränderung der Farbigkeit keine Verfälschung der Information bedeutet, ist bei Reproduktionen von Gemälden u. Ä. die Farbwiedergabe sehr wichtig. Bei derartigen Buchprojekten sollte man auf farbverbindlichen Proofs bestehen, die Grundlage des Imprimaturs sind. Sie müsssen vom Auftraggeber mit Datum und Uhrzeit und dem Vermerk »Imprimatur« signiert werden.

4.8 Die Korrektur

Marker mit phosphoreszierenden Farben und Filzstifte mit hellen, blassen Farbtönen können durch Fotokopierer nicht erkannt werden. Prinzipiell sollten Stifte mit roter Tinte eingesetzt werden.

Nach einer Berechnung des Umbruchs erfolgt die Korrektur. Hierzu werden heute zunächst Korrekturprogramme eingesetzt. Während in früheren technischen Epochen der Text kolumnenweise in so genannten »Fahnen« zur Korrektur vorlag, wird das Werk heute nach dem ersten Umbruch und einem Korrekturdurchlauf mit einem Korrekturprogramm auf Laserdruckern seitenweise ausgegeben. Die Seitenzahlen und die Positionen etwa von Kapitelanfängen stehen bereits fest. Der Korrektor kann sich z. B. bei vertauschten Texten oder Abbildungen bereits auf Seitenzahlen beziehen.

Während heute in der Akzidenz (also bei Privatdrucksachen) und beim Zeitungsdruck oft auf eine Korrekturlesung verzichtet wird – denn Korrekturprogramme können einen großen Teil der Korrekturaufgaben zuverlässig übernehmen –, sollte bei der Herstellung von Büchern wenigstens ein klassischer Korrekturdurchgang eingeplant werden. Dieser sollte von geübten Korrektoren erledigt werden.

Fahne

Handelt es sich um Texte oder Zeichen, die sehr aufwendig zu korrigieren sind, oder hat der Verlag den Anspruch, möglichst fehlerfrei in den Druck zu gehen, werden unterschiedliche Fahnen in unterschiedlichen Fertigkeitsstufen korrigiert. Um diese unterscheiden zu können, werden die jeweiligen Texte beispielsweise auf gut unterscheidbar farbiges Papier gesetzt: Die erste Korrekturfahne ist dann möglicherweise die weiße, die zweite die gelbe. Beide Fahnen stehen für unterschiedliche Korrekturgänge und unterschiedlichen Verfeinerungsgrad.

Ziele des Korrekturlesens

Ein Korrekturlesen des gesetzten Textes ist immer notwendig, wenn neu erfasst worden ist (siehe dazu Kap. 3.7). Wurden digitale Daten übernommen, steht auch eine Überprüfung auf Konvertierungsfehler an. Weitere Korrekturschritte sind dann die Prüfung des Zeilen- und des Seitenumbruchs des neu gesetzten und umbrochenen Textes. Man unterscheidet:

Kollationieren

- **Das Korrekturlesen ganz ohne Manuskript**
- **Das Korrekturlesen ohne Manuskript,** aber mit gleichzeitiger Überprüfung der formalen Elemente laut Manuskript und Satzanweisung
- **Das Korrekturlesen mit Manuskript,** mit dem klaren Ziel, nur bestimmte Elemente zu überprüfen, die sich aus Konvertierungen und Konvertierungsproblemen ergeben

Kollationieren = vergleichendes Lesen

Es mag sich pedantisch anhören, ist aber unbedingt nötig: Beim Lesen nach Manuskript müssen beide Elemente nebeneinander liegen und es ist sicherzustellen, dass zum Korrigieren nur in der Fahne gelesen wird. Korrekt bedeutet das: Manuskript links, Fahne rechts, beides direkt vor dem Korrektor und dann wort- oder zeilenweise[1] in der Fahne lesen, mit dem Manuskript abgleichen und zur Fahne zurückkehren. Hält sich der Korrektor nicht strikt an diese Vorgehensweise, wird er unweigerlich durcheinander geraten.

Früher wurde nach Manuskript im Gespann gelesen, d. h. einer las vor und korrigierte, der andere prüfte und meldete Fehler. Manchmal korrigierte auch der Mitlesende in seinem Text – darüber gibt es umfassende Diskussionen, bis Mitte der 1960er-Jahre auch in der Fachzeitschrift »Deutscher Drucker«.

Genauestes Kollationieren ist bei Tabellen, Grafiken, Formelsatz usw. von besonderer Wichtigkeit. Neben der orthographischen und typographischen Prüfung muss auch darauf geachtet werden, dass bei neuer Gestaltung der Vorlagen inhaltliche Zuordnungen erhalten bleiben und keine inhaltlichen Informationen, die formal vermittelt werden, verloren gehen (zu Kollationieren und Lesen ohne Manuskript vgl. auch Kap. 3.7).

Prüfung auf Konvertierungsfehler

Konvertierungsfehler machen einen wichtigen Teil der Arbeit aus. Wenn elektronische Manuskripte durch Lektorat und Redaktion durchgelaufen und dort abschließend bearbeitet worden sind, fangen vielfach die Probleme mit der Kompatibilität zur elektronischen Ausstattung der Setzerei oder des Belichtungsbetriebes an. Sachgerecht ist immer eine frühzeitige Stichprobenprüfung des elektronischen Materials, wie es der Autor anliefert, durch die Herstellung oder das Korrek-

1 Bei Lautschriften oder Texten aus anderen Alphabeten Ist das zeichenweise Lesen Pflicht.

torat, um hier größeren Problemen aus dem Weg zu gehen (vgl. dazu auch Kapitel 2.3).

Problemfelder sind beispielsweise Umlaute und Sonderzeichen, erweiterte Zeichensätze und alle Elemente des Formelsatzes. Unter Sonderzeichen sind sowohl Zeichen wie naturwissenschaftliche Formelzeichen und Lautschriften zu verstehen als auch alle Zeichen, die nicht im Zeichensatz enthalten sind und früher von Hand eingefügt wurden, heute jedoch meist elektronisch nachgezeichnet werden. Außerdem ist auf so genannte diakritische Zeichen und Fremdsprachenalphabete zu achten.

Typographische Korrektur

Das Deleatur heißt »es werde getilgt«. Das Korrekturzeichen ₰ entspricht der Abkürzung dl in einer früheren Handschriftform (siehe auch »Korrekturzeichen«, Teil II, S. 301.)

Hier werden zunächst die Auszeichnungen im Manuskript auf ihre Realisierung in der Satzfahne hin überprüft. Dazu gehören die Hierarchieebenen der Überschriften, Auszeichnungen im Text sowie alle in der Satzanweisung (siehe Kapitel 3.7) stehenden Anweisungen.

Darüber hinaus ist auf den Zeilenumbruch, also die Silbentrennung zu achten. Dabei geht es nicht nur um die orthographisch richtige Trennung, sondern auch um die Verstehbarkeit und Eindeutigkeit von Trennungen. Das bekannteste und vielfach strapazierte Beispiel ist die unglückliche Trennung des Wortes »Urinstinkt« nach der zweiten Silbe. Es muss nicht immer so dramatisch sein, dennoch sind schlechte Trennungen oftmals sehr hinderlich für das Weiterlesen.

Zur typographischen Korrektur gehören viele Details und Feinheiten, die für gute Lesbarkeit und professionellen Umgang mit einem Text stehen. Hier ist im Wesentlichen auf die richtigen Anführungszeichen zu achten, den richtigen Apostroph, auf korrekte Multiplikationszeichen. Gleichzeitig sind unterschiedliche Strichlängen der unterschiedlichen Striche ein ebenso wichtiges Thema wie die Fragen nach festen Abständen zwischen zusammengehörenden Begriffen und Trennsperren. Kommen unterschiedliche Auszeichnungen im Text vor, wird auf Einheitlichkeit hin korrigiert. Eine weitere ästhetische Korrektur: Große Löcher im Text, vor allem im Blocksatz, werden aufgelöst.

Umbruchkorrektur

Der Druckfehler ist immer ein Setzfehler, der erst nach dem Druck zu sehen ist.

Vielfach wird erst oder sogar nur im Umbruch Korrektur gelesen. Sollte vorher eine Korrektur erfolgt sein, werden jetzt die Korrekturen aus der Fahne überprüft. Außerdem wird die Silbentrennung komplett oder nur dort bearbeitet, wo sich der Zeilenumbruch geändert hat. Die Überprüfung von Pagina und Kolumnentitel erfolgt.

Nach Absprache werden außerdem Schwerpunkte bearbeitet: die Übereinstimmung von Schreibweisen in Bildunterschriften und Grafiken mit Schreibweisen im Fließtext, Schusterjungen und Hurenkinder, weitere ästhetische Korrekturen wie unschöne Trennungen und generell Löcher im Text. Zum Abschluss wird die Seite noch einmal im Ganzen betrachtet.

Arbeitsplatz und Lesetechnik

Korrektoren lesen ununterbrochen. Wie lässt sich das sieben oder acht Stunden am Tag tun? Zum Finden von Fehlern ist das Lesen Buchstabe für Buchstabe erforderlich, so wie es Leseanfänger erlernen, die erst mit dem Finger, später mit dem Lineal das Auge führen. Für das Korrekturlesen steht das Erfassen der Wortgestalt im Vordergrund vor dem inhaltlichen Erfassen.

Als praktisches Hilfsmittel, um die Zeile nicht zu verlieren, wird mit einem Lineal oder ersatzweise einem untergelegten Blatt die Zeile gehalten, sodass das übliche Leseverhalten erschwert wird. Gleichzeitig ermüdet das Auge nicht so schnell, weil es geführt wird und nicht erst die Zeile suchen muss.

Am Arbeitsplatz ist gutes Licht, viel Ruhe sowie eine angemessene Handbibliothek notwendig. Dazu gehören alle Titel, die die typischen Korrekturfälle des Hauses betreffen. Bücher zu Orthographie, Grammatik und zu Fremdwörtern sind selbstverständlich, alles andere ist fallweise zu ergänzen.

Einheitlichkeit

Es ist die Aufgabe der Korrektoren, für die Einheitlichkeit der Schreibung von Abkürzungen u.Ä. zu sorgen.

Rechtschreibung

Eine Satzanweisung ist nur dann vollständig, wenn sie für Autor, Mediengestalter und Korrektor eindeutig festlegt, wie die Rechtschreibung behandelt werden soll. Das gilt vor allem dann, wenn beim Schreiben nach den neuen amtlichen Regeln von 1996 unterschiedliche, aber doch zulässige Schreibungen desselben Wortes vermieden werden sollen (Einheitlichkeit von Einzelwortschreibungen und bei der Zeichensetzung). Eine mögliche Festlegung kann darin bestehen, dass bei der Rechtschreibung strikt nach den Hauptvarianten »DUDEN – Die deutsche Rechtschreibung« (22. Auflage 2000) zu verfahren sei. In der Schweiz ist der »DUDEN« in orthographischen Zweifelsfällen nach wie vor das amtliche Referenzwerk.[1]

Typographische Stimmigkeit

Allein ein erfahrener Fachmann der Drucktechnik vermag in der Gestaltung eines Textes Unstimmigkeiten wie ungünstige Umbrüche, schlechte Trennungen oder einen unschönen Zeilenfall zu erkennen; er allein hat das Werk übersichtlich vor sich, während sich die mit der Produktion selbst beschäftigten Mediengestalter lediglich um einzelne Aspekte des Werkes kümmern.

Hauskorrektur ist die vor Ort erledigte Korrektur, die auf Kosten des Auftraggebers durchgeführt wird.

Während die Manuskriptkorrektur vor der eigentlichen Produktion durchgeführt wird, sodass ein bereits bereinigtes Manuskript zur satztechnischen Verarbeitung kommt, werden bei der ersten Korrektur nach dem Rohumbruch, der so genannten Hauskorrektur, alle Aspekte des Buches, formale und inhaltliche, geprüft. Danach geht der Titel zurück an die Produktion.

Besondere Aufmerksamkeit muss der korrekten Benennung des als Einzelseiten vorliegenden Korrekturabzugs – ebenfalls ein Begriff aus

1 Elektronisch verfügbare Texte (z.B. in Word für Windows) können mit dem »Profi-Konverter« von DUDEN maschinell in die neue Rechtschreibung konvertiert werden, wobei Einheitlichkeit bei Schreibvarianten nach unterschiedlich definierbaren Vorgaben erreicht werden kann. Bei der Korrektur elektronischer Texte, die bereits den Regeln der neuen Rechtschreibung folgen, kann der »Korrektor« von DUDEN eingesetzt werden, der neben einer Rechtschreib- auch eine Grammatikkorrektur leistet.

dem Bleisatz – geschenkt werden. Seiten aus verschiedenen Korrekturstadien dürfen keinesfalls durcheinander geraten. Ab und zu behelfen sich Autor oder Verlag mit einer Seite aus einem anderen Stadium der Korrektur, wenn zum Beispiel eine Grafik vergessen wurde oder auf eine bereits verworfene Einzelheit zurückgegriffen werden soll. Das ist auf jeden Fall zu vermeiden oder muss auf dem Abzug deutlich mit roter Farbe kenntlich gemacht werden.

Korrekturzeichen nach DIN

Die Korrektur muss mit den Korrekturzeichen nach DIN erfolgen (siehe Teil II, Seite 301). Hierzu sollte – natürlich zu Beginn der Arbeiten am Buch – auch der Autor verpflichtet werden.

Nach der Hauskorrektur gehen Fotokopien der Seiten an den Verlag, an den Autor und an alle anderen an der Produktion Beteiligten. Auch dieser Verteiler sollte in der Satzanweisung enthalten sein.

Autorkorrektur

Der Autor führt anschließend die Autorkorrektur durch und prüft vor allem technische Angaben wie Formeln usw., bei denen es durch Übermittlungsfehler zu falschen Ziffern, falschen Formelzeichen und dergleichen kommen kann. Besonderes Augenmerk sollte allen Sonderzeichen gelten, der korrekten Größe und Ausdehnung von Formelzeichen und allen anderen Zeichen, zu deren Darstellung es besonderer Kommandos bedarf, das heißt, die nicht mit dem gewöhnlichen ASCII-Zeichensatzvorrat dargestellt werden können.

4.9 Der Produktionsauftrag

Der Produktionsauftrag enthält alle Details **technischer und kaufmännischer Art,** die die Erstellung der Abrechnungen auf der Basis einer Zeiterfassung zulassen. Das bedeutet, alle Angaben für die Herstellung des Buches zu **Schrift und Typographie, Bild, Druck und Weiterverarbeitung sowie alle Produktionsdaten und -termine** müssen enthalten sein.

Wichtig ist in diesem Zusammenhang, dass der Satzauftrag ein Spiegel der Herstellung ist. Er enthält in chronologischer Abfolge alle Termine der Fertigstellung, z. B. für Satz, Bildbearbeitung, Ausschießen, Ausgabe auf Film, Platte oder Übertragung auf digitale Druckmaschine, weiter die buchbinderische Verarbeitung zum Buchblock, die Fertigstellung der Deckel, das Verpacken und Versenden. Die Papierlieferung wird ebenso in Art und Umfang festgehalten wie die zu einem bestimmten Zeitpunkt bereitzustellenden Druckmaschinenkapazitäten.

Anders als z. B. die Satzanweisung, die nur für die Druckvorstufe von Belang ist, muss der Produktionsauftrag **allen Abteilungen und Beteiligten in aktueller Form** gleichzeitig vorliegen. Er ist die Basis der Terminplanung und damit auch die Grundlage für rechtliche Belange im Falle von Streitigkeiten, falls beispielsweise ein Werk nicht pünktlich zu einer Buchmesse ausgeliefert werden kann.

Heute ist schließlich die Möglichkeit einer so genannten digitalen Jobtasche gegeben: Eine Erweiterung des Datenformates PDF macht dies möglich. Das »Portable Job Ticket« wurde nach Vereinbarungen einer Gruppe von führenden Firmen der Drucktechnik als eine Sammlung digitaler Informationen im ASCII-Format definiert. Dort können zahlreiche Informationen wie Seitengrößen, Überfüllungsoptionen usw. gespeichert werden. Man wird sehen, ob sich das Job Ticket in dieser Form durchsetzt.

Imprimatur

Sind alle Korrekturdurchläufe abgeschlossen, wird das Imprimatur (lat. »es werde gedruckt«) in Form eines rechtsverbindlichen Vermerks mit Datum und Unterschrift und ggf. Bemerkungen erteilt. Mit dem Imprimatur gibt der Auftraggeber zum Druck frei.

4.10 Die Ausgabe als PDF-Datei

Druck- und Medientechniker unterscheiden Print- und Non-Print-Verfahren. Das Ausgabemedium der Printausgabe ist Papier; der Auftrag zur Produktion ist ausführlich im Kapitel 4.9 dargestellt. Die Non-Print-Ausgabe erfolgt in verschiedenen Formen auf ein digitales Speichermedium wie die CD-ROM. Als ein Standardformat dafür hat sich das PDF-Format entwickelt.

PDF steht als Abkürzung für Portable Document Format.

Es wurde vor wenigen Jahren vom Softwarehersteller Adobe zunächst für die Bürokommunikation als Datenaustauschformat entwickelt. Die Software rund um PDF wurde Acrobat genannt.[1] Mit der Ausgabeform PDF ist es möglich, den Inhalt eines Buches nahezu deckungsgleich typographisch auf einem Bildschirm wiederzugeben. Das kann über das Internet geschehen oder über Speichermedien wie Disketten oder eine CD-ROM. Generelle Hinweise, wie solche PDF-Dokumente aufzubauen sind, finden sich in Kap. 2 dieses Buches.

Datenorganisation

Wichtig ist, dass die Daten eindeutig und nachvollziehbar benannt werden. Heute haben sich beim Speichern von Daten folgende zwei Verfahren durchgesetzt, bei denen das eine mit einer fortlaufenden Nummerierung arbeitet, das andere mit dem Tagesdatum. In beiden Fällen erfolgt die eindeutige Zuweisung vor dem Suffix des Dateinamens. Dieses Suffix steht am Ende des Dateinamens nach dem Punkt und lautet bei PDF-Dateien immer .PDF. Direkt vor diesem Suffix erfolgt die eindeutige Zuweisung durch Nummerierung der Datei, z.B. _1 im Dateinamen kapitel_1.PDF. Die nächste Datei wäre dann mit kapitel_2.PDF zu bezeichnen. Im zweiten Fall wäre an der Stelle der Nummerierung das Tagesdatum zu finden: rosengarten_100302.PDF ist eindeutig zu unterscheiden von rosengarten_130302.PDF.

Im Falle des Tagesdatums sollte man sich von Anfang an auf die deutsche oder die englische Form des Datums verständigen, um Miss-

1 Schröder, Oliver/Bock, Juttia: PDF und Acrobat: Neue Wege in der Druckvorstufe, Bonn, 2000.

verständnisse auszuschließen. Alle Dateinamen sollten grundsätzlich kleingeschrieben werden, manche Computersysteme unterscheiden zwischen Groß- und Kleinschreibung. Weitere Hinweise zur Dateienorganisation finden sich im Kapitel 2.

Wie im Printbereich liegen in diesem Stadium der Manuskriptaufbereitung alle Daten vor und können jetzt weiterverarbeitet werden. Die Abfolge der notwendigen Arbeitsschritte lautet nun:

- Eine geeignete PDF-Datei durch korrekte Speicherung der Daten erstellen
- Die so standardisierten Daten als Postscriptdatei ausgeben
- Anschließendes Konvertieren, Komprimieren und Normalisieren der Daten

4.10.1 Daten speichern

Die Besonderheit bei der Verarbeitung von Daten zu einer PDF-Datei liegt in der Normalisierung der Daten, was so viel wie Standardisierung bedeutet. Ob im elektronischen Dokument Bilddateien im RGB-Modus (Rot-Grün-Blau-Modus der additiven Farbmischung) oder im CMYK-Farbraum (Cyan-Magenta-Yellow-Farbraum der subtraktiven Farbmischung) vorliegen, ist für das verarbeitende Programm Adobe Acrobat Distiller einerlei; verschiedene Modi werden je nach Vorgabe in einen Zielmodus umgewandelt. Auch Bildauflösungen können, wenn sie einen einstellbaren Wert überschreiten, auf ein gewünschtes Maß heruntergerechnet werden (engl. downsampling). Diese Einstellungen sollten dem Fachmann vorbehalten werden, weil sie bei falschem Wert dazu führen können, dass die resultierende PDF-Datei unbrauchbar wird.

4.10.2 Als Postscript ausgeben

Die Daten werden in eine Postscriptdatei umgewandelt, indem sie auf einen so genannten virtuellen Drucker geschickt werden. Bei einem gewöhnlichen Druckvorgang erzeugt der Computer Postscript-Daten, die im Drucker umgewandelt und in ein erkennbares Bild umgesetzt werden. Bei der Ausgabe auf einen virtuellen Drucker werden die Postscriptdaten im Computer erzeugt und dort auch gespeichert. Dieser Vorgang wird als Postscript-Ripping bezeichnet. Postscriptdateien sind verhältnismäßig groß; sie enthalten alle Angaben für Farben, Größen, Schriften usw. nach den Konventionen, die für Postscriptdatei gelten. Wichtig bei der Erstellung einer solchen Postscriptdatei ist die Aktivierung der Ausgabeoption, um die verwendeten Schriften einzubinden.

Verschiedene Herstellerprogramme interpretieren Postscript in veränderten Formen, sodass verschiedene Postscriptvarianten vorkommen. Diese Unterschiedlichkeiten können bei der Weiterverarbeitung der Daten zu Ausgabeproblemen führen. Das wird im nächsten Schritt ausgeschlossen.

Konvertieren, Komprimieren, Normalisieren

4.10.3

Im Programm Adobe Acrobat Distiller wird die Postscriptdatei auf Fehler geprüft, vereinheitlicht und als PDF-Datei nach Detailvorgaben des Benutzers ausgegeben. Die Bilder können komprimiert oder im Farbmodus verändert werden. Es ist auch möglich, die Bilder mit Profilen eines Farbmanagement- oder Colormanagementsystems zu versehen.

Colormanagement

Der Begriff Colormanagement bezeichnet einerseits digitale Farb-Kontrollsysteme und andererseits den Ansatz, den digitalen Arbeitsfluss in der grafischen Industrie farbvorhersehbar und -verbindlich zu machen. Alle Ein- und Ausgabegeräte (Scanner, Monitore, Farbdrucker aller Bauarten, Druckmaschinen usw.) weisen fehlerhafte Farbwiedergaben auf. Diese Fehler beruhen auf vom Ideal abweichenden Eigenschaften der färbenden Mittel, z.B. Phosphorschichten im Monitor, Farbtonerpuder in Farblaserdruckern usw. Diese Fehler sind unterschiedlich stark ausgeprägt.

Definierte, unter Laborbedingungen ausgemessene Standardvorlagen und -ausgabedateien werden auf allen verwendeten Geräten eingelesen bzw. ausgegeben. Die Resultate vergleicht man mithilfe von Colormanagement-Softwarepaketen mit den Messwerten, die im Labor erzielt wurden. Die Differenzen zum Soll werden in so genannten Profilen gespeichert. Der Computer hat damit einen Zugriff auf die Fehler der verwendeten Ein- und Ausgabegeräte und kann die Ein- und Ausgabe von Bildern entsprechend korrigiert steuern. Voraussetzung für einen durchgehenden Colormanagement-Arbeitsfluss ist das Vorhandensein von Profilen für jedes beteiligte Gerät. In der Praxis allerdings liegen z.B. von Druckmaschinen nur selten derartige Profile vor.

CMYK
Cyan
Magenta
Yellow = gelb
Key = schwarz

Die Farben in einem Bild werden – wenn das Colormanagement durchgeführt werden soll – nicht mehr als RGB- oder CMYK-Farben angegeben, sondern in dem geräteunabhängigen Farbraum CIE-L*a*b* gespeichert. Bei der Ausgabe werden die Farbwerte erst im RIP, unmittelbar vor der Ausgabe auf ein analoges Medium, z.B. in die Rasterprozentwerte für die Druckfarben CMYK des jeweiligen Zieldruckverfahrens, umgesetzt.

Der Vorteil der Anwendung eines Colormanagementsystems, wie es von einigen Herstellern der grafischen Industrie angeboten wird, liegt in der genaueren Farbvorhersage in Bezug auf ein Ausgabemedium und in der Möglichkeit, Bilddaten unabhängig von der Ausgabe zu bevorraten. Das ist notwendig, wenn Printprodukte häufig auch als Non-Print-Produkte ausgegeben werden sollen oder wenn oft verschiedene Druckverfahren verwendet werden.

Der entscheidende Nachteil liegt in der wenig anschaulichen Farbbeschreibung im L*a*b*-System anhand von abstrakten Zahlenwerten.

Die Rasterprozentwerte im CMYK-Farbraum für z. B. den Offsetprozess nach europäischen Standards sind wesentlich anschaulicher. Zurzeit kann noch keine Rede davon sein, dass Colormanagement sich durchsetzt.

Wenn ein mehrfarbiges Objekt zur Druckerei übermittelt werden soll, muss eine Farbseparation erfolgen; die Farben werden in ihre vier Druckfarbenbestandteile zerlegt und als vier Farbauszüge ausgegeben. Wird mit einer PDF-Datei zur Übermittlung gearbeitet, kann diese Separation vor oder nach der PDF-Erzeugung vorgenommen werden. Das Vorgehen sollte unbedingt mit einem Fachmann der Druckerei abgesprochen werden.

Möglichkeiten zur Handhabung der PDF-Date

Bei der Erstellung der PDF-Datei werden bei richtiger Wahl der Ausgabeoptionen alle vorhandenen Schriften eingebunden, was bedeutet, dass jeder Benutzer die Schriften in korrekter Darstellung auf seinem Bildschirm sehen kann, unabhängig davon, ob sie auf dem Computer installiert sind oder nicht.

Es ist außerdem möglich, verschiedene Nutzungsmöglichkeiten zu unterbinden. Damit kann dem Anwender das Drucken, Verändern oder Extrahieren von Daten unmöglich gemacht werden; möglicherweise ist sogar nur das Lesen der Daten zugelassen.

Die PDF-Datei kann verschiedenen Ausgabewegen angepasst werden. Soll die PDF-Datei im grafischen Gewerbe vom Verlag an eine Druckerei übergeben werden, wird man die Komprimierungsfunktionen weitgehend deaktivieren; soll die PDF-Datei lediglich auf dem Bildschirm betrachtet werden können, sind wesentlich geringere Auflösungen für die enthaltenen Bilder nötig, sodass die Ausgabedatei sehr stark komprimiert wird, wodurch eine Ausgabe als Druckprodukt dann allerdings ausgeschlossen wird.

4.10.4 Sichern auf CD-ROM

Je nach Struktur der Ausgangsdaten schrumpft die Dateigröße stark. Häufig passen PDF-Dateien auf eine gewöhnliche Diskette, während die Ausgangsdaten ein Vielfaches ausmachten. Die PDF-Datei wird gespeichert, hier können etwa briefmarkengroße Voransichten (engl. Thumbnails) jeder Seite erzeugt werden. Das kann für einen Anwender bei deutlich unterschiedlichen Seiten für die Orientierung hilfreich sein, vergrößert aber die Datei.

Bei technischen Fachbüchern wird heute bereits ab und zu die PDF-Datei dem Buch auf CD-ROM – in einem Umschlag eingeklebt im Buchdeckel – beigelegt. Der Benutzer kann die Bilder ausdrucken und die Texte – für den eigenen Gebrauch – verwenden. Vor allem bei Lehrbüchern ist das ein sinnvoller Weg, den Lehrern das abgedruckte Material in digitaler Form an die Hand zu geben.

Druck und Bindung

5. Kapitel

Die Buchproduktion erfolgt heute im Wesentlichen digital. Das bedeutet, dass die Daten digital gespeichert sind, in EDV-Systemen bearbeitet und schließlich auf analogen oder digitalen Systemen ausgegeben werden. Im Folgenden sollen die heute üblichen Ausgabeverfahren für umfangreiche Texte in einem knappen Überblick dargestellt werden; für detaillierte technische Informationen sei auf die Literaturangaben verwiesen.[1]

5.1 Druckverfahren

Die heute in der Drucktechnik industriell verwendeten Druckverfahren sind Offsetdruck, Tiefdruck, Hochdruck und Siebdruck; handwerkliche verwendete Verfahren spielen in der Serienbuchproduktion keine Rolle. Lediglich der Offsetdruck wird für die Buchherstellung eingesetzt.[2]

5.1.1 Offsetdruck

Das Offsetdruckverfahren ist heute für viele Druckprodukte das Standarddruckverfahren, so auch für die Buchherstellung. Es ist für verschiedenste Papierqualitäten und -formate geeignet und wird in der Buchproduktion sowohl für einfache Taschenbücher als auch für anspruchsvolle Kunstdruckbände verwendet.

5.1.2 Digitaldruck

Eine zunehmend wichtige Stellung nimmt der recht neue Digitaldruck ein. Digital bedeutet, dass die Druckform wie bei einem Fotokopierer (Xerographie) von einem zum nächsten Exemplar oder zumindest in sehr kurzer Zeit geändert werden kann. Es existiert keine analoge Druckform mehr. Die Druckform wird digital auf einem Computer be-

1 Eine umfassende Darstellung der Drucktechnik in: Kipphan, Helmut: Handbuch der Printmedien. Berlin, 2000.
2 Ausführliche Erläuterung der Offsetttechnik in: Teschner, Helmut: Offsetdrucktechnik. Fellbach, 1997.

reit gehalten und nach Aufforderung auf die Druckmaschine übertragen. Wie bei jedem anderen Druckverfahren – im Gegensatz zur Fotokopie – wird auch hier eine Druckform für viele Exemplare verwendet; der Digitaldruck ist ein Druckverfahren und keine Fotokopiertechnik. Diese Technik wird eine wichtige Stellung für Klein- und Kleinstauflagen einnehmen und soll etwas ausführlicher dargestellt werden:

Der besondere Vorzug liegt in der Schnelligkeit und Flexibilität der Systeme, die Ausgabequalität ist oft erstaunlich gut. Der Digitaldruck ist nicht für hohe Auflagen gedacht oder geeignet. Die Flexibilität der Ausgabegeräte ermöglicht es, Bücher in sehr kleinen Auflagen bis hinunter zu einem einzigen Exemplar dem interessierten Leser zur Verfügung zu stellen, sobald seine Bestellung eingeht, daher auch die Bezeichnung »Printing-on-Demand« (Druck auf Bestellung). Durch diese technischen Möglichkeiten erhalten Autoren die Chance, auch Kleinstauflagen zu publizieren.

Printing-on-Demand

Weil die Digitaldruckmaschinen über integrierte Falz- und Bindeeinrichtungen verfügen, kann das im Printing-on-Demand, kurz PoD, produzierte Buch in kurzer Zeit fertig gestellt und an den Kunden ausgeliefert werden.

5.2 Wesentliche Arbeitsschritte innerhalb des Druckprozesses

Der Ablauf der einzelnen Arbeitsschritte ist im Wesentlichen gleich. Zunächst werden digitale Daten hergestellt, sofern diese noch nicht vorliegen (siehe Repro- oder Aufsichtsvorlagen, Kap. 2.4). Dann laufen folgende Arbeitsschritte ab:

5.2.1 Speichern

Die Daten für das Buch liegen komplett vor, alle Bilder und Texte wurden korrigiert. Um einem Datenverlust bei Stromausfall o. Ä. vorzubeugen, wird eine Sicherungskopie erstellt (engl. Backup), heute meist auf beschreibbaren CD-ROMs. Dieses preisgünstige Medium bietet sich auch an, um die Daten an Dritte weiterzugeben. Allerdings reagieren diese Kunststoffträger auf UV-Strahlen und müssen daher vor dem Sonnenlicht geschützt werden. Zur Datenorganisation siehe Kap. 2.3.7 sowie 4.10 für PDF-Dateien.

5.2.2 Ausschießen

Die Seiten eines Buches werden nicht chronologisch gedruckt. Der Drucker fasst sie in Gruppen zusammen. Gruppenweise werden Papierbogen oder Rollenpapiere bedruckt. Damit die Reihenfolge der Buchseiten nach dem Falzen richtig ist, muss vor dem Druck die richtige Lage der Seiten auf dem Druckbogen festgelegt werden. Dieser Vorgang heißt Ausschießen.

Nach dem Druck werden die beidseitig bedruckten Bogen gefaltet, der Fachmann spricht vom »Falzen«. Nach mehrmaligem Falzen erreicht man die Formatgröße des späteren Buches zuzüglich des Beschnitts.

Die beiden wichtigen Arbeitsweisen beim Ausschießen

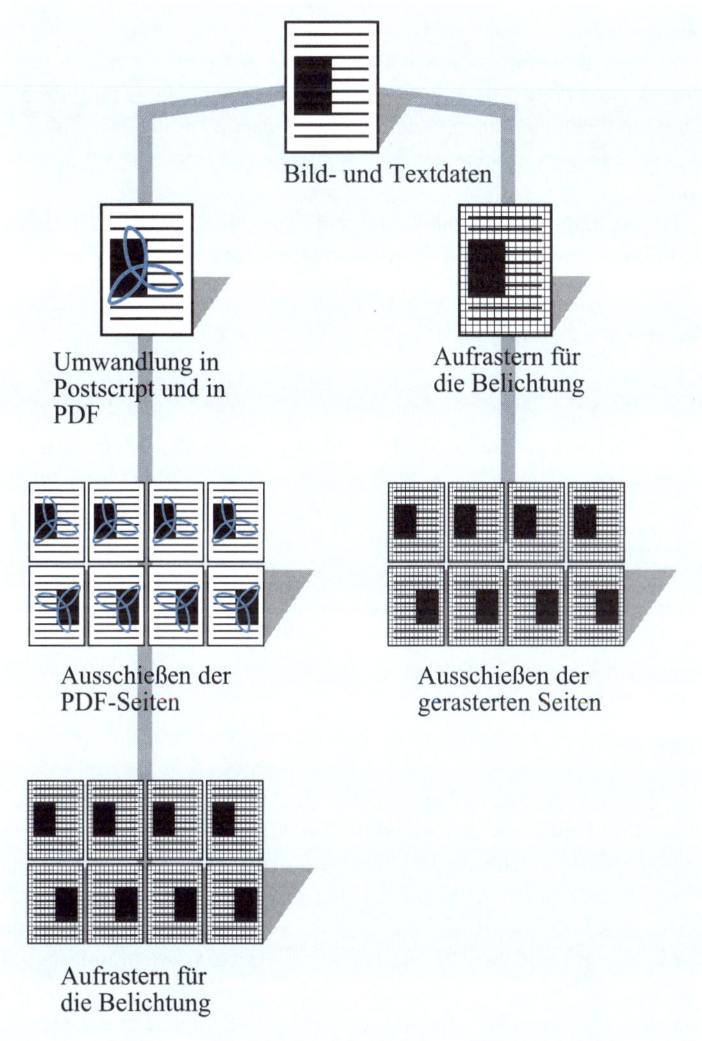

Heute werden zwei substanziell unterschiedliche Arbeitsverfahren durchgeführt, um die digital vorliegenden Seiten eines Buches auszuschießen. Entweder werden die Daten in das Datenformat PDF überführt und dann ausgeschossen oder zunächst für die Ausgabe auf Belichtern gerastert und dann ausgeschossen. Der Unterschied liegt vor allem in der unterschiedlichen Dateigröße, die im jeweiligen Verfahren erzeugt wird. PDF-Dateien sind wegen der Komprimierung, die vorgenommen wird, sehr klein; gerasterte Dateien für die Belichterausgabe sehr groß.

In beiden Verfahren werden die Seiten gedreht und mit nötigen drucktechnischen Sondermarkierungen versehen, wie es die Einrichtung der Druckmaschine verlangt; die Vorgaben für das Ausschießen nennt man Ausschießschemata. Die Daten werden erneut gespeichert.

Ist das Rastern abgeschlossen, können die gerasterten Seiten durch Anhängen einer einfachen Positonsangabe ausgeschossen werden.

5.2.3 Rastern mit dem RIP

Vor der Ausgabe auf einem Belichter müssen die Daten in einem »Raster Image Processor« oder RIP (dt.: Raster-Bild-Prozessor; Teil eines Laserbelichters) so aufgerastert werden, dass die Belichterelektronik erkennt, wo das Ausgabemedium mit einem Laserstrahl belichtet werden soll. Dieses Rastern erzeugt sehr große Dateien, die den RIP relativ lange in Anspruch nehmen. Werden Fehler bemerkt, muss das Rastern noch einmal vorgenommen werden. Aus diesem Grund hat man verschiedene Konzepte entwickelt, die das Rastern oder »Rippen« entweder an die Stelle vor oder hinter das Ausschießen stellen. Beide Verfahren haben Vor- und Nachteile.

5.2.4 Belichten

Die ausgeschossenen und gerasterten Daten werden zum Belichter geschickt und auf ein Ausgabemedium belichtet. Heute ist das vor allem reprographischer Film. Andere Medien sind im Einsatz und werden den Film voraussichtlich verdrängen. Dazu gehören Filme, die ohne reprotechnische Entwicklerbäder auskommen sowie Druckplatten, die nach der Belichtung und Entwicklung direkt in die Druckmaschine gespannt werden können.

Beim Digitaldruck wird dieser Schritt »Bebilderung« genannt. Eine Trägertrommel wird elektrostatisch aufgeladen und zieht Farbpartikel aus Vorratsbehältern an. Bei der Berührung der Papierbahn wird der Partikelbelag abgegeben und anschließend dort durch Hitze fixiert.

Kopieren 5.2.5

Der belichtete reprographische Film wird unter UV-Licht auf herkömmliche Offsetdruckplatten kopiert. Die belichteten Druckplatten werden nass – d.h. in reprotechnischen Entwicklerbädern – entwickelt und in die Druckmaschine eingespannt.

Dieser Vorgang entfällt beim Digitaldruck.

Drucken 5.2.6

Die Druckmaschinen bedrucken je nach Bauart entweder Papierbahnen von der Rolle oder einzelne Papierbogen. Industrielle Buchproduktion mit großen Auflagen wird vor allem auf Rollenmaschinen durchgeführt. Nach rund einem Tag ist die Druckfarbe trocken und wischfest.[1]

Beim Digitaldruck werden die Farbpartikel kurzzeitig erhitzt und so auf dem Papier fixiert. Das ruft einen gewissen Glanz hervor, der ein Erkennungsmerkmal des Digitaldruckproduktes ist.

Binden 5.3

Das Falzen und Zusammenfügen der gefalzten Druckbogen erfolgt in der industriellen Herstellung von Massenauflagen häufig unmittelbar im Anschluss an die Druckmaschine – das gilt auch für den Digitaldruck.

Die Bindung ist heute bei den meisten Büchern eine Klebebindung. Die Blätter liegen lose aufeinander und werden nur durch den am Rücken aufgetragenen Buchbindeleim gehalten. Werden die Seiten beim Lesen weit geöffnet, kann sich leicht eine Seite lösen und herausfallen. Ein fester Buchdeckel, mit dem Erstauflagen heute häufig ausgestattet werden, muss nicht bedeuten, dass auch die Bindung hochwertig ausgefallen ist.

Eine dauerhafte Bindung wird nur durch eine Fadenbindung erreicht. Die Seiten liegen als Doppelseiten vor und werden durch Fäden im Rücken gehalten; für den Leser ist das am Faden im Bund erkennbar. Der Leser kann das Buch problemlos weit öffnen. Dieses Verfahren ist aufwendiger als die Klebebindung und wird daher vorwiegend für hochwertige Bücher angewendet.

1 Anschauliche Darstellung der Wechselwirkungen von Papier und Schrift in: Willberg, Hans Peter und Friedrich Forssmann: Erste Hilfe in Typografie. Mainz, 2000.

Materialien

Das Einrichten von Büchern 1

Titelei 1.1

Die Titelei – auch Titelbogen genannt – ist der Teil vor dem eigentlichen Text. Sie hat eine fest vorgegebene Reihenfolge; bestimmte Elemente sind jedoch fakultativ. Freie Seiten heißen Vakatseiten oder schlicht »Vakat«. Bis auf Sammeltitel, Frontispiz und Impressum beginnen alle Abschnitte in einer Titelei auf einer rechten Seite, das heißt mit einer **ungeraden Seitenzahl.**

Muster einer Titelei

Seite	Text	Paginierung
1	Schmutztitel	entfällt
2	Sammeltitel oder Frontispiz oder Vakat	entfällt
3	Haupttitel mit allen für die Bibliographie nötigen Angaben	entfällt
4	Impressum und Copyrightvermerk	4, IV, iv
5	Widmung	5, V, v
6	Fortsetzung Widmung oder Vakat	6, VI, vi
7	Vorwort	7, VII, vii
8	Fortsetzung Vorwort oder Vakat	8, VIII, viii
9	Inhaltsverzeichnis	9, IX, ix
10	Fortsetzung Inhaltsverzeichnis oder Vakat	10, X, x
11	Beginn des Textes	11, XI, xi oder 1

Paginierung 1.2

Grundsätzlich werden Vakatseiten zwar mitgezählt, erhalten aber keine Seitenzahl. Die Nummerierung kann arabisch (1, 2, 3, ...) oder römisch mit Versalien (I, II, III, ...) oder mit Gemeinen (i, ii, iii, ...) erfolgen. Der Textteil führt die arabische Nummerierung fort, bei römischer Paginierung der Titelei beginnt die arabische Nummerierung auf der ersten Textseite neu.
Am Kopf einer Seite stehend, wird die Paginierung bei Kapitelanfängen mit Vorschlag oft weggelassen; steht sie unten auf der Seite, lässt man sie bei Ausgangsseiten (sog. Spitzkolumnen) weg. Auf jeden Fall aber ist die letzte Seite eines Buches nicht mehr paginiert.

Vorsatz 1.3

Der Vorsatz (oder das Vorsatzpapier) verbindet den Buchblock mit dem Buchdeckel; er gehört nicht zum Buch im engeren Sinne und wird nicht **paginiert,** d.h. mit Seitenzahlen versehen.

1.4 Schmutztitel

Die als Schmutztitel bezeichnete Seite schützt den noch nicht eingebundenen Buchblock vor Verschmutzung (daher der Name). Ist der Titel der Publikation aufgeführt, so geschieht dies in Grundschrift.

1.5 Sammeltitel oder Frontispiz

Bei mehrbändigen Werken nennt der Sammeltitel den übergordneten Titel, der alle Bände vereint.

Das Frontispiz ist ein eingeklebtes, auf Kunstdruckpapier gedrucktes Porträt, z.B. der Persönlichkeit, die in einer Biografie beschrieben wird. In Standardpublikationen ist die Seite in der Regel ein Vakat.

1.6 Haupttitel

Der Haupttitel nennt alle Angaben wie Autor, Titel und Verlag (oft mit Signet). Der Satz erfolgt in größerem Schriftgrad, harmonisch oder konträr zur Grundschrift passend.

1.7 Impressum und Copyrightvermerk

Die Buchtitelangabe mit allen bibliographischen Hinweisen und Leistungsschutzrechten erfolgt als Ausnahme auf einer linken Seite; gesetzt wird in kleinerem Schriftgrad.

ISBN

Die ISBN, die Internationale Standard-Buchnummer, soll als kurzes und eindeutiges Identifikationsmerkmal jedes Buch unverwechselbar kennzeichnen. Um einerseits die Buchproduktion der Welt nicht zentral zu benummern und um andererseits Doppelbenummerungen zu vermeiden, wurde die zehnstellige Nummer in vier Teile gegliedert, die durch Divis oder Halbgeviertstrich oder aber auch durch Zwischenraum voneinander abzugrenzen sind. Die Abkürzungen ISBN ist generell davor zu setzen.

Beispiele:
ISBN 3–411–01386–9
ISBN 3 7609 4012 9
ISBN 3-570-01961-6
ISBN 3-570-05707-0
ISBN 3–570–06600–X

Die vier Teilnummern bedeuten:

Teil 1: Gruppenummer für nationale, geographische Sprachgruppen (im Beispiel Bundesrepublik Deutschland mit Österreich und der deutschsprachigen Schweiz, Gruppe 3)
Teil 2: Verlagsnummer zur eindeutigen Identifikation des Verlags
Teil 3: Titelnummer für das einzelne Buch
Teil 4: Prüfziffer. Sie ist in jedem Fall einstellig (X steht für 10)

Die ISBN soll eine Standardangabe in jedem Buch bzw. in jeder veränderten Auflage oder Ausgabe eines Buches sein. Die Größe der verwendeten Drucktypen soll nicht weniger als 9 Punkt betragen. Die ISBN steht am Schluss des Impressums und bei der CIP-Kurztitelaufnahme.

Sie sollte außerdem auf der Schutzumschlagrückseite am unteren Rand (auch in computerlesbarer Form), in den ausführlichen Literaturangaben, auf Bücherprospekten und auf der Verpackung des betreffenden Buches stehen.

Die ISSN, die Internationale Standard-Seriennummer, wurde als Pendant zur ISBN für fortlaufende Sammelwerke (Zeitschriften, zeitschriftenartige Reihen, Zeitungen) entwickelt und mit einem international verbindlichen Code geregelt. Es handelt sich bei der ISSN um eine achtstellige Zahl, die durch Divis oder Halbgeviertstrich in zwei vierstellige Gruppen gegliedert ist. Ihr vorangestellt werden die Buchstaben ISSN.

ISSN

Beispiel:
ISSN 0340-3718

Im Gegensatz zur ISBN enthält die ISSN keine Angaben über Verlag und Herkunft der Publikationen. Ihre Vergabe und Verwaltung ist – ebenfalls im Gegensatz zur ISBN – zentral über das International Serials Data System (ISDS) organisiert.

Die Europäische Artikelnummerierung EAN ist ein internationales Nummerierungssystem für Waren aller Art. Die EAN-Nummer ist eine 13-stellige Zahl, von der die ersten beiden oder auch die ersten drei Stellen die jeweilige national zuständige Institution für die Nummervergabe kennzeichnen (für Deutschland sind das die Nummern 40 bis 43 und 440). Die nächsten vier oder fünf Stellen sind für die Kennzeichnung des Herstellerbetriebes – z. B. des Verlages – vorgesehen; fünf weitere Stellen können für die Artikelnummerierung genutzt werden. Die 13. Stelle ist eine Prüfziffer. Zur Produktkennzeichnung wird die EAN-Nummer im maschinell lesbaren EAN-Strichcode verschlüsselt. Dieser ermöglicht eine automatische Erfassung der Verkaufsdaten an Scannerkassen.

EAN

Ein weiteres wichtiges Element ist die CIP-Kurztitelaufnahme der Deutschen Bibliothek. Die international eingeführte CIP-Kurztitelaufnahme (CIP = Cataloguing in Publication Data) der deutschen Bibliothek (Frankfurt am Main) erfasst in Kurzform alle bibliographischen Angaben eines Werkes und gehört ins Impressum. Der Verlag kann zwischen dem »Standardvermerk« und der »vollständigen CIP-Einheitsaufnahme« auswählen.[1]

CIP

Standardvermerk

Die Deutsche Bibliothek – CIP-Einheitsaufnahme

Ein Titeldatensatz für diese Publikation ist bei
Der Deutschen Bibliothek erhältlich.

1 Ab Januar 2003 ändert sich das Verfahren insofern als die Verlagsmeldung an das »Verzeichnis lieferbarer Bücher« (VLB) gleichzeitig die Meldung an Die Deutsche Bibliothek sein wird.

Neue Eintragung ab 2003

Bibliografische Information der Deutschen Bibliothek

Die Deutsche Bibliothek verzeichnet diese Publikation in der Deutschen Nationalbibliografie; detaillierte bibliografische Daten sind im Internet über http://dnb.ddb.de abrufbar.

(Anmerkung: Die Großschreibung des Artikels »Der« verstößt gegen die amtlichen Regeln der deutschen Orthographie. Der korrekten Kleinschreibung wird von der Deutschen Bibliothek jedoch nicht widersprochen.)

Die zweite Variante, die vollständige CIP-Einheitsaufnahme, soll ebenfalls möglichst auf der Impressumseite stehen, kann aber auch auf einer Seite am Ende des Buches abgedruckt werden.

Beispiele

Die Deutsche Bibliothek – CIP-Einheitsaufnahme

Duden »Das große Wörterbuch der deutschen Sprache«: in zehn Bänden /
hrsg. vom Wissenschaftlichen Rat der Dudenredaktion.
[Red. Bearb.: Werner Scholze-Stubenrecht (Projektleiter) ...
Unter Mitarb. von Brigitte Alsleben ...]. – [Ausg. in 10 Bd.]. –
Mannheim; Leipzig; Wien; Zürich: Dudenverl.
ISBN 3-411-04733-X
Bd. 1. A–Bedi
3., völlig neu bearb. und erw. Aufl. – 1999
ISBN 3-411-04743-7

Packer, Joy:
Der dunkle Vorhang: Roman. – 1. Aufl. –
München: Schneekluth, 1979. – 253 S.
Einheitssacht.: The dark curtain <dt.>
ISBN 3-7951-0545-5

Wichtig ist bei der vollständigen CIP-Einheitsaufnahme vor allem, dass keine Angabe – weder Punkt noch Komma – verändert wird. Dies gilt nicht für die typographische Gestaltung hinsichtlich Schriftart, Schriftgrad, Umrahmung usw. Eine Einrahmung durch einen Rahmen mit halber Punktstärke sei aber empfohlen.

Widmungstitel 1.8

Im Widmungstitel wird häufig eine Person genannt. Der Satz erfolgt in der Kursiven der Grundschrift.

Vorwort 1.9

Das Vorwort erläutert Zweck und Absicht des Buches oder stimmt auf den Inhalt ein. Der Satz erfolgt in der Grundschrift des Buches.

Inhaltsverzeichnis 1.10

Wie bei den Überschriften kann man auch beim Satz von Inhaltsverzeichnissen verfahren, die zur besseren Übersichtlichkeit häufig in verschiedenen Schriften gesetzt werden (vgl. Beispiel 1). Die abgesetzte

Beispiel 1

Inhalt

Beispiel 2

INHALTSVERZEICHNIS

Der Laut und die Lautstruktur des Wortes

Beispiel 3

Inhalt

Gliederung des Inhaltsverzeichnisses kann, auf einem Abzug entsprechend farbig ausgezeichnet, der Satzanweisung als Hilfsmittel zur Bestimmung der Textüberschriften beigegeben werden.

Zur Gliederung des Inhaltsverzeichnisses und damit des Buches gibt es verschiedene Möglichkeiten. Bei wissenschaftlichen und anderen Texten mit starker Untergliederung empfiehlt sich eine Gliederung gemäß DIN 1421 (vgl. Kap. 2.1.2), d.h. eine dekadische Gliederung (siehe Beispiel 2).

Doch ist die alphanumerische Gliederung nach Kapiteln, Paragraphen, Abschnitten u.a. in jedem Fall zulässig.

Die alphanumerische Gliederung kann nach Versalbuchstaben (A, B, C usw.) und Ziffern mit Aufzählungspunkt (1., 2. usw.) mit Gemeinen fortgesetzt werden, also z.B. a), b), c) usw. Eine Fortführung darüber hinaus – mit Paragraphen oder sonstigen Zeichen – sollte vermieden werden (siehe Beispiel 3).

Gliederungen, die ausschließlich auf der Wirkung des Schriftbildes beruhen, sollten ebenfalls vermieden werden.

1.11 Signatur und Bogennorm

Die Signatur und die Bogennorm sind Angaben, die für die buchbinderische Fertigstellung einer Publikation erforderlich sind. Sie stehen in Petitdruck am Fuß der Seite, heute meist im Beschnitt oder auf der Außenseite im Bund, sodass der Leser sie nicht wahrnimmt.
Die Signatur besteht aus dem Kurztitel und dem Verfassernamen. Sie steht auf der ersten Seite einer Lage, also auf der ersten Seite eines gefalzten Bogens. Die Bogennorm dagegen besteht aus einer kleinen Ziffer, die die Bogen fortlaufend nummeriert. Sie wird Prime genannt.

Beispiel für Signatur und Bogennorm

Abgebildet ist der Fuß der Seite 17 eines Werkes, das in Lagen zu 16 Seiten gedruckt wird. Es handelt sich hier also um die erste Seite des zweiten Bogens.

2 Meyer, Friedrich. Mein Leben.

Die Bogennorm besteht zusätzlich zur Zahl aus der Sekunde. Sie steht auf der dritten Seite der Lage und führt neben der Zahl der Lage einen hochgestellten Stern. Wurde die Lage falsch gefalzt, steht die Sekunde auf einer anderen Seite.

Beispiel für die Bogennorm: die Sekunde

Hier muss es sich um die dritte Seite der zweiten Lage handeln. Im Beispiel aus der obigen Abbildung also um die Seite 19.

2*

1.12 Register

Register werden in der Regel mehrspaltig, häufig zweispaltig, im Flattersatz gesetzt. Zeilen stehen ohne Schlusspunkte. Sie haben »hängenden Einzug«, d.h., die zweite und alle weiteren Zeilen sind um ein Geviert einzuziehen; Unterschlagwörter sind dann mit entsprechend weiterem Einzug zu setzen. Zwischen Stichwort und erster Seitenzahl kommt kein Komma, jedoch kann ein größerer Raum gesetzt werden (bis hin zu einem vollen Geviert). Zwischen den Seitenzahlen seht ein Komma. Die Abkürzungen f., ff. stehen unmittelbar an der Seitenzahl, dürfen also auch bei Zeilentrennungen nicht von ihr getrennt werden (»geschützter Umbruch«). Seitenzahlen, die sich auf eine Abbildung oder Tafel beziehen, werden meist kursiv gesetzt; dabei kann es durchaus vorkommen, dass die gleiche Seitenzahl zweimal, sowohl normal als auch kursiv, erscheint. Um anzuzeigen, wo bestimmte Personen- oder Sachangaben hauptsächlich erwähnt sind, können die betreffenden Seitenzahlen halbfett gesetzt werden.

Vor Beginn eines neuen Alphabetbuchstabens liegt mindestens eine Leerzeile. Danach kann der Kennbuchstabe des Alphabets halbfett in einer Zeile für sich stehen oder am Anfang jeweils des ersten Stichworts halbfett ausgezeichnet werden.

In einem Personenverzeichnis werden Eigennamen nicht ausgezeichnet, sich wiederholende Namen werden nicht unterführt, sondern im vollen Wortlaut gesetzt. Werden in einem Sachregister Hauptstichwörter durch Striche unterführt, sollen nicht mehr als drei Striche als Unterführung in einer Zeile stehen; Kommas sind sinngemäß zu setzen. Kommt ein Unterführungsstrich an den Kopf einer neuen Spalte, muss er durch das Stichwort ersetzt werden.

Die Erklärungen zu einem Register sind unterhalb der Überschrift auf voller Breite einzufügen (Bedeutung der kursiven oder halbfetten Seitenzahlen; ob – abweichend von üblichen Registern – nicht auf Seitenzahlen, sondern auf Nummern, Paragraphen oder Jahreszahlen im Text verwiesen wird; Erklärung bestimmter Abkürzungen oder Zeichen; Hinweis, falls thematisch sehr häufige Namen oder Begriffe nicht ins Register übernommen wurden). Über das Unterschließen und Überschließen von Zeilen in Registern s. S. 278.

Beispiele

Namenverzeichnis

Abendroth, Wolfgang 279, 297
Adler, Viktor 17, 240, 252, 258, 276, 278, 297
Adoratski, Wladimir 11, 18, 22
Allard, Helmut 22
Allen, Amelia 68f.
Angerer, Leopold 264
Auer, Ignaz 20, 147, 161, 187, 192, 197, 226, 257, 283
Aveling, Eduard 207, 210, 249
Aveling-Marx, Eleanor 20, 207, 210, 249, 252, 261
Axelrod, Paul B. 99, 297

Bebel, August 147, 192
Becker, Johann Philipp 20, 50, **52–54**, 85, 93, 99, 133, 220
Beier, Gerhard 297
Bernbeck, Gerhard 279
Bernstein, Eduard 17, 20, 112, 159, 186, 201f., 205, 212, 233, 249, **254–260**, **276**
Biskamp, Elard 71f., 76
Bismarck, Otto von 14f., 78, 80, 86, 92, 116f., 121, 128f., 132

Sachverzeichnis

Abschaffung der Kinderarbeit 244
Achtstundentag 244
ADAV s. Allgemeiner Deutscher Arbeiterverein
Agitationsreise nach Amerika 206–210
Agrarfrage 247, 254, 293
Allgemeiner Deutscher Arbeiterverein **79–85**, **90–92**, 101, 112, 114, 121f., 190
– – –, Generalversammlung 112
Allgemeiner Deutscher Gewerkschaftsverband 218
Arbeiterbörsen 244
Arbeiterfrage, Bemerkungen Wilhelms II. 245
Arbeitergesetzgebung 223
Arbeiterklasse 173, **213–226**, 260, 296
Arbeiterkongress Berlin (1848) 213
Arbeiterschaften 214, 218
Arbeiterschutzantrag 192
Arbeiterschutzgesetzgebung 239, 244

1.13 Unter- und Überschließen

Ein Sonderproblem bei der Einrichtung von Registern, Lexika und dgl. oder beim Gedichtsatz ist das Über- und Unterschließen, also das Unterbringen eines kleinen Restteils einer gefüllten Zeile am rechten Rand der vorangehenden oder der nachfolgenden Zeile. In beiden Fällen handelt es sich um eine satztechnische Notlösung. Wegen des besseren Leseflusses sollte dem Unterschließen der Vorzug gegeben werden. Unterschlossene Zeilen werden durch das Zeichen ⌊, überschlossene Zeilen durch das Zeichen ⌈ gekennzeichnet.

Beispiele

Unterschließen

Häufigkeit, absolute, von Fehlern 57, 59,
  70
–, relative, von Fehlern 63, 66, 68, 75
Häufigkeitsverteilung 58 ⌊187
Haupteinsätze bei Erdbeben 208, 215
Hebel 40 ⌊241, 250
Höhenunterschiede, Ausgleichung
  190 ff.
Horizontalintensität, erdmagnetische
  Horizontalwinkel 193 ff.
–, Ausgleichung nach bedingten Beobachtungen 199 ff.
–, Ausgleichung nach vermittelnden Beobachtungen 197 ff.

Überschließen

Inklination, magnetische 209
Inversion des Satzes von Bernoulli 62
Insodynamen 209, 211
Isogonen 209
Isoklinen 209 ⌈233
Isostatische Schwereanomalie 17, 218
Korrelaten 162, 164, 168, 173, 175, 182,
  189, 241
Korrelatenausgleichung 113, 159 ff.,
  164
– bei ungleichen Gewichten 164 ff.
Korrelatengleichungen 157, 162, 166,
  169, 189, 235, 241 ⌈193, 199
Kant-Laplacesche Tranzendente 89, 92

Papierformate

1.14

Buchformate werden allgemein in Zentimetern angegeben; die früher gängige Angabe als Bruchteil eines Druckbogens ist heute nicht mehr üblich. Wichtige Papierformate bauen auf Schönheitsgesetzen oder den DIN-Formaten auf. Als Schönheitsgesetze werden Teilungsverhältnisse bezeichnet, die dem Betrachter harmonisch erscheinen. Der **goldene Schnitt** (auch **lamé**sche Reihe) bezeichnet die Reihe 1 : 2 : 3 : 5 : 8 : 13 usw. Zwei benachbarte Zahlen ergeben in Addition das nächste Glied der Reihe. Paarweise angewendet geben diese Zahlen für ein Papierformat das Breite-Höhe-Verhältnis an, z. B. mit 5 : 8. Je größer die Zahlen, desto genauer das Verhältnis. Zu den harmonisch wirkenden Verhältnissen gehört auch das 3 : 2-Verhältnis, nach dem z. B. Fotomaterialien geschnitten werden.

Die DIN-Formate beruhen auf dem Verhältnis von $1 : \sqrt{2}$ oder annähernd 5 : 7. Die DIN-Papierformate werden in die Reihen A, B, C und D unterteilt. Während sich im europäischen Raum und vielerorts auf der Welt die DIN-Formate durchgesetzt haben, wird auf dem US-amerikanischen Markt häufig mit in Zoll angegebenen Formaten gearbeitet. Das ist beispielsweise beim »Letter«-Format für Briefbogen der Fall.

Die wichtigsten DIN-Formate nach DIN 476 (Breite × Höhe; Angaben in Millimeter)

DIN	A Rohformat (unbeschnitten)	Endformat (beschnitten)	D	C
0	860 × 1220	841 × 1189	1000 × 1414	917 × 1297
1	610 × 860	594 × 841	707 × 1000	648 × 917
2	430 × 610	420 × 594	500 × 707	458 × 648
3	305 × 430	297 × 420	353 × 500	324 × 458
4	215 × 305	210 × 297	250 × 353	229 × 324
5	154 × 215	148 × 210	176 × 250	162 × 229
6	108 × 153	105 × 148	125 × 176	114 × 162
7	77 × 108	74 × 105	88 × 125	81 × 114
8	54 × 77	52 × 74	62 × 88	57 × 81
9		37 × 52	44 × 62	40 × 57
10		26 × 37	31 × 44	28 × 40
11		18 × 26	22 × 31	20 × 28
12		13 × 18	15 × 22	14 × 20
13		9 × 13	11 × 15	10 × 14

Die wichtigsten US-Papierformate (Breite × Höhe; Angaben in Zoll; 1 Zoll = 2,54 cm)

Letter	Legal	Executive
8,5×11	8,5×14	7,25×10,5

Traditionelle Papierformate in angelsächsischen Ländern

Druckpapiere	in engl. Zoll (inch)
Large Foolscap	13 1/2×17
Crown	15×20
Large Post	16 1/2×21
Demy	17 1/2×22 1/2
1/2 Double Crown	20×30
Imperial	22×30
Double Demy	22 1/2×35

Druckpapiere	in engl. Zoll (inch)
Medium	18×23
Royal	20×25
Large Royal	20×27
Super Royal	20 1/2×27
Quad Crown	30×45
Quad Demy	35×45

Richtlinien für den Schriftsatz

Die folgenden, nach Schlagwörtern alphabetisch geordneten Hinweise gelten für die Herstellung gedruckter Texte. Moderne Textverarbeitungssysteme nähern sich im hier behandelten Bereich den Möglichkeiten von Satzsystemen immer mehr an, sodass für sie heute dieselben Maßstäbe gelten können. Sofern sie diese nicht erfüllen, gelten die allgemeinen Regeln für das Maschinenschreiben (nach DIN 5008). Um eine problemlose Umwandlung elektronisch gespeicherter Texte in Schriftsatz zu gewährleisten, sollte schon die Texterfassung in Absprache mit der Druckerei erfolgen.

Einzelheiten, die im Folgenden nicht erfasst sind, und sachlich begründete Abweichungen sollten – als Anleitung für Korrektoren und Setzer – in einer besonderen Satzanweisung für das betreffende Werk eindeutig festgelegt werden.

Abkürzungen

1. Am Satzanfang

Abkürzungen, die für mehr als ein Wort stehen, werden am Satzanfang in der Regel nicht verwendet.	*nicht:* Z. B. hat … M. a. W. … *sondern:* Zum Beispiel hat … Mit anderen Worten …

2. S., Bd., Nr., Anm.

Abkürzungen wie S., Bd., Nr., Anm. sollten nur verwendet werden, wenn ihnen kein Artikel und keine Zahl vorangeht.	S. 5, Bd. 8, Nr. 4, Anm. B aber: die Seite 5, der Band 8, die Nummer 4, die Anmerkung B 5. Seite, 8. Band, 4. Nummer

3. Mehrteilige Abkürzungen

Bei mehrteiligen Abkürzungen wird zwischen den einzelnen Elementen nach dem Punkt ein kleinerer Zwischenraum gesetzt.	z. B., u. v. a. m., i. V., u. dgl. m.
Die Trennung solcher mehrteiligen Abkürzungen sollte nach Möglichkeit vermieden werden.	*nicht:* Die Hütte liegt 2 800 m ü. d. M. *sondern:* Die Hütte liegt 2 800 m ü. d. M.
Ebenso sollten auch abgekürzte Maß- und Währungseinheiten nicht von den dazugehörigen Zahlen getrennt werden.	*nicht:* Für die Umstellung werden 160 € berechnet. *sondern:* Für die Umstellung werden 160 € berechnet.
Vgl. auch ↑ Festabstände.	

Anführungszeichen

Im deutschen Schriftsatz werden im Allgemeinen die Anführungszeichen „...“ und »...« sowie ihre einfachen Formen ‚...‘ und ›...‹ verwendet. Sie stehen ohne Zwischenraum vor und nach den eingeschlossenen Textabschnitten, Wörtern u. a. In anderen Sprachen finden sich: “...”, ‘...’, «...», ‹...›, ”...”, „...”, »...».	„Ja“, sagte er. Sie rief: »Ich komme gleich!«
Bei einzelnen aus fremden Sprachen angeführten Wörtern und Wendungen werden die Anführungszeichen wie im deutschen Text gesetzt.	Der „guardia“ ist so etwas wie ein Abschnittsbevollmächtigter.
Werden dagegen ganze Sätze oder Absätze aus fremden Sprachen zitiert, dann verwendet man die in dieser Sprache üblichen Anführungszeichen.	Ein englisches Sprichwort lautet: “Early to bed and early to rise makes a man healthy, wealthy, and wise.” Cavours letzte Worte waren: «Frate, frate! Libera chiesa in libero stato!»

Anmerkungszeichen

↑ Fußnoten- und Anmerkungszeichen

Antiqua im Fraktursatz

1. Wörter aus Fremdsprachen

Fremdsprachige Wörter und Wortgruppen, die nicht durch Schreibung, Beugung oder Lautung als eingedeutscht erscheinen, müssen im Fraktursatz in Antiqua gesetzt werden. Dies gilt besonders für die italienischen Fachausdrücke in der Musik.	en avant, en vogue, all right, in praxi, in petto, a conto, dolce far niente Agent Provocateur, Tempi passati, Agnus Dei andante, adagio, moderato, vivace *usw.*
Solche fremdsprachigen Wörter werden aber dann in Fraktur gesetzt, wenn sie in Schreibung, Beugung oder Lautung eingedeutscht sind oder mit einem einheimischen Wort zusammengesetzt werden.	Er spielte ein Adagio (nicht: adagio). Die Firma leistete eine Akontozahlung (nicht: A-conto-Zahlung).

2. Bindestriche im gemischten Satz

Treffen bei zusammengesetzten Wörtern Teile in verschiedener Schriftart aufeinander, dann wird der Bindestrich aus der Textschrift gesetzt.	Das sinkende Schiff sandte SOS-Rufe.

Apostroph

Dem Apostroph am Wortanfang geht im Allgemeinen der regelmäßige Wortzwischenraum voran.	aber 's kam anders so 'n Mann

Auslassungspunkte

Um eine Auslassung in einem Text zu kennzeichnen werden drei Punkte gesetzt. Vor und nach den Auslassungspunkten wird jeweils ein Wortzwischenraum gesetzt, wenn sie für ein selbstständiges Wort oder mehrere Wörter stehen. Bei Auslassung eines Wortteils werden sie unmittelbar an den Rest des Wortes angeschlossen.	Keiner der genannten Paragraphen ... ist im vorliegenden Fall anzuwenden. Sie glaubten in Sicherheit zu sein, doch plötzlich ... Mit »Para...« beginnt das gesuchte Wort.
Am Satzende wird kein zusätzlicher Schlusspunkt gesetzt. Satzzeichen werden ohne Zwischenraum angeschlossen.	Bitte wiederholen Sie den Abschnitt nach »Wir möchten Sie auffordern ...«

Bindestrich

Der Bindestrich entspricht typographisch dem Trennstrich der jeweiligen Schrift.	Hals-Nasen-Ohren-Arzt, C-Dur-Tonleiter ... Maschendraht- zaun ...

»bis«

↑ Strich für »gegen« und »bis«

Datum

Bei der traditionellen Datumsangabe mit der Reihenfolge Tag, Monat, Jahr wird ein Punkt nach den Zahlen für Tag und Monat gesetzt. Die Jahresangabe steht ohne Punkt.	Mannheim, den 1. 9. 2000
Zwischen Tag und Monat wird ein kleinerer Zwischenraum, vor dem Jahr ein normaler Wortabstand gesetzt. Erfolgt die Jahresangabe nur zweistellig, wird auch davor ein kleiner Zwischenraum gesetzt. Vgl. auch ↑ Festabstände.	am 10. 5. 63 geboren
Bei Datumsangaben nach DIN 5008 wird durch Trennstriche gegliedert; die Reihenfolge ist dann: Jahr, Monat, Tag. Monat und Tag werden zweistellig angegeben; die Jahresangabe kann vier- oder zweistellig erfolgen.	2000-09-01 01-09-24
Zur Zusammenfassung von aufeinander folgenden oder aus der Geschichte geläufigen Jahreszahlen wird ein Schrägstrich verwendet.	1999/2000 1914/18

Et-Zeichen (&)

Das Et-Zeichen & ist gleichbedeutend mit »und«, darf aber nur bei Firmenbezeichnungen angewendet werden. In allen anderen Fällen steht »u.« als Abkürzung für »und«.	C & A Müller & Co. Meyer & Neumann Erscheinungstermin für Bd. I u. II die Hochzeit von Lisa u. Heinz

Festabstände

Festabstände sind nicht variable, meist kleinere Zwischenräume zwischen Zeichen. Sie dienen sowohl der Ästhetik als auch der besseren Lesbarkeit von Texten, indem sie Zusammengehöriges verbinden oder Unübersichtliches gliedern. Ihre Eingabe lässt sich – heute auch am Personalcomputer – mit einer Trennungssperre verbinden, sodass auf diese Weise verbundene Zeichen am Zeilenende nicht auseinander gerissen werden können. Festabstände werden beispielsweise verwendet bei Abkürzungen, beim Datum, bei der Gliederung von Nummern, bei Paragraphzeichen, Rechenzeichen und Zahlen.	v. l. n. r. d. Gr. F. D. P. 28. 8. 2003 16. 12. 04 Tel. 06281 4391 § 17 ff. 6 + 2 = 8 7 513 499 €

Formeln

Mathematische, physikalische und chemische Formeln sollten nach Möglichkeit eingerückt und freigestellt (d. h. in eine eigene Zeile gestellt) werden sowie ungetrennt bleiben. Ist eine Trennung der Formel unvermeidlich, dann sollte nur am Gleichheitszeichen (oder einem ähnlichen Zeichen wie $\equiv$, $\approx$, $\leq$ oder ~), wenn auch das nicht möglich ist, an einem Rechenzeichen umbrochen werden.	$CH_2{=}CHCl$ $10^{-6} = \frac{1}{1\,000\,000}$ $= 0{,}000\,001$

Fußnoten- und Anmerkungszeichen

Als Fußnoten- und Anmerkungszeichen sind heute fast nur noch hochgestellte Ziffern ohne Klammern üblich.	Die verschiedenen Holzsorten[1] werden mit Spezialklebern[2] verarbeitet und später längere Zeit[3] getrocknet. [1] Zum Beispiel Fichte, Eiche, Buche. [2] Vorwiegend Zweikomponentenkleber. [3] Etwa 4 bis 6 Wochen.

Treffen Fußnotenzeichen mit Satzzeichen zusammen, gilt folgende Grundregel: Wenn sich die Fußnote auf den ganzen Satz bezieht, steht die Ziffer nach dem schließenden Satzzeichen; wenn die Fußnote sich nur auf das unmittelbar vorangehende Wort oder eine unmittelbar vorangehende Wortgruppe bezieht, steht die Ziffer vor dem schließenden Satzzeichen.

Im Tagungsbericht heißt es, der Vortrag behandele »einige Aspekte der Internetkommunikation«.[1]

[1] Das Skript finden Sie auch auf unserer Homepage.
(Anmerkung zu dem ganzen Satz.)

Im Tagungsbericht heißt es, der Vortrag behandele »einige Aspekte der Internetkommunikation«[1].

[1] Tagungsbericht S. 12.
(Stellenangabe für das Zitat.)

Im Tagungsbericht heißt es, der Vortrag behandele »einige Aspekte der Internetkommunikation[1]«.

[1] Bes. das Sprachverhalten in E-Mails.
(Anmerkung zu einem einzelnen Wort des Zitats.)

Gedankenstrich

Der Gedankenstrich ist länger als der Bindestrich und in der Regel kürzer als das Minuszeichen. Gesetzt wird er mit vorausgehendem und folgendem Wortabstand. Er soll nach Möglichkeit nicht am Zeilenanfang stehen. Vgl. auch ↑Streckenstrich, ↑Strich bei Währungsangaben, ↑Strich für »gegen« und »bis«.

Diese Frau – ich habe sie schon vor vielen Jahren kennen gelernt – hat eine außergewöhnliche Begabung.

»gegen«

↑Strich für »gegen« und »bis«

Genealogische Zeichen

Um Raum zu sparen, können genealogische Zeichen in entsprechenden Texten verwendet werden.

* = geboren (geb.); (*) = außerehelich geboren; †* = tot geboren; *† = am Tag der Geburt gestorben; ∼∼ = getauft (get.); o = verlobt (verl.); ∞ = verheiratet (verh.); o|o = geschieden (gesch.); o-o = außereheliche Verbindung; † = gestorben (gest.); ⚔ = gefallen (gef.); ▭ = begraben (begr.); ⚱ = eingeäschert

Gliederung von Nummern

Die fünfstellige Postleitzahl wird in der Regel nicht untergliedert.	14328 Berlin
Postfachnummern werden, von der letzten Ziffer ausgehend, durch einen kleinen Zwischenraum in Zweiergruppen gegliedert.	14 23 3 69
In Telefon- und Telefaxnummern wird jeweils ein Leerzeichen zwischen Kennziffer des Netzbetreibers, Vorwahlnummer, Ortsnetzkennzahl und Rufnummer des Teilnehmers gesetzt.	06281 4391 0172 3701458 0190 870098
Durchwahlnummern werden mit Bindestrich angeschlossen.	2346-0 (Zentralnummer) 06131 345765-224
Bei internationalen Telefon- und Faxnummern wird der Landesvorwahl (ohne doppelte Null) ein + unmittelbar vorangestellt.	+49 221 943612 +49 30 26011-231
Kontonummern bestehen aus maximal zehn Ziffern. Sie können von der Endziffer aus jeweils in Dreiergruppen gegliedert werden.	8 582 404 1 843 462 527
Häufig erfolgt keine Gliederung durch Zwischenräume.	8582404 1843462527
Bankleitzahlen bestehen aus acht Ziffern. Sie werden von links nach rechts in zwei Dreiergruppen und eine Zweiergruppe gegliedert.	670 409 20
Die ISBN (Internationale Standardbuchnummer) besteht aus Landes-, Verlags-, Artikelnummer und Prüfziffer. Diese vier Angaben werden durch Divis (Bindestrich) oder Zwischenraum voneinander getrennt. Vgl. auch ↑ Festabstände, ↑ Zahlen.	ISBN 3-411-00911-X ISBN 3-7610-9301-2 ISBN 3 406 06780 8

Gradzeichen

Bei Temperaturangaben steht zwischen der Zahl und dem Gradzeichen ein Zwischenraum; der Kennbuchstabe der Temperaturskala folgt ohne weiteren Zwischenraum.	−3 °C +17 °C
Bei anderen Gradangaben wird das Gradzeichen ohne Zwischenraum an die Zahl angeschlossen.	ein Winkel von 30° 50° nördlicher Breite

Hervorhebung von Eigennamen

↑ Schriftauszeichnung

Klammern

↑ Zusätze in Wortverbindungen

Ligaturen

Ligaturen fassen Buchstaben zu einem Zeichen zusammen. Sie dienen der besseren Lesbarkeit. Wenn sie verwendet werden, muss dies innerhalb eines Druckwerks einheitlich geschehen. Ligaturen sind im Bleisatz üblich, können aber auch von manchen elektronischen Satzsystemen erzeugt werden. Typische Ligaturen (bei Verwendung von Antiqua-Schriften) sind: **ff, fi, fl,** zum Teil auch **ft, ch, ck.**	schaffen, schafft, erfinden, Pfiff, abflauen, Leidenschaft, heftig
Eine Ligatur wird nur gesetzt, wenn die Buchstaben im Wortstamm zusammengehören. Keine Ligatur steht zwischen Wortstamm und Endung (Ausnahme: fi).	ich schaufle, ich kaufte, höflich; *aber:* streifig, affig
Keine Ligatur steht in der Wortfuge von Zusammensetzungen.	Schaffell, Kaufleute, Schilfinsel
In Zweifelsfällen wird die Ligatur entsprechend der Gliederung des Wortes nach Sprechsilben gesetzt.	Rohstofffrage, Schifffahrt, knifflig, schafften
Schließt eine Abkürzung mit zwei Buchstaben, die eine Ligatur bilden können, dann wird diese angewendet.	Aufl. (*aber:* Auflage), gefl. (*aber:* gefällig, gefälligst)
Fremdsprachige Ligaturen wie Œ, œ, Æ, æ werden als ein Zeichen betrachtet. Im Fraktursatz werden die nebenstehenden Ligaturen gebraucht. (Die Ligatur ß gilt als ein Buchstabe.) Für die Anwendung dieser Ligaturen gilt das oben Gesagte. In gesperrter Schrift werden ch, ck und tz nicht mitgesperrt. Die Ligaturen ſi und ſt werden wie Antiqua-fi behandelt.	ch, ck, ff, fi, fl, ft, ll, ſch, ſi, ſſ, ſt, tz

Namen

↑ Schriftauszeichnung (1)

Nummerngliederung

↑ Gliederung von Nummern

Paragraphzeichen

In Verbindung mit einer nachgestellten Zahl wird das Wort Paragraph unter Verwendung eines kleineren, festen Zwischenraums als Zeichen § wiedergegeben.	§ 9 § 17 ff. der § 17
Zwei Paragraphzeichen (§§) kennzeichnen den Plural.	§§ 10 bis 15, §§ 10–15 die §§ 10 bis 15, die §§ 10–15
Ohne Zahlenangabe wird das Wort Paragraph ausgeschrieben. Vgl. auch ↑ Festabstände, ↑ Zahlen.	Der entsprechende Paragraph wurde geändert.

Prozent- und Promillezeichen

Vor dem Prozent- und dem Promillezeichen wird ein kleinerer, fester Zwischenraum gesetzt.	25 % 0,5 ‰
Der Zwischenraum entfällt bei Ableitungen.	ein 25%iger Umsatzrückgang

Rechenzeichen

Rechenzeichen werden zwischen den Zahlen mit kleinerem Zwischenraum gesetzt.	6 + 2 = 8 6 − 2 = 4 6 · 2 = 12; 6 × 2 = 12 6 : 2 = 3
Vorzeichen werden aber ohne Zwischenraum (kompress) gesetzt. Vgl. auch ↑Formeln.	−2a +15

Satzzeichen in der Hervorhebung

↑Schriftauszeichnung (2)

Schriftauszeichnung

Die wichtigsten Schriftauszeichnungen sind: halbfette und kursive Schrift, Versalien und Kapitälchen. Darüber hinaus wird auch gesperrte Schrift verwendet.

1. Hervorhebung von Eigennamen

Bei der Hervorhebung von Eigennamen wird das Genitiv-s mit hervorgehoben. Die Ableitung -sche usw. wird dagegen aus der Grundschrift gesetzt.	*Meyers* Lexikon, **Meyers** Lexikon, MEYERS Lexikon, M e y e r s Lexikon der *virchow*sche Versuch, der **virchow**sche Versuch, der VIRCHOWsche Versuch, der v i r c h o w sche Versuch

2. Satzzeichen und Klammern

Satzzeichen und Klammern werden – auch am Ende eines ausgezeichneten Textteils – in der Regel in der Auszeichnungsschrift gesetzt. Ausnahmen, z. B. aus ästhetischen oder inhaltlichen Gründen, sind möglich.	**anstrengend:** *ermüdend, strapaziös:* eine anstrengende Arbeit. **Vieraugen[fische], Vieraugen[fische]**
Wird ein gemischt gesetzter Textteil von Klammern eingeschlossen, so werden im Allgemeinen beide Klammern aus der Grundschrift gesetzt.	(xxx *xxx* xxx) (*xx* xxxxx *xx*)
Überwiegt die gerade Schrift in der Klammer, so werden beide Klammern gerade gesetzt. Beginnt oder endet ein Text unterschiedlich mit kursivem oder gerade stehendem Text, so werden beide Klammern gerade gesetzt.	(*xxx* xxx xxx) (xxx xxx *xxx*)
Ist kursiver Text eingeklammert, werden auch die Klammern kursiv gesetzt; das nachfolgende Satzzeichen kann kursiv oder gerade gesetzt werden.	xxx *(xxxxx);* xxx *(xxxxx)*?
Divis, Gedankenstrich und das Gleichheitszeichen in Verbindung mit halbfetter oder fetter Schrift werden immer halbfett bzw. fett gesetzt.	

3. Sperren

Die Satzzeichen werden im Allgemeinen mit gesperrt. Allerdings gilt dies in der Regel nicht für den Punkt und die Anführungszeichen. Auch Zahlen werden nicht gesperrt.	W a r u m ? D a r u m ! D e r T a g e s a u s s t o ß b e t r ä g t 10000 S t ü c k.

s-Laute im Fraktursatz

Das s der Antiqua wird in der Fraktur (sog. *deutsche Schrift*) durch ſ oder s wiedergegeben. Für ß steht ß, für ss im Inlaut steht ſſ. Näheres wird in den folgenden Richtlinien geregelt.

1. Das lange ſ

Für Antiqua-s im Anlaut einer Silbe steht langes ſ.	ſagen, ſehen, ſieben, ſezieren, Heldenſage, Höhenſonne, Erbſe, Rätſel, wachſen, kleckſen; leſen, Roſe, Baſis, Friſeur, Muſeum; Mikroſkop; Manuſkript, Proſzenium
Das gilt auch dann, wenn ein sonst im Silbenanlaut stehender s-Laut durch den Ausfall eines unbetonten e in den Auslaut gerät.	ausserleſne (*für:* ausserleſene), ich preiſ (*für:* ich preiſe), Verwechſlung (*für:* Verwechſelung); Wechſler (*zu:* wechſeln)
In Zusammensetzungen mit trans-, deren zweiter Bestandteil mit einem s beginnt, ist das s von trans (trans-) meist ausgefallen. Deshalb steht hier ſ.	tranſpirieren, tranſzendent, Tranſkription (*aber:* transſibiriſch, Transſubſtantiation)
In polnischen Namen wird der Laut [sch] durch ſz (nicht ß oder sz) wiedergegeben; das ſ steht auch in der Endung -ſki (nicht: -ski).	Lukaſzewſki
Das lange ſ steht in den Buchstabenverbindungen ſch, ſp, ſt.	ſchaden, Fiſch, maſchinell; Knoſpe, Weſpe, Veſper; geſtern, Herbſt, Optimiſt, er lieſt
Kein ſ steht aber, wenn in Zusammensetzungen s + ch, s + p und s + t zusammentreffen.	Zirkuschef, Lackmuspapier, Dispens, transparent, Dienstag, Preisträger

2. Das Schluss-s

Für Antiqua-s im Auslaut einer Silbe steht Schluss-s.	dies, Gans, Maske, Muskel, Riesling, Klausner, bösartig, Desinfektion, ich las, aus, als, bis; Dienstag, Donnerstag, Ordnungsliebe, Häschen; Kindes, Vaters, welches; Gleichnis, Kürbis, Globus, Atlas, Kirmes; Kubismus, Arabeske, Ischias, Schleswig
Dasselbe gilt für -sk in bestimmten Fremdwörtern.	brüsk, grotesk, Obelisk
In skandinavischen Personennamen, die auf -ſen oder -ſon enden, wird der vorangehende s-Laut mit Schluss-s gesetzt.	Gulbransſen, Jonasſon

3. Das ſſ

Für Doppel-s der Antiqua im Inlaut steht ſſ.	Maſſe, Miſſetat, Flüſſe, Diſſertation, Aſſeſſor, Gleichniſſe
Kein ſſ steht aber, wenn in Zusammensetzungen s + s zusammentreffen.	Ausſatz, desſelben, Reisſuppe, transſilvaniſch

4. Sonderregelung zu ſs

Das nach der Neuregelung der Rechtschreibung häufiger zu schreibende Doppel-s im Auslaut sollte im Fraktursatz aus ästhetischen Gründen mit ſs wiedergegeben werden.	Schuſs, ich muſs, laſs

Sperren

↑ Schriftauszeichnung

ss/ß

1. Im deutschsprachigen Satz

In der Schweiz wird das ß generell durch ss wiedergegeben. Diese Regelung darf sonst im deutschsprachigen Satz nur angewendet werden, wenn in einer Schrift oder einem Zeichensatz das ß nicht vorhanden ist. Manuskripte ohne ß müssen deshalb den Regeln entsprechend umgesetzt werden. Stößt für ß verwendetes ss innerhalb eines Wortes mit s zusammen, dann werden drei s gesetzt.	Fusssohle, Reissschiene, massstabgerecht
Will man nur Großbuchstaben verwenden, so wird das ß durch SS wiedergegeben.	STRASSE, MASSE (*für:* Maße)

2. Im fremdsprachigen Satz

Wenn ein deutsches Wort mit ß latinisiert wird oder wenn ein deutscher Name mit ß im fremdsprachigen Satz erscheint, dann bleibt das ß erhalten.	Weißenburg – der Codex Weißenburgensis Madame Aßmann était à Paris.

Streckenstrich

Bei Streckenangaben wird der Gedankenstrich als Streckenstrich gesetzt. Strich und Ortsbezeichnungen werden dabei ohne Zwischenraum miteinander verbunden, d. h. kompress gesetzt. Vgl. ↑ Gedankenstrich.	Berlin–Leipzig Köln–München

Strich bei Währungsangaben

Der Gedankenstrich kann bei glatten Währungsbeträgen statt der Ziffern hinter dem Komma stehen. Vgl. ↑ Gedankenstrich.	25,– € *neben* 25,00 € *oder* 25 €

Strich für »gegen« und »bis«

Als Zeichen für »gegen« und »bis« findet der Gedankenstrich Verwendung. Für »gegen« (z. B. in Sportberichten) wird er mit Zwischenraum gesetzt.	Schalke 04 – Eintracht Frankfurt 3 : 3 Fernandez/Zwerewa – Novotna/Sanchez 2 : 0
Für »bis« wird er ohne Zwischenraum (kompress) gesetzt.	Das Buch darf 10–12 Euro kosten. Sprechstunde 8–11, 14–16 Uhr 1991–94
Bei Hausnummern kann auch der Schrägstrich stehen.	Burgstraße 14–16 Burgstraße 14/16
Das »bis«-Zeichen sollte nicht mit anderen Strichen zusammentreffen.	*nicht:* vier-–fünfmal *sondern:* vier- bis fünfmal
Am Zeilenende oder -anfang ist statt des Striches das Wort »bis« auszusetzen, ebenso in der Verbindung »von … bis«.	

Uhrzeit

Für die Uhrzeit sind im deutschsprachigen Raum verschiedene Schreibweisen mit Ziffern üblich.	Es ist 9 Uhr, 17:30 Uhr, 0.12 Uhr. Das Spiel beginnt um 19^{30} Uhr. 14.31.52 Uhr, 00:25:35 Uhr

Unterführungszeichen

Das Unterführungszeichen wird im Schriftsatz unter die Mitte des zu unterführenden Wortes gesetzt. Die Unterführung gilt auch für Bindestrich und Komma. Zahlen dürfen nicht unterführt werden.	Hamburg-Altona „ Finkenwerder „ Fuhlsbüttel „ Blankenese 1 Regal, 50 × 80 cm mit Rückwand 1 „ 50 × 80 cm ohne „
Ist mehr als ein Wort zu unterführen, so wird das Unterführungszeichen auch dann unter jedes einzelne Wort gesetzt, wenn die Wörter nebeneinander stehend ein Ganzes bilden.	Unterlauterbach b. Treuen „ „ „
In der Schweiz wird als Unterführungszeichen das schließende Anführungszeichen der Schweizer Form (») verwendet.	Basel-Stadt » Land

Wochenbeginn und Wochennummerierung

Gemäß der Europäischen Norm EN 28601 von 1992 (Darstellung von Datum und Uhrzeit) ist die erste Kalenderwoche eines Kalenderjahres diejenige Woche, die den ersten Donnerstag des Kalenderjahres enthält und dem beginnenden Jahr deshalb mehr als zur Hälfte angehört. Dabei gilt der Montag als erster Tag der Kalenderwoche. Die Kalenderfertigung in den deutschen Druckereien folgt dieser Regelung, sodass alle neutralen »weltlichen« Kalender mit dem **Montag als erstem Wochentag** beginnen. Die evangelische und die katholische Kirche haben sich dieser Regelung nicht angeschlossen. Insbesondere bleiben die kirchlichen Fest- und Namenkalender der Religionsgemeinschaften in ihrer bisherigen Fassung bestehen, sie halten am Sonntag als Wochenbeginn fest. In der Kalenderfertigung sollte also bei kirchlichen Kalendern der Wochenbeginn nach Wunsch des Bestellers berücksichtigt werden.[1]
Über die einheitliche Zählung der Wochen bestehen keine Meinungsverschiedenheiten; sie folgt der Norm.

Beispiele zu den letzten Kalenderwochen des alten und den ersten Kalenderwochen des neuen Jahres

	2000/2001		2001/2002		2002/2003
Mo 25	Dezember	Mo 24	Dezember	Mo 23	Dezember
Di 26	52. Woche 2000	Di 25	52. Woche 2001	Di 24	52. Woche 2002
Mi 27		Mi 26		Mi 25	
Do 28		Do 27		Do 26	
Fr 29		Fr 28		Fr 27	
Sa 30		Sa 29		Sa 28	
So 31		So 30		So 29	
Mo 1	Januar	Mo 31	Dezember	Mo 30	Dezember
Di 2	1. Woche 2001	Di 1	Januar	Di 31	
Mi 3		Mi 2	1. Woche 2002	Mi 1	Januar
Do 4		Do 3		Do 2	1. Woche 2003
Fr 5		Fr 4		Fr 3	
Sa 6		Sa 5		Sa 4	
So 7		So 6		So 5	

1 In einigen Kalendarien hat man nach einem Kompromissvorschlag den Sonntag durch Zwischenraum freigestellt, sodass er sowohl als Wochenanfang wie als Wochenende gelesen werden kann.

Zahlen

Zahlen mit mehr als drei Stellen links oder rechts des Kommas werden unter Verwendung eines kleineren Zwischenraums vom Komma ausgehend in 3-stellige Gruppen gegliedert.	7 162 354,53 € 0,372 18 g
Bei 4-stelligen Zahlen hat sich neben der Schreibung mit Zwischenraum auch die ohne eingebürgert.	5 340 *neben* 5340
Jahreszahlen, Seiten- und Paragraphenangaben sind nicht zu gliedern.	
Die Zahlen vor Zeichen und Abkürzungen von Maßen, Gewichten, Geldsorten usw. sind in Ziffern zu setzen.	21,5 kg 6 € 14½ cm
Besteht die Ziffer vor einer Einheit oder die Einheit aus nur einem Zeichen, ist ein kleinerer Zwischenraum zu setzen. Die Trennung von Ziffer und Einheit sollte vermieden werden.	2 Euro
Setzt man solche Bezeichnungen aus, dann kann die Zahl in Ziffern oder in Buchstaben gesetzt werden.	*oder:* zwei Euro (*nicht:* zwei €)
Bei Ableitungen mit Zahlen wird kein Zwischenraum hinter die Zahl gesetzt.	5%ig, ein 32stel, eine 70er-Bildröhre
Vgl. auch ↑Datum, ↑Festabstände, ↑Gliederung von Nummern, ↑Rechenzeichen, ↑Uhrzeit.	

Zeichen

↑Et-Zeichen, ↑Genealogische Zeichen, ↑Gradzeichen, ↑Paragraphzeichen, ↑Prozent- und Promillezeichen, ↑Rechenzeichen

Ziffern

↑Gliederung von Nummern, ↑Uhrzeit, ↑Zahlen

Zusätze in Wortverbindungen

Erklärende Zusätze innerhalb von Wortverbindungen werden in Klammern gesetzt.	Gemeinde(amts)vorsteher (= Gemeindevorsteher oder Gemeindeamtsvorsteher), *aber:* Gemeinde-(Amts-)Vorsteher (= Gemeindevorsteher oder Amtsvorsteher); Privat-(Haus-)Briefkasten, Magen-(und Darm-)Beschwerden, Ostende-Belgrad-(Tauern-)Express, *aber ohne Klammer:* Fuhr- u. a. Kosten
In Wörterverzeichnissen werden Erklärungen oft mithilfe von eckigen Klammern zusammengezogen.	[Gewebe]streifen (= Gewebestreifen und auch: Streifen)

Maschinenschreiben und E-Mails

Die folgenden Empfehlungen beruhen weitgehend auf DIN 5008. Sie sollten grundsätzlich auch beim Verfassen elektronischer Mitteilungen beachtet werden, soweit die dafür zur Verfügung stehenden ASCII-Zeichen dies erlauben.

Abkürzungen

Nach Abkürzungen folgt ein Leerschritt Das gilt auch für mehrere aufeinander folgende Wörter, die jeweils mit einem Punkt abgekürzt sind.	... desgl. ein paar Strümpfe ... ... z. B. ein Zeppelin ... ... Hüte, Schirme, Taschen u. a. m.

Anrede und Gruß in Briefen

Anrede und Grußformel werden vom übrigen Brieftext durch jeweils eine Leerzeile abgesetzt.	Sehr geehrter Herr Schmidt, gestern erhielten wir Ihre Nachricht vom ... Wir würden uns freuen, Sie bald hier begrüßen zu können. Mit freundlichen Grüßen Kraftwerk AG

Anschrift

Anschriften auf [nicht elektronischen] Postsendungen werden durch Leerzeilen gegliedert. Man unterteilt hierbei wie folgt: [Art der Sendung]; [Firmen]name; Postfach oder Straße und Hausnummer [Wohnungsnummer]; Postleitzahl, Bestimmungsort [Bestimmungsland]	Einschreiben Bibliographisches Institut & F. A. Brockhaus AG Dudenstraße 6 68167 Mannheim Herrn Helmut Schildmann Jenaer Straße 18 a 99425 Weimar

Die Postleitzahl wird nicht ausgerückt, der Bestimmungsort nicht unterstrichen. Bei Postsendungen ins Ausland empfiehlt die Deutsche Post, Bestimmungsort und Bestimmungsland (ohne vorangehende Leerzeile) in Großbuchstaben zu schreiben. Das früher übliche Voranstellen des Landeskennzeichens vor die Postleitzahl des Bestimmungsortes (z. B. A- für Österreich) wird nicht mehr empfohlen. In der Schweiz sollte grundsätzlich auf die Leerzeile über dem Bestimmungsort verzichtet werden. Am Zeilenende stehen keine Satzzeichen; eine Ausnahme bilden Abkürzungspunkte sowie die zu Kennwörtern o. Ä. gehörenden Anführungs-, Ausrufe- oder Fragezeichen.	Frau Maria Baeren Münsterplatz 8 3000 BERN Herrn Major a. D. Kurt Meier Postfach 90 10 98 60450 Frankfurt am Main Reisebüro Bauer Kennwort ,Ferienlotterie' Postfach 70 96 14 1121 WIEN ÖSTERREICH
Bei E-Mails besteht die international standardisierte Adresse aus dem Empfängernamen, dem Zeichen @ und der organisatorischen oder geographischen Kennung des Rechnerstandortes. Leerzeichen (Blanks) werden nicht gesetzt; als Abgrenzungszeichen dienen Punkt, Bindestrich oder Unterstrich. Die Umlaute ä, ö, ü werden als ae, oe, ue geschrieben; ß wird durch ss ersetzt.	c_mueller@aachen.de

Ausrufezeichen

↑ Satzzeichen

Bindestrich

Als Ergänzungsstrich steht der Bindestrich unmittelbar vor oder nach dem zu ergänzenden Wortteil.	Laub- und Nadelbäume Eisengewinnung und -verarbeitung Textilgroß- und -einzelhandel
Bei der Kopplung oder Aneinanderreihung gibt es zwischen den verbundenen Wörtern oder Schriftzeichen und dem Bindestrich ebenfalls keine Leerschritte. Darüber hinaus findet der Bindestrich Verwendung als Trennstrich bei der Worttrennung, als Gedankenstrich, als Rechenzeichen, als Strich für Strecken, beim Datum, als Wortzusatzzeichen, bei Unterführungen und als Strich für »bis« und »gegen«.	Hals-Nasen-Ohren-Arzt St.-Martins-Kirche C-Dur-Tonleiter Berlin-Schöneberg Hawaii-Insel UKW-Sender

Datum

Das nur in Zahlen angegebene Datum wird im Allgemeinen ohne Leerschritte durch Punkte gegliedert. Tag und Monat sollten jeweils zweistellig angegeben werden. Die im deutschsprachigen Raum übliche Reihenfolge ist: Tag, Monat, Jahr.	24.08.2001 24.08.01
Nach DIN 5008 soll (gemäß internationaler Norm) durch Mittestrich gegliedert werden; die Reihenfolge ist dann: Jahr, Monat, Tag.	2001-08-24 01-08-24
Schreibt man den Monatsnamen in Buchstaben, so schlägt man zwischen den Angaben je einen Leerschritt an.	24. August 2001 24. Aug. 2001

Doppelpunkt

↑ Satzzeichen

Einheitenzeichen

Einheitenzeichen werden mit einem Leerschritt hinter der Ziffer geschrieben.	Höchstgewicht: 2 kg ein Luftdruck von 998 hPa

Einrücken

↑ Hervorhebungen

Fehlende Zeichen

Auf der Tastatur fehlende Zeichen können in einigen Fällen durch Kombinationen anderer Zeichen ersetzt werden: Die Umlaute ä, ö, ü kann man als ae, oe, ue schreiben. Das ß kann durch ss wiedergegeben werden. Besonders im internationalen E-Mail-Verkehr kann der Verzicht auf Umlaute, Sonderzeichen (z. B. Akzente) und ß sinnvoll sein, da diese Zeichen oft nicht angemessen auf dem Empfängerbildschirm wiedergegeben werden.	südlich - suedlich SÜDLICH - SUEDLICH mäßig - maessig Fußsohle - Fusssohle

Fragezeichen

↑ Satzzeichen

Gradzeichen

Bei Winkelgraden wird das Gradzeichen unmittelbar an die Zahl angehängt.	ein Winkel von 30°
Bei Temperaturgraden ist (vor allem in fachsprachlichem Text) nach der Zahl ein Leerschritt anzuschlagen; das Gradzeichen steht dann unmittelbar vor der Temperatureinheit.	eine Temperatur von 30 °C Nachttemperaturen um -3 °C

Grußformel

↑ Anrede und Gruß in Briefen

Hervorhebungen

Hervorhebungen sind möglich durch Einrücken, Zentrieren, Anführungszeichen, Unterstreichen, Sperren und Großbuchstaben. Moderne Schreibmaschinen ermöglichen auch fette und kursive Schrift sowie Wechsel der Schriftart. Einrücken und Zentrieren sind bei E-Mail-Texten nicht sinnvoll. Beim Unterstreichen werden Wortzwischenräume und Satzzeichen mit unterstrichen. Beim Sperren werden vor und nach der Sperrung je 3 Leerschritte angeschlagen. Bis auf Punkt und Anführungszeichen werden Satzzeichen, Bindestrich und Trennstrich mitgesperrt. Zahlen werden grundsätzlich nicht gesperrt.	Wir werden auf alle Fälle kommen. Vorsicht, Glas! Diese Übungen finden immer nur m o n t a g s statt.

Hochgestellte Zahlen

Hochzahlen und Fußnotenziffern werden ohne Leerschritt angeschlossen.	eine Entfernung von 10^8 Lichtjahren ein Gewicht von 10^{-6} Gramm Nach einer anderen Quelle[4] hat es diesen Mann nie gegeben.

Klammern

Klammern schreibt man ohne Leerschritt vor und nach den Textabschnitten, Wörtern, Wortteilen oder Zeichen, die von ihnen eingeschlossen werden.	Das neue Serum (es wurde erst vor kurzem entwickelt) hat sich sehr gut bewährt. Der Grundbetrag (12 EUR) wird angerechnet. Lehrer(in) für Deutsch gesucht.

Komma

↑ Satzzeichen

Paragraphzeichen

Das Paragraphzeichen wird nur in Verbindung mit darauf folgenden Zahlen gebraucht. Es ist durch einen Leerschritt von der zugehörigen Zahl getrennt.	Wegen eines Verstoßes gegen § 21 StVO werden Sie ...

Prozentzeichen

Das Prozentzeichen ist durch einen Leerschritt von der zugehörigen Zahl zu trennen. Der Leerschritt entfällt bei Ableitungen.	Bei Barzahlung 3,5 % Rabatt. Der Verlust beträgt 8 %. eine 10%ige Erhöhung

Rechenzeichen

Die Rechenzeichen +, –, · oder ×, :, = werden mit vorausgehendem und folgendem Leerschritt geschrieben, + und – als Vorzeichen ohne folgenden Leerschritt.	333 + 67 = 400 3 · 67 = 201 67 - 77 = -10 +15 -2a

Satzzeichen

Die Satzzeichen Punkt, Komma, Semikolon, Doppelpunkt, Fragezeichen und Ausrufezeichen werden ohne Leerschritt an das vorangehende Wort oder Schriftzeichen angehängt. Das nächste Wort folgt nach einem Leerschritt.	Wir haben noch Zeit. Gestern, heute und morgen. Am Mittwoch reise ich ab; mein Vertreter kommt nicht vor Freitag. Es muss heißen: Hippologie. Wie muss es heißen? Hör doch zu!

Schrägstrich

Vor und nach dem Schrägstrich wird im Allgemeinen kein Leerschritt angeschlagen. Der Schrägstrich kann als Bruchstrich verwendet werden; er steht außerdem bei Diktat- und Aktenzeichen sowie bei zusammengefassten Jahreszahlen.	2/3, 3 1/4 % Zinsen Aktenzeichen c/XII/14 Ihr Zeichen: Dr/Ls Er begann sein Studium im Wintersemester 1998/99.

Semikolon

↑Satzzeichen

Sperren

↑Hervorhebungen

ss/ß

↑Fehlende Zeichen

Strich für Strecken, »bis« und »gegen«

Als Zeichen für Strecken, »bis« und »gegen« wird der längere Mittestrich, ersatzweise der Bindestrich mit einem Leerschritt vor und nach den Angaben verwendet.	ICE Frankfurt - Kassel 10 - 20 EUR Borussia Dortmund - VfB Stuttgart

Uhrzeit

Stunden, Minuten und gegebenenfalls Sekunden können mit Punkten gegliedert werden. Ziffern und Punkte werden ohne Leerschritt geschrieben.	7.00 Uhr, 16.45 Uhr, 0.23 Uhr, 23.14.37 Uhr
Nach DIN 5008 wird mit dem Doppelpunkt gegliedert; jede Zeiteinheit ist zweistellig anzugeben. Vor und nach dem Doppelpunkt wird kein Leerschritt angeschlagen.	07:00 Uhr 23:14:37 Uhr

Umlaut

↑ Fehlende Zeichen

Unterführungen

Unterführungszeichen stehen jeweils unter dem ersten Buchstaben des zu unterführenden Wortes. Zahlen dürfen nicht unterführt werden.	Duden, Band 2, Stilwörterbuch " " 5, Fremdwörterbuch " " 7, Herkunftswörter-buch 1 Hängeschrank mit Befestigung 1 Regalteil " " 1 " ohne Rückwand 1 " " Zwischen-wand
Ein übergeordnetes Stichwort, das in Aufstellungen wiederholt wird, kann durch den Bindestrich ersetzt werden. Er steht unter dem ersten Buchstaben des Stichwortes. In E-Mail-Texten sind Unterführungen nicht sinnvoll.	Nachschlagewerke; deutsche und fremdsprachige Wör-terbücher -; naturwissenschaftliche und technische Fachbücher -; allgemeine Enzyklopä-dien -; Atlanten

Unterstreichen

↑ Hervorhebungen

Worttrennung

Zur Worttrennung wird der Bindestrich ohne Leerschritt an den Wortteil angehängt. In Mitteilungen, die zur elektronischen Übertragung bestimmt sind, sollte auf die Eingabe von Worttrennungen verzichtet werden.	... Vergiss- meinnicht ...

Zahlen

Zahlen mit mindestens vier Stellen können durch Verwendung des Leerschritts oder mit Punkten von rechts beginnend in dreistellige Gruppen gegliedert werden. Vgl. auch ↑ Hochgestellte Zahlen	33 468 927 33.468.927 1 000 000 EUR 1.000.000 EUR

Korrekturzeichen 4

Jedes eingezeichnete Korrekturzeichen ist auf dem Rand zu wiederholen. Die erforderliche Änderung ist rechts neben das wiederholte Korrekturzeichen zu ~~zeich~~hen, sofern dieses nicht (wie ⌐, ⊏) für sich selbst spricht. ⊢⊣ schreib

Korrekturzeichen müssen den Korrekturstellen schnell und eindeutig zugeordnet werden können. Darum ist es bei großer Fehlerdichte wichtig, verschiedene, frei zu wählende Korrekturzeichen – gegebenenfalls auch in verschiedenen Farben – zu benutzen.

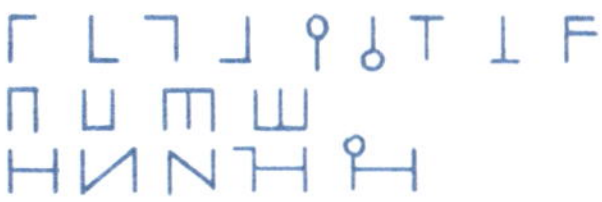

usw.

Korrekturzeichen nach DIN 16511 4.1

Andere Schrift oder Schriftgröße wird verlangt, indem man die betreffende Stelle unterstreicht und auf dem Rand die gewünschte **Schrift**, Schriftart (fett, kursiv usw.) oder die gewünschte Schriftgröße (8p, 9p usw.) oder beides (8p fett, 9p kursiv usw.) vermerkt. Gewünschte Kursivschrift wird oft nur durch eine Wellenlinie unter dem Wort und auf dem Rand bezeichnet. Versehentlich falsch Hervorgehobenes wird ebenfalls UNTERSTRICHEN; die Anweisung auf dem Rand lautet dann: »Grundschrift« oder »gewöhnlich«.

halbfett
Times
kursiv 9p
gewöhnlich

Fälschlich aus anderen Schriften gesetzte Buchstaben (Zwiebelfische) werden durchgestrichen und auf dem Rand zweimal unterstrichen. R m

Falsche Buchstaben oder **Wörter** werden durchgestrichen und auf dem Rond durch die richtigen ersetzt. a

Falsche Trennungen werden am Ende der Zeile und am folgenden Zeile-nanfang angezeichnet. en

Wird nach **Streichung eines Bindestrichs** oder **Buchstabens** die Schreibung der verbleibenden Teile zweifelhaft, dann wird außer dem Tilgungs-zeichen die Zusammennschreibung durch einen Doppelbogen, die Getrenntschreibung durch das Zeichen ⌉ angezeichnet, z. B. blendendweiß.

Fehlende Buchstaben werden angezeichnet, indem der vorangende oder folgende uchstabe durchgestrichen und zusammen mit dem fehlenden wiederholt wird. Es kann auch das ganze ~~Wrt~~ oder die Silbe durchge~~sti~~chen und auf dem Rand berichtigt werden. he Bu Wort stri

Fehlende Wörter (Leichen) werden in der Lücke durch Winkelzeichen gemacht und auf dem Rand angegeben.

Bei größeren Auslassungen wird auf die Manuskriptseite verwiesen. Die Stelle ist auf der Manuskriptseite zu kennzeichnen.

Diese Presse bestand aus befestigt war.

Zu tilgende Buchstaben oder **Wörter** werden durchgestrichen unnd auf ~~auf~~ dem Rand durch ₰ (für: deleatur, d. h. »es werde getilgt«) angezeichnet.

Fehlende oder **zu tilgende** ,**Satzzeichen** werden wie fehlende oder zu tilgende Buchstaben angezeichnet

Verstellte Buchstaben werden durchgesrtichen und auf dem Rand in der richtigen Reihenfolge angegeben.

Verstellte Wörter durch werden das Umstellungszeichen gekennzeichnet.

Die Wörter werden bei größeren Umstellungen beziffert.

Ist die Verstellung schlecht zu überschauen, empfiehlt es sich, den verstellten Text ganz zu tilgen und ihn auf dem Korrekturrand zu wiederholen.

Verstellte Zahlen sind immer ganz durchzustreichen und in der richtigen Ziffernfolge auf den Rand zu schreiben, z. B. ~~1684~~.

Für unleserliche oder **zweifelhafte Manuskriptstellen,** die noch nicht blockiert sind, sowie für noch **zu ergänzenden Text** wird vom Korrektor eine Blockade verlangt, z. B.:

~~Hyladen~~ sind Insekten mit unbeweglichem Prothorax (s. S. ....).

Sperrung oder **Aufhebung einer Sperrung** wird wie beim V e r l a n g e n einer anderen Schrift durch Unterstreichung gekennzeichnet.

Fehlender Wortzwischenraumwird mit bezeichnet. **Zu weiter Zwischenraum** wird durch , zu enger Zwischenraum durch angezeichnet. Soll ein **Zwischenraum ganz wegfallen,** so wird dies durch zwei Bogen ohne Strich ange deutet.

Fehlender Zeilenabstand (Durchschuss) wird durch einen zwischen die Zeilen gezogenen Strich mit nach außen offenem Bogen angezeichnet.

Zu großer Zeilenabstand (Durchschuss) wird durch einen zwischen die Zeilen gezogenen Strich mit einem nach innen offenen Bogen angezeichnet.

Ein **Absatz** wird durch das Zeichen im Text und auf dem Rand verlangt:

Die ältesten Drucke sind so gleichmäßig schön ausgeführt, dass sie die schönste Handschrift übertreffen. Die älteste Druckerpresse scheint von der, die uns Jost Amman im Jahre 1568 im Bilde vorführt, nicht wesentlich verschieden gewesen zu sein.

Das Anhängen eines Absatzes verlangt man durch eine den Ausgang mit dem folgenden Text verbindende Linie:

Die Presse bestand aus zwei senkrechten Säulen, die durch ein Gesims verbunden waren.
In halber Manneshöhe war auf einem verschiebbaren Karren die Druckform befestigt.

Zu tilgender Einzug erhält am linken Rand das Zeichen ├──, am rechten Rand das Zeichen ──┤, z. B.:

Die Buchdruckerpresse ist eine faszinierende Maschine, deren kunstvollen ──┤
├── Mechanismus nur der begreift, der selbst daran gearbeitet hat.

Fehlender Einzug wird durch ⊏ möglichst genau bezeichnet, z. B. (wenn der Einzug um ein Geviert verlangt wird):

... über das Ende des 14. Jahrhunderts hinaus führt keine Art des Metalldruckes.
Der Holzschnitt kommt in Druckwerken ebenfalls nicht vor dem 14. Jahrhundert vor.

Aus Versehen falsch Korrigiertes wird rückgängig gemacht, indem man die Korrektur ~~auf~~ dem Rand durchstreicht und Punkte unter die fälschlich korrigierte Stelle setzt. ├─┤ ~~über~~

Ligaturen (zusammengezogene Buchstaben) werden verlangt, indem man die fälschlich einzeln nebeneinander gesetzten Buchstaben durchstreicht und auf dem Rand mit einem Bogen darunter wiederholt, z. B. Schiff. ⊓ff

Fälschlich gesetzte Ligaturen werden durchgestrichen, auf dem Rand wiederholt und durch einen Strich getrennt, z. B. Auflage. ⊓f|l

4.2 Zusätzliche Korrekturzeichen

Kammen in oiner Zeele mehrere Fehler vor, dann erhalten sie ihrer Reihenfolge nach verschiedene Zeichen. Für ein und denselben falschen Buchstaben wird aber nur ein Korrekturzeichen verwendet, das om Rond mehrfoch vor den richtigen Buchstaben gesetzt wird.

Fehlende Zeilen signalisiert man mit am linken Textrand zwischen vorangehender und folgender Zeile.

zweite Zeile

erste Zeile
dritte Zeile

Bei der Korrektur ist auf **zu häufige Trennungen** hinzuweisen, die die Setzerei nach Möglichkeit durch Umsetzen verringern sollte. Bei langen Zeilen sollten nicht mehr als 3, bei kurzen (z. B. im Wörterbuch oder Lexikon) nicht mehr als 5 Trennungen aufeinander folgen.

6 Trennungen

mmmmmmmmmmmmm-
mmmmmmmmmmmmm-
mmmmmmmmmmmmm-
mmmmmmmmmmmmm-
mmmmmmmmmmmmm-
mmmmmmmmmmmmm-

Bei der Korrektur sollten auch **sinnentstellende** und **unschöne Trennungen** aufgelöst werden, um einen mühelosen Lesefluss zu gewährleisten. Zu diesem Zweck darf im Flattersatz das Zeichen verwendet werden, im Blocksatz sind die umzustellenden Zeichen zu umkreisen und mit einer Schleife zu versetzen.

Spargel-der Walzer-zeugnisse bein-halten Steuerer-hebung

Vergleichster-min Wasserstoffio-nen

siehe oben
siehe unten
siehe Anlage

Mit Randvermerken wird auf eine umfangreiche Korrektur hingewiesen, die rechts neben dem Text zu viel Platz einnehmen würde.

Der **auf Mitte zu setzende Punkt,** z. B. der Multiplikationspunkt bei mathematischem Satz, wird mit nebenstehendem Zeichen angegeben.

Verstellte Zeilen werden mit waagerechten Randstrichen versehen und in der richtigen Reihenfolge nummeriert, z. B.:

Sah ein Knab' ein Röslein stehn, 1
lief er schnell, es nah zu sehn, 4
war so jung und morgenschön, 3
Röslein auf der Heiden, 2
sah's mit vielen Freuden. 5

Goethe 6

Noch übliche Korrekturzeichen nach TGL[1]

4.3

In den neuen Bundesländern werden neben den Zeichen der DIN-Norm häufig auch Korrekturzeichen verwendet, die bis 1990 in der DDR nach dem Standard TGL 0-16511 gültig waren. Dies gilt vor allem für die folgenden Fälle:

Mit dem Zeichen _ _ _ werden zu sperrende Wörter oder Wortteile unterstrichen. Das Zeichen wird auf dem Rand wiederholt. _ _ _ _

Einfügungen in Form eines Wortes oder mehrerer Wörter werden durch eins der Zeichen kenntlich gemacht; der fehlende Textteil wird neben das auf Rand wiederholte Zeichen geschrieben. dem

Soll ein Wortteil, ein Wort oder eine Gruppe von Wörtern in eine andere Zeile gestellt werden, so der wird umzustellende Text umrandet und mit einem Pfeil an die gewünschte Stelle geführt.

Sollen Zeilen oder ganze Abschnitte umgestellt werden, so erfasst man von der aus ein Pfeil zur richtigen Stelle führt. Das Zeichen ist am sie seitlich (in der Regel am linken Satzrand) mit einer Klammer, rechten Rand zu wiederholen.

Als Exponenten oder Indizes zu setzende Ziffern werden wie folgt gekennzeichnet: Exponent 1. Ordnung mit dem Zeichen ∨, Exponent 2. Ordnung mit dem Zeichen ⩔ (das Zeichen wird unter die Ziffer oder unter den Buchstaben gesetzt):

exn (e^{x^n})

Index 1. Ordnung mit dem Zeichen ∧, Index 2. Ordnung mit dem Zeichen ⩓ (das Zeichen wird über die Ziffer oder über den Buchstaben gesetzt):

H2O, yn3 (H_2O, y_{n_3})

1 TGL = Technische Normen, Gütevorschriften und Lieferbedingungen

4.4 Korrekturzeichen aus dem Bleisatz

Beschädigte Buchstaben werden durchgestrichen und auf dem Rand einmal unterstrichen.

Um **unleserliche Textpassagen, verschmutzte Buchstaben** und **zu stark erscheinende Stellen** wird eine Linie gezogen. Dieses Zeichen wird auf dem Rand wiederholt.

Auf dem Kopf stehende Buchstaben ▮ (Fliegenköpfe) werden durchgestrichen und auf dem Rand durch die richtigen ersetzt. Dies gilt auch für quer stehende und umgedrehte Buchstaben.

Spieße, d. h. im Satz mitgedruckter Ausschluss, Durchschuss oder ebensolche Quadrate, werden unterstrichen und auf dem▮Rand durch # angezeigt.

Nicht Linie haltende Stellen werden durch über und unter der Zeile gezogene parallele Striche angezeichnet.

Wichtige ausländische Korrekturzeichen

4.5

Beim Vergleichen der in fremden Sprachen gebräuchlichen Korrekturzeichen mit den deutschen ergibt sich, dass ein Teil von ihnen sowohl in der Form wie in der Bedeutung übereinstimmt. Dies trifft vor allem für diejenigen Zeichen zu, die für sich selbst sprechen. Nicht Linie haltende Stellen, das Anhängen eines Absatzes, zu tilgender oder fehlender Einzug und verstellte Zeilen werden überall in gleicher Weise gekennzeichnet. Auch das Umstellungszeichen bei verstellten Wörtern und die Bezifferung bei größeren Umstellungen sind ebenso verständlich wie die Behandlung von nicht richtig gesetzten Ligaturen. Zu beachten ist die vom Deutschen abweichende Schreibung der Zahlen **1** und **7** im Englischen und Amerikanischen: **I** und **7**. Die sehr nützliche Regel, verstellte Buchstaben am Rand in der richtigen Reihenfolge zu schreiben, gilt bei uns erst seit 1966. Im Englischen wird oft auf im Abdruck eingezeichnete Umstellungen am Rand durch **tr.** oder **trs** (transpose = umstellen) hingewiesen. Die Blockade für unleserliche oder zweifelhafte Manuskriptstellen kennt man woanders nur in der alten Form mit Fragezeichen, im Englischen auch mit den Buchstaben **Qy** (= query, dt. Frage).

Obwohl in der ISO 5776 von 1983 (E/F/R) eine Reihe von Symbolen für die Textkorrektur festgelegt sind, gibt es zwar für die meisten fremden Sprachen keine allgemein verbindlichen Normen, doch lässt sich ein überwiegender Gebrauch bestimmter Korrekturzeichen feststellen. Noch verbreitet ist (in unterschiedlichen Formen) ein Zeichen für verkehrt stehende Buchstaben. Das hierfür in Deutschland früher verwendete Vertaturzeichen wurde 1966 in der Neufassung des Normblatts DIN 16511 abgeschafft.

Die an den Rand geschriebenen Korrekturen werden im Englischen durch einen Strich abgeschlossen, der sie auch von den nachfolgenden trennt, aber nicht wie in den anderen Sprachen auf eine bestimmte von mehreren Eintragungen im Abdruck hinweist. Wo die Korrektur im Satz auszuführen ist, ergibt sich gewöhnlich durch die Reihenfolge. Im Russischen werden dagegen reichlich Querstriche benutzt, damit sich die Korrekturzeichen deutlich von den Formen mancher kyrillischer Buchstaben unterscheiden.

Auf den folgenden Seiten sind in einer vergleichenden tabellarischen Übersicht die wichtigsten deutschen und ausländischen Korrekturzeichen zusammengestellt.

Sprache	falsche Buchstaben oder Wörter	verkehrt stehende Buchstaben	überflüssige Buchstaben oder Wörter
Deutsch	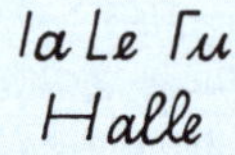	nach DIN 16511 vom Jan. 1966 wie falsche Buchstaben; vorher galt: _√ = vertatur! (man wende!, man drehe um!)	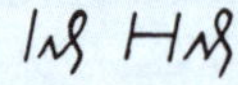 = deleatur! (man streiche!, man tilge!)
Englisch	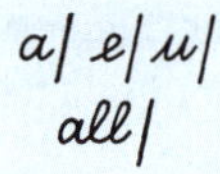		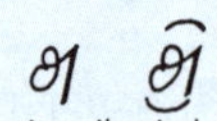 Amerikanisch: 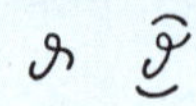
Französisch	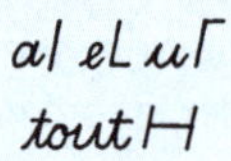		
Italienisch	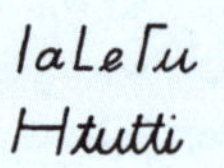	 oder 	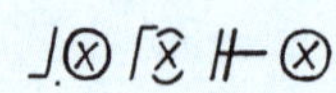
Niederländisch	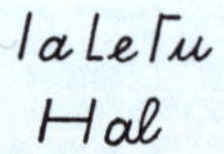		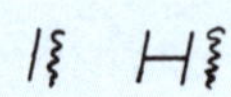
Russisch	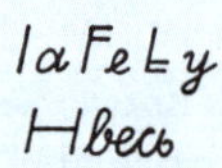		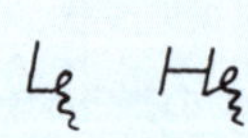
Schwedisch	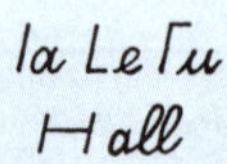	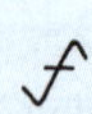	
Spanisch	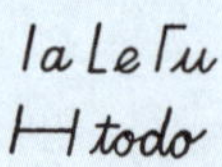	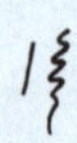	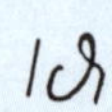

fehlende Buchstaben oder Satzzeichen	fehlende Wörter	beschädigte oder aus falscher Schrift gesetzte Buchstaben
|en ⌊lan |r,	⌊über s. Ms. S. 12	beschädigt: |e ⌊a falsche Schrift: |e |a
im Abdruck: ⋌ e| lan|,⋌; ⋌ ⊙ ⊙ ʺ| ʺ| |—|	im Abdruck: ⋌ over | | out see copy, p.12	beschädigt: X X falsche Schrift: w f. = wrong fount (falscher
⋌ n ⌈an ⌈,	sur ⋌ ⋌bourdon, voir copie, p.12	beschädigt: (e | @⌈ falsche Schrift: [e] [a]
|en ⌊ll ⌈e,⋌;	⊥ sopra ⊥(v. o. 12, da [a]) (vedi l'originale 12, von [bis])	|ⓔ ⌊ⓐ
|en ⌊lan ⌈r,	⌋ over √ boven ⌊zie kopij blad 12	|ⓔ ⌊ⓐ
|ен ⌊лан ⌋р,	√над √через √Набрать по оригиналу oder стр. 12 √Пропуск, см. оригинал	× ⌈e ⌋a
|en ⌊lan ⌈r,	Ψ över se manuskript, sida 12	|ⓔ ⌊ⓐ
|en ⊥lan ⌈r,	⊥ sobre ⊥V. original, pág. 12 véase original, página 12	|e ⌊a

Sprache	Wortzwischenraum				Spieße
	fehlend	zu eng	zu weit	zu tilgen	
Deutsch	Z				#
Englisch	#	eq.# = equalize spacing (Zwischenraum ausgleichen)			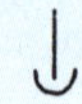
Französisch	#/			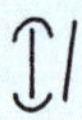	X
Italienisch	#			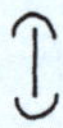	X
Niederländisch	L#		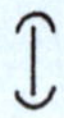		
Russisch	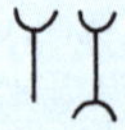		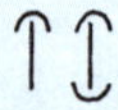		#
Schwedisch	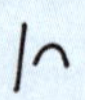		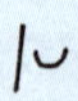		/#
Spanisch			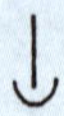		X

neuer Absatz	Durchschuss		irrtümlich Angezeichnetes
	mehr	weniger	
_⌐	——(	——)	H ~~gef~~
im Abdruck: [N.P. oder n.p. oder ¶ = new paragraph (neuer Absatz	<# amerikanisch auch: <ld = lead (Reglette)	) less # = weniger	✓ = leave unchanged ~~q~~ stet = steht (lat., lass es stehen; Mehrz.: stent)
[	——< ——‖	——) ——+	~~Stt~~ (bon) = gut
[da capo = von Anfang; Absatz: capoverso	——<	——)	~~H~~ vive! = bleibt
/□	——<	——)	H ~~gef~~
Z	——(	——)	H ~~[illegible]~~
[ny rad = neue Zeile; Absatz auch: Nytt stycke	——∩	——∪	~~H gef~~
_⌐	——⋇	——)	~~H~~

Sprache	andere Schrift			
	kursiv	**(halb)fett**	**Grundschrift**	**Gemeine**
Deutsch	——kursiv Duden auch: ~~~~~~~	——halbfett	—Grundschrift	(kein Beispiel gegeben) ——((gew.!))
Englisch	—— ital. = italic	~~~~~~~ b.f. oder bold = bold face; fett = extra bold	rom. = roman	Im Abdruck: rom. = lower case
Französisch	—— ital. = italique	~~~~~~~ d.-gr. oder gr. = (demi-=)gras	(rom.) = romain	(b. d. c.) = bas de casse
Italienisch	—— c.° = corsivo	~~~~~~~ neretto oder grassetto = Fettdruck	tondo = Antiqua	b.c. = bassa cassa
Niederländisch	—— (curs) = cursief	~~~~~ (vet) = vet	(rom) = romein	(o k) = onderkast
Russisch	~~~~~~ (Курс.) =курсивом	(п/ж) (жирн.) =(полу)жирным	нормальное	строчной буквы = kleine Buchstaben
Schwedisch	(kursiv)	(halvfet) (fet) = fetstil	(antikva) = rak stil (gerade Schrift)	(gemena)
Spanisch	—— cursiva	~~~~~~~ negritas oder negrillas	(ndo) = redondo (rund), redonda, redondilla, romanilla	(baja) = herunter-

andere Schrift		Sperrung	Aufheben der Sperrung
Kapitälchen	**Versalien**		
(kein Beispiel	(kein Beispiel gegeben)	___ sperren	___ nicht sperren
___((Kapit.!))	___((Vers.!))		
s.caps = small capitals	caps. Einz.: cap. = capitals	space out	
p.c. oder p.cap. = petites capitales	cap. = capitales	espacer	
mainscoletti	maiuscoli	spazieggiare	
kl kap = klein kapitalen	kap = kapitalen	spat = spatiëren	niet spat = niet spatiëren
(nicht gebräuchlich)	прописной буквы = große Buchstaben	разр. = разрядкой	
kapitäler	versaler	spärra	
versalitas	versales = M	espaciar	

4.6 Korrekturzeichen Druckvorstufe (nach DIN 16549-1, Nov. 1996)

Zeichen	Bedeutung
~	Angleichen (Farb-/Tonwert)
Σ	Gesamtänderung (Zeichen wird nur zusammen mit einem/mehreren anderen Zeichen verwendet)
|← →|	Größenänderung (neue Maßangabe in mm in die Lücke schreiben)
K	Kontern
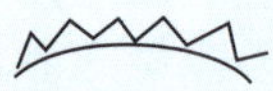	Kontur und/oder Begrenzung schärfer
P	Passer
U̲	Umkehren (aus negativ wird positiv, aus positiv wird negativ)
↻	Rotieren
₰	Tilgen eines Teils
·/·	Verringern (eines ganzen/begrenzten Bereichs) auf einen bestimmten Wert in Dichtewerten oder in Prozent Flächendeckungsgrad
⇄ ⇅	Verschieben (eines Teils)
+	Verstärken (eines ganzen/begrenzten Bereichs) auf einen bestimmten Wert in Dichtewerten oder in Prozent Flächendeckungsgrad

Schriften und Alphabete 5

Schriften und typographisches Maßsystem 5.1

Angesichts der Vielzahl neuer Schriften wurde die aus dem Jahre 1964 stammende DIN 16518 zur Klassifizierung der Schriften überarbeitet. Obwohl dieser Normentwurf seit September 1998 vorliegt, ist die Klassifikation der Schriften nach der Ausgabe von 1964 in vielen Fällen immer noch die Referenz. Deshalb werden hier beide Klassifikationen aufgeführt.

Klassifikation der Schriften nach DIN 16518 (1964)

Gruppe I: Venezianische Renaissance-Antiqua

Meyers Lexikon

Schrift: Schneidler-Mediäval

Die mit schräg angesetzter Breitfeder im Wechselzug geschriebene humanistische Minuskel war die Vorläuferin der venezianischen Renaissance-Antiqua. Die Achse der Rundungen ist links geneigt. Die An- und Abstriche (Serifen) sind schwach abgerundet, und besonders die Haar- und Abstriche sind nicht sehr unterschiedlich.

Gruppe II: Französische Renaissance-Antiqua

Meyers Lexikon

Schrift: Garamond

Die französische Renaissance-Antiqua ist ihrer Herkunft nach der venezianischen Antiqua verwandt. Die größeren Unterschiede der Strichdicke lassen diese Schrift eleganter und dynamischer erscheinen. Ein besonderes Merkmal ist der waagerecht liegende Strich beim e, in der venezianischen Renaissance-Antiqua liegt der Strich dagegen schräg.

Gruppe III: Barock-Antiqua (Vorklassizistische Antiqua)

Meyers Lexikon

Schrift: Baskerville

Bei der Barock-Antiqua werden Einflüsse der Kupferstecherschriften sichtbar. Sie weist stärkere Unterschiede in der Strichdicke auf als die Renaissance-Antiqua. Die Serifen sind nicht oder nur schwach ausgerundet und werden bei den Minuskeln unten waagerecht, oben abgeneigt angesetzt. Die Rundungsachse ist fast senkrecht.

Gruppe IV: Klassizistische Antiqua

Meyers Lexikon

Schrift: Walbaum

Aus den Kupferstecherschriften entwickelt, sind die Serifen der klassizistischen Antiqua waagerecht angesetzt. Charakteristisches Merkmal sind die kontrastreichen Unterschiede zwischen Haar- und Grundstrichen. Die Rundungsachse steht senkrecht.

Gruppe V: Serifenbetonte Linear-Antiqua

Meyers Lexikon

Schrift: Memphis

Die serifenbetonte Linear-Antiqua zeigt einheitlich starke Haar- und Grundstriche (zumindest optisch). Die ausgeprägte Betonung der Serifen ist allen Schriften der Gruppe eigen

Gruppe VI: Serifenlose Linear-Antiqua

Meyers Lexikon

Schrift: Futura

Die serifenlose Linear-Antiqua (auch unter dem Namen Groteskschrift bekannt) entwickelte sich aus den Ingenieurschriften. Sie ist in der Strichstärke überwiegend einheitlich (zumindest optisch), umfasst jedoch auch Schriften mit unterschiedlichen Strichstärken.

Gruppe VII: Antiquavarianten

MEYERS LEXIKON
Schrift: Weiß-Lapidar

Die Antiquavarianten umfassen die den bisher genannten Antiquaschriften nicht zugeordneten Schriften. Ihre Strichführung weicht vom Charakter der anderen Antiquagruppen ab.

Gruppe VIII: Schreibschriften

Meyers Lexikon
Schrift: Künstlerschreibschrift

Die sog. Schreibschriften, d. h. die aus lateinischen Kanzlei- und Schulschriften entstandenen Drucktypen, werden zu dekorativen Zwecken benutzt.

Gruppe IX: Handschriftliche Antiqua

Meyers Lexikon
Schrift: Times-Script halbfett

Aus der Antiqua und der kursiven Antiqua wurden die Drucktypen der sog. handschriftlichen Antiqua als künstlerische Abwandlung entwickelt.

Gruppe X: Gebrochene Schriften

Meyers Lexikon
Schrift: Wilhelm-Klingspor-Schrift

a) Gotisch
Nach der schmal laufenden Textura des 15. Jahrhunderts wurde die Gotisch benannt, deren Buchstaben eng und hochstrebend gestaltet sind. Spätere Formen sind breiter.

Meyers Lexikon
Schrift: Halbfette Wallau

b) Rundgotisch
Vorläuferin der Rundgotisch ist die Rotunda. Die gebrochenen, strengen Formen der Gotisch sind in Rundungen abgewandelt, die Anfänge und Endungen zeigen keine Würfelform.

Meyers Lexikon
Schrift: Alte Schwabacher

c) Schwabacher
Mit Schwabacher bezeichnet man die im 15. Jahrhundert entwickelten breit laufenden, gebrochenen Schriften.

Meyers Lexikon

Schrift: Zentenar-Fraktur

d) Fraktur

Die Fraktur ist die eleganteste Form der gebrochenen Schriften. Sie hat meist schwungvolle Versalien und schmal laufende Minuskeln.

Meyers Lexikon

Schrift: Weiß-Fraktur-Kursiv

e) Frakturvarianten

Diese Untergruppe umfasst die gebrochenen Schriften, deren Strichführung vom Charakter aller bisher genannten gebrochenen Schriften stark abweicht.

Gruppe XI: Fremde Schriften

Diese Gruppe umfasst die Schriften, die ihren Ursprung nicht in der römischen Capitalis haben.

Beispiele: Bilderschriften, griechische und kyrillische Schriften sowie hebräische und arabische Alphabetschriften.

Klassifikation der Schriften nach DIN E 16518 (1998)

Der Normentwurf von 1998 fasst die heute gängigen Schriften in 5 großen Gruppen zusammen, die nachstehend aufgeführt und mit Beispielen illustriert werden.

Gruppe 1: Gebrochene Schriften

Meyers Lexikon

Schrift: Duc De Berry zu 1.6

1.1 Gotische
1.2 Rundgotische
1.3 Schwabacher
1.4 Fraktur
1.5 Varianten
1.6 Dekorative

Gruppe 2: Römische Serifen-Schriften

Meyers Lexikon

Schrift: Arnold-Böcklin zu 2.5

2.1 Renaissance-Antiqua
2.2 Barock-Antiqua
2.3 Klassizismus-Antiqua
2.4 Varianten
2.5 Dekorative

Gruppe 3: Lineare Schriften

Meyers Lexikon
Schrift: Goudy Sans zu 3.6

3.1 Grotesk
3.2 Anglo-Grotesk
3.3 Konstruierte Grotesk
3.4 Geschriebene Grotesk
3.5 Varianten
3.6 Dekorative

Gruppe 4: Serifenbetonte Schriften

Meyers Lexikon
Schrift: Clarendon zu 4.2

4.1 Egyptienne
4.2 Clarendon
4.3 Italienne
4.4 Varianten
4.5 Dekorative

Gruppe 5: Geschriebene Schriften

Meyers Lexikon
Schrift: Brush Script zu 5.4

5.1 Flachfederschrift
5.2 Spitzfederschrift
5.3 Rundfederschrift
5.4 Pinselschrift
5.5 Varianten
5.6 Dekorative

Schreibschriften

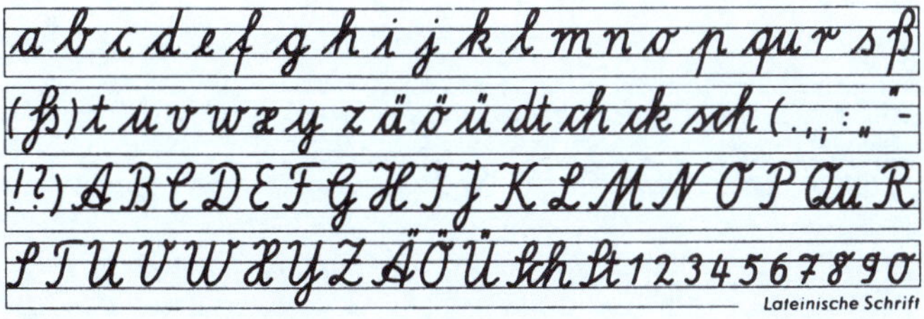

Schreibschriften Fortsetzung

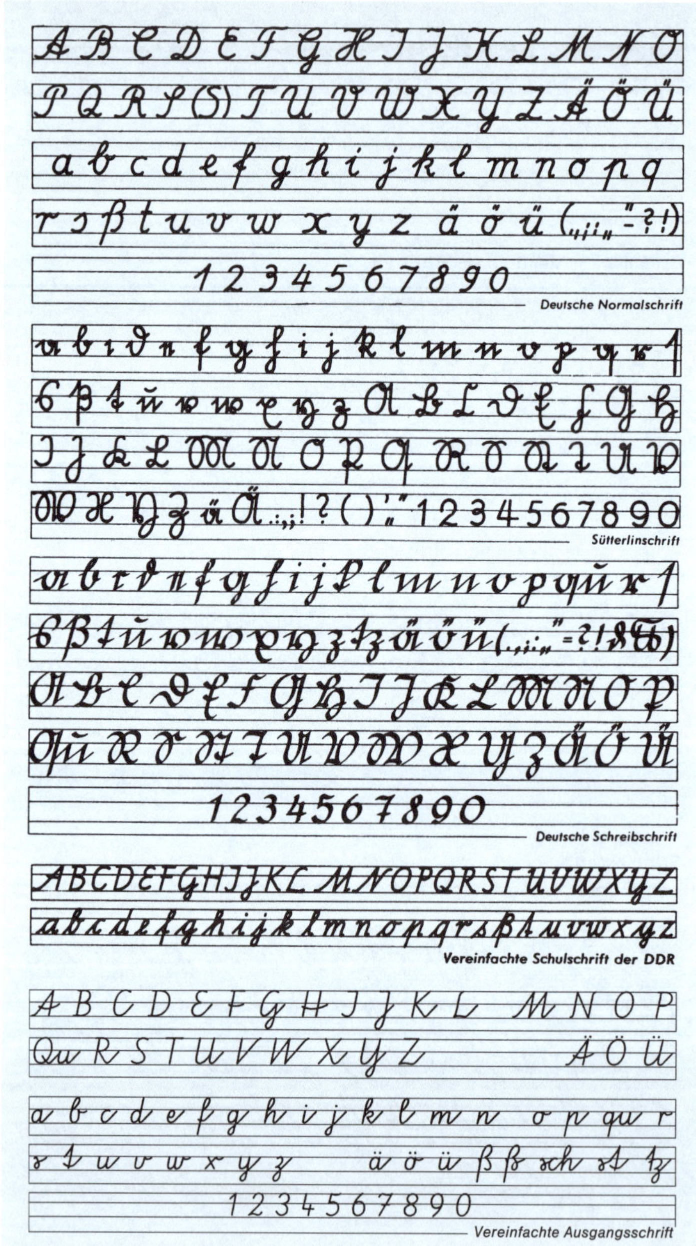

Gotiſch		Schwabacher		Fraktur		Antiqua	
A a	S ſ s	A a	S ſ s	A a	S ſ s	A a	S s
B b	T t	B b	T t	B b	T t	B b	T t
C c	U u	C c	U u	C c	U u	C c	U u
D d	V v	D d	V v	D d	V v	D d	V v
E e	W w	E e	W w	E e	W w	E e	W w
F f	X x	F f	X x	F f	X x	F f	X x
G g	Y y	G g	Y y	G g	Y y	G g	Y y
H h	Z z	H h	Z z	H h	Z z	H h	Z z
I i	1	I i	1	I i	1	I i	1
J j	2	J j	2	J j	2	J j	2
K k	3	K k	3	K k	3	K k	3
L l	4	L l	4	L l	4	L l	4
M m	5	M m	5	M m	5	M m	5
N n	6	N n	6	N n	6	N n	6
O o	7	O o	7	O o	7	O o	7
P p	8	P p	8	P p	8	P p	8
Q q	9	Q q	9	Q q	9	Q q	9
R r	0	R r	0	R r	0	R r	0

Mediäval		Egyptienne		Grotesk		Schreibschrift		lichte Versalien	
A a	S s	A a	S s	A a	S s	A a	S s	A	S
B b	T t	B b	T t	B b	T t	B b	T t	B	T
C c	U u	C c	U u	C c	U u	C c	U u	C	U
D d	V v	D d	V v	D d	V v	D d	V v	D	V
E e	W w	E e	W w	E e	W w	E e	W w	E	W
F f	X x	F f	X x	F f	X x	F f	X x	F	X
G g	Y y	G g	Y y	G g	Y y	G g	Y y	G	Y
H h	Z z	H h	Z z	H h	Z z	H h	Z z	H	Z
I i	1	I i	1	I i	1	I i	1	I	Ä
J j	2	J j	2	J j	2	J j	2	J	Ö
K k	3	K k	3	K k	3	K k	3	K	Ü
L l	4	L l	4	L l	4	L l	4	L	
M m	5	M m	5	M m	5	M m	5	M	
N n	6	N n	6	N n	6	N n	6	N	
O o	7	O o	7	O o	7	O o	7	O	
P p	8	P p	8	P p	8	P p	8	P	
Q q	9	Q q	9	Q q	9	Q q	9	Q	
R r	0	R r	0	R r	0	R r	0	R	

OCR-Schriften

Die OCR-Schriften (OCR ist die Abkürzung für optical character recognition = optische Zeichenerkennung) sind international genormte Schriften, die im Rahmen der Datenverarbeitung von Lesemaschinen, so genannten Klarschriftlesern »gelesen«, d.h. identifiziert und weiter verarbeitet werden können.

Die **OCR-A-Schrift,** die neben einer Anzahl spezieller Zeichen und den Ziffern nur Großbuchstaben enthält, wird vor allem im Bankwesen verwendet. Die **OCR-B-Schrift** enthält auch Kleinbuchstaben, ergibt also ein für fortlaufende Texte gewohntes Schriftbild.

OCR-A-Schrift

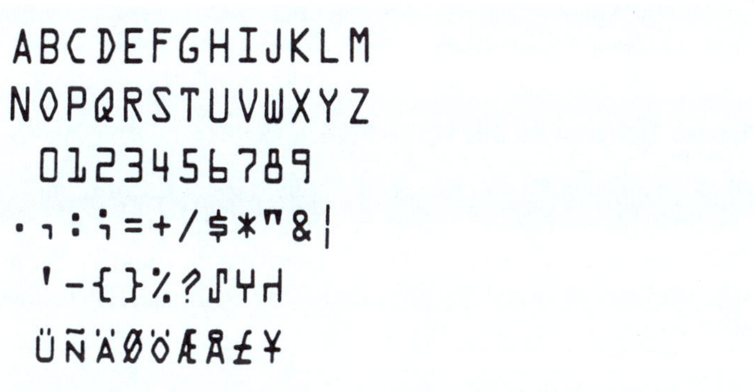

OCR-B-Schrift

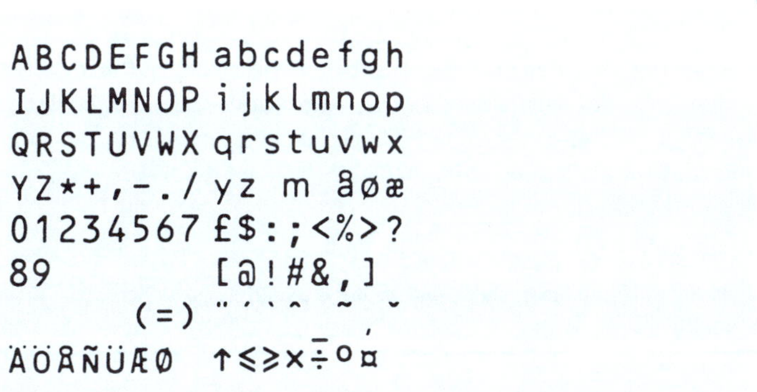

Typographischer Punkt und metrisches System

Der typographische Punkt (Einheitenzeichen **p**), die historische Maßeinheit des Bleisatzes, darf nach der Ausführungsverordnung zum Gesetz über Einheiten im Messwesen vom 02. Juli 1969 bereits seit dem 31. Dezember 1977 im geschäftlichen und amtlichen Verkehr nicht mehr verwendet werden. Er wurde ersetzt durch metrische Einheiten.

Da man jedoch davon ausgeht, dass aus wirtschaftlichen und technologischen Gründen (unter Berücksichtigung des vorhandenen Materials) während einer gewissen Übergangszeit noch weiterhin mit dem bisherigen typographischen System gearbeitet werden wird, stehen in beiden Teilen der neuen DIN 16507 neben den Angaben in Millimetern auch noch die traditionellen Angaben in Punkt.

Während sich Teil 1 der DIN 16507 in der Neufassung von September 1998 auf den Bleisatz beschränkt, sind in Teil 2 (Mai 1999) die Schriftgrößen für den digitalen Satz festlegt.

Bereich Bleisatz nach DIN 16507-1 (Sept. 1998)

Die Maßangaben für die Kegelgrößen, die Lage der Schriftlinie, das Blindmaterial und das Unterlagenmaterial erfolgen in Millimeter, jedoch wird das historische Punktmaß aus den o.g. Gründen ebenfalls angegeben, ebenso wie die historische Bezeichnung (Cicero, Nonpareille etc.).

Bereich digitaler Satz nach DIN 16507-2 (Mai 1999)

Diese Norm beruht auf dem SI-Einheiten-System und legt Messgrößen sowie eine bestimmte Anzahl bevorzugter Schriftgrößen fest. Die Angaben erfolgen hier zwar primär in Millimeter, doch stehen daneben aus den o.g. Gründen auch die Angaben im historischen Punktmaß.

Die auf S. 326 abgebildete Tabelle zum traditionellen Didot-Punktsystem verzeichnet neben dem historischen Punktmaß (1 p = 0,376 mm) auch das für die Umrechnung in Millimeter neu gerundete Punktmaß (1 p = 0,375 mm).

Typographische Maßsysteme und wichtige Umrechnungswerte im Überblick

Das **Didot-Punktsystem** (kontinentales Europa):

1 Didot-Punkt = 0,376 mm (0,375 mm gerundet)
= 1,070 Pica-Punkt
12 Didot-Punkte = 1 Cicero = 4,513 mm

Das **Pica-Punktsystem** (England und Vereinigte Staaten):

1 Pica-Punkt	= 0,351 mm
	= 0,934 Didot-Punkte
12 Pica-Punkte	= 1 Pica = 4,217 mm

Das Computer- oder **PostScript-Punktsystem:**
Bei der Einführung der Seitenbeschreibungssprache PostScript (ca. 1985) wurde von der Herstellerfirma Adobe ein eigener neuer Wert für das freie Gestalten von Computerschriften (Fonts) festgelegt, der so genannte Computer- oder PostScript-Punkt, ausgehend von der in den USA noch gebräuchlichen Einheit Inch (dt. Zoll). Da die meisten heute eingesetzten Satzprogramme aus dem englischen Sprachraum stammen, hat dieses Punktsystem den traditionellen Pica-Punkt weitgehend verdrängt.

1 PostScript-Punkt	= 0,352 mm
	= 1,003 Pica-Punkte
72 PostScript-Punkte	= 1 Inch = 25,4 mm

Das Didot-Punktsystem: Das traditionell in Europa verwendete typographische Maßsystem, Umrechnung in metrische Einheiten (mm)

	Gemeine	Versalie	Didot-Punkt, traditionelle Bezeichnung (1 p = 0,376065 mm)	auf 3 Dezimalen gerundetes Maß in mm	neue Bezeichnung in mm (bei Rundung: 1 p = 0,375 mm)
			1 Punkt (Achtelpetit)	0,376	0,375
			2 Punkt (Viertelpetit)	0,752	0,75
	m	M	3 Punkt (Viertelcicero, Brillant)	1,128	1,13
	m	M	4 Punkt (Halbpetit, Diamant)	1,504	1,50
	m	M	5 Punkt (Perl)	1,880	1,88
	m	M	6 Punkt (Nonpareille)	2,256	2,25
	m	M	7 Punkt (Kolonel, Mignon)	2,632	2,63
	m	M	8 Punkt (Petit)	3,009	3,00
	m	M	9 Punkt (Borgis)	3,385	3,38
	m	M	10 Punkt (Korpus, Garmond)	3,761	3,75
	m	M	12 Punkt (Cicero)	4,513	4,50
	m	M	14 Punkt (Mittel)	5,265	5,25
	m	M	16 Punkt (Tertia)	6,017	6,00
	m	M	18 Punkt (eineinhalb Cicero)	6,769	6,75
	m	M	20 Punkt (Text)	7,521	7,50
	m	M	48 Punkt (Konkordanz)	18,051	18,00

Umrechnungstabelle Cicero in Pica[1]

Cicero	Pica	Cicero	Pica
6	6,06	21	22,06
6½	7,00	21½	23,00
7	7,06	22	23,08
7½	8,00	22½	24,02
8	8,06	23	24,08
8½	9,02	23½	25,02
9	9,08	24	25,08
9½	10,02	24½	26,04
10	10,08	25	26,10
10½	11,04	25½	27,04
11	11,10	26	27,10
11½	12,04	27	28,10
12	12,10	28	30,00
12½	13,04	29	31,00
13	14,00	30	32,02
13½	14,06	31	33,02
14	15,00	32	34,02
14½	15,06	33	35,04
15	16,00	34	36,06
15½	16,06	35	37,06
16	17,02	36	38,06
16½	17,08	37	39,08
17	18,02	38	40,08
17½	18,09	39	41,10
18	19,04	40	42,10
18½	19,10	41	43,10
19	20,04	42	45,00
19½	20,10	43	46,00
20	21,06	44	47,02
20½	22,00		

1 Traditioneller Pica-Punkt: 1 Cicero-Punkt = 1,068 9655 Pica-Punkt;
1 Pica hat 12 Punkte.

5.2 Lateinalphabete

In einzelnen Sprachen wird z. T. anders alphabetisiert als hier; z. T. werden einzelne Buchstaben selten oder nicht mehr verwendet.

Albanisch

A a	G g	N n	T t
B b	Gj gj	Nj nj	Th th
C c	H h	O o	U u
Ç ç	I i	P p	V v
D d	J j	Q q	X x
Dh dh	K k	R r	Xh xh
E e	L l	Rr rr	Y y
Ë ë	Ll ll	S s	Z z
F f	M m	Sh sh	Zh hz

Aserbaidschanisch

A a	G g	Q q	S s
B b	Ğ ğ	L l	Ş ş
C c	H h	M m	T t
Ç ç	X x	N n	U u
D d	I ı	O o	Ü ü
E e	İ i	Ö ö	V v
Ə ə	J j	P p	Y y
F f	K k	R r	Z z

Baskisch

A a	H h	O o	Tz tz
B b	I i	P p	U u
Ç ç	J j	R r	Ü ü
Ch ch	K k	R̄ r̄ (Ŕ ŕ, Rr rr)	X x
D d	L l	S s	Y y
D̄ d̄	L̄ l̄ (Ll ll)	T t	Z z
E e	M m	T̄ t̄ (Tt tt)	
F f	N n	Ts ts	
G g	Ñ ñ (Ń ń, N̄ n̄)	Tx tx	

Bosnisch

vgl. Kroatisch S. 333

Bretonisch

A a	G g	N n, Ñ ñ	V v
B b	H h	O o	W w
Ch ch	I i, Ï ï	P p	Y y
C'h c'h	J j	R r	Z z
D d	K k	S s	
E e, É é, È è, Ê ê	L l	T t	
F f	M m	U u, Ü ü	

Chinesisch (Pinyin)

A a	H h	O o	W w
B b	I i	P p	X x
C c	J j	Q q	Y y
D d	K k	R r	Z z
E e	L l	S s	
F f	M m	T t	
G g	N n	U u, Ü ü	

Anm.: Vokalbuchstaben (A a, E e, I i, O o, U u, Ü ü) können mit folgenden diakritischen Zeichen (Tonzeichen) versehen sein: ¯ (Querstrich übergesetzt), ´ (Akut), ` (Gravis), ˇ (Haken).

Dänisch

A a	H h	O o	W w
B b	I i	P p	X x
C c	J j	R r	Y y
D d	K k	S s	Z z
E e	L l	T t	Æ æ
F f	M m	U u	Ø ø
G g	N n	V v	Å å

Anm. 1: Früher schrieb man anstelle von Å, å die Buchstabengruppe Aa, aa. Die Schreibung Aa, aa für Å, å ist nicht mehr offiziell.
Anm. 2: Anstelle von Ø, ø wird z. T. Ö, ö geschrieben. Ö, ö ist nicht mehr offiziell.

Deutsch

A a, Ä ä	H h	O o, Ö ö	V v
B b	I i	P p	W w
C c	J j	Q q	X x
D d	K k	R r	Y y
E e	L l	S s	Z z
F f	M m	T t	
G g	N n	U u, Ü ü	

Anm.: ß wird alphabetisiert als ss.

Englisch

A a	H h	O o	V v
B b	I i	P p	W w
C c	J j	Q q	X x
D d	K k	R r	Y y
E e	L l	S s	Z z
F f	M m	T t	
G g	N n	U u	

Esperanto

A a	G g	K k	S s
B b	Ĝ ĝ	L l	Ŝ ŝ
C c	H h	M m	T t
Ĉ ĉ	Ĥ ĥ	N n	U u, Ŭ ŭ
D d	I i	O o	V v
E e	J j	P p	Z z
F f	Ĵ ĵ	R r	

Estnisch

A a	I i	P p	U u
B b	J j	R r	V v
D d	K k	S s	Õ õ
E e	L l	Š š	Ä ä
F f	M m	Z z	Ö ö
G g	N n	Ž ž	Ü ü
H h	O o	T t	

Färöisch

A a, Á á	G g	M m	T t
B b	H h	N n	U u, Ú ú
D d	I i, Í í	O o, Ó ó	V v
Ð ð	J j	P p	Y y, Ý ý
E e	K k	R r	Æ æ
F f	L l	S s	Ø ø

Finnisch

A a	I i	P p	W w
B b	J j	R r	Y y
D d	K k	S s	Z z
E e	L l	Š š	Ž ž
F f	M m	T t	Ä ä
G g	N n	U u	Ö ö
H h	O o	V v	

Französisch

A a, À à, Â â	H h	O o, Ô ô, Œ œ	V v
B b	I i, Î î, Ï ï	P p	W w
C c, Ç ç	J j	Q q	X x
D d	K k	R r	Y y
E e, É é, È è, Ê ê, Ë ë	L l	S s	Z z
F f	M m	T t	
G g	N n	U u, Û û, Ü ü	

Anm.: Æ, æ, Œ, œ werden alphabetisiert als Ae, ae, Oe, oe.

Galicisch

A a, Á á	G g	Ñ ñ	U u, Ú ú, Ü ü
B b	H h	O o, Ó ó	V v
C c	I i, Í í	P p	X x
Ch ch	L l	Q q	Z z
D d	Ll ll	R r	
E e, É é	M m	S s	
F f	N n	T t	

Gälisch (Schottland)

A a, À à	F f	M m	S s
B b	G g	N n	T t
C c	H h	O o, Ó ó, Ò ò	U u, Ù ù
D d	I i, Ì ì	P p	
E e, É é	L l	R r	

Indonesisch

A a	G g	M m	T t
B b	H h	N n	U u
C c	I i	O o	V v
D d	J j	P p	W w
E e	K k	R r	Y y
F f	L l	S s	Z z

Irisch

A a, Á á	F f	M m	S s
B b	G g	N n	T t
C c	H h	O o, Ó ó	U u, Ú ú
D d	I i, Í í	P p	
E e, É é	L l	R r	

Isländisch

A a, Á á	H h	O o, Ó ó	X x
B b	I i, Í í	P p	Y y, Ý ý
D d	J j	R r	Z z
Ð ð	K k	S s	þ Þ
E e, É é	L l	T t	Æ æ
F f	M m	U u, Ú ú	Ö ö
G g	N n	V v	

Italienisch

A a, À à	H h	P p	W w
B b	I i, Ì ì, Î î, J j	Q q	X x
C c	K k	R r	Y y
D d	L l	S s	Z z
E e, È è, É é	M m	T t	
F f	N n	U u, Ù ù	
G g	O o, Ò ò, Ó ó	V v	

Anm.: Anstelle von À, à, Ì, ì und Ù, ù wird manchmal Á, á, Í, í und Ú, ú geschrieben.

Katalanisch

A a, À à	H h	O o, Ó ó, Ò ò	V v
B b	I i, Í í, Ï ï	P p	W w
C c, Ç ç	J j	Q q	X x
D d	K k	R r	Y y
E e, É é, È è	L l	S s	Z z
F f	M m	T t	
G g	N n	U u, Ú ú, Ü ü	

Kroatisch

A a	E e	Lj lj	Š š
B b	F f	M m	T t
C c	G g	N n	U u
Č č	H h	Nj nj	V v
Ć ć	I i	O o	Z z
D d	J j	P p	Ž ž
Dž dž	K k	R r	
Đ đ	L l	S s	

Anm.: Anstelle von Đ, đ schrieb man früher Dj, dj oder Gj, gj; Dj, dj wird auch heute mitunter gebraucht.

Lateinisch

A a	G g	O o	U u
B b	H h	P p	V v
C c	I i	Q q	X x
D d	L l	R r	Y y
E e	M m	S s	Z z
F f	N n	T t	

Lettisch

A a, Ā ā	Ģ ģ	M m	T t
B b	H h	N n	U u, Ū ū
C c	I i, Ī ī	Ņ ņ	V v
Č č	J j	O o	Z z
D d	K k	P p	Ž ž
E e, Ē ē	Ķ ķ	R r	
F f	L l	S s	
G g	Ļ ļ	Š š	

Litauisch

A a, Ą ą	G g	N n	U u, Ų ų, Ū ū
B b	H h	O o	V v
C c	I i, Į į, Y y	P p	Z z
Č č	J j	R r	Ž ž
D d	K k	S s	
E e, Ę ę, Ė ė	L l	Š š	
F f	M m	T t	

Luxemburgisch

A a, Ä ä	G g	N n	U u, Ü ü
B b	H h	O o, Ö ö	V v
C c	I i	P p	W w
Ç ç	J j	Q q	X x
D d	K k	R r	Y y
E e, É é, Ë ë	L l	S s	Z z
F f	M m	T t	

Madagassisch

A a	G g	L l	R r
B b	H h	M m	S s
D d	I i, Y y	N n	T t
E e	J j	O o	V v
F f	K k	P p	Z z

Maltesisch

A a	G g	M m	U u
B b	Għ għ	N n	V v
C c	H h	O o	W w
Ċ ċ	Ħ ħ	P p	X x
D d	I i	Q q	Ż ż
E e	J j	R r	Z z
F f	K k	S s	
Ġ ġ	L l	T t	

Moldauisch

vgl. Rumänisch S. 337

Niederdeutsch

vgl. Deutsch S. 330

Niederländisch

A a	H h	O o	V v
B b	I i	P p	W w
C c	J j	Q q	X x
D d	K k	R r	Y y
E e	L l	S s	Z z
F f	M m	T t	
G g	N n	U u	

Anm.: Am Wortanfang schreibt man IJ, nicht Ij; z.B. IJssel, IJ, ij wird auch als Y, y alphabetisiert, d.h. zwischen X, x und Z, z.

Niedersorbisch

A a	F f	M m	T t
B b	G g	N n, Ń ń	U u
C c	H h	O o	W w
Č č	Ch ch	P p	Z z
Ć ć	I i	R r	Ž ž
D d	J j	Ŕ ŕ	Ź ź
Dź dź	K k	S s	
E e	Ł ł	Š š	
Ě ě	L l	Ś ś	

Norwegisch

A a	H h	O o	W w
B b	I i	P p	Y y
C c	J j	R r	Z z
D d	K k	S s	Æ æ
E e	L l	T t	Ø ø
F f	M m	U u	Å å
G g	N n	V v	

Anm. 1: Früher schrieb man anstelle von Å, å die Buchstabengruppe Aa, aa, die als A+a, a+a alphabetisiert wurde. Die Schreibung Aa, aa für Å, å ist nicht mehr offiziell.
Anm. 2: Anstelle von Ø, ø wird z. T. Ö, ö geschrieben. Ö, ö ist nicht offiziell.

Obersorbisch

A a	G g	N n	T t
B b	H h	Ń ń	Ć ć
C c	Ch ch	O o	U u
Č č	I i	Ó ó	W w
D d	J j	P p	Y y
Dź dź	K k	R r	Z z
E e	Ł ł	Ř ř	Ž ž
Ě ě	L l	S s	
F f	M m	Š š	

Polnisch

A a	F f	M m	Ś ś
Ą ą	G g	N n	T t
B b	H h	Ń ń	U u
C c	I i	O o	W w
Ć ć	J j	Ó ó	Y y
D d	K k	P p	Z z
E e	L l	R r	Ź ź
Ę ę	Ł ł	S s	Ż ż

Portugiesisch

A a, Á á, À à, Â â, Ã ã	G g	N n	T t
B b	H h	O o, Ó ó, Ô ô, Õ õ	U u, Ú ú, Ü ü
C c, Ç ç	I i, Í í	P p	V v
D d	J j	Q q	X x
E e, É é, Ê ê	L l	R r	Z z
F f	M m	S s	

Rätoromanisch (Schweiz)

A a, À à, Â â	G g	M m	S s
B b	H h	N n	T t
C c	I i, Ï ï, Î î	O o, Ö ö, Ò ò, Ô ô	U u, Ü ü, Ù ù
D d	J j	P p	V v
E e, É é, È è, Ê ê	K k	Q q	X x
F f	L l	R r	Z z

Rumänisch

A a	F f	L l	Ș ș
Ă ă	G g	M m	T t
Â â	H h	N n	Ț ț
B b	I i	O o	U u
C c	Î î	P p	V v
D d	J j	R r	X x
E e	K k	S s	Z z

Schwedisch

A a	I i	Q q	Y y
B b	J j	R r	Z z
C c	K k	S s	Å å
D d	L l	T t	Ä ä
E e	M m	U u	Ö ö
F f	N n	V v	
G g	O o	W w	
H h	P p	X x	

Slowakisch

A a, Á á	G g	N n, Ň ň	U u, Ú ú
Ä ä	H h	O o, Ó ó, Ô ô	V v
B b	Ch ch	P p	X x
C c	I i, Í í	Q q	Y y, Ý ý
Č č	J j	R r, Ŕ ŕ	Z z
D d, Ď ď	K k	S s	Ž ž
E e, É é	L l, Ĺ ĺ, Ľ ľ	Š š	
F f	M m	T t, Ť ť	

Slowenisch

A a	G g	N n	U u
B b	H h	O o	V v
C c	I i	P p	Z z
Č č	J j	R r	Ž ž
D d	K k	S s	
E e	L l	Š š	
F f	M m	T t	

Somali

A a	G g	M m	T t
B b	H h	N n	U u
C c	I i	O o	W w
D d	J j	Q q	X x
E e	K k	R r	Z z
F f	L l	S s	

Spanisch

A a, Á á	G g	Ñ ñ	U u, Ú ú, Ü ü
B b	H h	O o, Ó ó	V v
C c	I i, Í í	P p	W w
Ch ch	L l	Q q	X x
D d	Ll, ll	R r	Y y
E e, É é	M m	S s	Z z
F f	N n	T t	

Suaheli

A a	G g	M m	T t
B b	H h	N n	U u
Ch ch	I i	O o	V v
D d	J j	P p	W w
E e	K k	R r	Y y
F f	L l	S s	Z z

Tagalog

A a	G g	N n	S s
B b	H h	Ng ng	T t
K k	I i	O o	U u
D d	L l	P p	W w
E e	M m	R r	Y y

Tschechisch

A a, Á á	G g	M m	Š š
B b	H h	N n, Ň ň	T t, Ť ť
C c	Ch ch	O o, Ó ó	U u, Ú ú, Ů ů
Č č	I i, Í í	P p	V v
D d, Ď ď	J j	R r	Y y, Ý ý
E e, É é, Ě ě	K k	Ř ř	Z z
F f	L l	S s	Ž ž

Türkisch

A a, Â â	Ğ ğ	N n	U u, Û û
B b	H h	O o	Ü ü
C c	I ı	Ö ö	V v
Ç ç	İ i, Î î	P p	Y y
D d	J j	R r	Z z
E e	K k	S s	
F f	L l	Ş ş	
G g	M m	T t	

Ungarisch

A a, Á á	Gy gy	O o, Ó ó	Ü ü, Ű ű
B b	H h	Ö ö, Ő ő	V v
C c	I i, Í í	P p	W w
Cs cs	J j	Q q	X x
D d	K k	R r	Y y
Dz dz	L l	S s	Z z
Dzs dzs	Ly ly	Sz sz	Zs zs
E e, É é	M m	T t	
F f	N n	Ty ty	
G g	Ny ny	U u, Ú ú	

Anm.: Früheres Cz, cz wurde durch C, c ersetzt.

Vietnamesisch

A a	Ê ê	O o	U u
Ă ă	G g	Ô ô	Ư ư
Â â	H h	Ơ ơ	V v
B b	I i	P p	X x
C c	K k	Q q	Y y
D d	L l	R r	
Đ đ	M m	S s	
E e	N n	T t	

Anm.: Vokalbuchstaben (A a, Ă ă, Â â, E e, Ê ê, I i, O o, Ô ô, Ơ ơ, U u, Ư ư) können mit folgenden diakritischen Zeichen (Tonzeichen) versehen sein: 1. ´ (Akut, darüber; bei Zirkumflex darüber rechts), 2. ` (Gravis, darüber: bei Zirkumflex darüber links), 3. ̉ (»punktloses Fragezeichen« darüber; bei Zirkumflex darüber links, 4. ˜ (Tilde, darüber), 5. ̣ (Punkt, darunter; bei y darunter rechts).

Walisisch

A a, Á á, Â â, Ä ä	F f	Ll ll	S s
B b	Ff ff	M m	T t
C c	G g	N n	Th th
Ch ch	H h	O o, Ô ô, Ö ö	U u, Ù ù, Û û, Ü ü
D d	I i, Î î, Ï ï	P p	W w, Ŵ ŵ, Ẅ ẅ
dd	J j	R r	Y y, Ŷ ŷ, Ÿ ÿ
E e, É é, Ê ê, Ë ë	L l	Rh rh	

Diakritische Zeichen in lateinischen Alphabeten 5.3

Nr.	Zeichen	Bezeichnung	Stellung	Beispiele
1	˙	Punkt	übergesetzt	İ (türk.), i (dt.)
2	´	Akut	übergesetzt	É (frz.), ú (ungar.)
3	`	Gravis	übergesetzt	À (portug.), à (frz.)
4	/	Schrägstrich	durchgezogen	Ł (poln.), ø (dän.)
5	–	Querstrich	halb oder ganz durchgezogen	Đ (isländ.), đ (kroat.)
6	–	Querstrich (Balken)	übergesetzt	Ā (lett.), ū (litau.)
7	¸	Cedille	untergesetzt	Ç (frz.), ş (rumän.)
8	‘	Cedille	übergesetzt	ģ (lett.)
9	’	Apostroph	nachgesetzt	Ľ (slowak.), ď (tschech.)
10	˘	Halbkreis	übergesetzt	Ă (rumän.), ğ (türk.)
11	ˆ	Zirkumflex	übergesetzt	Ô (portug.), ê (frz.)
12	ˇ	Häkchen (Háček)	übergesetzt	Ť (slowak.), č (kroat., tschech.)
13	˜	Tilde	übergesetzt	Õ (estn.), ñ (span.)
14	˛	Krummhaken	untergesetzt	Ų (litau.), ę (poln.)
15	°	Ringelchen (Kringel)	übergesetzt	Å (dän.), ů (tschech.)
16	¨	Trema	übergesetzt	Ö (dt.), ü (span.)
17	˝	Doppelakut	übergesetzt	Ő (ungar.), ű (ungar.)

Anm.: In dieser Tabelle sind die Tonzeichen des Chinesischen (vgl. S. 329 und des Vietnamesischen (vgl. S. 340) nicht berücksichtigt.

5.4 Übersicht der in den Lateinalphabeten[1] vorkommenden Buchstaben mit diakritischen Zeichen

Die folgende Übersicht soll Redakteuren, Setzern und Korrektoren ermöglichen, bei Unklarheiten im Manuskript zu entscheiden, ob ein bestimmtes diakritisches Zeichen in einer Sprache überhaupt vorkommt. Für Zweifelsfälle gelten die Anmerkungen im Abschnitt »Lateinalphabete«. Die Anordnung folgt dem deutschen Alphabet sowie der im vorhergehenden Abschnitt festgelegten Reihenfolge. In dieser Übersicht sind die Tonzeichen des Vietnamesischen (vgl. S. 340) nicht berücksichtigt.

Nr.	Buchstabe mit diakritischem Zeichen	Sprachen	Nr. des diakritischen Zeichens
1	Á á	Färöisch, Galicisch, Irisch, Isländisch, Portugiesisch, Slowakisch, Spanisch, Tschechisch, Ungarisch, Walisisch	2
2	À à	Französisch, Gälisch, Italienisch, Katalanisch, Portugiesisch, Rätoromanisch	3
3	Ā ā	Lettisch	6
4	Ă ă	Moldauisch, Rumänisch, Vietnamesisch	10
5	Â â	Französisch, Moldauisch, Portugiesisch, Rätoromanisch, Rumänisch, Türkisch, Vietnamesisch, Walisisch	11
6	Ã ã	Portugiesisch	13
7	Ą ą	Litauisch, Polnisch	14
8	Å å	Dänisch, Norwegisch, Schwedisch	15
9	Ä ä	Deutsch, Estnisch, Finnisch, Luxemburgisch, Niederdeutsch, Schwedisch, Slowakisch, Walisisch	16
10	Ċ ċ	Maltesisch	1
11	Ć ć	Bosnisch, Kroatisch, Niedersorbisch, Obersorbisch, Polnisch	2
12	Ç ç	Albanisch, Aserbaidschanisch, Baskisch, Französisch, Katalanisch, Luxemburgisch, Portugiesisch, Türkisch	7
13	Ĉ ĉ	Esperanto	11
14	Č č	Bosnisch, Kroatisch, Lettisch, Litauisch, Niedersorbisch, Obersorbisch, Slowakisch, Slowenisch, Tschechisch	12
15	D̄ d̄	Baskisch	6
16	Ð ð	Färöisch, Isländisch	5

1 Vgl. S. 328 ff.

Nr.	Buchstabe mit diakritischem Zeichen	Sprachen	Nr. des diakritischen Zeichens
17	Đ đ	Bosnisch, Kroatisch, Vietnamesisch	5
18	Ď ď	Slowakisch, Tschechisch	12, 9
19	Ė ė	Litauisch	1
20	É é	Bretonisch, Französisch, Galicisch, Gälisch, Irisch, Isländisch, Italienisch, Katalanisch, Luxemburgisch, Portugiesisch, Rätoromanisch, Slowakisch, Spanisch, Tschechisch, Ungarisch, Walisisch	2
21	È è	Bretonisch, Französisch, Italienisch, Katalanisch, Rätoromanisch	3
22	Ē ē	Lettisch	6
23	Ê ê	Bretonisch, Französisch, Portugiesisch, Rätoromanisch, Vietnamesisch, Walisisch	11
24	Ě ě	Niedersorbisch, Obersorbisch, Tschechisch	12
25	Ę ę	Litauisch, Polnisch	14
26	Ë ë	Albanisch, Französisch, Luxemburgisch, Walisisch	16
27	Ġ ġ	Maltesisch	1
28	Ģ ģ	Lettisch	7, 8
29	Ğ ğ	Aserbaidschanisch, Türkisch	10
30	Ĝ ĝ	Esperanto	11
31	Ħ ħ	Maltesisch	5
32	Ĥ ĥ	Esperanto	11
33	İ	Aserbaidschanisch, Türkisch	1
	i	in allen in dieser Übersicht genannten Sprachen	1
34	Í í	Färöisch, Galicisch, Irisch, Isländisch, Katalanisch, Portugiesisch, Slowakisch, Spanisch, Tschechisch, Ungarisch	2
35	Ì ì	Gälisch, Italienisch	3
36	Ī ī	Lettisch	6
37	Î î	Französisch, Italienisch, Moldauisch, Rätoromanisch, Rumänisch, Türkisch, Walisisch	11
38	Į į	Litauisch	14
39	Ï ï	Bretonisch, Französisch, Katalanisch, Rätoromanisch, Walisisch	16
40	Ĵ ĵ	Esperanto	11
41	Ķ ķ	Lettisch	7
42	Ĺ ĺ	Slowakisch	2

Nr.	Buchstabe mit diakritischem Zeichen	Sprachen	Nr. des diakritischen Zeichens
43	Ł ł	Niedersorbisch, Obersorbisch, Polnisch	4
44	L̄ l̄	Baskisch	6
45	Ļ ļ	Lettisch	7
46	Ľ ľ	Slowakisch	9
47	Ń ń	Baskisch, Niedersorbisch, Obersorbisch, Polnisch	2
48	N̄ n̄	Baskisch	6
49	Ņ ņ	Lettisch	7
50	Ň ň	Slowakisch, Tschechisch	12
51	Ñ ñ	Baskisch, Bretonisch, Galicisch, Spanisch	13
52	Ó ó	Färöisch, Galicisch, Gälisch, Irisch, Isländisch, Italienisch, Katalanisch, Obersorbisch, Polnisch, Portugiesisch, Slowakisch, Spanisch, Tschechisch, Ungarisch	2
53	Ò ò	Gälisch, Italienisch, Katalanisch, Rätoromanisch	3
54	Ø ø	Dänisch, Färöisch, Norwegisch	4
55	Ơ ơ	Vietnamesisch	9
56	Ô ô	Französisch, Portugiesisch, Rätoromanisch, Slowakisch, Walisisch	11
57	Õ õ	Estnisch, Portugiesisch	13
58	Ö ö	Aserbaidschanisch, Deutsch, Estnisch, Finnisch, Isländisch, Luxemburgisch, Niederdeutsch, Rätoromanisch, Schwedisch, Türkisch, Ungarisch, Walisisch	16
59	Ő ő	Ungarisch	17
60	Ŕ ŕ	Baskisch, Niedersorbisch, Slowakisch	2
61	R̄ r̄	Baskisch	6
62	Ř ř	Obersorbisch, Tschechisch	12
63	Ś ś	Niedersorbisch, Polnisch	2
64	Ş ş	Aserbaidschanisch, Moldauisch, Rumänisch, Türkisch	7
65	Ŝ ŝ	Esperanto	11
66	Š š	Bosnisch, Estnisch, Finnisch, Kroatisch, Lettisch, Litauisch, Niedersorbisch, Obersorbisch, Slowakisch, Slowenisch, Tschechisch	12
67	T̄ t̄	Baskisch	6
68	Ţ ţ	Moldauisch, Rumänisch	7
69	Ť ť	Slowakisch, Tschechisch	12, 9

Nr.	Buchstabe mit diakritischem Zeichen	Sprachen	Nr. des diakritischen Zeichens
70	Þ þ	Isländisch	
71	Ú ú	Färöisch, Galicisch, Irisch, Isländisch, Katalanisch, Portugiesisch, Slowakisch, Spanisch, Tschechisch, Ungarisch	2
72	Ù ù	Bretonisch, Gälisch, Italienisch, Rätoromanisch, Walisisch	3
73	Ū ū	Lettisch, Litauisch	6
74	Ư ư	Vietnamesisch	9
75	Ŭ ŭ	Esperanto	10
76	Û û	Französisch, Türkisch, Walisisch	11
77	Ų ų	Litauisch	14
78	Ů ů	Tschechisch	15
79	Ü ü	Aserbaidschanisch, Baskisch, Bretonisch, Chinesisch, Deutsch, Estnisch, Französisch, Galicisch, Katalanisch, Luxemburgisch, Niederdeutsch, Portugiesisch, Rätoromanisch, Spanisch, Türkisch, Ungarisch, Walisisch	16
80	Ű ű	Ungarisch	17
81	Ŵ ŵ	Walisisch	11
82	Ẅ ẅ	Walisisch	16
83	Ý ý	Färöisch, Isländisch, Slowakisch, Tschechisch	2
84	Ŷ ŷ	Walisisch	11
85	Ÿ ÿ	Walisisch	16
86	Ż ż	Maltesisch, Polnisch	1
87	Ź ź	Niedersorbisch, Obersorbisch, Polnisch	2
88	Ž ž	Bosnisch, Estnisch, Finnisch, Kroatisch, Lettisch, Litauisch, Niedersorbisch, Obersorbisch, Slowakisch, Slowenisch, Tschechisch	12

5.5 Griechisches Alphabet

	Buchstabe	Name	griech. Schreibweise
1.	*Α, α*	Alpha	Ἄλφα
2.	*Β, β*	Beta	Βῆτα
3.	*Γ, γ*	Gamma	Γάμμα
4.	*Δ, δ*	Delta	Δέλτα
5.	*Ε, ε*	Epsilon	Ἒψιλόν
6.	*Ζ, ζ*	Zeta	Ζῆτα
7.	*Η, η*	Eta	Ἦτα
8.	*Θ, ϑ (θ)*	Theta	Θῆτα
9.	*Ι, ι*	Jota	Ἰῶτα
10.	*Κ, κ*	Kappa	Κάππα
11.	*Λ, λ*	Lambda	Λάμβδα
12.	*Μ, μ*	My	Μῦ
13.	*Ν, ν*	Ny	Νῦ
14.	*Ξ, ξ*	Xi	Ξεῖ (Ξῖ)
15.	*Ο, ο*	Omikron	Ὂμικϱόν
16.	*Π, π*	Pi	Πεῖ (Πῖ)
17.	*Ρ, ϱ*	Rho	Ῥῶ
18.	*Σ, σ, ς*	Sigma	Σῖγμα
19.	*Τ, τ*	Tau	Ταῦ
20.	*Υ, υ*	Ypsilon	Ὗψιλόν
21.	*Φ, φ*	Phi	Φεῖ (Φῖ)
22.	*Χ, χ*	Chi	Χεῖ (Χῖ)
23.	*Ψ, ψ*	Psi	Ψεῖ (Ψῖ)
24.	*Ω, ω*	Omega	Ὠμέγα

5.6 Hebräisches Alphabet

	Buchstabe	Name	
		traditionell	transliteriert
1.	א	Aleph	Ạlęf
2.	בּ	Bet	Bêṯ
	ב		
3.	גּ	Gimel	Gîmęl
	ג		
4.	דּ	Dalet	Dạlęṯ
	ד		
5.	ה	He	Hē
6.	ו	Waw	Wạw
7.	ז	Zajin	Zayin
8.	ח	Chet	Ḥêṯ
9.	ט	Tet	Ṭêṯ
10.	י	Jod	Yôḏ
11.	כּ (ךּ)	Kaf	Kaf
	כ (ך)		
12.	ל	Lamed	Lạmęḏ
13.	מ (ם)	Mem	Mêm
14.	נ (ן)	Nun	Nûn
15.	ס	Samech	Sạmęḵ
16.	ע	Ajin	ʿAyin
17.	פּ (ף)	Pe	Pē
	פ (ף)		
18.	צ (ץ)	Zade	Ẕạḏê
19.	ק	Kof	Qôf
20.	ר	Resch	Rêš
21.	שׁ	Schin	Šîn
22.	שׂ	Sin	Śîn
23.	תּ	Taw	Tạw
	ת		

Arabisches Alphabet 5.7

Buchstabe	Name transkribiert	Name transliteriert
ا	Alif	Alif
ب	Ba	Bā'
ت	Ta	Tā'
ث	Tha	Ṯā'
ج	Djim (Dschim)	Ǧīm
ح	Ha	Ḥā'
خ	Cha	Ḫā'
د	Dal	Dāl
ذ	Dhal	Ḏāl
ر	Ra	Rā'
ز	Saj	Zāy
س	Sin	Sīn
ش	Schin	Šīn
ص	Sad	Ṣād

Buchstabe	Name transkribiert	Name transliteriert
ض	Dad	Ḍād
ط	Ta	Ṭā'
ظ	Tsa	Ẓā'
ع	Ain	'Ayn
غ	Ghain	Ġayn
ف ف	Fa	Fā'
ق ق	Kaf	Qāf
ك	Kaf	Kāf
ل	Lam	Lām
م	Mim	Mīm
ن	Nun	Nūn
ه	Ha	Hā'
و	Waw	Wāw
ي	Ja	Yā'

Runenalphabete 5.8

Die Runenzeichen stammen wahrscheinlich aus griechischen, lateinischen und norditalienischen Alphabeten. Einige wurden vielleicht auch aus älteren, magischen Beschwörungen dienenden Zeichen der Germanen entwickelt.

Das älteste bekannte Runenalphabet wird nach seinen ersten sechs Zeichen **Futhark** genannt.

Runenalphabete aus dem 2./3. und dem 6. Jahrhundert n. Chr.

5.9 Transliterations- und Transkriptionssysteme

5.9.1 Kyrillisch

Die Transliteration entspricht im Wesentlichen der ISO-Transliteration (vgl. ISO [International Organization for Standardization] 9: 1995. Information and documentation. Transliteration of Cyrillic characters into Latin characters. Slavic and non-Slavic languages; vgl. auch DUDEN-Rechtschreibung, 22. Auflage, S. 118).

Bulgarisch

Bulgarisches Transliterations- und Transkriptionssystem

bulgarischer Buchstabe[1]		Trans-literation	Tran-skription	bulgarischer Buchstabe[1]		Trans-literation	Tran-skription
А	а	a	a	П	п	p	p
Б	б	b	b	Р	р	r	r
В	в	v	w	С	с	s	s[2]
Г	г	g	g	Т	т	t	t
Д	д	d	d	У	у	u	u
Е	е	e	e	Ф	ф	f	f
Ж	ж	ž	sch	Х	х	ch[3]	ch
З	з	z	s	Ц	ц	c	z
И	и	i	i	Ч	ч	č	tsch
Й	й	j	j	Ш	ш	š	sch
К	к	k	k	Щ	щ	št	scht
Л	л	l	l	Ъ	ъ	ă	a
М	м	m	m		ь	'	j
Н	н	n	n	Ю	ю	ju	ju
О	о	o	o	Я	я	ja	ja

1 Vokalbuchstaben des bulgarischen Alphabets sind: а, е, и, о, у, ъ, ю, я. Die übrigen Buchstaben sind Konsonantenbuchstaben.
2 c = ss zwischen bulgarischen Vokalbuchstaben.
3 x = ch in der deutschen Bibliothektransliteration; x = h in der ISO-Transliteration.

Bulgarisches Transliterationsalphabet

A a, Ă ă	G g	M m	T t
B b	H h	N n	U u
C c, Č č	I i	O o	V v
D d	J j	P p	Z z, Ž ž
E e	K k	R r	
F f	L l	S s, Š š	

Bulgarisches Transkriptionsalphabet

A a	G g	M m	T t
B b	H h	N n	U u
C c	I i	O o	W w
D d	J j	P p	Z z
E e	K k	R r	
F f	L l	S s	

Makedonisch

Makedonisches Transliterationssystem

makedonischer Buchstabe	ISO-Transliteration	makedonische Transliteration	makedonischer Buchstabe	ISO-Transliteration	makedonische Transliteration
А а	A a	A a	Н н	N n	N n
Б б	B b	B b	Њ њ	Nj nj	Nj nj
В в	V v	V v	О о	O o	O o
Г г	G g	G g	П п	P p	P p
Д д	D d	D d	Р р	R r	R r
Ѓ ѓ	Ǵ ǵ	Đ đ	С с	S s	S s
Е е	E e	E e	Т т	T t	T t
Ж ж	Ž ž	Ž ž	Ќ ќ	Ḱ ḱ	Ć ć
З з	Z z	Z z	У у	U u	U u
Ѕ ѕ	S s	Dz dz	Ф ф	F f	F f
И и	I i	I i	Х х	H h	H h
Ј ј	J j	J j	Ц ц	C c	C c
К к	K k	K k	Ч ч	Č č	Č č
Л л	L l	L l	Џ џ	Dž dž	Dž dž
Љ љ	Lj lj	Lj lj	Ш ш	Š š	Š š
М м	M m	M m			

ISO-Transliterationsalphabet des Makedonischen

A a	G g, Ǵ ǵ	M m	T t
B b	H h	N n	U u
C c, Č č	I i	O o	V v
D d	J j	P p	Z z, Ž ž
E e	K k, Ḱ ḱ	R r	
F f	L l	S s, Š š	

Makedonisches Transliterationsalphabet

A a,	G g	M m	T t
B b	H h	N n	U u
C c, Ć ć, Č č	I i	O o	V v
D d, Đ đ	J j	P p	Z z, Ž ž
E e	K k	R r	
F f	L l	S s, Š š	

Russisch

Russisches Transliterations- und Transkriptionssystem

russischer Buchstabe[1]		Trans- literation	Tran- skription	russischer Buchstabe[1]		Trans- literation	Tran- skription
А	а	a	a	П	п	p	p
Б	б	b	b	Р	р	r	r
В	в	v	w	С	с	s	s[7]
Г	г	g	g[2]	Т	т	t	t
Д	д	d	d	У	у	u	u
Е	е	e	e[3]	Ф	ф	f	f
Е[4]	е[4]	e	jo[5]	Х	х	ch[8]	ch
Ё	ё	e	jo[5]	Ц	ц	c	z
Ж	ж	z	sch	Ч	у	č	tsch
З	з	z	s	Ш	ш	š	sch
И	и	i	i[6]	Щ	щ	šč	schtsch
Й	й	j	j		ъ	″[10]	[9]
К	к	k	k		ы	y	y
Л	л	l	l		ь	′[12]	[11]
М	м	m	m	Э	э	ė	e
Н	н	n	n	Ю	ю	ju	ju
О	о	o	o	Я	я	ja	ja

1 Russische Vokalbuchstaben sind: а, е, ё, и, о, у, ы, ю, э, я.
2 In den Genitivendungen -его und -ого wird г mit w wiedergegeben.
3 e = je am Wortanfang, nach russischem Vokalbuchstaben, nach ъ und nach ь.
4 Wenn im Russischen für Е, е auch Ё, ё geschrieben werden kann.
5 e, ë = o nach ж, ч, ш, щ.
6 и = ji nach ь.
7 c = ss zwischen russischen Vokalbuchstaben.
8 x = ch in der deutschen Bibliothektransliteration; x = h in der ISO-Transliteration.
9 ъ wird nicht wiedergegeben; vgl. aber Fußnote 3.
10 ъ = ″ oder '' in der ISO-Transliteration; in der deutschen Bibliothekstransliteration mit Bindestrich wiedergegeben.
11 ь = j vor o; ь wird sonst nicht wiedergegeben, vgl. aber Fußnote 3 und 6.
12 ь = ′ oder ' in der ISO-Transliteration.

Russisches Transliterationsalphabet

A a	G g	M m	T t
B b	H h	N n	U u
C c, Č č	I i	O o	V v
D d	J j	P p	y
E e, Ė ė	K k	R r	Z z, Ž ž
F f	L l	S s, Š š	

Russisches Transkriptionsalphabet

A a	G g	M m	T t
B b	H h	N n	U u
C c	I i	O o	W w
D d	J j	P p	y
E e	K k	R r	Z z
F f	L l	S s	

Serbisch

Das unten stehende System ist das für das Serbische übliche Transliterationssystem.

Serbisches Transliterationssystem

kyrillischer Buchstabe		lateinischer Buchstabe	
А	а	A	a
Б	б	B	b
В	в	V	v
Г	г	G	g
Д	д	D	d
Ђ	ђ	Đ	đ
Е	е	E	e
Ж	ж	Ž	ž
З	з	Z	z
И	и	I	i
Ј	ј	J	j
К	к	K	k
Л	л	L	l
Љ	љ	Lj	lj
М	м	M	m

kyrillischer Buchstabe		lateinischer Buchstabe	
Н	н	N	n
Њ	њ	Nj	nj
О	о	O	o
П	п	P	p
Р	р	R	r
С	с	S	s
Т	т	T	t
Ћ	ћ	Ć	ć
У	у	U	u
Ф	ф	F	f
Х	х	H	h
Ц	ц	C	c
Ч	ч	Č	č
Џ	џ	Dž	dž
Ш	ш	Š	š

Ukrainisch

Ukrainisches Transliterationsalphabet

A a	H h	N n	U u
B b	I i, Ï ï	O o	V v
C c, Č č	J j	P p	Y y
D d	K k	R r	Z z, Ž ž
E e	L l	S s, Š š	
F f	M m	T t	

Ukrainisches Transliterationssystem

ukrainischer Buchstabe		Transliteration[1]
А	а	a
Б	б	b
В	в	v
Г	г	h
Д	д	d
Е	е	e
Є	є	je
Ж	ж	ž
З	з	z
И	и	y
І	і	i
Ї	ї	ï
Й	й	j
К	к	k
Л	л	l
М	м	m

ukrainischer Buchstabe		Transliteration[1]
Н	н	n
О	о	o
П	п	p
Р	р	r
С	с	s
Т	т	t
У	у	u
Ф	ф	f
Х	х	ch
Ц	ц	c
Ч	ч	č
Ш	ш	š
Щ	щ	šč
Ю	ю	ju
Я	я	ja
	ь	'[2]

1 Zur ukrainischen Transkription vgl. das russische Transkriptionssystem; die Transkription der Buchstaben Г, Є und І deckt sich mit der entsprechenden ukrainischen Transliteration; Ї = ji.
2 ь = ' oder ' in der ISO-Transliteration.

Weißrussisch

Weißrussisches Transliterationssystem

Weißrussischer Buchstabe		Trans-literation[1]	Weißrussischer Buchstabe		Trans-literation[1]
А	а	a	П	п	p
Б	б	b	Р	р	r
В	в	v	С	с	s
Г	г	h	Т	т	t
Д	д	d	У	у	u
Е	е	e	Ў	ў	ŭ
Ё	ё	e	Ф	ф	f
Ж	ж	ž	Х	х	ch
З	з	z	Ц	ц	c
І	і	i	Ч	ч	č
Й	й	j	Ш	ш	š
К	к	k		ы	y
Л	л	l		ь	ʹ[2]
М	м	m	Э	э	ė
Н	н	n	Ю	ю	ju
О	о	o	Я	я	ja

1 Zur weißrussischen Transkription vgl. das russische Transkriptionssystem; die Transkription der Buchstaben Г und І deckt sich mit der entsprechenden weißrussischen Transliteration; weißrussisch Ў wird durch lateinisch u transkribiert.
2 ь = ʹ oder ʹ in der ISO-Transliteration.

Weißrussisches Transliterationsalphabet

A a	H h	N n	U u, Ŭ ŭ
B b	I i	O o	V v
C c, Č č	J j	P p	y
D d	K k	R r	Z z, Ž ž
E e, Ė ė	L l	S s, Š š	
F f	M m	T t	

5.9.2 Griechisch

Altgriechisches Transkriptions- und Transliterationssystem

Aus Gründen der Übersichtlichkeit wurde in den folgenden Tabellen auf die Großbuchstaben verzichtet.

I[1]	II[2]	III[3]	IV[4]
α	a	a	a
β	b	b	b
γ	g	g	g
γγ	ng	gg	gg
γκ	nk	gk	gk
γξ	nx	gx	gx
γχ	nch	gh	gch
δ	d	d	d
ε	e	e	e
ζ	z	z	z
η	e	ē	ē
θ	th	th	th
ι	i	i	i
κ	k	k	k
λ	l	l	l
μ	m	m	m
ν	n	n	n

I[1]	II[2]	III[3]	IV[4]
ο	o	o	o
π	p	p	p
ϱ	r	r	r
σ, ς	s	s	s
τ	t	t	t
υ[5]	y	u	y
φ	ph	f	ph
χ	ch	h	ch
ψ	ps	ps	ps
ω	o	ō	ō
ʼ[6]			
ʽ[7]	h	'	h
´[8]		´	´
`[8]		`	`
~[8]		~	~
ͺ,ι[9]		j	̣
¨[8]		¨	¨

1 I = Griechische Buchstaben (Minuskeln) und diakritische Zeichen.
2 II = Transkription (*ts.*).
3 III = ISO-Transliteration (*ISO-tl.*).
4 IV = Transliteration (*tl.*)
5 αυ, ευ = *ts.*, *tl.* au, eu; ηυ = *ts.* eu, *tl.* ēu; ου = *ts.* u, *tl.* ou; ωυ = *ts.* ou, *tl.* ōu.
6 Nicht wiedergegeben.
7 a) h, ' steht vor [Doppel]vokalbuchstabe; z. B. ὁ = *ts.*, *tl.* ho, *ISO-tl.* 'o; οἱ = *ts.*, *tl.* hoi, *ISO-tl.* 'oi. b) ῥ = r.
8 In *ts.* nicht wiedergegeben.
9 In *ts.* nicht wiedergegeben; in *ISO-tl.* j nachgesetzt, z. B. ῳ = ōj, Ωι = Ōj; in *tl.* Punkt untergesetzt, z. B. ῳ = ọ̄, Ωι = Ọ̄.

Neugriechisches Transkriptions- und Transliterationssystem

I[1]	II[2]	III[3]
α	a	a
αι	ä	ai
αί		aí
άι	ai	ái
αυ	af[4] aw[4]	au
αύ	af[4] aw[4]	aú
άυ	ai	áy
β	w	b
γ	j[5] g[5]	g
γγ	ng	gg
γκ	g[6] ng[6]	gk
γξ	nx	gx
γχ	nch	gch
δ	d	d
ε	e	e
ει	i	ei
εί		eí
έι	ei	éi

I[1]	II[2]	III[3]
ευ	ef[4] ew[4]	eu
εύ	ef[4] ew[4]	eú
έυ	ei	éy
ζ	s	z
η	i	ē
ηυ	if[4] iw[4]	ēu
ηύ	if[4] iw[4]	ēú
ήυ	ii	ḗy
θ	th	th
ι	i	i
κ	k	k
λ	l	l
μ	m	m
μπ	b[7] mb[7]	mp
ν	n	n
ντ	d[8] nd[8]	nt

I[1]	II[2]	III[3]
ξ	x	x
ο	o	o
οι	i	oi
οί		oí
όι	oi	ói
ου	u	ou
ού		oú
π	p	p
ρ	r	r
σ, ς	s	s
τ	t	t
τζ	ds	tz
υ	i	y
φ	f	ph
χ	ch	ch
ψ	ps	ps
ω	o	ō
´[9]		´
¨[10]		¨
΅[11]		΅

1 I = Griechische Buchstaben (Minuskeln) und diakritische Zeichen.
2 II = Transkription (*ts.*).
3 III = ISO-Transliteration (*tl.*).
4 af, ef, if vor θ, κ, ξ, π, σ (plus a, c, e, f, i, k, o, p, t, u), ς, τ, φ, χ, ψ, Spatium; sonst aw, ew, iw.
5 j vor ä, e, i; sonst g.
6 g, wenn Aussprache [g]; sonst ng.
7 b, wenn Aussprache [b]; sonst mb.
8 d, wenn Aussprache [d]; sonst nd.
9 ά, έ, ή, ί, ΐ, ό, ύ, ΰ, ώ = *ts.* a, e, i, i, i, o, i, i, o; = *tl.* á, é, ḗ, í, ī́, ó, ý, ÿ́, ṓ; vgl. aber αί, αύ, εί, εύ, ηύ, οί, ού.
10 αϊ, αϋ, εϊ etc. = *ts.* ai, ai, ei, etc.; = *tl.* aï, aÿ, eï etc.
11 αΐ, αΰ, εΐ etc. = *ts.* ai, ai, ei, etc.; = *tl.* aḯ, aÿ́, eḯ etc.

5.9.3 Hebräisch

Das unten stehende Transliterationssystem entspricht im Wesentlichen ISO 259: 1984. Documentation. Transliteration of Hebrew characters into Latin characters (ISO 259-2: 1994 stellt eine vereinfachte Transliteration zur Verfügung).

Hebräisches Transliterationssystem

Name	hebr. Buchstabe	Transliteration	gängige Wiedergaben
Aleph	א	’[1]	–
Bet	ב	v, b[2]	v (w), b
Gimel	ג	ḡ, g[2]	g
Dalet	ד	d̲, d[2]	d
He	ה	h[4]	h
Waw	ו	w	w (v)
Zajin	ז	z	z, s
Chet	ח	ḥ	ch, h
Tet	ט	ṭ	t
Jod	י	y	j, y
Kaf	כ ך[3]	k̲, k[2]	ch, kh, k
Lamed	ל	l	l

Name	hebr. Buchstabe	Transliteration	gängige Wiedergaben
Mem	מם[3]	m	m
Nun	נן[3]	n	n
Samech	ס	s	s
Ajin	ע	‘	–
Pe	פף[3]	f, p[2]	f, p
Zade	צץ[3]	z̲	z, tz, s
Kof	ק	q	k, q
Resch	ר	r	r
Sin	שׂ	ś	s
Schin	שׁ	š	sch, sh
Taw	ת	t̲, t[2]	th, t

1 Wird am Wortanfang nicht wiedergegeben; wird am Wortende durch Querstrich über dem letzten Vokal wiedergegeben.
2 Das zweite Zeichen gibt den entsprechenden hebräischen Buchstaben mit Dagesch lene (›ּ‹, z. B. im ›בּ‹), d. h. mit der Aussprache als Verschlusslaut, wieder.
3 Das zweite Zeichen ist die Buchstabenvariante am Wortende.
4 Wird am Wortende durch Trema über dem letzten Vokal wiedergegeben.

Vokalzeichen

Name	Zeichen	Transliteration
Patach	ַ	a
Kametz	ָ	ạ
Kametz (Chatuf)	ָ	ọ
Segol	ֶ	ẹ
Sere	ֵ	e
Chirek	ִ	i

Name	Zeichen	Transliteration
Cholem	ֹ	o
Kibutz	ֻ	u
Chatef Patach	ֲ	ă
Chatef Segol	ֱ	ẹ̆
Chatef Kametz	ֳ	ŏ
Schwa (Murmelvokal)	ְ	ĕ

Arabisch

5.9.4

Das untenstehende Transliterationssystem entspricht im Wesentlichen ISO 233: 1984. Documentation. Transliteration of Arabic characters into Latin characters (vereinfachte Transliterationen enthalten ISO 233-2: 1993 [Arabisch] und ISO 233-3: 1999 [Persisch]).

Arabisches Transliterationssystem mit den gängigen Wiedergaben der arabischen Zeichen

Name	arab. Buchstabe	Transliteration	gängige Wiedergaben[1]
Alif	ا	ʾ	–
Ba	ب	b	b
Ta	ت	t	t
Tha	ث	ṯ	th
Djim (Dschim)	ج	ǧ	dj, dsch, g, j
Ha	ح	ḥ	h, ch
Cha	خ	ḫ	ch, kh
Dal	د	d	d
Dhal	ذ	ḏ	dh, ds, s
Ra	ر	r	r
Saj	ز	z	s, z
Sin	س	s	s, ß
Schin	ش	š	sch, sh
Sad	ص	ṣ	s, ss, ß

Name	arab. Buchstabe	Transliteration	gängige Wiedergaben[1]
Dad	ض	ḍ	d
Ta	ط	ṭ	t
Tsa	ظ	ẓ	s, z
Ain	ع	ʿ	–
Ghain	غ	ġ	gh, g
Fa	ف	f	f
Kaf	ق	q	k, q
Kaf	ك	k	k
Lam	ل	l	l
Mim	م	m	m
Nun	ن	n	n
Ha	ه	h	h
Waw	و	w	w, v
Ja	ي	y	j, y

Ergänzung zum Persischen in Iran (Farsi) und Afghanistan (Dari): پ = p, چ = č, ژ = ž, گ = g, e (Izafet) wird mit Bindestrich davor und ohne Bindestrich danach geschrieben (z. B. Hafis-e Abru).

1 Zwischen dem arabischen Artikel al (mit Minuskel-a geschrieben) und dem folgenden Wort steht ein Bindestrich, z. B. al-Bustani. Die Assimilation (Angleichung des Artikels an das folgende Wort) wird in der Regel durchgeführt bei Dentalen, Sibilanten, n und r (z. B. Abd ar-Rahman). In den übrigen Fällen bleibt das l des arabischen Artikels erhalten (z. B. Ibn al-Mutass).

Vokale und Diphtonge

Zeichen	Transliteration
ـَ	a
ـَا	ā
ـَى	à
ـًا ، ـً	an
ـُ	u
ـُو	ū
ـٌ	un
ـَوْ	aw
ـِ	i
ـِي	ī
ـٍ	in
ـَيْ	ay

Weitere Zeichen

Zeichen	Transliteration
ـْ	nicht transliteriert
ـّ	durch Konsonantenverdoppelung wiederzugeben

Arabische Ziffern

Zeichen	entspricht	Zeichen	entspricht
1	١	6	٦
2	٢	7	٧
3	٣	8	٨
4	٤	9	٩
5	٥	0	٠

5.9.5 Armenisch

Die Reihenfolge der Buchstaben der Transliteration entspricht der Reihenfolge im armenischen Alphabet.

Armenisches Transkriptionssystem

Transliteration	Transkription(en)	Transliteration	Transkription(en)	Transliteration	Transkription(en)
a	a	k	k	s	s
b	b	h	h	v	w
g	g	j	z	t	t
d	d	ḡ	gh	r	r
e	e	č	tsch	c‘	z (tz)
z	s	m	m	w	w
ē	e	y	j	p‘ (ph)	p
ë	e	n	n	k‘ (kh)	k
t‘	t (th)	š	sch	ō	o
ž	sch	o	o	f	f
i	i	č‘	tsch	ow	u
l	l	p	p	ov	o (ow)
ẖ	ch	ǧ	dsch		
c	z	ŕ	rr		

Amharisch (Amtssprache in Äthiopien) 5.9.6

Amharisches Transkriptionssystem

Trans-literation	Transkrip-tion	Trans-literation	Transkrip-tion	Trans-literation	Transkrip-tion
a	a	ẖ	h	s	rr[2]
ä	ä	ẖw	hw		s
	a[1]	i	i	ṣ	ss[2]
b	b	k	k		s
	bb[2]		kk[2]	ś	ss[2]
č	tsch	ḵ	h		s
	ttsch[2]	kw	kw	š	ss[2]
č̣	tsch		kkw[2]		sch
	ttsch[2]	l	l	t	schsch[2]
d	d		ll[2]		t
	dd[2]	m	m	ṭ	tt[2]
ḍ	s		mm[2]		t
	ss[2]	n	n	u	tt[2]
e	–		nn[2]	w	u
	e[3]	ñ	nj		w
ē	e		nnj[2]		u[4]
f	f	o	o	y	uw[2]
	ff[2]	p	p		j
g	g		pp[2]		i[4]
	gg[2]	p̣	p	z	ij[2]
ğ	dsch		pp[2]		s
	ddsch[2]	q	k	ž	ss[2]
gw	gw		kk[2]		sch
	ggw[2]	qw	kw	’	schsch[2]
h	h		kkw[2]	‘	–
ḥ	h	r	r		–

1 nach h, h, ẖ, ḵ.
2 bei gesprochener Konsonantenlänge.
3 wenn ausgesprochen (als [ə]).
4 nach Vokal, wenn vor Konsonant oder am Wortende.

Ein weiteres anerkanntes Transkriptionssystem weicht in folgenden Punkten ab: ä = a, e; e [ə] = i; č = ch; ğ = dj (j); q = q; š = sh; y = y; z = z; ž = zh; die Konsonantenlänge wird in der Regel nicht durch Verdoppelung des Konsonanten angezeigt.

5.9.7 Altindisch (Devanagari)

Altindisches Transliterationssystem

Vokale

Anlaut	In- oder Auslaut	
अ	—	a
आ	ा	ā
इ	ि	i
ई	ी	ī
उ	ु	u
ऊ	ू	ū
ऋ	ृ	ṛ
ॠ	ॄ	ṝ
ऌ	ॢ	ḷ
ॡ	ॣ	ḹ
ए	े	e
ऐ	ै	ai
ओ	ो	o
औ	ौ	au
. ṁ		
: ḥ		

Konsonanten

क्	k	द्	d
ख्	kh	ध्	dh
ग्	g	न्	n
घ्	gh	प्	p
ङ्	ṅ	फ्	ph
च्	c	ब्	b
छ्	ch	भ्	bh
ज्	j	म्	m
झ्	jh	य्	y
ञ्	ñ	र्	r
ट्	ṭ	ल्	l
ठ्	ṭh	व्	v
ड्	ḍ	श्	ś
ढ्	ḍh	ष्	ṣ
ण्	ṇ	स्	s
त्	t	ह्	h
थ्	th		

Altindisches Transkriptionssystem

Transliteration	Transkription	Transliteration	Transkription	Transliteration	Transkription
a	a	i	i	ph	ph
ā	a	ī	i	r	r
ai	ai	j	dsch (j)	ṛ	ri
au	au	jh	dschh (jh)	ṝ	ri
b	b	jj	ddsch (jj)	s	s
bh	bh	jjh	ddschh (jjh)	ś	sch (sh)
c	tsch (c)	k	k	ṣ	sch (sh)
cc	ttsch (cc)	kh	kh	t	t
ch	tschh (ch)	l	l	ṭ	t
cch	ttschh (cch)	ḷ	li	th	th
d	d	ḹ	li	ṭh	th
ḍ	d	m	m	u	u
dh	dh	ṁ	m	ū	u
ḍh	dh	n	n	v	w (v)
e	e	ṅ	n	y	j (y)
g	g	ñ	n	ʼ	nicht wiedergegeben
gh	gh	ṇ	n		
h	h	o	o		
ḥ	h (–)	p	p		

Japanisch

5.9.8

Die deutsche Transkription beruht auf dem so genannten Hepburn-System mit der Markierung für die Langvokale in Form eines übergesetzten Querstrichs (z.B. Endō).

Hepburn-Transkriptionsalphabet

a	gyo	mu	ryu
ba	gyu	mya	sa
be	gwa	myo	se
bi	ha	myu	sha
bo	he	n	shi
bu	hi	na	sho
bya	ho	ne	shu
byo	hya	ni	so
byu	hyo	no	su
cha	hyu	nu	ta
chi	i	nya	te
cho	ja	nyo	to
chu	je	nyu	tsu
da	ji	o	tya
de	jo	pa	tyo
di	ju	pe	tyu
do	ka	pi	u
e	ke	po	v
fa	ki	pu	wa
fe	ko	pya	ya
fi	ku	pyo	yo
fo	kwa	pyu	yu
fu	kya	ra	za
ga	kyo	re	ze
ge	kyu	ri	zo
gi	ma	ro	zu
go	me	ru	
gu	mi	rya	
gya	mo	ryo	

5.9.9 Chinesisch

Für das Chinesische gilt die Pinyin genannte offizielle Transkription.

Die folgende Liste zeigt die Überführung der Pinyin-Transkription in die traditionelle Transkription von Wade (genauer: Wade-Giles).

Pinyin	Wade
a	a
ai	ai
an	an
ang	ang
ao	ao
ba	pa
bai	pai
ban	pan
bang	pang
bao	pao
bei	pei
ben	pen
beng	peng
bi	pi
bian	pien
biao	piao
bie	pieh
bin	pin
bing	ping
bo	po
bu	pu
ca	ts'a
cai	ts'ai
can	ts'an
cang	ts'ang
cao	ts'ao
ce	ts'e
cei	(ts'ei)
cen	ts'en
ceng	ts'eng
cha	ch'a
chai	ch'ai
chan	ch'an
chang	ch'ang
chao	ch'ao
che	ch'e
chen	ch'en
cheng	ch'eng
chi	ch'ih
chong	ch'ung
chou	ch'ou
chu	ch'u
chua	ch'ua
chuai	ch'uai
chuan	ch'uan
chuang	ch'uang
chui	ch'ui
chun	ch'un
chuo	ch'o, ch'uo

Pinyin	Wade
ci	tz'u
cong	ts'ung
cou	ts'ou
cu	ts'u
cuan	ts'uan
cui	ts'ui
cun	ts'un
cuo	ts'o, ts'uo
da	ta
dai	tai
dan	tan
dang	tang
dao	tao
de	te
dei	tei
den	(ten)
deng	teng
di	ti
dian	tien
diao	tiao
die	tieh
ding	ting
diu	tiu
dong	tung
dou	tou
du	tu
duan	tuan
dui	tui
dun	tun
duo	to
e	e, o
en	en
er	erh
fa	fa
fan	fan
fang	fang
fei	fei
fen	fen
feng	feng
fo	fo
fou	fou
fu	fu
ga	ka
gai	kai
gan	kan
gang	kang
gao	kao
ge	ke, ko
gei	kei

Pinyin	Wade
gen	ken
geng	keng
gong	kung
gou	kou
gu	ku
gua	kua
guai	kuai
guan	kuan
guang	kuang
gui	kuei
gun	kun
guo	kuo
ha	ha
hai	hai
han	han
hang	hang
hao	hao
he	he, heh, ho
hei	hei
hen	hen
heng	heng
hong	hung
hou	hou
hu	hu
hua	hua
huai	huai
huan	huan
huang	huang
hui	hui
hun	hun
huo	huo
ji	chi
jia	chia
jian	chien
jiang	chiang
jiao	chiao
jie	chie, chieh
jin	chin
jing	ching
jiong	chiung
jiu	chiu
ju	chü
juan	chüan
jue	chüeh
jun	chün
ka	k'a
kai	k'ai
kan	k'an

Pinyin	Wade
kang	k'ang
kao	k'ao
ke	k'e, k'eh, k'o
kei	k'ei
ken	k'en
keng	k'eng
kong	k'ung
kou	k'ou
ku	k'u
kua	k'ua
kuai	k'uai
kuan	k'uan
kuang	k'uang
kui	k'uei
kun	k'un
kuo	k'uo
la	la
lai	lai
lan	lan
lang	lang
lao	lao
le	le, leh
lei	lei
leng	leng
li	li
lia	lia
lian	lien
liang	liang
liao	liao
lie	lieh
lin	lin
ling	ling
liu	liou
long	lung
lou	lou
lu	lu
lü	lü
luan	luan
lüan	lüan
lüe	lüeh, lioh
lun	lun
lün	lün
luo	lo
ma	ma
mai	mai
man	man
mang	mang
mao	mao
mei	mei

Pinyin	Wade
men	men
meng	meng
mi	mi
mian	mien
miao	miao
mie	mieh
min	min
ming	ming
miu	miu
mo	mo
mou	mou
mu	mu
na	na
nai	nai
nan	nan
nang	nang
nao	nao
nei	nei
nen	nen
neng	neng
ni	ni
nian	nien
niang	niang
niao	niao
nie	nieh
nin	nin
ning	ning
niu	niu
nong	nung
nou	nou
nu	nu
nü	nü
nuan	nuan
nüe	nüeh
nun	nun
nuo	no
ou	ou
pa	p'a
pai	p'ai
pan	p'an
pang	p'ang
pao	p'ao
pei	p'ei
pen	p'en
peng	p'eng
pi	p'i
pian	p'ien
piao	p'iao
pie	p'ieh
pin	p'in
ping	p'ing
po	p'o
pou	p'ou
pu	p'u
qi	ch'i
qia	ch'ia

Pinyin	Wade
qian	ch'ien
qiang	ch'iang
qiao	ch'iao
qie	ch'ieh
qin	ch'in
qing	ch'ing
qiong	ch'iung
qiu	ch'iu
qu	ch'ü
quan	ch'üan, ts'üan
que	ch'üeh, ch'üoh
qun	ch'ün
ran	jan
rang	jang
rao	jao
re	je
ren	jen
reng	jeng
ri	jih
rong	jung
rou	jou
ru	ju
rua	(jua)
ruan	juan
rui	jui
run	jun
ruo	jo
sa	sa
sai	sai
san	san
sang	sang
sao	sao
se	se, seh
sei	(sei)
sen	sen
seng	seng
sha	sha
shai	shai
shan	shan
shang	shang
shao	shao
she	she, sheh
shei	(shei)
shen	shen
sheng	sheng
shi	shih
shou	shou
shu	shu
shua	shua
shuai	shuai
shuan	shuan
shuang	shuang
shui	shui
shun	shun

Pinyin	Wade
shuo	shuo
si	ssu
song	sung
sou	sou
su	su
suan	suan
sui	sui
sun	sun
suo	so, suo
ta	t'a
tai	t'ai
tan	t'an
tang	t'ang
tao	t'ao
te	t'e, t'eh
tei	(tei)
teng	t'eng
ti	t'i
tian	t'ien
tiao	t'iao
tie	t'ieh
ting	t'ing
tong	t'ung
tou	t'ou
tu	t'u
tuan	t'uan
tui	t'ui
tun	t'un
tuo	t'o, t'uo
wa	wa
wai	wai
wan	wan
wang	wang
wei	wei
wen	wen
weng	weng
wo	wo
wu	wu
xi	hsi, si
xia	hsia
xian	hsien, sien
xiang	hsiang, siang
xiao	hsiao, siao
xie	hsieh, sieh
xin	hsin, sin
xing	hsing, sing
xiong	hsiung
xiu	hsiu, siu
xu	hsü, sü
xuan	hsüan, süan

Pinyin	Wade
xue	hsüeh, süeh
xun	hsün, sün
ya	ya
yan	yen
yang	yang
yao	yao
ye	yeh
yi	i
yin	yin
ying	ying
yong	yung
you	yu
yu	yü
yuan	yüan
yue	yüeh, yo
yun	yün
za	tsa
zai	tsai
zan	tsan
zang	tsang
zao	tsao
ze	tse
zei	tsei
zen	tsen
zeng	tseng
zha	cha
zhai	chai
zhan	chan
zhang	chang
zhao	chao
zhe	che, cheh
zhen	chen
zheng	cheng
zhi	chih
zhong	chung
zhou	chou
zhu	chu
zhua	chua
zhuai	chuai
zhuan	chuan
zhuang	chuang
zhui	chui
zhun	chun
zhuo	cho, chuo
zi	tzu
zong	tsung
zou	tsou
zu	tsu
zuan	tsuan
zui	tsui
zun	tsun
zuo	tso, tsuo

5.10 Internationale Lautschrift

(gemäß The International Phonetic Alphabet; revised to 1989)

Consonants

	Bilateral		Labio-dental		Dental		Alveolar		Post-alveolar		Retro-flex		Palatal		Velar		Uvular		Pharyn-geal		Glottal	
Plosive	p	b					t	d			ʈ	ɖ	c	ɟ	k	g	q	ɢ			ʔ	
Nasal		m		ɱ				n				ɳ		ɲ		ŋ		ɴ				
Trill		ʙ						r										ʀ				
Tap or Flap								ɾ				ɽ										
Fricative	ɸ	β	f	v	θ	ð	s	z	ʃ	ʒ	ʂ	ʐ	ç	ʝ	x	ɣ	χ	ʁ	ħ	ʕ	h	ɦ
Lateral fricative							ɬ	ɮ														
Approximant				ʋ				ɹ				ɻ		j		ɰ						
Lateral approximant								l				ɭ		ʎ		ʟ						
Ejective stop	p’						t’				ʈ’		c’		k’		q’					
Implosive	ƥ	ɓ					ƭ	ɗ					ƈ	ʄ	ƙ	ɠ	ʠ	ʛ				

Vowels

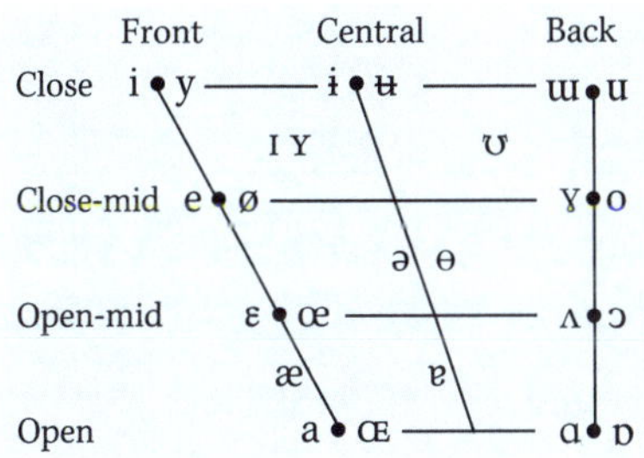

Where symbols appear in pairs, the one to the right represents a rounded vowel.

Other Symbols

ʍ	Voiceless labial-velar fricative	ʘ	Bilabial click
w	Voiced labial-velar approximant	ǀ	Dental click
ɥ	Voiced labial-palatal approximant	ǃ	(Post)alveolar click
ʜ	Voiceless epiglottal fricative	ǂ	Palatoalveolar click
ʡ	Voiced epiglottal plosive	ǁ	Alveolar lateral click
ʢ	Voiced epiglottal fricative	ɺ	Alveolar lateral flap
ɧ	Simultaneous ʃ and x	ɕ ʑ	Alveolo-palatal fricatives
ɜ	Additional mid central vowel		

Affricates and double articulations can be represented by two symbols joined by a tie bar if necessary. k͡p t͡s

Suprasegmentals

ˈ	Primary stress
	ˌfoʊnəˈtɪʃən
ˌ	Secondary stress
ː	Long eː
ˑ	Half-long eˑ
˘	Extra-short ĕ
.	Syllable break ɹi.ækt
|	Minor (foot) group
‖	Major (intonation) group
‿	Linking (absence of a break)
↗	Global rise
↘	Global fall

Level Tones

̋ or	˥	Extra high
́	˦	High
̄	˧	Mid
̀	˨	Low
̏	˩	Extra low
↓		Downstep
↑		Upstep

Contour Tones

̌	or	˩˥	rise
̂		˥˩	fall
᷄		˦˥	high rise
᷅		˩˨	low rise
᷈		˧˦˧	rise fall
			etc.

Diacritics

̥	Voiceless	n̥ d̥	̹	More rounded	ɔ̹	ʷ	Labialized	tʷ dʷ
̬	Voiced	s̬ t̬	̜	Less rounded	ɔ̜	ʲ	Palatalized	tʲ dʲ
ʰ	Aspirated	tʰ dʰ	̟	Advanced	u̟	ˠ	Velarized	tˠ dˠ
̤	Breath voiced	b̤ a̤	̠	Retracted	i̠	ˤ	Pharyngealized	tˤ dˤ
̰	Creaky voiced	b̰ a̰	̈	Centralized	ë	̃	Nasalized	ẽ
̼	Linguolabial	t̼ d̼	̽	Mid centralized	e̽	ⁿ	Nasal release	dⁿ
̪	Dental	t̪ d̪	̘	Advanced Tongue root	e̘	ˡ	Lateral release	dˡ
̺	Apical	t̺ d̺	̙	Retracted Tongue root	e̙	̚	No audible release	d̚
̻	Laminal	t̻ d̻	˞	Rhoticity	ə˞			

̴ Velarized or pharyngealized ɫ

̝ Raised e̝ ɹ̝ (ɹ̝ = voiced alveolar fricative)

̞ Lowered e̞ β̞ (β̞ = voiced bilabial approximant)

̩ Syllabic ɹ̩

̯ Non-syllabic e̯

Laute in internationaler Lautschrift

5.11

Die folgende Tabelle enthält die phonetischen Zeichen (Lautzeichen), die Lautwerte und Beispiele:

a = helles a, dt. Bl*a*tt, frz. p*a*tte

ɑ = dunkles a, dt. w*a*r, engl. r*a*ther

ã = nasales a, frz. gr*an*d

ʌ = dumpfes a, engl. b*u*t

β = halboffener Reibelaut b, span. Ha*b*anera

ç = Ich-Laut, dt. mi*ch*

ɕ = sj-Laut (stimmlos), poln. *Si*enkiewicz

ð = stimmhaftes engl. th, engl. *th*e

æ = breites ä, dt. *Ä*ther

ɛ = offenes e, dt. f*e*tt

e = geschlossenes e, engl. *e*gg, dt. B*ee*t

ə = dumpfes e, dt. all*e*

ɛ̃ = nasales e, frz. f*in*

ɣ = geriebenes g, span. Tarra*g*ona, niederländ. *G*ogh

i = geschlossenes i, dt. W*ie*se

ɪ = offenes i, dt. b*i*tte

ĩ = nasales i, port. *I*nfante

ʎ = lj, span. Sevi*ll*a

ŋ = ng-Laut, dt. Ha*ng*

ɲ = nj-Laut, Champa*gn*er

ɔ = offenes o, dt. K*o*pf

o = geschlossenes o, dt. T*o*r

õ = nasales o, frz. b*on*

ø = geschlossenes ö, dt. H*ö*hle

œ = offenes ö, dt. H*ö*lle

œ̃ = nasales ö, frz. parf*um*

s = stimmloses s, dt. wa*s*

z = stimmhaftes s, dt. *s*ingen

ʑ = zj-Laut (stimmhaft), poln. *Zi*elona Góra

ʃ = stimmloses sch, dt. *Sch*uh

ʒ = stimmhaftes sch, Gara*ge*

θ = stimmloses th, engl. *th*ing

u = geschlossenes u, dt. K*u*h

ʊ = offenes u, dt. b*u*nt

ũ = nasales u, port. At*um*

v = stimmhaftes w, dt. *W*ald

w = halbvokalisches w, engl. *w*ell

x = Ach-Laut, dt. Kra*ch*

y = geschlossenes ü, dt. M*ü*tze

ʏ = konsonantisches y, frz. S*ui*sse

ː = bezeichnet Länge des vorhergehenden Vokals

ˈ = bezeichnet Betonung und steht vor der betonten Silbe, z. B. ˈætlɪ = Attlee

̯ = unter Vokalen, gibt an, dass der Vokal unsilbisch ist

b d f g h j k l m n p r t geben in den meisten Sprachen etwa den Lautwert wieder, den sie im Deutschen haben. Im Englischen wird ›r‹ weder wie ein deutsches Zäpfchen-r noch wie ein gerolltes Zungenspitzen-r gesprochen, sondern mit der Zungenspitze an den oberen Vorderzähnen oder am Gaumen gebildet.

5.12 Populäre Lautschrift

Die populäre Lautschrift verwendet das lateinische Alphabet; sie ergänzt es nur dort, wo es unumgänglich nötig ist, durch folgende Zeichen:

å ist das dem *o* genäherte *a*, z.B. Alderman [*å̱ld*^{e}*rm*^{e}*n*]
ch ist der am Vordergaumen erzeugte Ich-Laut (Palatal), z.B. Jerez [*che̱räß*]
~~ch~~ ist der am Hintergaumen erzeugte Ach-Laut (Velar), z.B. autochthon [...*~~ch~~to̱n*]
^{e} ist das schwache *e*, z.B. Blamage [...*ma̱~~sch~~*^{e}]
~~ng~~ bedeutet, dass der Vokal davor durch die Nase (nasal) gesprochen wird, z.B. Arrondissement [*aro~~ng~~diß*^{e}*ma̱~~ng~~*]
^{r} ist das nur angedeutete *r*, z.B. Girl [*gö̱*^{r}*l*]
^{i} ist das nur angedeutete *i*, z.B. Lady [*le̱*^{i}*di*]
s ist das stimmhafte (weiche) *s*, z.B. Diseuse [*disö̱s*^{e}]
ß ist das stimmlose (harte) *s*, z.B. Malice [...*li̱ß*^{e}]
~~sch~~ ist das stimmhafte (weiche) *sch*, z.B. Geni̱e̱ [*~~sch~~*...]
~~th~~ ist der mit der Zungenspitze hinter den oberen Vorderzähnen erzeugte stimmlose Reibelaut, z.B. Commonwealth [*kọm*^{e}*n*^{u}*äl~~th~~*]
~~dh~~ ist der mit der Zungenspitze hinter den oberen Vorderzähnen erzeugte stimmhafte Reibelaut, z.B. on the rocks [- *~~dh~~*^{u} -]
^{u} ist das nur angedeutete *u*, z. B. Paraguay [...*g*^{u}*a̱i*]

Ein unter dem Selbstlaut (Vokal) gesetzter **Punkt** gibt betonte **Kürze** an, ein **Strich** betonte **Länge.**

Beispiele: **Aigrette** [*ägrạ̈t*^{e}]; **Plateau** [...*to̱*].

Sind in einem Wort mehrere Silben betont, dann erhält die Silbe, die den **Hauptton** trägt, außer Kennzeichen für betonte Kürze oder Länge noch ein Akzentzeichen (Akut).

Beispiele: **Beefsteak** [*bí̱fßte̱k*]; **Algier** [*ạ́l~~sch~~i̱r*]; **Bulldozer** [*bụ́ldo̱s*^{e}*r*].

Formelsatz 6

Chemische Elemente 6.1

Name	Symbol	Ordnungszahl
Actinium	Ac	89
Aluminium	Al	13
Americium	Am	95
Antimon (Stibium)	Sb	51
Argon	Ar	18
Arsen	As	33
Astat	At	85
Barium	Ba	56
Berkelium	Bk	97
Beryllium	Be	4
Bismut	Bi	83
Blei (Plumbum)	Pb	82
Bohrium	Bh	107
Bor	B	5
Brom	Br	35
Cadmium	Cd	48
Calcium	Ca	20
Californium	Cf	98
Cäsium	Cs	55
Cer	Ce	58
Chlor	Cl	17
Chrom	Cr	24
Cobalt	Co	27
Curium	Cm	96
Dubnium	Db	105
Dysprosium	Dy	66
Einsteinium	Es	99
Eisen (Ferrum)	Fe	26
Erbium	Er	68
Europium	Eu	63
Fermium	Fm	100
Fluor	F	9
Francium	Fr	87
Gadolinium	Gd	64
Gallium	Ga	31
Germanium	Ge	32
Gold (Aurum)	Au	79
Hafnium	Hf	72
Hassium	Hs	108

Name	Symbol	Ordnungszahl
Helium	He	2
Holmium	Ho	76
Indium	In	49
Iod	I	53
Iridium	Ir	77
Jod vgl. Iod		
Kalium	K	19
Kobalt vgl. Cobalt		
Kohlenstoff (Carbon)	C	6
Krypton	Kr	36
Kupfer (Cuprum)	Cu	29
Lanthan	La	57
Lawrencium	Lr	103
Lithium	Li	3
Lutetium	Lu	71
Magnesium	Mg	12
Mangan	Mn	25
Meitnerium	Mt	109
Mendelevium	Md	101
Molybdän	Mo	42
Natrium	Na	11
Neodym	Nd	60
Neon	Ne	10
Neptunium	Np	93
Nickel (Niccolum)	Ni	28
Niob	Nb	41
Nobelium	No	102
Osmium	Os	76
Palladium	Pd	46
Phosphor	P	15
Platin	Pt	78
Plutonium	Pu	94
Polonium	Po	84
Praseodym	Pr	59
Promethium	Pm	61
Protactinium	Pa	91
Quecksilber (Hydrargyrum, Mercurium)	Hg	80

Name	Symbol	Ordnungszahl
Radium	Ra	88
Radon	Rn	86
Rhenium	Re	75
Rhodium	Rh	45
Rubidium	Rb	37
Ruthenium	Ru	44
Rutherfordium	Rf	104
Samarium	Sm	62
Sauerstoff (Oxygen)	O	8
Scandium	Sc	21
Schwefel (Sulfur)	S	16
Seaborgium	Sg	106
Selen	Se	34
Silber (Argentum)	Ag	47
Silicium	Si	14
Stickstoff (Nitrogen)	N	7
Strontium	Sr	38
Tantal	Ta	73
Technetium	Tc	43

Name	Symbol	Ordnungszahl
Tellur	Te	52
Terbium	Tb	65
Thallium	Tl	81
Thorium	Th	90
Thulium	Tm	69
Titan	Ti	22
Uran	U	92
Vanadium	V	23
Wasserstoff (Hydrogen)	H	1
Wismut vgl. Bismut		
Wolfram	W	74
Xenon	Xe	54
Ytterbium	Yb	70
Yttrium	Y	39
Zink	Zn	30
Zinn (Stannum)	Sn	50
Zirconium	Zr	40

Physikalische Einheiten

6.2

Auswahl abgeleiteter SI-Einheiten mit eigenem Namen und Zeichen:

Zeichen	Name	Größe	Beziehung zu anderen Einheiten
Bq	Becquerel	Aktivität einer radioaktiven Substanz	$1\ Bq = 1\ s^{-1}$
C	Coulomb	elektrische Ladung, Elektrizitätsmenge	$1\ C = 1\ A \cdot s$
°C	Grad Celsius	Celsiustemperatur	1 °C = 1 K
F	Farad	elektrische Kapazität	1 F = 1 C/V
Gy	Gray	Energiedosis	1 Gy = 1 J/kg
H	Henry	Induktivität	$1\ H = 1\ Wb/A = 1\ \Omega \cdot s$
Hz	Hertz	Frequenz	$1\ Hz = 1\ s^{-1}$
J	Joule	Energie, Arbeit, Wärmemenge	$1\ J = 1\ N \cdot m = 1\ W \cdot s$
lm	Lumen	Lichtstrom	$1\ lm = 1\ cd \cdot sr$
lx	Lux	Beleuchtungsstärke	$1\ lx = 1\ lm/m^2$
N	Newton	Kraft	$1\ N = 1\ kg \cdot m/s^2$
Pa	Pascal	Druck, mechanische Spannung	$1\ Pa = 1\ N/m^2$
S	Siemens	elektrischer Leitwert	$1\ S = 1\ \Omega^{-1} = 1 A/V$
Sv	Sievert	Äquivalentdosis	1 Sv = 1 J/kg
T	Tesla	magnetische Flussdichte, magnetische Induktion	$1\ T = 1\ Wb/m^2 = 1\ Vs/m^2$
V	Volt	elektrisches Potenzial, elektrische Spannung	1 V = 1 J/C
W	Watt	Leistung, Wärmestrom	1 W = 1 J/s
Wb	Weber	magnetischer Fluss	$1\ Wb = 1\ V \cdot s$
Ω	Ohm	elektrischer Widerstand	$1\ \Omega = 1\ V/A$

Auswahl von Nicht-SI-Einheiten:

Zeichen	Name
a	Ar[1]
a	Jahr
Å	Ångström
AE	astronomische Einheit
at	Atmosphäre (technisch)
atm	Atmosphäre (physikalisch)
atü	Atmosphärenüberdruck
b	Barn
bar	Bar[2]
°C	Grad Celsius[2]
cal	Kalorie
Ci	Curie
d	Tag[3]
den	Denier
dpt	Dioptrie[1]
dz	Doppelzentner
eV	Elektronvolt[4]
Fm	Festmeter
grad	Grad (Temperaturdifferenz)
h	Stunde[3]
ha	Hektar[1]
kcal	Kilokalorie

Zeichen	Name
Kt	metrisches Karat[1]
l, L	Liter[2]
min	Minute[3]
mm Hg	Millimeter Quecksilbersäule[1]
p	typographischer Punkt
pc	Parsec
ph	Phot
PS	Pferdestärke
R	Röntgen
rad	Radiant[2]
rem	Rem
Rm	Raummeter
sb	Stilb
sr	Steradiant[2]
St	Stokes
t	Tonne[2]
tex	Tex[1]
Torr	Torr
u	atomare Masseneinheit[4]
Ztr.	Zentner
″	Zoll

1 Gesetzliche abgeleitete Einheiten mit eingeschränktem Anwendungsbereich.
2 Besonderer Name für bestimmte gesetzliche Einheiten.
3 Gesetzliche abgeleitete Einheiten der Zeit. Die Zeichen werden zur Angabe der Zeitspanne (Dauer) benutzt. Zur Angabe eines Zeitpunktes (Uhrzeit) werden die Zeichen hochgestellt, z. B. 23^{h} (23 Uhr); dabei kann das Zeichen min auf m verkürzt werden, z. B. $23^{h}\ 17^{m}\ 5^{s}$ (23 Uhr, 17 Minuten und 5 Sekunden).
4 Gesetzliche atomphysikalische Einheiten.

In Physik und Technik häufig auftretende Indizes mit fester Bedeutung (nach DIN 1304, Teil 1; Auswahl):

Index[1]	Bedeutung
abs	absolut
as	asynchron
at	atomar
ax	axial
b	Basis, Biegung, Blind-
chem	chemisch
cor	Korrektur, korrigiert
dam	Dämpfung
dyn	dynamisch
eff	effektiv
el	elektrisch
ela	elastisch
en	energetisch
eq	äquivalent
hyd	hydraulisch
indi	indirekt
indu	induziert
k	Kurzschluss
kin	kinetisch
lin	linear
long	longitudinal
mag	magnetisch
max	maximal
min	minimal
mod	moduliert
n	allgemeine Zahl

Index[1]	Bedeutung
N	normal
opt	optisch
p	konstanter Druck, isobar
par	parallel
pot	potenziell
q	Blind-
rad	radial
red	reduziert
rel	relativ
rev	reversibel
s	Schein-
ser	Reihe, Serie
sig	Zeichen, Signal
sph	sphärisch
stat	stationär, statisch
syn	synchron
th	thermisch
tot	total
trv	transversal
V	konstantes Volumen, isochor
v	Verlust
vir	virtuell
vis	visuell
w	Wirbel, Wasser, Wirk-
zul	zulässig

1 Aus mehreren Buchstaben bestehende Indizes können bis auf den ersten Buchstaben gekürzt werden, wenn keine Missverständnisse zu befürchten sind.

Wichtige physikalische und technische Größen, ihre Formelzeichen[1] und SI-Einheiten:

Größe	Formelzeichen	SI-Einheit
Abklingkoeffizient	δ	s^{-1}
Absorptionsgrad	α	–
Admittanz	Y	S
Aktivität (einer radioaktiven Substanz)	A	Bq
Aktivität, spezifische	a	Bq/kg
Äquivalentdosis	D_q, H	J/kg
Äquivalentdosisleistung, -rate	$\dot{D}_q$	W/kg
Arbeit	W, A	J
Atommasse, relative	A_r	–
Ausbreitungsgeschwindigkeit einer Welle	c	m/s
Ausstrahlung, spezifische	M_e	W/m^2
Avogadro-Konstante	N_A, L	mol^{-1}
Beleuchtungsstärke	E_v	lx
Belichtung	H, H_v	lx · s
Beschleunigung	a	m/s^2
Bewegungsgröße	p	kg · m/s
Biegemoment	M_b	N · m
Blindleistung	Q, P_q	W
Blindwiderstand	X	W
Boltzmann-Konstante	k	J/K
Brechzahl	n	–
Brennweite	f	m
Brennwert, spezifischer	H_0	J/kg
Compton-Wellenlänge	λ_c	m
Dämpfungsgrad	ϑ	–
Dämpfungskoeffizient	α	m^{-1}
Dauer (Zeitspanne)	t	s
Dehnung	ε	–
Dielektrizitätskonstante	ε	F/m
Dipolmoment, elektrisches	p, p_e	C · m
Drall (Drehimpuls)	L	$kg \cdot m^2/s$
Drehmoment	M	N · m
Drehzahl	n, f_r	s^{-1}

1 Nach den Beispielen von DIN 1304-1 werden die Indizes bei Formelzeichen physikalischer und technischer Größen gerade gesetzt; soweit sie eine Größe oder einen Buchstaben darstellen, der für eine Zahl steht, können sie auch kursiv gesetzt werden.

Größe	Formelzeichen	SI-Einheit
Druck	p	Pa
Durchflutung, elektrische	Θ	A
Elastizitätsmodul	E	N/m^2
Elektrizitätsmenge	Q	C
Elementarladung	e	C
Energie	E, W	J
Enthalpie	H	J
Entropie	S	J/K
Fallbeschleunigung	g	m/s^2
Faraday-Konstante	F	C/mol
Feldkonstante, elektrische	ε_0	F/m
Feldkonstante, magnetische	μ_0	H/m
Feldstärke, elektrische	E	V/m
Feldstärke, magnetische	H	A/m
Fläche, Flächeninhalt	A, S	m^2
Flächenladungsdichte	σ	C/m^2
Fluss, elektrischer	Ψ, Ψ_e	C
Fluss, magnetischer	Φ	Wb
Flussdichte, elektrische	D	C/m^2
Flussdichte, magnetische	B	T
Frequenz	f, ν	Hz
Gaskonstante, universelle	R	J/(mol · K)
Geschwindigkeit	v, u, ω, c	m/s
Gewichtskraft	F_G, G	N
Gravitationskonstante	G, f	$N \cdot m^2/kg^2$
Grenzflächenspannung	σ, γ	N/m
Halbwertszeit	$T_{1/2}$	s
Heizwert, spezifischer	H_u	J/kg
Höhe	h	m
Impedanz, komplexe	Z	Ω
Impuls	p, I	kg · m/s
Induktivität	L	H
Isentropenexponent	$\varkappa$	–
Kapazität, elektrische	C	F
Kernladungszahl	Z	–
Kompressionsmodul	K	N/m^2
Kraft	F	N

Größe	Formelzeichen	SI-Einheit
Kreisfrequenz	ω	s^{-1}
Ladung, elektrische	Q	C
Ladungsbedeckung	σ	C/m^2
Ladungsdichte	ϱ, η	C/m^3
Länge	λ	m
Längenausdehnungskoeffizient, thermischer	α_1	K^{-1}
Leistung	P	W
Leitfähigkeit, elektrische	$\gamma, \sigma, \varkappa$	S/m
Leitwert, elektrischer	G	S
Leitwert, magnetischer	L	H
Leuchtdichte	L_v	cd/m^2
Lichtausbeute	η	lm/W
Lichtgeschwindigkeit (im leeren Raum)	c_0	m/s
Lichtmenge	Q_v	lm · s
Lichtstärke	I_v	cd
Lichtstrom	Φ_v	lm
Magnetisierung	H_i, M	A/m
Masse	m	kg
Massenstromdichte	I	$kg/(m^2 \cdot s)$
Massenzahl	A	–
Moment, elektromagnetisches	m	$A \cdot m^2$
Moment, magnetisches (eines Teilchens)	μ	$A \cdot m^2$
Oberfläche	A, S	m^2
Oberflächenspannung	σ, γ	N/m
Ordnungszahl eines Elements	Z	–
Periodendauer	T	s
Permeabilität	μ	H/m
Permeanz	Λ	H
Phasenwinkel	φ	rad
Plancksches Wirkungsquantum	h	J · s
Poisson-Zahl	μ, ν	–
Polarisation, elektrische	P	C/m^2
Polarisation, magnetische	B_i, J	T
Potenzial, chemisches	μ_B	J/mol
Potenzial, elektrisches	φ	V
Potenzialdifferenz, elektrische	U	V
Poynting-Vektor (Betrag)	S	W/m^2

Größe	Formelzeichen	SI-Einheit
Protonenzahl	Z	–
Querschnitt, Querschnittsfläche	S, q	m^2
Radius	r	m
Rauminhalt	V	m^3
Raumladungsdichte	ϱ, η	C/m^3
Raumwinkel	Ω, ω	sr
Reaktanz	X	Ω
Reflexionsgrad	ϱ	–
Reibungszahl	μ, f	–
Reluktanz	R_m	H^{-1}
Rydberg-Konstante	R_∞	m^{-1}
Schalldruck	p	Pa
Schalldruckpegel	L_p, L	(dB)
Schallgeschwindigkeit	c, c_a	m/s
Schallintensität	I, J	W/m^2
Schallleistung	P, P_a	W
Schallleistungspegel	L_w, L_p	(dB)
Scheinleistung	S, P_s	W
Scheinleitwert	Y, $\|\underline{Y}\|$	S
Scheinwiderstand	Z, $\|\underline{Z}\|$	W
Schubmodul	G	N/m^2
Schubspannung	τ	N/m^2
Schwingungsdauer	T	s
Spannung, elektrische	U	V
Spannung, magnetische	V, V_m	A
Stefan-Boltzmann-Konstante	σ	$W/(m^2 \cdot K^4)$
Strahlungsäquivalent, photometrisches	K	lm/W
Strahlungsenergie	Q_e, W	J
Strahlungsenergiedichte	W, u	J/m^3
Strahlungsfluss	Φ_e, P	W
Strahlungsflussdichte	E_eo, Ψ	W/m^2
Stromdichte, elektrische	J	A/m^2
Stromstärke, elektrische	I	A
Suszeptibilität, elektrische	χ_e, χ	–
Suszeptibilität, magnetische	χ_m, $\varkappa$	–
Temperatur, thermodynamische	T, Θ	K
Temperatur (in Grad Celsius)	t, ϑ	°C

Größe	Formelzeichen	SI-Einheit
Temperaturleitfähigkeit	a	m^2/s
Trägheitsmoment	J	$kg \cdot m^2$
Viskosität, dynamische	η	$Pa \cdot s$
Viskosität, kinematische	ν	m^2/s
Volumen	V	m^3
Volumen, spezifisches	ν	m^3/kg
Volumenausdehnungskoeffizient	α_V, γ	K^{-1}
Wärmekapazität	C_{th}	J/K
Wärmekapazität, spezifische	c	$J/(kg \cdot K)$
–, – bei konstantem Druck	c_p	$J/(kg \cdot K)$
–, – bei konstantem Volumen	c_V	$J/(kg \cdot K)$
Wärmkapazitätenverhältnis	γ	–
Wärmeleitfähigkeit	λ	$W/(m \cdot K)$
Wärmemenge	Q	J
Wärmestrom	$\Phi, \dot{Q}$	W
Wärmestromdichte	q_{th}, q	W/m^2
Weglänge	s	m
Wellenlänge	λ	m
Wellenwiderstand	Z_w, Γ	W
Wellenzahl	σ	m^{-1}
Widerstand, elektrischer	R	W
Widerstand, magnetischer	R_m	H^{-1}
Widerstand, spezifischer elektrischer	ϱ	$\Omega \cdot m$
Winkel, ebener	α, β, γ	rad
Winkel, räumlicher	Ω, ω	sr
Winkelbeschleunigung	α	rad/s^2
Winkelgeschwindigkeit	ω, Ω	rad/s
Wirkungsgrad	η	–
Zeit, Zeitspanne	t	s
Zerfallskonstante	λ	s^{-1}
Zugspannung	σ	N/m^2

Die Sonderzeichen[1]

7

Die folgenden Abschnitte enthalten eine Zusammenstellung der wichtigsten Sonderzeichen für verschiedene Arten des Spezialsatzes. Die Nummerierung der Zeichen erlaubt eine eindeutige Kennzeichnung eines bestimmten Zeichens im Manuskript oder auf der Korrekturfahne, z.B. durch einen Hinweis der Form: »Zeichen 4.53 (Satz und Korrektur)«. Fast alle modernen Satz- und Textverarbeitungssysteme enthalten insbesondere die mathematischen Sonderzeichen in Erweiterungen. Auf den mathematischen Satz zugeschnitten ist das von Donald Knuth entwickelte Satzsystem TeX, das in mehreren Versionen eingesetzt wird. Die unten angegebenen Sonderzeichen sind leicht mit den teilweise typographisch abgewandelten Zeichen der modernen digitalen Schriften zu identifizieren.

Allgemeine Zeichen der Mathematik

7.1

Nr.	Zeichen	Sprechweise	Das Zeichen im Formelbeispiel, Erläuterungen
1.1	′	Strich	a' (lies: a Strich); a'' (lies: a zwei Strich)
1.2	*	Stern	x^* (lies: x Stern)
1.3	¯	quer	$\bar{y}$ (lies: y quer); $\bar{\bar{y}}$ (lies: y zwei quer)
1.4	˜	Schlange	$\tilde{\varphi}$ (lies: φ Schlange, auch: φ Tilde)
1.5	⌒	Bogen	$\overset{\frown}{m}$ (lies: m Bogen)
1.6	ˆ	Dach	$\hat{x}$ (lies: x Dach)
1.7	†	Kreuz	$a^\dagger$ (lies: a Kreuz)
1.8	#	Kreuz	$a^\#$ (lies: a Kreuz)
1.9	˙	Punkt	$\dot{x}$ (lies: x Punkt); $\ddot{x}$ (lies: x zwei Punkt)
1.10	˚	Kreis	$\mathring{a}$ (lies: a Kreis)
1.11	()	runde Klammern	$(a+b)^2$ (lies: Klammer auf a plus b, Klammer zu, hoch zwei; oder: a plus b in Klammern zum Quadrat)
1.12	[]	eckige Klammern	$[x-(x+y)^2]^3$; $[a,b]$; $[a,b[$; $[a,b)$; $]a,b[$
1.13	{}	geschweifte Klammern	$\{a[x+y(x^2-y^2)]^3\}^{3/2}$; $\{a,b\}$
1.14	⟨⟩	spitze, gebrochene Klammern	$\langle a,b\rangle$; $\vert\psi\rangle$; $\langle\varphi\vert\psi\rangle$
1.15	⟦⟧	–	
1.16	⌊⌋	–	

1 Da in einigen Bereichen der Mathematik, Logik u. a. gelegentlich mehrere Zeichen mit gleicher Bedeutung üblich sind und hier angeführt werden, ist in diesen Fällen das gemäß DIN zu verwendende bzw. in den DIN-Blättern verwendete Zeichen durch ein * vor der Nummer gekennzeichnet.

Nr.	Zeichen	Sprechweise	Das Zeichen im Formelbeispiel, Erläuterungen
1.17	**( )**	–	
1.18	**( )**	–	**(**0,1**(** := $\{x \mid x \in \mathrm{R} \wedge 0 \leq x < 1\}$
1.19	$\{$	–	$f(x) = \begin{cases} 1, & \text{wenn } x \text{ irrational,} \\ 0, & \text{sonst.} \end{cases}$
1.20	$\frown$	–	$\widehat{\mathring{A \cap B}} = \mathring{A} \cap \mathring{B}$
1.21	|	nicht	Viele Aussagen werden auch durch Durchstreichen des Prädikats verneint: 3 ∓ 7; $3 \neq 7$; $\frac{1}{2} \in \mathbf{N}$ (vgl. Zeichen 2.6)
1.22	/		
1.23	:=	ist nach Definition	$e = \lim\limits_{n \to \infty} \left(1 + \frac{1}{n}\right)^n$
1.24	$\underset{\text{def}}{=}$	gleich	
1.25	:⇔	definitionsgemäß genau	$x \leq y :\Leftrightarrow x \cap y = x$ lies: x ist nach Definition kleinergleich y genau dann, wenn $x \cap y = x$
1.26	:⟺	dann, wenn	
1.27	≙	entspricht	5 cm entsprechen 50 kg : 5 cm ≙ 50 kg
1.28	~	proportional	$R \sim \frac{U}{I}$ (lies: R ist proportional zu $\frac{U}{I}$)
1.29	≈	angenähert gleich	
1.30	…	bis, usw.	$a_1, \ldots, a_n$ (lies: a_1 bis a_n); $a_1, a_2, \ldots$ (lies: a_1, a_2 usw.); $\pi = 3{,}14159\ldots$; $a_1 + a_2 + \cdots + a_n$; $a_1 \cdot a_2 \cdots a_n$
1.31	$(x_1, \ldots, x_n)$	x_1 bis x_n	n-tupel, endliche und unendliche Folge
1.32	$(x_1, x_2, \ldots)$	x_1, x_2 usw.	
1.33	$(x_1, \ldots, \hat{x}_\nu, \ldots, x_n)$	x_ν ausgelassen	$(x_1, \ldots, \hat{x}_\nu, \ldots, x_n)$ (lies: in der Folge $(x_1, \ldots, x_n)$ werde x_ν ausgelassen)
1.34	o.B.d.A.	ohne Beschränkung der Allgemeinheit	o.B.d.A. ist $x \geqq 0$
1.35	▮	Ende des Beweises	Will man das Ende eines Beweises besonders hervorheben, druckt man ▮, w.z.b.w. oder ähnliches, früher auch q.e.d. (quod erat demonstrandum). Das Zeichen 1.35 wird häufig auch für das Ende eines Algorithmus oder eines Programms verwendet.
1.36	w.z.b.w.	was zu beweisen war	
1.37	w.z.z.w.	was zu zeigen war	
1.38	q.e.d.	was zu beweisen war	
1.39	**Z**	Achtung!	Will man mögliche Irrtümer oder ausgefallene Gegenbeispiele besonders hervorheben, druckt man (Bourbaki) **Z** (Warnzeichen vor gefährlicher Kurve) an den Rand der Seite
1.40	▯	Ende des Beweises	Vgl. 1.35
1.41	□		
1.42	//		
1.43	⌟		
1.44	I	indiziert mit	

Nr.	Zeichen	Sprechweise	Das Zeichen im Formelbeispiel, Erläuterungen
1.45	✡		
1.46	$\hookrightarrow$		
1.47	$\rightsquigarrow$		
1.48	$\rightarrowtail$		
1.49	$\twoheadrightarrow$		
1.50	$\#$		

Logik

7.2

Nr.	Zeichen	Sprechweise	Das Zeichen im Formelbeispiel, Erläuterungen
*2.1 2.2 2.3	$\wedge$ $\boldsymbol{\wedge}$ &	und	$(p \wedge q) \wedge r$ ist äquivalent zu $p \wedge (q \wedge r)$. Die Konjunktion $\wedge$ verbindet Aussagen und Aussageformen zu neuen Aussagen oder Aussageformen
*2.4 2.5	$\vee$ $\boldsymbol{\vee}$	oder	$p \vee q$ ist äquivalent zu $\neg(\neg p \wedge \neg q)$. Die Disjunktion $\vee$ steht wie $\wedge$ zwischen zwei Aussagen oder Aussageformen
*2.6 2,7 2.8	$\neg$ $\boldsymbol{\neg}$ $\sim$	nicht	$\neg\, \alpha$ (lies: nicht α); $\neg$ steht stets vor der zu verneinenden Aussage(form)
2.9 2.10 *2.11a 2.11b 2.12 2.13 2.14	$\Rightarrow$ $\Rightarrow$ $\rightarrow$ $\boldsymbol{\rightarrow}$ $\succ$ $\boldsymbol{\succ}$ $\supset$	wenn ..., so	$\alpha \Rightarrow \beta$ »wenn α, dann β« ist Abkürzung für $\neg(\alpha \wedge \neg\beta)$; $p \supset q$; $p \wedge \neg p \succ q$
2.15 2.16 *2.17a 2.17b 2.18 2.19	$\Leftrightarrow$ $\Longleftrightarrow$ $\leftrightarrow$ $\boldsymbol{\leftrightarrow}$ ⋇ $\leftrightharpoons$	genau dann, wenn; dann und nur dann, wenn	$\alpha \Leftrightarrow \beta$ ist äquivalent zu $(\alpha \Rightarrow \beta) \wedge (\beta \Rightarrow \alpha)$
2.20	$\mid$	nicht beide	Shefferstrich; $p \mid q$ ist äquivalent zu $\neg(p \wedge q)$
2.21	$=$	gleich	$x = y \Leftrightarrow (\mathbf{H}(x) \Leftrightarrow \mathbf{H}(y))$
*2.22 2.23	$\neq$ $\neq$	ungleich	Negation zu 2.21
2.24a *2.24b *2.25	$\bigwedge$ $\wedge$ $\forall$	für alle	$\bigwedge_{x \in \mathbf{R}} (x+1)(x-1) = x^2 - 1$

Nr.	Zeichen	Sprechweise	Das Zeichen im Formelbeispiel, Erläuterungen
2.26a	$\bigvee$	es gibt	$\bigvee_{x \in \mathbf{R}} 3x = 12$
*2.26b	$\vee$		
*2.27	$\exists$		$\bigvee_x \alpha$ ist äquivalent zu $\neg \bigvee_x \neg\alpha$ $\bigwedge_\varepsilon \bigvee_\delta \bigwedge_x (\lvert x-x_0\rvert<\delta \Rightarrow \lvert f(x)-f(x_0)\rvert<\varepsilon)$
2.28	$\equiv$	identisch	$(x+1)(x-1) \equiv x^2-1$ ist Abkürzung für $\bigwedge_x (x+1)(x-1) = x^2-1$ $f(x) \equiv g(x)$ ist synonym zu $f = g$. Das Zeichen $\equiv$ wird gelegentlich auch als Metagleichheitszeichen benutzt
*2.29 2.30	$\not\equiv$ $\not\equiv$	nicht identisch	Negation zu 2.28; $3x \not\equiv 12$
2.31	$\vdash$	ableitbar	$\mathfrak{M} \vdash \alpha$ (lies: α ist aus $\mathfrak{M}$ ableitbar)
2.32	$\models$	folgt	$\alpha \models \beta$ (lies: aus α folgt β)
2.33	ι	derjenige Kennzeichnungs-operator	$\pi = \iota_x$ (der Kreisumfang ist $2xr$) (lies: π ist dasjenige x, mit: der Kreisumfang ist $2xr$)
2.34 2.35 2.36	$\top$ $\bot$ $\langle \mapsto \rangle$	wahr falsch die Funktion, die ... den Wert ... zuordnet	Aussagenkonstante für »wahr« (W) Aussagenkonstante für »falsch« (F) $\langle x \mapsto t \rangle$

7.3 Mengenlehre

Nr.	Zeichen	Sprechweise	Das Zeichen im Formelbeispiel, Erläuterungen
3.1	$\in$	Element von, Epsilon	$x \in y$ (lies: x ist ein Element von y)
3.2	$\notin$	kein Element von	Negation von 3.1; $\sqrt{2} \in \mathbf{Q}$
3.3	$=$	gleich	$\bigwedge_x (x \in a \Leftrightarrow x \in b) \Rightarrow a = b$
*3.4 3.5	$\neq$ $\neq$	ungleich	Negation von 3.3
*3.6 3.7	$\emptyset$ $\{\}$	leere Menge	$\mathfrak{P}\emptyset = \{\emptyset\}$, $\{\} = \{x \mid x \neq x\}$
3.8 3.9	$\mathscr{V}$ $\mathcal{V}$	Allklasse, Klasse aller Mengen	$\mathfrak{P}\mathscr{V} = \mathscr{V}$, $\mathscr{V} = \{x \mid x = x\}$
*3.10 3.11	$\{x \mid \mathbf{H}(x)\}$ $\{x : \mathbf{H}(x)\}$	die Menge (Klasse) aller x mit $\mathrm{H}(x)$	$\{x \mid x \in \mathscr{V} \wedge \mathbf{H}(x)\} = \{x \mid \mathbf{H}(x)\}$ Die Mengenklammer $\{\mid\}$ sollte sich wie $\bigcup$ und $\int$ der Größe der übrigen Formeln anpassen

Nr.	Zeichen	Sprechweise	Das Zeichen im Formelbeispiel, Erläuterungen
3.12	$\{a\}$	Einerklasse, Einermenge	$\{a\} := \{x \mid \mathbf{Mg}(a) \Rightarrow x = a\}$
3.13	{a,b}	Zweierklasse, Zweiermenge	$\{a,b\} := \{a\} \cup \{b\}; \{a,a\} = \{a\}$
3.14	**Mg**(x)	x ist Menge	$\mathbf{Mg}(x) :\Leftrightarrow \bigvee_y x \in y$ (lies: x ist Menge genau dann, wenn es ein y gibt, mit $x \in y$)
3.15	$\cup$	vereinigt	$a \cup a = a$ (lies: a vereinigt a ist gleich a)
3.16	$\cap$	geschnitten	$x \in a \cap b :\Leftrightarrow x \in a \wedge x \in b$ (lies: x ist Element von $a \cap b$ genau dann, wenn x Element von a und von b ist)
3.17 3.18 *3.19	$\bigcup$ $\bigcup$ $\cup$	Vereinigung	$\bigcup_{\mathbf{H}(x)} \mathbf{T}x$ (lies: Vereinigung aller $\mathbf{T}x$ mit $\mathbf{H}(x)$). Können Zweifel über die Variable, über die vereinigt werden soll, auftreten – z. B. in $\bigcup_{x \in y} y^x$ –, so kann diese links oben an das $\bigcup$-Zeichen angehängt werden: ${}^x\bigcup_{x \in y} y^x$. Das Zeichen $\bigcup$ sollte wie $\bigcap$, Σ und $\int$ der Formelgröße angepasst werden
3.20 3.21 *3.22	$\bigcap$ $\bigcap$ $\cap$	Durchschnitt	$\bigcap_{\mathbf{H}(x)} \mathbf{T}x$ (lies: Durchschnitt aller $\mathbf{T}x$ mit $\mathbf{H}(x)$).
3.23	$\subset$	enthalten in, Teilmenge von	$a \subset b :\Leftrightarrow \bigwedge_x (x \in a \Rightarrow x \in b)$ $\subset$ ist die (nicht notwendig echte) Inklusion. Früher wurde dafür $a \subseteq b$ geschrieben und $\subset$ für die echte Inklusion reserviert
3.24	$\subseteq$		
3.25	$\subsetneqq$	echt enthalten in	
3.26	$\supset$	umfasst	$a \supset b :\Leftrightarrow b \subset a$
3.27	$\not\subset$	nicht enthalten	Negation zu 3.23
3.28	$\not\supset$	umfasst nicht	Negation zu 3.26
3.29 *3.30	$\bar{a}$ $\complement a$	Komplement von a, a quer	$\bigwedge_x (x \in \bar{a} \Leftrightarrow x \notin a)$ (lies: für alle x: x ist Element des Komplements von a genau dann, wenn x kein Element von a ist). $\overline{x \cup y} = \bar{x} \cap \bar{y}$
*3.31 *3.32 3.33	$-$ $\setminus$ $\llcorner$	minus, relatives Komplement	$b - a := b \cap \bar{a}$, $b \setminus a$, $b \llcorner a$ $b - a := \{x \mid x \in b \wedge x \notin a\}$ (lies: $b - a$ ist die Klasse aller x mit $x \in b$, aber nicht $x \in a$)
3.34	$\triangle$	symmetrische Differenz	$a \triangle b := (a - b) \cup (b - a)$
3.35	$\mathfrak{V}(a)$	Vereinigung von a	$\mathfrak{V}(a) := \bigcup_{x \in a} x$
3.36	$\mathfrak{D}(a)$	Durchschnitt von a	$\mathfrak{D}(a) := \bigcap_{x \in a} x$

Nr.	Zeichen	Sprechweise	Das Zeichen im Formelbeispiel, Erläuterungen
3.37	$\mathscr{P}$	Potenzmenge, Potenzklasse von *a*	$\mathscr{P}(a) := \{x \mid x \subset a\}$, $\mathscr{P}(\emptyset) = \{\emptyset\}$
*3.38 *3.39	(a,b) $\langle a,b \rangle$	das geordnete Paar der Klassen *a* und *b*	$(a,b) := \{\{\{x\}\} \mid x \in a\} \cup \{\mathfrak{P}(\{x\}) \mid x \in b\}$ $(a,b) = (c,d) \Leftrightarrow a=c \wedge b=d$
3.40	$a \times b$	*a* Kreuz *b*, kartesisches Produkt von *a* und *b*	$a \times b := \{(x,y) \mid x \in a \wedge y \in b\}$ (lies: $a \times b$ ist die Klasse aller Paare (x,y) mit $x \in a \wedge y \in b$)
3.41	xRy	*x* steht zu *y* in der Relation *R*	$xRy :\Leftrightarrow (x,y) \in R \subset a \times b$ (lies: *x* steht zu *y* in der Relation *R* genau dann, wenn das Paar (x,y) Element der Relation $R \subset a \times b$ ist)
*3.42 3.43 3.44	D def dom	Definitionsbereich	$D(R) := \left\{x \mid \bigvee_y (x,y) \in R\right\}$
*3.45 3.46	W im	Bild- oder Wertebereich	$W(R) := \left\{y \mid \bigvee_x (x,y) \in R\right\}$
3.47	$\mathfrak{F}$	Feld	$\mathfrak{F}(R) := \mathfrak{B}(R) \cup \mathfrak{B}'(R)$
3.48	$\circ$	nach, verknüpft mit	$(x,z) \in S \circ R :\Leftrightarrow \bigvee_y (x,y) \in R \wedge (y,z) \in S$
3.49	$^{-1}$	hoch minus 1, Umkehrrelation von	$(x,y) \in R^{-1} :\Leftrightarrow (x,y) \in R$
3.50	**Fkt**(*f*)	*f* ist Funktion	$\mathbf{Fkt}(f) :\Leftrightarrow f \subset \mathscr{V} \times \mathscr{V} \wedge \bigwedge_x ((x_1 y_1) \in f \wedge (x_1 y_2) \in f \Rightarrow y_1 = y_2)$ (lies: die Klasse *f* ist Funktion, wenn sie Relation und nacheindeutig ist)
*3.51 3.52 3.53 3.54	$\rightarrow$ $\longrightarrow$ $\mapsto$ $\longmapsto$	Funktion von nach zugeordnet	$f: A \rightarrow B$ oder $A \xrightarrow{f} B$ (lies: *f* ist Funktion oder Abbildung von *A* in *B*)
3.55 3.56 3.57	$\twoheadrightarrow$ $\rightarrowtail$ $\rightarrowtail\!\!\!\!\twoheadrightarrow$	Surjektion Injektion Bijektion	$f: A \twoheadrightarrow B$ $f: A \rightarrowtail B$ $f: A \rightarrowtail\!\!\!\!\twoheadrightarrow B$
3.58	id	identische Relation	$\mathrm{id} := \{(x,y) \mid x=y\}$; Fkt (id) (lies: die identische Relation ist eine Funktion)
3.59	$\times$	kartesisches Produkt	$\underset{i \in I}{\times} A_i = \emptyset \Leftrightarrow \bigwedge_{i \in I} A_i = \emptyset$
3.60	$R \mid A$	*R* (vor)beschränkt auf *A*	$R \mid A := R \cap (A \times \mathcal{V})$; die Beschränkung der Klasse *R* – insbesondere benutzt, wenn *R* Funktion ist – auf *A*;
3.61	$R \parallel A$	*R* totalbeschränkt auf *A*	$R \parallel A := R \cap (A \times A)$
3.62 3.63	$\lvert A \rvert$ card(*A*)	Kardinalzahl von *A*, Mächtigkeit von *A*	$\lvert \mathbf{N} \rvert := \aleph_0$ (lies: die Mächtigkeit der Menge der natürlichen Zahlen ist gleich Aleph Null).
3.64	$\aleph$	Aleph	Aleph Null ($\aleph_0$) ist die kleinste unendliche Kardinalzahl

Ordnungs- und Verbandstheorie

7.4

Nr.	Zeichen	Sprechweise	Das Zeichen im Formelbeispiel, Erläuterungen
*4.1 4.2 4.3 *4.4 4.5 4.6	$<$ $<$ $\sqsubset$ $\subset$ $\subset$ $\prec$	kleiner (echt kleiner), enthalten, vor	$a<b \wedge b<c \Rightarrow a<c$ Die Zeichen 4.1 bis 4.6 werden für Quasiordnungen, reflexive und irreflexive (Halb-)Ordnungen und für Totalordnungen gleichermaßen verwendet
*4.7 4.8 4.9 4.10 4.11 4.12 4.13 4.14	$\leqq$ $\leq$ $\leqslant$ ⫹ $\sqsubseteq$ $\subseteq$ $\leq$ $\preceq$	kleiner oder gleich (kleiner gleich), vor	$a \sqsubseteq b \wedge b \sqsubseteq a \Rightarrow a \sim b$ Die Zeichen 4.7 bis 4.14 werden für reflexive Ordnungsstrukturen verwendet
4.15 4.16	$\nless$ $\nleqq$	nicht kleiner nicht kleiner oder gleich	Negationen zu 4.1, 4.12; die übrigen Negationen werden entsprechend gebildet
4.17	$\sim$	äquivalent, assoziiert	$x \sim y :\Leftrightarrow x \leq y \wedge y \leq x$; wenn die Quasiordnung $\leq$ antisymmetrisch ist, fallen $\sim$ und $=$ zusammen
4.18	$(E, \leq)$	E versehen mit der Ordnung $\leq$	Häufig wird nicht zwischen der Ordnungsrelation $\leq$ und $(E, \leq)$: E versehen mit der Ordnung, der Ordnungsrelation oder Ordnungsstruktur, unterschieden, wenn man von Ordnungen spricht
*4.19 4.20 4.21 4.22 4.23 4.24 4.25	$\cap$ $\boldsymbol{\cap}$ $\sqcap$ $\boldsymbol{\sqcap}$ $\wedge$ $\boldsymbol{\wedge}$ inf	geschnitten, Infimum	$a \leq b \Leftrightarrow a \cap b = a$ $a \leq b \Leftrightarrow \inf\{a,b\} = a$
*4.26 4.27 4.28 4.29 4.30 4.31 4.32	$\cup$ $\boldsymbol{\cup}$ $\sqcup$ $\boldsymbol{\sqcup}$ $\vee$ $\boldsymbol{\vee}$ sup	vereinigt, Supremum	$a \leq b \Leftrightarrow a \cup b = b$ $a \leq b \Leftrightarrow \sup\{a,b\} = b$
4.33 4.34 4.35	$\bigcap$ $\bigsqcap$ inf	Infimum	$\bigcap_{i \in I} x_i$ ist die größte untere Schranke der x_i
4.36 4.37 4.38	$\bigcup$ $\bigsqcup$ sup	Supremum	$\bigcup_{i \in I} x_i$ ist die kleinste obere Schranke der x_i

Nr.	Zeichen	Sprechweise	Das Zeichen im Formelbeispiel, Erläuterungen
4.39	min	Minimum	$x = \min A :\Leftrightarrow x = \inf A \wedge x \in A$
4.40	max	Maximum	$x = \max A :\Leftrightarrow x = \sup A \wedge x \in A$
4.41 4.42	$\boldsymbol{)}\leftarrow,a\boldsymbol{)}$ $(\leftarrow,a]$	Hauptanfang von a	$x \in \boldsymbol{)}\leftarrow,a\boldsymbol{)} \Leftrightarrow x \leq a$ $\boldsymbol{)}$, $\boldsymbol{)}$, werden vorteilhaft im Druck, (,), [,] handschriftlich verwendet
4.43 4.44	$\boldsymbol{(}a,\rightarrow\boldsymbol{(}$ $[a,\rightarrow)$	Hauptende von a	$x \in \boldsymbol{(}a,\rightarrow\boldsymbol{(} \Leftrightarrow x \geq a$
4.45 4.46 4.47	$\boldsymbol{(}a,b\boldsymbol{)}$ $[a,b]$ $\boldsymbol{(}0,1\boldsymbol{)}_{\mathbf{R}}$	abgeschlossenes Intervall	$\boldsymbol{(}a,b\boldsymbol{)} := \boldsymbol{(}a,\rightarrow\boldsymbol{(}\cap\boldsymbol{)}\leftarrow,b\boldsymbol{)}$. Soll die Ordnungsstruktur, auf die sich Intervalldefinitionen beziehen, gekennzeichnet werden, wird sie als Index an die rechte Klammer gesetzt, z. B. $0{,}8 \in \boldsymbol{(}0,1\boldsymbol{)}_{\mathbf{R}}$
4.48 4.49 4.50 4.51	$\boldsymbol{(}a,b\boldsymbol{(}$ $[a,b)$ $\boldsymbol{)}a,b\boldsymbol{)}$ $(a,b]$	halboffenes Intervall	$0 \notin \boldsymbol{)}0,1\boldsymbol{)}_{\mathbf{R}}$
4.52	$\bar{a}$	Komplement	$\bar{a} = b \Leftrightarrow a \cup b = 1 \wedge a \cap b = 0$
4.53	$\mathbf{C}M$	Hülle von M	Eine Abbildung $\mathbf{C}: \mathscr{P}A \rightarrow \mathscr{P}A$ heißt Hüllenoperator, wenn sie für alle $M \subset A$ Folgendes erfüllt: $\mathbf{C}M \supset M$, $M \subset N \Rightarrow \mathbf{C}M \subset \mathbf{C}N$ und $\mathbf{C}\mathbf{C}M = \mathbf{C}M$

7.5 Kategorien

Nr.	Zeichen	Sprechweise	Das Zeichen im Formelbeispiel, Erläuterungen
5.1 5.2 5.3	$\mathscr{A}$ $\mathfrak{U}$ A	Kategorie $\mathscr{A}$	$\mathscr{A} = (A, \circ, \mathrm{st}, \mathrm{zl})$. Für Kategorien werden halbfette Großbuchstaben, besonders übersichtlich auch Großbuchstaben der Schreibschrift (Script Capitals) oder Frakturbuchstaben verwendet
5.4	$\circ$	nach, Kreis	$x \circ y$ (lies: x nach y), die partielle Multiplikation der Morphismen
5.5	$\rightarrow$	Morphismus	$x \rightarrow z$ oder y: $x \rightarrow z$ (lies: y ist Morphismus von x nach z), x: $A \rightarrow B$
5.6	st	Start	$x = \mathrm{st}\, y$ (lies: x ist Start [Startobjekt, -einheit] von y)
5.7	zl	Ziel	$x = \mathrm{zl}\, y$ (lies: x ist Ziel [Zielobjekt, -einheit] von y); x:st $x \rightarrow \mathrm{zl}\, x$
5.8 5.9	$\mathscr{M}$ **set**	Kategorie der Mengen	$x \in \mathscr{M} \Leftrightarrow x = (a,b,f) \wedge a \in \mathscr{V} \wedge b \in \mathscr{V} \wedge f: a \rightarrow b$

Nr.	Zeichen	Sprechweise	Das Zeichen im Formelbeispiel, Erläuterungen
5.10	F	Funktor	$F: \mathscr{A} \to \mathscr{B}$
5.11	$\square$	Vergessfunktor	$\square: \mathscr{A} \to \mathscr{M}$
5.12	$(\mathscr{A}, \square)$	konkrete Kategorie	$\square: \mathscr{A} \to \mathscr{M}$
5.13	$\cong$	natürlich äquivalent	$\eta: F \cong G$ (lies: F ist vermittels η natürlich äquivalent zu G)
5.14	$\varinjlim$	Limes	$(f_\nu) = \varinjlim D$ (lies: die Familie (f_ν) ist Limes [direkter, injektiver Limes] des Diagramms D)
5.15	$\varprojlim$	Kolimes	$(f_\nu) = \varprojlim D$ (Kolimes [inverser, projektiver Limes] des Diagramms D)
5.16	$\prod$	Produkt	Das Zeichen sollte wie $\sum$, $\int$, $\bigcup$ und $\bigcap$ der Formelgröße angepasst werden
5.17	$\coprod$	Summe, Koprodukt	

Zahlensysteme 7.6

Nr.	Zeichen	Sprechweise	Das Zeichen im Formelbeispiel, Erläuterungen
6.1	$\mathbf{N}$	Menge der natürlichen Zahlen	(vgl. Mengenlehre) $0 \in \mathbf{N}$ (lies: »Null Epsilon N« oder »Null ist eine natürliche Zahl«). Handschriftlich wird **N** **durch $\mathbb{N}$ dargestellt**[1]
6.2	$\mathbf{Z}$	Menge der ganzen Zahlen	$\mathbf{Z} \times \mathbf{Z}$ (lies: Z Kreuz Z). Handschriftlich: $\mathbb{Z}$
6.3	$\mathbf{Z}_m$	Restklassenring von **Z** modulo m	m prim $\Rightarrow \mathbf{Z}_m$ Körper
6.4	$\mathbf{Q}$	**Menge der rationalen Zahlen**	$\bar{\mathbf{Q}} = \mathbf{R}$ (lies: Q quer gleich R). Handschriftlich: $\mathbb{Q}$
6.5	$\mathbf{R}$	Menge der reellen Zahlen	$\pi \in \mathbf{R}$ (lies: π ist eine reelle Zahl) Handschriftlich: $\mathbb{R}$
6.6	e	e	$\mathrm{e} := \lim\limits_{n \to \infty} \left(1 + \frac{1}{n}\right)^n$
6.7	π	pi	$\pi = 3{,}1416926...$
6.8	$\mathbf{C}$	Menge der komplexen Zahlen	$\mathbf{R} \times \mathbf{R} \cong \mathbf{C}$ (lies: R Kreuz R ist isomorph zu C). Handschriftlich: $\mathbb{C}$
6.9	i	i imaginäre Einheit	$\mathrm{i}^2 = -1$. In der elektrotechnischen Literatur wird statt i auch j verwendet
6.10 6.11	(a,b) $a+\mathrm{i}b$		$(a,b) \in \mathbf{C}$; $z=(a,b)$ oder $z=a+\mathrm{i}b$, Darstellungen von komplexen Zahlen

Nr.	Zeichen	Sprechweise	Das Zeichen im Formelbeispiel, Erläuterungen
6.12 6.13	$\bar{z}$ z^*	z quer z Stern	$\bar{z} = z^* = a - \mathrm{i}b$ ist die zu $z = a + \mathrm{i}b$ konjugiert komplexe Zahl
6.14	Re z	Realteil von z	$\mathrm{Re}\, z := \frac{z+\bar{z}}{2}$
6.15	Im z	Imaginärteil von z	$\mathrm{Im}\, z := \frac{z-\bar{z}}{2}$
6.16 6.17	arg z arc z	Argument oder Arkus von z	Mit $\varphi := \arg z$ ist $z = \lvert z\rvert \cdot e^{\mathrm{i}\varphi}$
6.18	$\lvert z\rvert$	z Betrag, Betrag von z	$\lvert z\rvert := \sqrt{z \cdot \bar{z}}$ vgl. 7.27

7.7 Arithmetik

Nr.	Zeichen	Sprechweise	Das Zeichen im Formelbeispiel, Erläuterungen
7.1	$+$	plus	$a+b=b+a$ (lies: a plus b gleich b plus a)
7.2	$-$	minus	i. a. $a-b \neq b-a$ (lies: im Allgemeinen ist a minus b ungleich b minus a)
7.3	$\pm$	plus oder minus	$\pi = 3{,}1 \pm 0{,}05$; $\pm$ gibt die *Grenzen* eines Rundungsfehlers (einer Beobachtungsungenauigkeit) an, oder es gibt *zwei* mögliche Werte an: $\sqrt{4} = \pm 2$
7.4 7.5	$\cdot$ $\times$	mal mal	$a \cdot (b+c) = a \cdot b + a \cdot c$ Das $\times$ statt des $\cdot$ wird nur selten benutzt, meist wird auch der Punkt weggelassen: $a(b+c) = ab + ac$
7.6 7.7 7.8 7.9	$^{-1}$ $:$ $-$ $/$	hoch minus 1 geteilt durch durch durch	$ab^{-1} = a{:}b = \frac{a}{b} = a/b$
7.10	a^b	hoch	a^b (lies: a hoch b); $a^b \cdot a^c = a^{b+c}$
7.11	$\sum$	Summe	$a_1 + a_2 + \cdots + a_n := \sum_{\nu=1}^{n} a_\nu$ Das Summenzeichen sollte ebenso wie $\prod$ und $\int$ der Formelgröße angepasst werden
7.12	$\prod$	Produkt	$a_1 \cdot a_2 \cdots a_n := \prod_{\nu=1}^{n} a_\nu$
7.13	$=$	gleich	$2+2=4$ (lies: zwei plus zwei gleich 4)
*7.14 7.15	$\neq$ $\neq$	ungleich	$2+2 \neq 5$ (lies: zwei plus zwei ungleich fünf)

Nr.	Zeichen	Sprechweise	Das Zeichen im Formelbeispiel, Erläuterungen
7.16	$\approx$	ungefähr, etwa gleich	$\pi \approx 3{,}14$ (lies: π ist ungefähr – im Rahmen der verlangten Rechengenauigkeit – 3,14)
7.17	$\not\approx$	nicht ungefähr gleich	Negation zu 7.16
7.18	$\gg$	(sehr) groß gegen	$c \gg v$ (c ist – im Rahmen der betrachteten Genauigkeit – sehr groß gegen v, v sehr klein gegen c; $v \ll c$)
7.19	$\ll$	(sehr) klein gegen	
7.20	$\equiv$	identisch	$f(x) \equiv g(x)$ ist gleichbedeutend mit $f = g$
*7.21 7.22	$\not\equiv$ $\not\equiv$	nicht identisch	Negation zu 7.20
7.23	$\sqrt[n]{}$	n-te Wurzel aus	Für $x \notin \mathbf{R}$ ist $\sqrt[n]{x}$ dasjenige positive y, für das $y^n = x$
7.24	$\sqrt{}$	Wurzel aus	$\sqrt{x} := \sqrt[2]{x}$
7.25	%	Prozent, vom Hundert	x % von ... ist Abkürzung von $\frac{x}{100}$ von ...
7.26	‰	Promille, vom Tausend	x ‰ von ... ist Abkürzung von $\frac{x}{1000}$ von ...
7.27	$\lvert x \rvert$	x Betrag, Betrag von x	$\lvert x \rvert := \begin{cases} x, \text{ wenn } x \geqq 0 \\ -x \text{ sonst} \end{cases}$ vgl. 6.18
7.28a *7.28b	sign x sgn	Signum von x	$\operatorname{sign} x := \begin{cases} 1, \text{ wenn } x > 0 \\ 0, \text{ wenn } x = 0 \\ 1, \text{ wenn } x < 0 \end{cases}$
7.29	$n!$	n Fakultät	$0! := 1$, $n! := 1 \cdot 2 \cdots n$
7.30	$\binom{n}{p}$	n über p	$\binom{n}{p} := \frac{n \cdot (n-1) \cdot (n-2) \cdots (n-p+1)}{p\,!}$ $\binom{n}{p}$ heißt Binomialkoeffizient
7.31	$\begin{pmatrix} 1 \dots n \\ i_1 \dots i_n \end{pmatrix}$	Permutation der Zahlen von 1 bis n	$\begin{pmatrix} 1 & 2 & 3 & 4 \\ 4 & 2 & 1 & 3 \end{pmatrix}$ ist eine Permutation (Bijektion auf sich) der Zahlen 1 bis 4
7.32	$[x]$	ganzer Anteil von x	$[x]$ ist die größte ganze Zahl y mit $y \leqq x$

7.8 Elementare Geometrie

Nr.	Zeichen	Sprechweise	Das Zeichen im Formelbeispiel, Erläuterungen
8.1	‖	parallel	Gerade g ist parallel zur Geraden h: $g \parallel h$
8.2	∦	nicht parallel	Gerade g ist nicht parallel zur Geraden h: $g \nparallel h$
8.3	↑↑	gleichsinnig parallel	Vektor $\boldsymbol{a}$ ist gleichsinnig parallel zum Vektor $\boldsymbol{b}$: $\boldsymbol{a} \uparrow\uparrow \boldsymbol{b}$
8.4	↑↓	gegensinnig parallel	Vektor $\boldsymbol{a}$ ist gegensinnig parallel zum Vektor $\boldsymbol{b}$: $\boldsymbol{a} \uparrow\downarrow \boldsymbol{b}$
8.5	⊥	rechtwinklig zu, senkrecht auf	Gerade g steht senkrecht auf der Geraden h: $g \perp h$
8.6	△	Dreieck	$\triangle ABC$
8.7	≅	kongruent, deckungsgleich	$\triangle ABC \cong \triangle DEF$
8.8	~	ähnlich	$\triangle ABC \sim \triangle DEF$
8.9	∢	Winkel	$\sphericalangle ABC$, $\sphericalangle(g,h)$
8.10	$\overline{AB}$	Strecke AB	$\overline{AB} = \overline{CD} = 3$ cm
8.11	$\overset{\frown}{AB}$	Bogen AB	$\overset{\frown}{AB} = \overset{\frown}{CD} = 2{,}7$ cm
8.12 8.13	⊾ ∟	rechter Winkel	h_c teilt ⊾ ACB im Verhältnis 2:1.
8.14	▭	Rechteck	▭ $ABCD$ ist flächengleich $\triangle PQR$
8.15	□	Quadrat	Die Fläche des ▭ $ADEF$ ist halb so groß wie die des □ $ABCD$
8.16	○	Kreis	Kreis um den Punkt P mit dem Radius r: ○(P,r)
8.17	⊙	Mittelpunkt	⊙ M liegt auf $\overline{AB}$
8.18	∅	Durchmesser	$\varnothing\, d = 4{,}5$ cm
8.19	°	Grad	$\sphericalangle ABC = 32°$
8.20	′	Minute	$\sphericalangle ABC = 2{,}5° = 2°30'$
8.21	″	Sekunde	1°45′24″

Exponential- und Logarithmusfunktionen 7.9

Nr.	Zeichen	Sprechweise	Das Zeichen im Formelbeispiel, Erläuterungen
9.1	exp x	Exponentialfunktion von x	$\exp x = e^x$
9.2	$\log_a$	Logarithmus zur Basis a	$\log_a x$ ist die Umkehrfunktion zu a^x
9.3	lg	dekadischer, Briggsscher, gewöhnlicher oder Zehnerlogarithmus	$\lg x = \log_{10} x$
9.4	ln	natürlicher Logarithmus	$\ln x = \log_e x$
9.5	ld	Duallogarithmus	$\mathrm{ld}\, x = \log_2 x$
9.6	lb	oder Binärlogarithmus	$\mathrm{lb}\, x = \log_2 x$

Trigonometrische und hyperbolische Funktionen sowie deren Umkehrungen 7.10

Nr.	Zeichen	Sprechweise	Das Zeichen im Formelbeispiel, Erläuterungen	
10.1	sin	Sinus	$\sin x = \sum_{\nu=0}^{\infty} (-1)^{\nu} \frac{x^{2\nu+1}}{(2\nu+1)!}$	trigonometrische Funktionen
10.2	cos	Kosinus	$\cos x = \sum_{\nu=0}^{\infty} (-1)^{\nu} \frac{x^{2\nu}}{(2\nu)!}$	
*10.3	tan	Tangens	$\tan x = \frac{\sin x}{\cos x}$	
10.4	tg			
*10.5	cot	Kotangens	$\cot x = \frac{\cos x}{\sin x}$	
10.6	ctg			
10.7	sec	Sekans	$\sec x = \frac{1}{\cos x}$	
10.8	cosec	Kosekans	$\operatorname{cosec} x = \frac{1}{\sin x}$	
10.9	arcsin	Arkussinus	Die zyklometrischen Funktionen arcsin x, arccos x, arctan x, arccot x sind die Umkehrfunktionen der entsprechenden trigonometrischen Funktionen	
10.10	arccos	Arkuskosinus		
*10.11	arctan	Arkustangens		
10.12	arc tg			
*10.13	arccot	Arkuskotangens		
10.14	arc ctg			
*10.15	sinh	Sinus hyperbolicus	$\sinh x = (e^x - e^{-x})/2$	hyperbolische Funktionen (Hyperbelfunktionen)
10.16	sh			
10.17	𝔖𝔦𝔫			
*10.18	cosh	Cosinus hyperbolicus	$\cosh x = (e^x + e^{-x})/2$	
10.19	ch			
10.20	ℭ𝔬𝔣			
*10.21	tanh	Tangens hyperbolicus	$\tanh x = \sinh x / \cosh x$	
10.22	tgh			
10.23	th			

Nr.	Zeichen	Sprechweise	Das Zeichen im Formelbeispiel, Erläuterungen
10.24	$\mathfrak{Tg}$	Cotangens hyperbolicus	$\coth x = \cosh x/\sinh x$ hyperbolische Funktionen (Hyperbelfunktionen)
*10.25	coth		
10.26	ctgh		
10.27	cth		
10.28	$\mathfrak{Ctg}$		
*10.29	arsinh	Areasinus hyperbolicus	Die Areafunktionen arsinh, arcosh, artanh, arcoth sind die Umkehrfunktionen der entsprechenden hyperbolischen Funktionen
10.30	$\mathfrak{Ar}\ \mathfrak{Sin}$		
*10.31	arcosh	Areacosinus hyperbolicus	
10.32	$\mathfrak{Ar}\ \mathfrak{Cof}$		
*10.33	artanh	Areatangens hyperbolicus	
10.34	ar tgh		
10.35	$\mathfrak{Ar}\ \mathfrak{Tg}$		
*10.36	arcoth	Areacotangens hyperbolicus	
10.37	arctgh		
10.38	$\mathfrak{Ar}\ \mathfrak{Ctg}$		

7.11 Lineare Algebra

Nr.	Zeichen	Sprechweise	Das Zeichen im Formelbeispiel, Erläuterungen
11.1	$a \mid b$	teilt	$a \mid b$ a teilt b
11.2	$a \nmid b$	teilt nicht	Negation zu 11.1
11.3	$[L:K]$	L nach K	Grad einer Körpererweiterung
11.4	$\begin{pmatrix} 1 \ldots n \\ i_1 \ldots i_n \end{pmatrix}$	Permutation der Zahlen von 1 bis n	vgl. 7.31
11.5	$\cong$	isomorph	$V \cong V^*$
11.6	$\boldsymbol{A}$	Vektor $\boldsymbol{A}$	Es werden halbfette Kursivbuchstaben oder Kursivbuchstaben mit darübergestelltem Pfeil verwendet, häufig auch Frakturbuchstaben
11.7	$\boldsymbol{a}$		
11.8	$\mathfrak{A}$		
11.9	$\mathfrak{a}$		
11.10	$\vec{A}$		
11.11	$\vec{a}$		
11.12	$\boldsymbol{A}_x, \boldsymbol{A}_y, \boldsymbol{A}_z$	Komponenten des Vektors $\boldsymbol{A}$	Die Indizes geben die Komponenten in einem Koordinantensystem (x,y,z) an
11.13	$\mathfrak{a}_x$, usw.		
*11.14	$\boldsymbol{a} \cdot \boldsymbol{b}$	skalares oder inneres Produkt der Vektoren $\boldsymbol{a}$ und $\boldsymbol{b}$	$\boldsymbol{a} \cdot \boldsymbol{b} = \boldsymbol{a}_x \boldsymbol{b}_x + \boldsymbol{a}_y \boldsymbol{b}_y + \boldsymbol{a}_z \boldsymbol{b}_z$ (im $\mathbf{R}_3$)
11.15	$(\boldsymbol{a},\boldsymbol{b})$		
11.16	$(\boldsymbol{a} \cdot \boldsymbol{b})$		
*11.17	$\boldsymbol{a} \times \boldsymbol{b}$	vektorielles oder äußeres Produkt	$\boldsymbol{a} \times \boldsymbol{b}$ ist ein schiefsymmetrischer Tensor zweiter Stufe mit den Komponenten $(\boldsymbol{a} \times \boldsymbol{b})_{ik} = \boldsymbol{a}_i \boldsymbol{b}_k - \boldsymbol{b}_i \boldsymbol{a}_k$ (i,k steht dabei für x,y,z)
11.18	$[\boldsymbol{a},\boldsymbol{b}]$		
11.19	$[\boldsymbol{a} \times \boldsymbol{b}]$		
11.20	$(\boldsymbol{a} \times \boldsymbol{b})$		

Nr.	Zeichen	Sprechweise	Das Zeichen im Formelbeispiel, Erläuterungen
*11.21 11.22 11.23	(a_{ik}) A $\mathfrak{A}$	Matrix *aik* Matrix *A*	abgekürzte Schreibweise für eine Matrix mit z. B. 3 Zeilen und 3 Spalten $(a_{ik}) = \mathfrak{A} = \begin{pmatrix} a_{11} & a_{12} & a_{13} \\ a_{21} & a_{22} & a_{23} \\ a_{31} & a_{32} & a_{33} \end{pmatrix}$
11.24 11.25 *11.26	$\|a_{ik}\|$ $\|\|a_{ik}\|\|$ $\det(a_{ik})$	Determinante *aik*	abgekürzte Schreibweise für eine z. B. dreireihige Determinante $\det(a_{ik}) = \begin{vmatrix} a_{11} & a_{12} & a_{13} \\ a_{21} & a_{22} & a_{23} \\ a_{31} & a_{32} & a_{33} \end{vmatrix}$
11.27	δ_{ik}	Delta *ik*	$\delta_{ik} = \begin{cases} 0 \text{ für } i \neq k \\ 1 \text{ für } i = k \end{cases}$

Topologie und Analysis

7.12

Nr.	Zeichen	Sprechweise	Das Zeichen im Formelbeispiel, Erläuterungen
12.1 12.2	$\complement$ $\bar{}$	*C* von quer	$\complement(M \cup M') = \complement M \cup \complement M'$; $\complement$ und $\bar{}$ werden abwechselnd als mengentheoretisches Komplement (vgl. 3.29, 3.30), als algebraische und als topologische Hülle gebraucht
12.3	$\circ$	*o* von, Kern von	$\mathring{M} \cup \mathring{M}' = \overset{\circ}{\widehat{M \cup M}}$. Der offene Kern von M ist $\mathring{M} := \bigcup_{\substack{N \subset M \\ N \text{ offen}}} N$
12.4	∞	unendlich	$x \to \infty$
12.5	$(a_n)\uparrow$	*an* wächst monoton	$(a_n)\uparrow :\Leftrightarrow a_1 \leqq a_2 \leqq \cdots$
12.6	$(a_n)\downarrow$	*an* fällt monoton	$(a_n)\downarrow :\Leftrightarrow a_1 \geqq a_2 \geqq \cdots$
12.7 12.8 12.9	lim lim sup lim inf	Limes Limes superior Limes inferior	$\lim\limits_{x \to x_0} f(x) = a$ $\limsup M = \overline{\lim} M$ $\liminf M = \underline{\lim} M$
12.10	$\sim$	asymptotisch gleich	$f(x) \sim g(x)$ bedeutet: $\lim\limits_{x \to a} \frac{f(x)}{g(x)} = 1$
12.11	$\cong$	asymptotisch identisch	$f(x) \cong g(x)$ bedeutet: $\lim\limits_{x \to a} [f(x) - g(x)] = 0$
12.12	$f(x) = O[g(x)]$	$f(x)$ gleich klein $o\,g(x)$	$f(x) = o[g(x)]$ bedeutet: $\lim\limits_{x \to a} \frac{f(x)}{g(x)} = 0$
12.13	$f(x) = o[g(x)]$	$f(x)$ gleich groß $O\,g(x)$	$f(x) = O[g(x)]$ bedeutet: $\lim\limits_{x \to a} \frac{f(x)}{g(x)}$ bleibt beschränkt

Nr.	Zeichen	Sprechweise	Das Zeichen im Formelbeispiel, Erläuterungen
12.14	Δf	Delta f	Differenz zweier Funktionswerte: $\Delta f(x) = f(x_1) - f(x_2)$
12.15	$f'(x)$	f Strich von x	Ableitung erster, zweiter, n-ter
12.16	$f''(x)$	f zwei Strich von x	Ordnung der Funktion
12.16a	$f^{\grave{}}, f^{\grave{}\grave{}}, ..$	f rechts Strich	Ableitung der Funktion $f(\hat{x})$ nach $\hat{x}$, $f = \frac{\mathrm{d}f(\hat{x})}{\mathrm{d}(\hat{x})}$
12.16b	$'f, ''f, ..$	f links Strich	Integration der Funktion $f(\hat{x})$ nach $\hat{x}$, $`f = \int f(\hat{x})\,\mathrm{d}\hat{x}$
12.17	$f^{(n)}(x)$	fn Strich von x	$f(x) = \frac{\mathrm{d}f(x)}{\mathrm{d}x}$, $f^{(n)}(x) = \frac{\mathrm{d}^n f(x)}{\mathrm{d}x^n}$
12.18	$\frac{\mathrm{d}f(x)}{\mathrm{d}x}$	df von x nach dx	
12.19	Df	D von f	
12.20	$\dot{\varphi}(t)$	φ Punkt von t	erste, zweite Ableitung der Funktion
12.21	$\ddot{\varphi}(t)$	φ zwei Punkt von t	$\dot{\varphi}(t) = \frac{\mathrm{d}\varphi(t)}{\mathrm{d}t}$, $\ddot{\varphi}(t) = \frac{\mathrm{d}^2\varphi(t)}{\mathrm{d}t^2}$ Ableitungen nach der Zeit t werden gelegentlich durch Punkte statt durch Striche gekennzeichnet
12.22	$\mathrm{d}f(x)$	df von x	Differential der Funktion $f(x)$; $\mathrm{d}f(x) = f'(x)\mathrm{d}x$
12.23	f_x, f_y	f nach x f nach y	partielle Ableitungen der Funktionen $f(x,y)$ nach x bzw. y; auch
12.24	$\frac{\partial f}{\partial x}, \frac{\partial f}{\partial y}$		$f_x = \frac{\partial f}{\partial x}$; $f_y = \frac{\partial f}{\partial y}$
12.25	f_{xx}, f_{xy}, f_{yy}	f nach xx f nach xy f nach yy	partielle Ableitungen zweiter Ordnung der Funktion f(x,y); auch: $f_{xx} = \frac{\partial^2 f}{\partial x^2}$; $f_{xy} = \frac{\partial^2 f}{\partial x \partial y}$; $f_{yy} = \frac{\partial^2 f}{\partial y^2}$;
12.26	$\mathrm{d}f(x,y)$	df von x und y	vollständiges oder totales Differential der Funktion f(x,y); $\mathrm{d}f(x,y) = \frac{\partial f}{\partial x}\mathrm{d}x + \frac{\partial f}{\partial y}\mathrm{d}y = f_x\mathrm{d}x + f_y\mathrm{d}y$
12.27	δf	Delta f	Variation der Funktion $f(x)$
12.28	$\int f(x)\mathrm{d}x$	Integral $f(x)$dx	unbestimmtes Integral der Funktion $f(x)$
12.29	$\int_a^b f(x)\mathrm{d}x$	Integral $f(x)$ von a bis b	bestimmtes Integral der Funktion $f(x)$ in den Grenzen a und b
12.30	$F(x)\Big\|_a^b$	F von x in den Grenzen von a bis b	Wenn $F(x) = \int f(x)\mathrm{d}x$ ist, dann gilt $\int_a^b f(x)\mathrm{d}x = F(x)_a^b = F(b) - F(a)$
12.31	$\oint$	Randintegral,	Das Integral erstreckt sich längs einer (geschlossenen) Kurve
12.32	$\ointclockwise$	Linienintegral	
12.33	$\ointctrclockwise$		
12.34	$\varointclockwise$		

Nr.	Zeichen	Sprechweise	Das Zeichen im Formelbeispiel, Erläuterungen
12.35	$\int\int$	Doppelintegral	Das Integral erstreckt sich z. B. über eine Fläche. Das Integralzeichen soll sich in der Größe der Formel anpassen
12.36	$\int\int\int$	Dreifachintegral	
12.37	∇	Nabla	∇ ist ein Vektoroperator mit den Komponenten $\nabla_{xi} = \frac{\partial}{\partial x_i}$
*12.38	$\triangle$		
12.39	$\nabla \varphi$	Gradient Phi	Der Gradient einer skalaren Funktion φ ist ein Vektor mit den Komponenten $(\nabla \varphi)_{xi} = \frac{\partial \varphi}{\partial x_i}$
12.40	grad φ		
12.41	$\nabla \boldsymbol{a}$	Divergenz $\boldsymbol{a}$	Die Divergenz einer Vektorfunktion $\boldsymbol{a}(x,y,z)$ [Vektorfeld] ist $\nabla \boldsymbol{a} = \frac{\partial \boldsymbol{a}_x}{\partial x} + \frac{\partial \boldsymbol{a}_y}{\partial y} + \frac{\partial \boldsymbol{a}_z}{\partial z}$
12.42	div $\boldsymbol{a}$		
12.43	$(\nabla \cdot \boldsymbol{a})$		
12.44	$\nabla \times \boldsymbol{a}$	Rotation $\boldsymbol{a}$	Die Rotation einer Vektorfunktion (im $\mathbf{R}_3$) $\boldsymbol{a}(x,y,z)$ [Vektorfeld] ist ein schiefsymmetrischer Tensor mit den Komponenten $(\nabla \times \boldsymbol{a})_{ik} = \nabla_i \boldsymbol{a}_k - \nabla_k \boldsymbol{a}_i$
12.45	rot $\boldsymbol{a}$		
12.46	curl $\boldsymbol{a}$		
12.47	$[\nabla, \boldsymbol{a}]$		
12.48	$[\nabla \times \boldsymbol{a}]$		
12.49	Δ	Delta (Laplacescher Operator)	Δ ist der skalare Operator. $\triangle = \nabla \cdot \nabla = \frac{\partial^2}{\partial x^2} + \frac{\partial^2}{\partial y^2} + \frac{\partial^2}{\partial z^2}$
*12.50	$\triangle$		
12.51	$\wp$	Weierstraßsche p-Funktion	$\wp(z/w_1, w_2)$

Schaltzeichen der Elektrotechnik 7.13

In elektrotechnischen Schaltskizzen dürfen die Verbindungslinien zwischen den Sonderzeichen der Schaltelemente nur dort unterbrochen werden, wo Unterbrechung des Stromkreises angezeigt werden soll.

Nr.	Schaltzeichen[1]	Benennung
13.1	—	Gleichstrom
13.2	∼	Wechselstrom
13.3	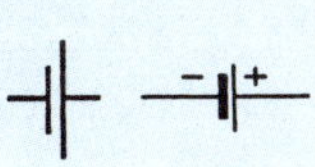	Primärelement, Akkumulator, Batterie
13.4	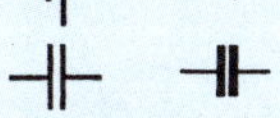	kapazitiver Widerstand; Kondensator (allgemein)
13.5	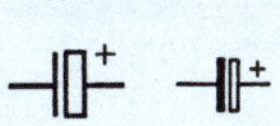	Elektrolytkondensator (gepolt)

1 Die bei einigen Schaltzeichen angegebene zweite Form ist weit verbreitet, entspricht jedoch nicht den heute gültigen DIN-Normen.

Nr.	Schaltzeichen[1]	Benennung
13.6		ohmscher Widerstand
13.7		induktiver Widerstand
13.8		Wicklung mit Kern
13.9		Erdung
13.10		Masse
13.11		Sicherung
13.12		Leuchtmelder [mit Glühlampe]
13.13		Trennschalter
13.14	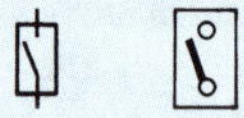	Leistungsschalter
13.15	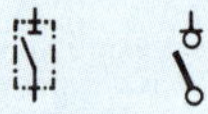	Lasttrennschalter
13.16		Kolben für Röhre
13.17		Kathode
13.18		Anode
13.19	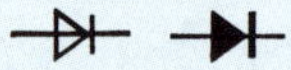	Halbleiterdiode, Gleichrichter
13.20	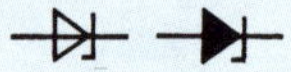	Z-Diode
13.21	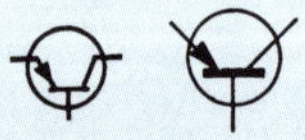	Flächentransistor pnp-Typ
13.22	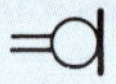	Mikrofon
13.23	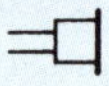	Fernhörer
13.24	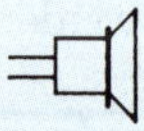	Lautsprecher
13.25		Antenne (Luftleiter)
13.26	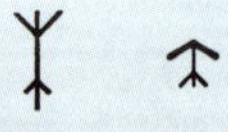	Sendeantenne
13.27	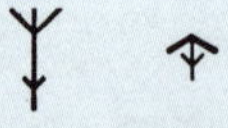	Empfangsantenne
13.28		Rahmenantenne
13.29		Dipolantenne
13.30		Sternschaltung
13.31		Dreieckschaltung
13.32		Zickzackschaltung

1 Vgl. Anm. S. 395

Nr.	Schaltzeichen[1]	Benennung
13.33		Generator
13.34		Gleichstromgenerator
13.35		Einphasen-Wechselstromgenerator
13.36		Drehstromgenerator
13.37		Motor
13.38		Gleichstrommotor
13.39		Einphasen-Wechselstrommotor
13.40		Drehstrommotor
13.41		[anzeigendes] Messinstrument
13.42		Strommesser mit Ampereangabe
13.43	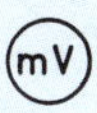	Spannungsmesser mit Millivoltangabe
13.44		[registrierendes] Messgerät
13.45	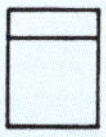	[zählendes] Messgerät
13.46		elektromechanischer Antrieb (z. B. Schütz, Relais)
13.47		Thermorelais
13.48		Überstromauslöser (elektromagnetisch)
13.49		Drosselspule
13.50		Transformator mit zwei getrennten Wicklungen
13.51		Stromwandler (erforderlichenfalls mit Darstellung der Primärwicklung)
13.52		Spannungswandler
13.53	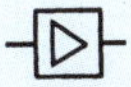	Verstärker
13.54		Filter
13.55		Quarzfilter
13.56		Hochpass
13.57		Tiefpass

7.14 Zeichen der Datenverarbeitung

1. Schaltzeichen für digitale Verknüpfungsglieder

Nr.	Schaltzeichen	Benennung
14.1		digitale Verknüpfungsglieder (allgemeine Grundformen)
14.2	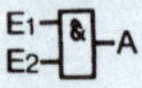	UND-Glied mit zwei Eingängen
14.3	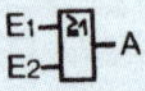	ODER-Glied mit zwei Eingängen
14.4	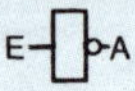	NICHT-Glied

2. Symbole für Datenflusspläne

Nr.	Schaltzeichen	Benennung
14.5	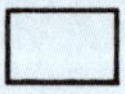	Bearbeiten, allgemein
14.6		allgemeine Daten
14.7	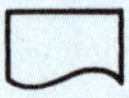	Dokument
14.8	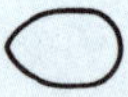	Anzeige, Display

3. Symbole für Programmablaufpläne

Nr.	Schaltzeichen	Benennung
14.9		Verzweigung
14.10	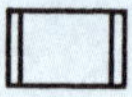	Unterprogramm
14.11	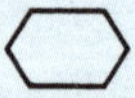	Programmmodifikation
14.12	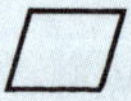	Eingabe, Ausgabe
14.13		Ablauflinie (auch von oben nach unten)
14.14	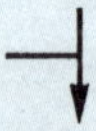	Zusammenführung
14.15		Grenzstelle

4. Internetsymbole

Nr.	Schaltzeichen	Benennung
14.16	@	at (gesprochen: ɛt), Zeichen in E-Mail-Adressen, umgangssprachlich auch als »Klammeraffe« bezeichnet
14.17	/	Slash (Schrägstrich), Zeichen in Internetadressen zur Kennzeichnung von Unterverzeichnissen, als Doppelslash // nach http
14.18	\	Backslash (Rückschrägstrich), Pfadtrennzeichen beim DOS-Betriebssystem
14.19	>	Zitat, bei einer E-Mail wird jeder zitierten Zeile ein > vorgesetzt, bei iteriertem Zitat >> usw.
14.20	#	Hash, innerhalb einer Internetseite verwendet, um eine bestimmte Stelle anzuzeigen
14.21	~	Tilde, innerhalb einer Internetadresse zur Anzeige eines Unterverzeichnisses

5. Einige satztechnische Zeichen

Die folgenden Zeichen werden im Satz häufig gebraucht. Die Benennung dieser Zeichen führt gelegentlich zu Missverständnissen, z.B. beim et-Zeichen.

Nr.	Zeichen	Sprechweise	Beispiel/Erläuterungen
14.22	@	»at«-Zeichen	at
14.23	#	Raute	
14.24	&	et	
14.25	£	Pfund	
14.26	₰	Deleatur	
14.27	€	Euro	
14.28	❡	Alinea	Alinea-Zeichen
14.29	°	Grad	erkennbar an der gleichmäßigen Linienstärke
14.30	º	o	o in Nº für Numero
14.31	ª	a	a in Nª für Numera

7.15 Botanik, Gartenbau

Nr.	Zeichen	Benennung
15.1	⊙	sommereinjährige Pflanze
15.2	⚇	zweijährige Pflanze
15.3	♃	Staude, ausdauernde Pflanze
15.4		Halbstrauch
15.5	♄	Strauch
15.6		Baum
15.7	♂	männlich
15.8	♀	weiblich
15.9	⚥	zwittrig
15.10	×	Bastard, Hybride
15.11	+	Pfropfbastard
15.12	I–XII	Saat- oder Pflanzmonate
15.13	○	sonniger Standort
15.14	◐	halbschattiger Standort
15.15	●	vollschattiger Standort
15.16		Einfassungspflanze
15.17		Polsterpflanze
15.18	△	Steingartenpflanze
15.19		Ufer- und Sumpfpflanze
15.20	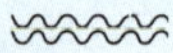	Wasserpflanze
15.21		Hängepflanze
15.22		Kletterpflanze
15.23		Kriechpflanze
15.24		Topfpflanze
15.25		für Kalthaus geeignete Pflanze
15.26		für Warmhaus geeignete Pflanze
15.27		für Kasten geeignete Pflanze
15.28		Aussaat am Standort
15.29		Winterschutz in rauen Lagen
15.30		rauchhart
15.31	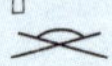	Giftpflanze
15.32		zierfrüchtig
15.33		zum Schnitt geeignet

Meteorologie[1]

7.16

Nr.	Zeichen	Benennung
16.1	○	wolkenlos
16.2	◔	heiter
16.3	◑	halb bedeckt
16.4	◕	wolkig
16.5	●	bedeckt
16.6	◯	Windstille
16.7	⦰	Nordwind, 3–7 Knoten[2] (und heiter)
16.8	◑⌐	Ostwind, 8–12 Knoten (und halb bedeckt)
16.9	◕	Südwind, 13–17 Knoten (und wolkig)
16.10	⌐●	Westwind, 18–22 Knoten (und bedeckt)
16.11	≡	Nebel
16.12	,	Nieseln
16.13	•	Regen
16.14	✳	Schnee
16.15	▽	Schauer
16.16	⛈	Gewitter
16.17	,//ll/,,	Niederschlagsgebiet
16.18	◓◓◓	Warmfront
16.19	▲▲▲	Kaltfront
16.20	△◠△◠	Okklusion
16.21	⇨	warme Luftströmung
16.22	➡	kalte Luftströmung
16.23	▭▭▷	Kaltluftzufuhr in der Höhe, Erwärmung am Boden
16.24	H	Hochdruckgebiet
16.25	T	Tiefdruckgebiet

1 Diese Tabelle enthält nur die in der Vorhersagekarte (wie sie täglich in Zeitungen erscheint) verwendeten meteorologischen Zeichen. Für Wetterkarten mit Stationseintragungen, die international von den Wetterdiensten erstellt werden, gibt es zahlreiche weitere Zeichen; sie finden jedoch praktisch nur in diesen Karten Verwendung.
2 1 Knoten = 1,852 km/h.

Genealogie

7.17

Nr.	Zeichen	Benennung
17.1	*	geboren
17.2	(*)	außerehelich geboren
17.3	†*	tot geboren
17.4	*†	am Tage der Geburt gestorben
17.5	≈	getauft
17.6	○	verlobt
17.7	⚭	verheiratet
17.8	⚮	geschieden
17.9	⚯	außereheliche Verbindung
17.10	†	gestorben
17.11	††	ausgestorben (von Familien)
17.12	⚔	gefallen
17.13	▭	begraben
17.14	⚱	eingeäschert

7.18 Astronomie, Kalender

1. Tierkreiszeichen/Monatszeichen

Nr.	Zeichen[1] a	Zeichen[1] b	Benennung: Tierkreis	Benennung: Monat
18.1	♈		Widder (Aries)	März/April
18.2	♉		Stier (Taurus)	April/Mai
18.3	♊		Zwillinge (Gemini)	Mai/Juni
18.4	♋		Krebs (Cancer)	Juni/Juli
18.5	♌		Löwe (Leo)	Juli/August
18.6	♍		Jungfrau (Virgo)	August/September
18.7	♎		Waage (Libra)	September/Oktober
18.8	♏		Skorpion (Scorpius)	Oktober/November
18.9	♐		Schütze (Sagittarius)	November/Dezember
18.10	♑		Steinbock (Capricornus)	Dezember/Januar
18.11	♒		Wassermann (Aquarius)	Januar/Februar
18.12	♓		Fische (Pisces)	Februar/März

2. Mondphasen

Nr.	Zeichen[1] a	b	c	d	e	Benennung
18.13	◍	● (face)	●	●	●	Neumond
18.14	◍	☽	☽	◐	◐	erstes Viertel
18.15	○	○ (face)	○ (face)	○	○	Vollmond
18.16	◍	☾	☾	◑	◑	letztes Viertel

1 Genauere Angaben durch Anfügen der Kennbuchstaben a, b usw. an die Nummer des Zeichens.

3. Planetenzeichen/Wochentagszeichen

Nr.	Zeichen	Benennung: Planet	Benennung: Wochentag
18.17	☉	Sonne	Sonntag
18.18	☾	Mond	Montag
18.19	☿	Merkur	Mittwoch
18.20	♀	Venus	Freitag
18.21	♁	Erde	
18.22	♂	Mars	Dienstag
18.23	♃	Jupiter	Donnerstag
18.24	♄	Saturn	Samstag, Sonnabend
18.25	⛢	Uranus	
18.26	♆	Neptun	
18.27	♇	Pluto	

Weitere astronomische Zeichen

Nr.	Zeichen	Benennung
18.28	♈	Frühlingspunkt (Widderpunkt)
18.29	☊	aufsteigender Knoten
18.30	☋	absteigender Knoten
18.31	☌	Konjunktion
18.32	☍	Opposition
18.33	□	Quadratur
18.34	☄	Komet
18.35	∗	Stern

Metrik 7.19

Nr.	Zeichen	Benennung
19.1	–	Zeichen für eine lange Silbe
19.2	⏑	Zeichen für eine kurze Silbe
19.3	x	Zeichen für eine lange oder kurze Silbe
19.4	⏓	Zeichen für Silbe, bei der eine Länge häufiger als eine Kürze erscheint
19.5	⏒	Zeichen für Silbe, bei der eine Kürze häufiger als eine Länge erscheint
19.6	⏕	Zeichen für eine Länge, an deren Stelle auch zwei Kürzen erscheinen können
19.7	⏔	Zeichen für zwei Kürzen, an deren Stelle auch eine Länge erscheinen kann
19.8	∧	Fehlen eines Elements

Schach 7.20

Nr.	Weiß				Schwarz				Benennung
	a	b	c	d	a	b	c	d	
20.1	♔	♔	♔	♔	♚	♚	♚	♚	König
20.2	♕	♕	♕	♕	♛	♛	♛	♛	Dame
20.3	♖	♖	♖	♖	♜	♜	♜	♜	Turm
20.4	♘	♘	♘	♘	♞	♞	♞	♞	Springer
20.5	♗	♗	♗	♗	♝	♝	♝	♝	Läufer
20.6	♙	♙	♙	♙	♟	♟	♟	♟	Bauer

7.21 Kursbuchzeichen

Nr.	Zeichen	Bedeutung
21.1	ICE	Intercityexpresszug
21.2	IC	Intercityzug
21.3	EC	Eurocityzug
21.4	IR	Interregiozug
21.5	D	Schnellzug
21.6	IRE	Interregioexpresszug
21.7	RE	Regionalexpresszug
21.8	RB	Regionalbahn
21.9	Ⓢ	S-Bahn (Schnellbahn)
21.11	EN	Euronightzug
21.12	CNL	City-Night-Line
21.13	:	besonderer Fahrpreis oder zuschlagpflichtig
21.14	🅁	Platzkarten erforderlich
21.15	🚲	Zug mit Stellplätzen im Fahrradwagen, Mehrzweckabteil
21.16	[🚲]	Zug mit Stellplätzen im Fahrradabteil; Platzkarten erforderlich
21.17	🚃	Zug mit durchlaufenden Wagen (Kurswagen)
21.18	🛏	Schlafwagen mit Abteilen 1. und 2. Klasse
21.19	⊢	Liegewagen 2. Klasse
21.20	☕	Bordbistro/kleine Speisen und Getränke im Zug (in bestimmten DB-Nachtzügen, Bistro oder Servicewagen)
21.21	🍴	Bordrestaurant/Speisen und Getränke im Zug
21.22	☕	Snackpoint/Imbiss im Zug
21.23	6 7	Übergangszeiten von 6, 7 ... Minuten (ohne Zeitangabe 5 Minuten)
21.24	◗	Halt nur zum Zusteigen
21.25	◖	Halt nur zum Aussteigen
21.26	×	Halt auf Verlangen
21.27	|	in der Fahrzeitspalte: fährt durch oder fährt eine andere Strecke
21.28	⟶	in der Fahrzeitspalte: weiter siehe rechts
21.29	⟵	in der Fahrzeitspalte: weiter Anschlusszug links
21.30	○	Ankunft
21.31	→↓	in der Überschrift: Fahrplantabelle der anderen Richtung steht rechts oder unten
21.32	←	in der Überschrift: Fahrplantabelle der anderen Richtung geht voraus
21.33	▶◀	siehe Anschlussleiste
21.34	🚌	Buslinie
21.35	✱	Zugfahrscheine (ausgenommen Streckenzeitkarten) gelten in den Bussen
21.36	▲	Bus hält nicht am Bahnhof
21.37	⛴	Schifffahrtslinie
21.38	✈	Flughafen bzw. S-Bahn zum Flughafen
21.39	⊞	Grenze mit Pass- und Zollabfertigung
21.40	(⊞)	Pass- und Zollabfertigung im fahrenden Zug
21.41	{	fährt nicht täglich oder nur während eines bestimmten Zeitabschnitts
21.42	†	fährt an Sonntagen und allgemeinen Feiertagen
21.43	⚒	fährt an Werktagen, einschließlich Landesfeiertagen
21.44	Ⓐ	fährt an Werktagen außer Samstag einschließlich Landesfeiertagen
21.45	Ⓑ	fährt täglich außer Samstag
21.46	Ⓒ	fährt an Samstagen, Sonn- und Feiertagen
21.47	①②③	Montag, Dienstag, Mittwoch, ...

Sonderzeichen für Währungseinheiten[1]

7.22

Nr.	Zeichen	Währungseinheit
22.1	฿	Baht (Thailand)
22.2	B/.	Balboa (Panama)
22.3	₡	El-Salvador-Colón
22.4	₡	Costa-Rica-Colón; Cedi (Ghana)
22.5	€	Euro (Belgien, Deutschland, Finnland, Frankreich, Griechenland, Irland, Italien, Luxemburg, Niederlande, Österreich, Portugal, Spanien)
22.6	₲	Guaraní (Paraguay)
22.7	£	Pfund Sterling (Großbritannien und Nordirland)

£-Zusammensetzungen

Nr.	Zeichen	Währungseinheit
	ägypt£	Ägyptisches Pfund
	Fl£	Falkland-Pfund
	Gib£	Gibraltar-Pfund
	L£	Libanesisches Pfund
	SH£	Sankt-Helena-Pfund
	syr£	Syrisches Pfund
	Z£	Zypern-Pfund
22.8	₦	Naira (Nigeria)
22.9	₱	Philippinischer Peso
22.10	RMB.¥	Renminbi ¥uan (China)
22.11	$	Dollar

1 Die Tabelle enthält die im Bankwesen gebräuchlichen Sonderzeichen.

$-Zusammensetzungen

Nr.	Zeichen	Währungseinheit
	$A	Austral. Dollar
	$A/K	Austral. Dollar/Kiribati
	$F	Fidschi-Dollar
	argt$	Argentin. Peso
	B$	Bahama-Dollar
	BD$	Bermuda-Dollar
	BDS$	Barbados-Dollar
	BR$	Brunei-Dollar
	Bz$	Belize-Dollar
	C$	Córdoba (Nicaragua)
	chil$	Chilen. Peso
	CI$	Cookinseln-Dollar
	CI$	Cayman-Dollar
	dom$	Dominikan. Peso
	EC$	Ostkarib. Dollar
	G$	Guyana-Dollar
	HK$	Hongkong-Dollar
	J$	Jamaika-Dollar
	kan$	Kanad. Dollar
	kol$	Kolumbian. Peso
	kub$	Kuban. Peso
	Lib$	Liberian. Dollar
	mex$	Mexikan. Peso
	N$	Namibia-Dollar
	NT$	Neuer Taiwan-Dollar
	NZ$	Neuseeland-Dollar
	R$	Real (Brasilien)
	S$	Singapur-Dollar
	SI$	Salomonen-Dollar
	T$	Pa'anga (Tonga)
	TT$	Trinidad-und-Tobago-Dollar
	urug$	Uruguayischer Peso
	US-$	US-Dollar (USA, Ecuardor, Marshallinseln, Mikronesien, Palau)
	WS$	Tala (Westsamoa)
	Z.$	Simbabwe-Dollar
22.12	S/.	Neuer Sol (Peru)
22.13	₩	Won (Korea [Süd-Korea])
22.14	¥	Yen (Japan)

Richtlinien für den Fremdsprachensatz

Die den frühen Auflagen des Dudentaschenbuchs »Satz- und Korrekturanweisungen« beigelegte Tabelle über den Fremdsprachensatz war über mehrere Auflagen zu einem festen Bestandteil dieses Buches geworden.

Daher wurde die aus dieser bewährten Tabelle entstandene Übersicht (mit einigen Korrekturen) auch für den vorliegenden Nachfolgetitel übernommen. Ebenfalls aus dem ehemaligen Dudentaschenbuch übernommen sei an dieser Stelle der Hinweis auf die leider nicht mehr neu aufgelegten »Richtlinien für den Satz fremder Sprachen« von Alfred Alisch (München/Berlin, 1970).

Sprache	Abkürzungen	Großschreibung
1	2	3
Dänisch	Mit Punkt: d. v. s., dvs. = d. h.; f. eks. = z. B.; hhv. = bzw.; jf., jfr. = vgl.; nr. = Nr.; o. s. v., osv. = usw.; tlf. = Telefon; große Buchstaben gewöhnlich ohne Punkt: A/S = AG	Am Satzanfang, bei Eigennamen (auch bei Zusammenschreibung mit einem Substantiv), Namen von Vereinigungen u. dgl. sowie bei Anredefürwörtern und Anredeformen.
Englisch	Einige kommen aus dem Lateinischen (diese stehen meist zwischen Kommas und werden öfter kursiv gesetzt): cf. = vgl., e.g. = z. B., etc. = usw., i.e. = d. h., viz. = nämlich. Kein Punkt, wenn der letzte Buchstabe vorhanden ist: Dr, Ltd, Mr, Mrs, Rvd, aber No., St. (für Saint). Große Buchstaben ohne Punkt, wenn Organisationen u. dgl. bezeichnet werden: BBC, UN, UNESCO	Am Anfang des Satzes und der direkten Rede sowie in Überschriften und Buchtiteln (hier alle Wörter außer Artikeln und kurzen Präpositionen und Konjunktionen); bei Eigennamen und meist bei den davon abgeleiteten Adjektiven; bei Namen von Parteien, Organisationen, Festen, Monaten, Wochentagen, Religionen und bei Titeln.
Finnisch	Entweder mit Punkt, z. B. jne. = usw., puh. = Telefon, oder ohne Punkt, z. B. tri = Dr. (Wortende ist vorhanden); Endungen durch Doppelpunkt getrennt, z. B. km:n = km	Am Satzanfang und bei Eigennamen, z. T. auch bei Titeln, Institutionen.
Französisch	Entweder mit Punkt oder, falls der letzte Buchstabe (manchmal hochgestellt) vorhanden ist, ohne Punkt: c.-à-d. = d. h., par ex., p. ex. = z. B., M. = Herr, Dr, D^{r} = Dr., Mlle, Mlle = Fräulein; große Buchstaben oft mit Punkt (O.N.U. = UNO, S.A. = AG usw.)	Am Anfang des Satzes und der direkten Rede, oft auch der Verszeilen, bei Eigennamen, bei Werken der Kunst und Literatur (unterschiedlich Großschreibung des ersten Substantivs oder Adjektivs), bei Bez. von Institutionen.
Italienisch	Meist mit Punkt: dott., dr. = Dr.; ecc. = usw.; n., n° = Nr.; p. e. = z. B.; auch z. B. Sig.na = Fräulein; große Buchstaben unterschiedlich: ONU = UNO, S. A. = AG, FIAT = Fabbrica Italiana Automobili Torino	Am Satzanfang sowie bei Eigennamen, Titeln, Institutionen usw. und Höflichkeitsformen der Fürwörter, z. B. avete Voi (habt Ihr), Lei (Sie).

Anführungszeichen	Zahlen	Datum
4	5	6
»...« oder „...“	Bei Tausendern: 2.458.500 (Punkte, auch noch Kommas); 3,14 (Komma beim Dezimalbruch); 1., 2. oder 1ste, 2den bei Ordnungszahlen	søndag den 18. maj 2001 (nach Wochentag kein Komma); auch: 18. ds. = dennes (d. M.)
Direkte Anführungen: “...”, Anführungen innerhalb einer Anführung und Kennzeichnung eines Ausdrucks im besonderen Sinn: ’...’. Geringer Zwischenraum, sofern dieser nicht durch ein folgendes Satzzeichen ohnehin erforderlich wird. Schließende Anführung jeweils nach dem Komma.	2,458,500 (Kommas, außer bei Seiten-, Jahreszahlen; oft schon bei vier Ziffern); 3.14 (Punkt beim Dezimalbruch); 1., 2., 1), 2), 1st, 2nd, 3rd, 4th (Punkt, Klammer oder Endung der Ordnungszahl); Elizabeth II (kein Punkt); Bruchziffern oft mit waagerechtem Bruchstrich	Tag und Monat großgeschrieben: London, 18th of May 2001, oder May 18, 2001. Abk.: Sun., Mon., Tue., Wed., Thur., Fri., Sat., Jan., Feb., Mar., Apr., May, June, July, Aug., Sept., Oct., Nov., Dec.
”...”, Anführung innerhalb einer Anführung: ’...’	2 458 500 (Zwischenräume, auch noch Punkte); 3,14 (Komma beim Dezimalbruch); 1., 2. (Ordnungszahl mit Punkt, manchmal mit durch Doppelpunkt getrennter Endung)	Helsinki, 12. 2. 01 oder: Helsingissä helmikuun 12. päivänä 2001 (in Helsinki des Februar 12. Tages 2001); Abk.: pnä oder p:nä, z. B. 2001 helmikuun 12. pnä oder 12. 2. 2001
«...» mit geringem Zwischenraum. Anführungen innerhalb einer Anführung stehen in der gleichen Weise, erhalten aber an jedem Zeilenanfang das Anführungszeichen; zusammenfallende Zeichen werden nur einmal gesetzt.	2 458 500 (Zwischenräume oder auch Punkte); 3,14 (Komma beim Dezimalbruch); 1er (männl.), 2e (weibl.); Ordnungszahlen an Absatzanfängen auch 1°, 2° oder 1., 2.	Paris, le 1er février 2001; mercredi, le 4 juin 2001; 4-6-2001
«...», seltener (besonders bei großen Schriftgraden) “...„	2.458.500 (Punkte); 3,14 (Komma beim Dezimalbruch); 1°, 2° (männl.), 1^a^, 2^a^ (weibl.) oder 1., 2. bei der Ordnungszahl; Ioannes XXIII (kein Punkt)	Roma il 1° [di] febbraio 2001; mercoledì 4 giugno 2001; 4-6-2001; Abk.: genn., febb., mar., apr., mag., giu., lug., ago., settem., ott., nov., dic.; c.m. = lfd. M.

Sprache	Maße und Gewichte	Preisangaben	Anschrift
1	7	8	9
Dänisch	centimeter (cm), kvadratmeter (m^2), kubikmeter (m^3), kilogram (kg), hektoliter (hl)	1 krone = 100 øre; 20 kroner; pris kr. 6,50	Gyldenløvesgade 4 DK-1369 København K; g. = gade (Straße)
Englisch	Besondere Maße sind z. B. inch (in.), foot (Mehrzahl feet) (ft), yard (yd), pint (pt), quart (qt), ounce (oz.), pound (lb.). Metrische Abkürzungen ohne Punkt: metre (m), amer. meter; centimetre (cm), square metre (m^2), cubic metre (m^3), gram (g), kilogram (kg), hectolitre (hl).	Dezimalwährung: 1 pound = 100 new pence; Pound-Angabe: £ 12·60 = £ 12 und 60 p; vor 1971: £ 12. 6*s*. 4*d*. = 12 pounds, 6 shillings, 4 pence (Einzahl penny). Amerikanisch: $ 12.50 = 12 dollars, 50 cents	40 Museum Street London, WC1A 1LU Amerikanisch: 200 Park Avenue New York, N. Y. 1017
Finnisch	senttimetri (cm), neliömetri (m^2), kuutiometri (m^3), kilogramma (kg), hehtolitra (hl); Beugungsendungen, z. B. 50 kgn (50 kg); 120 metrin (120 m)	Vor dem 1. 1. 2002: 1 markka = 100 penniä (Einzahl penni); 20 markkaa; Abkürzung mk und p; hinta (= Preis) 6,50 mk (auch 6:50 mk)	In einigen Städten gibt es amtlich finnische und schwedische Namen, z. B. Helsinki, Hallituskatu 4, oder Helsingfors, Regeringsgatan 4.
Französisch	centimètre (cm), mètre carré (m^2), mètre cube (m^3), kilogramme (kg), hectolitre (hl)	Vor dem 1. 1. 2002: 1 franc = 100 centimes; 20 francs; Abkürzung F und c; prix 6,50 F; in der Schweiz noch immer fr., ct. (Post c.); 6 fr. 50	7, rue Balzac F-75008 Paris VIIIe (Nummer des Arrondissements auch arabische Ziffer: 8e); av. = avenue, bd. = boulevard
Italienisch	centimetro (cm), metro quadrato (mq oder m^2), metro cubo (mc oder m^3), chilogrammo (kg), ettolitro (hl), Abkürzung noch oft mit Punkt	Vor dem 1. 1. 2002: 1 lira = 100 centesimi (zuletzt ohne Bedeutung; Mehrzahl lire, Einzahl centesimo); Abkürzung L. oder Lit, z. B. prezzo L. 20.000	Via Vittorio Veneto, 3 I-00187 Roma

Silbentrennung	Zeichensetzung
10	11
Zusammengesetzte Wörter sowie Vor- und Nachsilben werden wie im Deutschen getrennt. Zwischen zwei Konsonanten wird getrennt, aber sk, sp und st treten gemeinsam zur folgenden Silbe. Vokal + v wird getrennt. Vokal + j aber nicht.	Keine wesentlichen Abweichungen vom deutschen Gebrauch.
Maßgebend sind die Aussprache und die Wortzusammensetzung, vor allem die Vor- und Nachsilben. Ein einfacher Konsonant tritt an den Anfang der nächsten Silbe; er schließt jedoch eine Silbe mit kurzem betontem Vokal. Diese letzte Regel wird im amerikanischen Englisch konsequenter befolgt (daher öfter eine fremdartige Silbentrennung). Von zwei oder mehr Konsonanten gehört gewöhnlich der erste zur vorhergehenden Silbe. Vokale dürfen nur bei getrennter Aussprache getrennt werden. Da einsilbig gesprochene Wörter oder Wortteile nicht zerteilt und stumme Silben oder einzelne Buchstaben nicht abgetrennt werden dürfen, sind viele längere Wörter nicht trennbar.	Im Gegensatz zum deutschen Gebrauch fehlt das Komma vor Objektsätzen und vor abhängigen Infinitiven und es ist oft vorhanden vor and, bei mehr als zwei Aufzählungen sowie vor und nach however, namely, of course usw. und anstatt eines Doppelpunktes vor der angeführten Rede. Doppelpunkt, Semikolon, Ausrufe- und Fragezeichen werden durch Abstand vom vorhergehenden Wort getrennt. Der Gedankenstrich steht beiderseits ohne Zwischenraum. Hinter der Briefanrede und dem förmlichen Briefschluss steht ein Komma, im Amerikanischen hinter der Anrede Doppelpunkt. Komma vor Abführung.
Ein einzelner Konsonant tritt zur folgenden Silbe, von mehreren Konsonanten nur der letzte; untrennbar sind Doppelvokale und die meisten Diphthonge. Wortzusammensetzungen werden nach ihren Bestandteilen getrennt.	Die im Deutschen gebräuchlichen Formen, aber nach Maßgabe des unterschiedlichen Satzbaus.
Vokale sind meist untrennbar; ein einzelner Konsonant tritt zur folgenden Silbe, von mehreren Konsonanten der letzte (auch s wird von p und t getrennt); dagegen bleiben b, p, d, t, g, c, v, f mit l oder r zusammen; stumme Silben dürfen nur abgetrennt werden, wenn sie aus drei oder mehr Buchstaben bestehen.	Vor qui (Relativsatz) wird ebenso wie vor que (= dass, als) oder si (= wenn, ob) kein Komma gesetzt. Sonst Zeichensetzung wie im Deutschen; vor dem Doppelpunkt aber Zwischenraum. Der Gedankenstrich dient als Unterführungszeichen (das an solcher Stelle stehende Anführungszeichen kennzeichnet dagegen die Ungültigkeit). Auslassungspunkte stehen dicht nebeneinander: ...
Zwischen Vokalen und der Aussprache nach zusammengehörigen Buchstabengruppen (cia, gia, gio, sciu, che, ghi, gn usw.) besteht keine Trennmöglichkeit; b, p, d, t, g, c, v, f mit l oder r bleiben zusammen; s tritt fast stets zur folgenden Silbe: co-stituto, tra-sporto. Bei Trennungen nie Apostroph am Ende.	Sie ähnelt der deutschen, doch steht das Komma nicht vor Nebensätzen mit che (= dass) sowie se (= ob, wenn) und nicht vor Infinitivsätzen.

Sprache	Abkürzungen	Großschreibung
1	2	3
Kroatisch	Mit Punkt: itd. = usw., npr. = z. B., tj. = d. h.; ohne Punkt, wenn der Schlussbuchstabe vorhanden ist: dr = Dr.; große Buchstaben ohne Punkt: UN	Am Satzanfang, bei Eigennamen, Namen von Ländern u. dgl., teilweise auch bei den von Namen abgeleiteten Adjektiven.
Lateinisch	Mit Punkt: cf. = vgl., etc. = usw., I.N.R.I., S.P.Q.R.	Ursprünglich gab es nur die großen Buchstaben; jetzt Großschreibung bei Satzanfängen, Eigennamen und ihren Ableitungen, Monatsnamen.
Niederländisch	Mit Punkt; bijv. = z. B.; dwz. = d. h., enz. = usw.; große Buchstaben teils mit Punkt (N.V. = AG), teils ohne Punkt (NCRV = eine Rundfunkgesellschaft)	Am Satzanfang, bei Eigennamen und davon abgeleiteten Wörtern, Titeln, oft auch bei Anredefürwörtern; beginnt ein Satz mit einem apostrophierten Wort, wird das nachfolgende Wort großgeschrieben, z. B. 't Is ...
Norwegisch	Mit Punkt: f. eks. = z. B., jfr. = vgl., nr. = Nr., osv. = usw., tlf. = Telefon; große Buchstaben ohne Punkt: A/S = AG, FN = UN	Am Satzanfang, bei Namen, Titeln, Institutionen, Himmelsrichtungen und Anredefürwörtern.
Polnisch	Mit Punkt: itd. = usw., np. = z. B., tj. = d. h.; ohne Punkt, wenn der Schlussbuchstabe vorhanden ist: dr = Dr., nr = Nr.; große Buchstaben ohne Punkt: ONZ = UNO	Am Satzanfang, bei Eigennamen, Namen von Ländern und ihrer Bewohner, Institutionen, Titeln und Anredefürwörtern.
Portugiesisch	Entweder mit Punkt: a s. = d. h., Dr. = Dr., P.ex. = z. B., oder zusätzlich mit meist hochstehender Endung: C.ª, C.ia, Cia. = Gesellschaft, L.da = GmbH, n.º = Nr., Sr. = Herr, Sr.ª = Frau, Fräulein; große Buchstaben mit Punkt: S.A. = AG, T.S.F. = drahtlose Telegrafie	Am Satzanfang, bei Namen verschiedenster Art, Titeln, religiösen Begriffen und Anredefürwörtern.

Anführungszeichen	Zahlen	Datum
4	5	6
»...«	2,458.500 (Millionen werden durch Komma, Tausender durch Punkt getrennt); 3,14 (Komma beim Dezimalbruch); 1., 2. (Ordnungszahlen meist mit Punkt, der aber bei Aneinanderreihungen zugunsten eines Kommas wegfällt: 1, 2, 3. i 4.)	Es gibt lateinische und slawische Monatsnamen, z. B.: srijeda, 4. jun 2001, oder 4. lipnja 2001; 4. VI 2001 (römische Ziffer ohne Punkt); Zagreb, 4. jun 2001
Nur gelegentlich und auf deutsche Weise.	I = 1, V = 5, X = 10, L = 50, C = 100, D = 500, M = 1000, XL = 40, XC = 90, XCI = 91	Haupttage waren die Kalendae (Calendae), Nonae und Idus.
„...“; auch ”...” und beide Formen manchmal einfach: ‚...’ oder ’...’	2 458 500 oder 2.458.500 (Zwischenräume oder Punkte); 3,14 (Komma beim Dezimalbruch); 1., 2. oder 1e, 2e (Ordnungszahlen)	Amsterdam, 1 februari 2001; woensdag 4 juni 2001 (Großschreibung kommt auch vor); 4-6-2001
«...»	2 458 500 (Zwischenräume, auch Kommas, Punkte); 3,14 (Komma beim Dezimalbruch); 1., 2. (Ordnungszahl)	Oslo, 4. juni 2001, Kurzform: 4/6–01; onsdag 4. juni 2001
„...“ oder „...” oder »...«	2 458 500 (Zwischenräume, manchmal auch Punkte); 3,14 (Komma beim Dezimalbruch); 1., 2., 1), 2) (Ordnungszahlen bei Aufzählungen mit Punkt oder auch Klammer, sonst einfache Ziffer)	środa 4 czerwca 2001 roku; Abk.: r. = roku (Jahres); 4. VI. 2001 r.; 4 bm. = 4. d. M.
«...» oder (besonders bei größeren Schriftgraden) “...”	2.458.500 (Punkte, auch Zwischenräume); 3,14 (Komma beim Dezimalbruch); 1.°, 2.° (männl.), 1.ª, 2.ª (weibl.), bei Absatzanfängen oft nur 1., 2. oder 1°, 2°	Sonntag (domingo) ist der 1. Tag, Montag bis Freitag heißen 2. bis 6. Tag, z. B.: terça-feira oder 3.ª-feira = Dienstag. Monatsnamen groß: Lisboa, 3 de Junho de 2001; 3-6-2001

Sprache	Maße und Gewichte	Preisangaben	Anschrift
1	7	8	9
Kroatisch	centimetar oder santimetar (cm), kvadratni metar (m^2), kubični metar (m^3), kilogram (kg), hektolitar (hl)	1 dinar = 100 para; 20 dinara; Abkürzung d oder din und p; cijena 6,50 dinara	Vlaška ulica 15 (41000 Zagreb; ulica (= Gasse, Straße) wird ul. abgekürzt oder meist ganz weggelassen.
Lateinisch	digitus (= Finger), pes (= Fuß), congius, as oder libra usw.	1 sestertius = 2$\frac{1}{2}$ asses, 4 sestertii = 1 denarius	Nicht verwendbar.
Nieder-ländisch	centimeter (cm), vierkante meter (m^2), kubieke meter (m^3), kilogram (kg), hectoliter (hl)	Vor dem 1. 1. 2002: 1 gulden = 100 cent; Abkürzung *f* und c; prijs *f* 6,50 (auch: *f* 6.50)	Singel 450, NL-1017 AV Amsterdam
Norwegisch	centimeter (cm), kvadrat-meter (m^2), kubikkmeter (m^3), kilogram (kg), hektoliter (hl)	1 krone = 100 øre; 20 kroner; pris kr. 6,50 oder 6 kr. 50	Nedre Slottsgate 2 N-1000 Oslo 1
Polnisch	centymetr (cm), kwadratowy metr (m^2), kubiczny metr (m^3), kilogram (kg), hek-tolitr (hl)	1 złoty = 100 groszy (Einzahl grosz); Abkürzung zł und gr; 20 złotych; cena 6,50 zł	PL-0065 Warszawa, ulica Królewka 5; ulica (= Straße) wird meist ul. abgekürzt oder manchmal auch weggelassen.
Portugiesisch	centímetro (cm), metro quadrado (m^2), metro cúbico (m^3), quilograma (kg), hectolitro (hl)	Vor dem 1. 1. 2002: 1 escudo = 100 centavos; Abkürzung esc. und cts.; 20\$00 (80\$ = 80 esc., \$80 = 80 cts.); preço 6\$50. Brasilianisch: 1 cruzeiro = 100 centavos; Cr\$6,50	Rua da Vitória, 10 P-1000 Lisboa

Silbentrennung	Zeichensetzung
10	11
Ein einzelner Konsonant gehört zur folgenden Silbe; zwischen mehreren Konsonanten kann oft beliebig getrennt werden; jedoch sind die Wortzusammensetzung und Vor- und Nachsilben ausschlaggebend. Meistens treten s, š, z und ž zur folgenden Silbe und ziehen j, l, lj, r und v den vorhergehenden Konsonanten mit zur folgenden Silbe; lj, nj und dž gehören gewöhnlich zusammen.	Sie ähnelt der deutschen; der Gedankenstrich wird vielfach beim Dialog an den Absatzanfängen gesetzt.
Vokale bei getrennter Aussprache; b, p, d, t, g c, f mit l oder r bleiben zusammen, ebenso ch, ph, gn, sp und st. Vorsilben werden abgetrennt.	Sie ähnelt jetzt der deutschen, aber gemäß dem lateinischen Satzbau.
Diphthonge und gleichartige Schreibungen gehören zusammen, z. B. aai, eeuw, ij, oei; sonst werden Vor- und Nachsilben und Wortzusammensetzungen gemäß den Bestandteilen getrennt, ähnlich wie im Deutschen.	Keine wesentlichen Abweichungen vom deutschen Gebrauch.
Ein einzelner Konsonant oder von mehreren Konsonanten der letzte tritt zur folgenden Silbe; jedoch bleiben kj, sk, skj und die Diphthonge zusammen. Maßgebend sind Vor- und Nachsilben und die Wortzusammensetzung: god-het, mann-skap, sta-sjon.	Keine wesentlichen Abweichungen vom deutschen Gebrauch.
Ein einzelner Konsonant gehört zur folgenden Silbe; zwischen mehreren Konsonanten kann oft beliebig getrennt werden; doch ch, cz, dz, dź, dż, rz, sz gehören immer zusammen. Maßgebend sind auch Wortzusammensetzung und Vor- und Nachsilben. Vokale sind nur bei getrennter Aussprache trennbar. Die Präpositionen w und z sollen nicht am Zeilenende stehen.	Sie ähnelt der deutschen; der Gedankenstrich wird vielfach beim Dialog an den Absatzanfängen gesetzt.
Die zahlreichen Diphthonge sind nicht trennbar; ein einzelner Konsonant gehört zur folgenden Silbe, von zwei oder mehr Konsonanten der zweite (auch st wird getrennt); dabei bleiben jedoch ch, lh, nh und ps sowie b, p, d, t, g, c, v und f mit l oder r zusammen.	Sie ähnelt der deutschen; der Gedankenstrich wird vielfach beim Dialog an den Absatzanfängen gesetzt; hinter der Briefanrede steht ein Doppelpunkt.

Sprache	Abkürzungen	Großschreibung
1	2	3
Rumänisch	Mit Punkt: cca. = etwa, d.e., de ex. = z. B., dr. = Dr., nr. = Nr.; auch mit Endung ohne Punkt: d-ta = Sie, D-na = Frau	Am Satzanfang, bei Eigennamen, Institutionen, geschichtlichen Ereignissen u. dgl.
Schwedisch	Mit Punkt, sofern nicht der letzte Buchstabe vorhanden ist (dieser wird auch durch Doppelpunkt getrennt): dvs. = d. h.; osv. = usw., t. ex. = z. B., dr, d:r = Dr., jfr = vgl., tel., tfn = Telefon; große Buchstaben meist ohne Punkt: FN = UN	Am Satzanfang, bei Namen, Titeln, Institutionen, Anredefürwörtern der 2. Person (Du; Ni = Sie; Eder = Ihnen, Sie, Ihr).
Spanisch	Mit Punkt, manchmal zusätzlich hochgestellte Endung: D. = don (Herr), D.ª = doña (Frau), núm., n.° = Nr., p.e. = z. B., Sr. = señor (Herr), Sra. = señora (Frau), V., Vd., Ud. = Sie; große Buchstaben mit oder ohne Punkt: EE.UU. = Ver. St. v. A., O.N.U., ONU = UNO	Am Satzanfang, bei Eigennamen, Titeln, Institutionen, religiösen Begriffen u. dgl., manchmal auch bei hervorgehobenen Wörtern in Überschriften.
Tschechisch	Mit Punkt: atd. = usw., č., čís. = Nr., dr. = Dr., tj. = d. i., tzv. = sog.; große Buchstaben ohne Punkt: OSN = UNO	Am Satzanfang, bei Eigennamen verschiedenster Art, Titeln, Institutionen, religiösen Begriffen, Anredefürwörtern; bei mehrteiligen Namen wird oft nur eins der Wörter großgeschrieben, z. B. entweder Substantiv oder Adjektiv.
Türkisch	Mit Punkt: bk. = siehe, ilh. = usw., msl. = z. B., No. = Nr., v. s. = und andere; große Buchstaben kommen mit und ohne Punkt vor, z. B.: A. Ş. = AG	Am Satzanfang, bei Namen verschiedenster Art, Institutionen u. dgl.

Anführungszeichen	Zahlen	Datum
4	5	6
„...“ oder «...»	2 458 500 (Zwischenräume); 3,14 (Komma beim Dezimalbruch); 1., 2. oder 1, 2-a, 3-a (Ordnungszahlen meist mit der Endung -a von Ziffer 2 an)	miercuri 4 iunie 2001; 4. VI. 2001 oder 4. 6. a. c. (= lfd. J.)
»...» oder ”...”	2 458 500 (Zwischenräume oder auch Punkte); 3,14 (Komma beim Dezimalbruch); 1:a, 2:a (männl. auch 1:e, 2:e), dann 3:e usw. (Ordnungszahl ohne Punkt oder mit Endung, bei Absatzanfängen auch 1., 2.); Gustav VI Adolf (ohne Punkt)	Göteborg, 4 juni 2001; onsdag den 4 juni 2001; 4. 6. 2001; ds = d. M.
«...», auch “...” (besonders bei großen Schriftgraden oder für Anführungen innerhalb einer Anführung)	2.458.500 (Punkte, außer bei Jahreszahlen, Telefonnummern u. dgl.); 3,14 (Komma beim Dezimalbruch); 1.°, 2.° (männl.), 1.ª, 2.ª (weibl.) (Ordnungszahl bei Absatzanfängen auch nur 1., 2. oder 1°, 2°); Felipe II (ohne Punkt)	Madrid, 25 de julio de 2001; miércoles 4 de junio de 2001; del cte. = lfd. M. Jahreszahl auch häufig noch: 2.001.
„...“ oder »...« für Anführungen innerhalb einer Anführung: ‚...‘	2 458 500 (Zwischenräume); 3,14 (Komma beim Dezimalbruch); 1., 2. (Ordnungszahl mit Punkt); Jindřich VIII. (mit Punkt)	Praha, dne 4. června 2001 (mit Komma); ve středu dne 4. června 2001 (am Mittwoch des Tages 4. Juni 2001) oder středu 4. června 2001; 4. 6. 2001 oder 4. VI. 2001; t. r. = d. J.
«...», auch “...„ (besonders bei größeren Schriftgraden)	2.458.500 (Punkte); 3,14 (Komma beim Dezimalbruch); 1 inci, 2 nci, 3 üncü, 4 düncü, 5 inci (verschiedene Endungen; bei Absatzanfängen oft 1–, 2– oder 1), 2) oder 1. 2. usw.)	4 Haziran 2001 Çarşamba (4. Juni 2001 Mittwoch); 4. 6. 2001 (gelegentlich so gekürzt: 4. 6. 001)

Sprache	Maße und Gewichte	Preisangaben	Anschrift
1	7	8	9
Rumänisch	metru (m), Pl.: metri; centimetru (cm), metru pătrat (m^2), metru cub (m^3), kilogram (kg), hectolitru (hl)	1 leu = 100 bani (zuletzt ohne Bedeutung) (Mehrzahl lei, Einzahl banu); preţul lei 6,50	R-7000 Bucureşti stradă I. C. Frimu 11; bd. = bulevard, str. = stradă (Straße)
Schwedisch	centimeter (cm), kvadratmeter (m^2), kubikmeter (m^3), kilogram (kg), hektoliter (hl)	1 krona = 100 öre; Abkürzung kr. oder kr; 20 kronor; pris kr. 6:50 oder 6:50 kronor	Drottninggatan 40 S-111 451 Stockholm
Spanisch	centímetro (cm), metro cuadrado (m^2), metro cúbico (m^3), kilogramo (kg), hectolitro (hl). Oft noch Abkürzungen wie Km., Hl. und cms., kgs. (Mehrzahl)	Vor dem 1. 1. 2002: 1 peseta = 100 céntimos; Abkürzung pta., ptas., ct., cts.; precio: 6,50 pesetas (in Mittel- und Südamerika unterschiedliche Währungen)	Calle del General Ricardos, 90 Madrid–19; Calle del (= Straße des) wird C. abgekürzt oder meist ganz weggelassen; Av. = Avenida (= Allee)
Tschechisch	centimetr (cm), čtvereční metr (m^2), krychlový metr (m^3), kilogram (kg), hektolitr (hl)	1 koruna = 100 haléřů (Einzahl haléř); Abkürzung Kčs und h; cena 6,50 Kčs	Divadelní ulice 24 Praha 1 (im Allgemeinen geht der Ortsname voran); ulice (= Gasse, Straße) wird ul. abgekürzt oder oft ganz weggelassen; náměstí (nám.) = Platz
Türkisch	santimetre (cm), metre murabbaı (m^2), metre mikâbı (m^3), kilogram (kg), hektolitre (hl)	1 lira = 100 kuruş; Abkürzung T. L. (Türk Lirası) und krş; 20 T. L.; fiatı 6,50 Liradır (Preis 6,50 Lira)	Çankırı Caddesi 2 Ankara; Abkürzung Cad. = Cadde (Straße), Sok. = Sokak (Gasse)

Silbentrennung	Zeichensetzung
10	11
Untrennbar sind die zahlreichen Di- und Triphthonge; ein einzelner Konsonant gehört zur folgenden Silbe, von mehreren Konsonanten der letzte; dabei bleiben b, p, d, t, g, c, v und f mit l oder r zusammen und werden ct, cţ und pt immer getrennt. Auch Vor- und Nachsilben werden abgetrennt. Am Wortende stehendes i bildet keine abtrennbare Silbe.	Sie ähnelt der deutschen; jedoch kein Komma vor Relativsätzen (că, să = dass); Dialoge mit Gedankenstrich an den Absatzanfängen beim Gesprächswechsel. Die drei Auslassungspunkte stehen dicht nebeneinander: ...
Ein einzelner Konsonant tritt zur folgenden Silbe, von mehreren Konsonanten der letzte; st wird getrennt; gewöhnlich bleiben ng und x bei der vorhergehenden und sk und sch treten zur folgenden Silbe. Maßgebend sind Vor- und Nachsilben und die Wortzusammensetzung: längd-snitt, tavel-ut-ställ-ning. Ein ausgefallener dritter Konsonant tritt wieder ein.	Sie ähnelt der deutschen; der Gedankenstrich wird vielfach beim Dialog an den Absatzanfängen gesetzt.
Vokale bleiben meist zusammen (Diphthonge); ein einzelner Konsonant gehört zur folgenden Silbe; von mehreren Konsonanten bleibt der erste bei der vorhergehenden Silbe, gegebenenfalls noch s, weil s stets vom folgenden Konsonanten getrennt wird; b, p, d, t, g, c, v und f bleiben mit l oder r zusammen; ebenso stehen immer ch, ll und rr gemeinsam am Silbenanfang: ins-tru-men-to, cue-llo, sie-rra.	Das Komma steht nicht vor Relativsätzen (que = dass, si = ob, wenn). Wichtig sind die am Beginn der Frage bzw. des Ausrufs auf dem Kopf stehenden Frage- und Ausrufezeichen (am Schluss befinden sich die gewöhnlichen Zeichen). Sehr häufig wird der Gedankenstrich an den Absatzanfängen beim Dialog verwendet (ohne Zwischenraum).
Ein einzelner Konsonant gehört zur folgenden Silbe; zwischen mehreren Konsonanten kann oft verschieden getrennt werden; doch treten meistens ch, sk, šk, sl, šl, st, št, dz, dž gemeinsam zur folgenden Silbe. Maßgebend sind Vor- und Nachsilben und die Wortzusammensetzung. Diphthonge bleiben zusammen. Auch l und r können silbenbildend sein. Die Präpositionen k, s, v und z sollen nicht am Zeilenende stehen.	Keine wesentlichen Abweichungen vom deutschen Gebrauch.
Ein einzelner Konsonant gehört zur folgenden Silbe, von mehreren Konsonanten der letzte. Die Buchstaben h und y sind Konsonanten; auch l und r werden vom vorhergehenden Konsonanten getrennt.	Die im Deutschen gebräuchlichen Formen, aber nach Maßgabe des ganz anderen Satzbaues.

Sprache	Abkürzungen	Großschreibung
1	2	3
Ungarisch	Mit Punkt: ill. = bzw., pl. = z. B., stb. = usw., sz. = Nr., ti. = d. h., vö. = vgl.; große Buchstaben ohne Punkt: ENSZ = UNO	Am Satzanfang, bei Eigennamen, Titeln, Institutionen und Anredefürwörtern; bei mehrteiligen Titeln wird oft nur das erste Wort großgeschrieben.
Griechisch	Altgr.: κ.τ.λ. = usw.; ngr.: αϱιϑ. = Nr., βλ. = siehe, ελλ. = griechisch, κ. = Herr, κτλ., κλπ. = usw., λ.χ. = z. B.; große Buchstaben mit oder ohne Punkt	Altgr.: ursprünglich nur große Buchstaben, jetzt am Satzanfang, bei Eigennamen u. dgl.; ngr.: am Satzanfang, bei Namen von Personen, Orten usw., Titeln und Institutionen.
Russisch	д-р = Dr., им. = genannt, namens, и др., и пр. = u. a. m., и т.д. = usw., напр. = z. B., № = Nr., т.е. = d. h., тов. = Genosse; große Buchstaben ohne Punkt: ООН = UNO, ТОО = GmbH	Am Satzanfang, auch am Anfang der direkten Rede und der Verszeilen, bei Eigennamen, geographischen Namen, Himmelskörpern, Institutionen, geschichtlichen Ereignissen, Werken der Kunst und Literatur u. dgl.; bei mehrteiligen Bezeichnungen unterschiedlich Großschreibung des ersten Wortes, des Substantivs oder des Adjektivs.
Serbisch	Mit Punkt: и др. = und andere, итд. = usw., нпр. = z. B., тј. = d. h.; ohne Punkt, wenn der Schlussbuchstabe vorhanden ist: др = Dr.; große Buchstaben ohne Punkt: УНЕСКО = UNESCO	Am Satzanfang, bei Eigennamen, geographischen Namen, Institutionen u. dgl., teilweise auch bei den von Namen abgeleiteten Adjektiven.

Anführungszeichen	Zahlen	Datum
4	5	6
„...“, auch »...« (besonders für Anführungen innerhalb einer Anführung)	2 458 500 (Zwischenräume); 3,14 (Komma beim Dezimalbruch); 1., 2. (Ordnungszahl sonst auch mit den verschiedensten Endungen, durch Bindestrich verbunden)	2001. június 4., szerda (Jahr, Monat, Tag, Wochentag); 2001. VI. 4.; f. h. oder f. hó = lfd. M., f. é. oder f. év = lfd. J.
Ngr.: «...», auch “...„ besonders bei großen Schriftgraden)	Altgr.: Buchstaben mit beigesetztem Strich, z. B. α′ = 1, β′ = 2, γ′ = 3, ngr.: 2.458.500 (Punkte); 3,14 (meistens Komma beim Dezimalbruch); 1ον, 2ον, auch 1., 2. oder 1), 2)	Ngr.: Κυριακή, 7 Σεπτεμβρίου 2001; 7-9-00 oder 7)9)2001
«...», auch „...“ (besonders bei Anführungen innerhalb einer Anführung)	2.458.500 (Punkte); 3,14 (Komma beim Dezimalbruch); 1-й, 2-й (Ordnungszahlen mit angehängter Endung oder wie die Grundzahl, ohne Punkt); 1., 2., 3. (= erstens, zweitens, drittens)	воскресенье, 7 сентября 2001 года (Sonntag, 7. des September des 2001 Jahres); Abkürzung г. = года
„...“ oder »...«	2.458.500 (Millionen werden durch Komma, Tausender durch Punkt getrennt); 3,14 (Komma beim Dezimalbruch); 1., 2. (Ordnungszahlen meist mit Punkt, der aber bei Aneinanderreihungen wegfällt: 1, 2, 3. и 4.)	недеља, 7. септембар 2001. године (meist: септембра); године (des Jahres) wird oft год. abgekürzt und kann auch weggelassen werden; 7. IX 2001 (römische Ziffer ohne Punkt)

Sprache	Maße und Gewichte	Preisangaben	Anschrift
1	7	8	9
Ungarisch	centiméter (cm), négyzetméter (m^2), köbméter (m^3), kilogramm (kg), hektoliter (hl)	1 forint = 100 fillér; Abkürzung Ft und f; 20 forint; ára 6,50 Ft	H-1074 Budapest Rákóczi utca 16; Abkürzung u. = Straße; manchmal auch: Bp. = Budapest
Griechisch	Altgr. z. B.: πῆχυς, στάδιον, δράμι, ὀκά; ngr.: ἑκατοστόμετρον (εκ. = cm), τετραγωνικόν μέτρον ($μ^2$), κυβικόν μέτρον (κ. μ., $μ^3$), χιλιόγραμμο (= kg), εκατόλιτρα (= hl)	Altgr. z. B.: λεπτόν, ὀβολός; Vor dem 1. 1. 2002: ngr.: 1 δραχμή = 100 λεπτά (Einz. λεπτόν); Abk. δρ. und λ.; 20 δραχμαί; τιμή δρ. 6,50	GR-Athens 8, Timoleontos Vassou Ngr.: Οδός Σοφοκλέους 5 Αθήναι; οδός (= Straße) wird oft weggelassen.
Russisch	сантиметр (см), квадратный метр ($м^2$), кубометр ($м^3$), килограмм (кг), гектолитр (гл)	1 рубль (Rubel) = 100 копеек (Einz. копейка); Abk. р., руб. und к., коп.; 20 рублей; цена 6,50 рублей	Москва, А-47 улица «Правды», 24, oder: город Москва Пушкинская площадь, дом 2, квартира 4; Abk. г. = Stadt, пл. = Platz, ул. = Straße, д. = Haus, кв. = Wohnung
Serbisch	сантиметар (см), четворни (oder квадратни) метар ($м^2$), кубични метар ($м^3$), килограм (кг), хектолитар (хл)	1 динар = 100 пара; Abk. д, дин und п; 20 динара; цена 6,50 динара	Београд улица Тургењевљева број 10 11000; улица (= Gasse, Straße) wird ул. abgekürzt oder meist ganz weggelassen; auch број (= Nummer) wird бр. abgekürzt oder ganz weggelassen.

Silbentrennung	Zeichensetzung
10	11
Ein einzelner Konsonant gehört zur folgenden Silbe, von mehreren Konsonanten der letzte. Dabei rechnen cs, dz, dzs, gy, ly, ny, sz, ty und zs als ein Konsonant; ihre verkürzte Doppelschreibung wird bei der Trennung wieder doppelt geschrieben: össze = ösz-sze. Auch l und r sind vom vorhergehenden Konsonanten trennbar; ebenfalls nebeneinander stehende Vokale. Wortzusammensetzungen werden nach ihren Bestandteilen getrennt.	Die im Deutschen gebräuchlichen Formen, aber nach Maßgabe des ganz anderen Satzbaues; Gedankenstrich vielfach beim Dialog an den Absatzanfängen.
Ein einzelner Konsonant tritt zur folgenden Silbe; mehrere Konsonanten treten zusammen zur folgenden Silbe, wenn mit ihnen ein griechisches Wort beginnen kann (βδ, τμ, κτ, μν, πτ, φϑ, χϑ, σβ, σπ, στ usw., β, π, φ, γ, κ, χ, δ, τ, ϑ mit λ, ν, ρ); Doppelkonsonanten werden getrennt, aber nicht Vokale (sie bezeichnen oft nur einen Laut). Zusammengesetzte Wörter werden nach ihren Bestandteilen getrennt.	Das Fragezeichen hat die Form des Semikolons (; = Fragezeichen) und das Semikolon besteht aus dem oben stehenden Punkt (· = Semikolon); die übrigen Satzzeichen gleichen den deutschen. Oft steht beim Dialog der Gedankenstrich am Anfang der Absätze (anstatt Anführungszeichen).
Ein einzelner Konsonant tritt zur folgenden Silbe; Doppelkonsonanten, die zwischen Vokalen stehen, werden getrennt; bei mehreren Konsonanten gibt es oft verschiedene Trennmöglichkeiten. Die Buchstaben ъ, ь und й gehören stets zur vorhergehenden Silbe. Zusammensetzungen werden nach ihren Bestandteilen getrennt.	Keine wesentlichen Unterschiede vom deutschen Gebrauch; der Gedankenstrich wird vielfach beim Dialog an den Absatzanfängen gesetzt.
Ein einzelner Konsonant gehört zur folgenden Silbe; zwischen mehreren Konsonanten kann oft beliebig getrennt werden. Meistens treten с, ш, з und ж zur folgenden Silbe und ziehen j, л, љ, р und в den vorhergehenden Konsonanten mit zur folgenden Silbe. Maßgebend sind auch die Wortzusammensetzung und Vor- und Nachsilben. Der Buchstabe р kann silbenbildend sein.	Sie ähnelt der deutschen; der Gedankenstrich wird vielfach beim Dialog an den Absatzanfängen gesetzt.

DIN- und ISO-Normen

Die folgende Auflistung von nationalen (DIN[1]) und internationalen (ISO[2]) Normen nennt die wichtigsten Normen zu den Gebieten Dokumentation und Publikation.

Zusätzlich zu den einzelnen Normen gibt es für bestimmte Themengebiete eine Zusammenstellung der jeweils einschlägigen Normen (z. B. für Dissertationen oder Übersetzungen). Diese DIN-Publikationen stehen am Ende der Auflistung.

Nummer	Ausgabedatum	Bezeichnung
DIN ISO 128	Aug. 2001	Technische Zeichnungen – Allgemeine Grundlagen der Darstellung Teil 1: Einleitung und Stichwortverzeichnis
DIN 461	März 1973	Graphische Darstellung in Koordinatensystemen
DIN 476	Febr. 1991	Papier-Endformate
DIN 1301	Dez. 1993	Teil 1: Einheiten; Einheitennamen, Einheitenzeichen (außerdem DIN 1301, Teil 1, Beiblatt 1, Teil 2 und Teil 3)
DIN 1302	Dez. 1999	Allgemeine mathematische Zeichen und Begriffe
DIN 1303	März 1987	Vektoren, Matrizen, Tensoren; Zeichen und Begriffe
DIN 1304	März 1994	Allgemeine Formelzeichen (außerdem DIN 1304, Teil 2–9)
DIN 1313	Dez. 1998	Größen
DIN 1338	Aug. 1996	Formelschreibweise und Formelsatz (außerdem Beiblatt 1–3)
DIN 1345	Dez. 1993	Thermodynamik; Grundbegriffe
DIN 1421	Jan. 1983	Gliederung und Benummerung in Texten; Abschnitte, Absätze, Aufzählungen
DIN 1422	Febr. 1983	Teil 1: Veröffentlichungen aus Wissenschaft, Technik, Wirtschaft und Verwaltung; Gestaltung von Manuskripten und Typoskripten (außerdemTeil 2–4)
DIN 1426	Okt. 1988	Inhaltsangaben von Dokumenten; Kurzreferate, Literaturberichte
DIN 1450	Juli 1993	Schriften; Leserlichkeit
DIN 1451	Okt. 1998	Teil 1: Schriften; Serifenlose Linear-Antiqua; Allgemeines (außerdem Teil 2, Teil 3 mit Beiblatt 1–4 und Teil 4)
DIN E[3] 1505	März 1978	Beiblatt 1: Titelangaben von Schrifttum; Abkürzungen

1 DIN = Deutsches Institut für Normung
2 ISO = International Organization for Standardization
3 E = Entwurf

Nummer	Ausgabedatum	Bezeichnung
DIN V[1] 1505	Mai 1984	Teil 1: Titelangaben von Dokumenten; Titelaufnahmen von Schrifttum
DIN 1505	Jan. 1984	Teil 2: Zitierregeln
DIN 1505	Dez. 1995	Teil 3: Verzeichnisse zitierter Dokumente (Literaturverzeichnisse)
DIN V[1] 1505	Juni 1998	Teil 4: Titelaufnahmen von audio-visuellen Materialien
DIN 2107	Jan. 1986	Büro- und Datentechnik; Schriftfamilien für Maschinen der Textverarbeitung
DIN ISO 2108	Dez. 1994	Information und Dokumention – Internationale Standard-Buchnummer (ISBN)
DIN 2330	Dez. 1993	Begriffe und Benennungen; Allgemeine Grundsätze
DIN 2340	Dez. 1987	Kurzformen für Benennungen und Namen; Bilden von Abkürzungen und Ersatzkürzungen; Begriffe und Regeln
DIN ISO 3297	Febr. 2000	Information und Dokumentation – Internationale Standardnummer für fortlaufende Sammelwerke (ISSN)
DIN 5007	April 1991	Ordnen von Schriftzeichenfolgen (ABC-Regeln)
DIN 5007	Mai 1996	Teil 2: Ansetzungsregeln für die alphabetische Ordnung von Namen
DIN 5008	Nov. 2001	Schreib- und Gestaltungsregeln für die Textverarbeitung
DIN 5478	Okt. 1973	Maßstäbe in graphischen Darstellungen
DIN 5485	Aug. 1986	Benennungsgrundsätze für physikalische Größen; Wortzusammensetzungen mit Eigenschafts- und Grundwörtern
DIN 6763	Dez. 1985	Nummerung; Grundbegriffe
DIN 6789	Sept. 1990	Teil 1: Dokumentationssystematik; Aufbau technischer Produktinformation
DIN ISO 10209	Dez. 1994	Technische Produktdokumentation; Begriffe
DIN ISO 16016	Mai 2002	Technische Produktdokumentation; Schutzvermerke zur Beschränkung der Nutzung von Dokumenten und Produkten
DIN 16500	Febr. 1979	Drucktechnik; Grundbegriffe
DIN 16507	Sept. 1998	Teil 1: Bleisatz und verwandte Techniken
DIN 16507	Mai 1999	Teil 2: Digitaler Satz und verwandte Techniken
DIN 16511	Jan. 1966	Korrekturzeichen
DIN 16518	Aug. 1964	Klassifikation der Schriften

1 V = Vornorm

Nummer	Ausgabedatum	Bezeichnung
DIN E 16518	Sept. 1998	Klassifikation der Schriften
DIN 16521	März 1999	Drucktechnik – Linien in der Satzherstellung – Maße
DIN 16549	Nov. 1996	Teil 1: Korrekturzeichen für Bild und ergänzende Angaben
DIN EN[1] 28601	Febr. 1993	Darstellung von Datum und Uhrzeit
DIN 31623	Sept. 1988	Indexierung zur inhaltlichen Erschließung von Dokumenten
DIN 31630	Juni 1988	Registererstellung; Begriffe, formale Gestaltung von gedruckten Registern
DIN 31638	Aug. 1994	Bibliographische Ordnungsregeln
DIN 55301	Sept. 1978	Gestaltung statistischer Tabellen
DIN 66030	Mai 2002	Informationstechnik; Darstellung von Einheitennamen in Systemen mit beschränktem Schriftzeichenvorrat
DIN 69901	Aug. 1987	Projektwirtschaft; Projektmanagement; Begriffe
ISO 4	Dez. 1997	Regeln für das Kürzen von Wörtern in Titeln und für das Kürzen der Titel von Veröffentlichungen
ISO 31	1992	Größen und Einheiten (Teil 0–4)
ISO 128		Technical drawings, general principles of presentation (vgl. DIN ISO 128)
ISO 690	Aug. 1987	Titelangaben; Inhalt, Form und Gestaltung
ISO 690	Nov. 1997	Teil 2: Titelangaben – Elektronische Dokumente oder deren Teile
ISO 999	Nov. 1996	Richtlinien für den Inhalt, den Aufbau und die Darstellung von Registern
ISO 1086	Aug. 1991	Titelblätter von Büchern
ISO 2108		Information and documentation, international standard book numbering (ISBN; vgl. DIN ISO 2108)
ISO 2145	Dez. 1978	Nummerierung von Abschnitten und Unterabschnitten in Schriftstücken
ISO 3297	Nov. 1998	Documentation, international standard serial numbering (ISSN; vgl. DIN ISO 3297)
ISO 5122	Juni 1979	Seiten mit Kurzfassungen (bibliographische Angaben) in fortlaufenden Sammelwerken
ISO 5776	Dez. 1983	Graphische Technologie; Symbole für die Textkorrektur (E/F/R)
ISO 6357	Dez. 1985	Titel auf Rücken von Büchern und anderen Publikationen

1 EN = Europäische Norm

Nummer	Ausgabedatum	Bezeichnung
ISO 8879	Okt. 1986	Text- und Bürosysteme; Verallgemeinerte normalisierte Erweiterungssprache (SGML; außerdem Korrektur 1 und 2)
ISO/IEC[1] 10646-1	Sept. 2000	Universeller Mehrfach-8-bit-codierter Zeichensatz Teil 1: Architektur und mehrsprachige Tabelle (UNICODE)
ISO/IEC 15445	Mai 2000	Dokumentbeschreibungs- und Prozesssprache – Hypertext-Beschreibungssprache (HTML)

Baxmann-Krafft, Eva-Maria/Herzog, Gottfried: Normen für Übersetzer und technische Autoren. Berlin: Beuth, 1999.

Präsentationstechnik für Dissertationen und wissenschaftliche Arbeiten. Berlin: Beuth, 2. Aufl. 2000

DIN-Taschenbuch 22: Einheiten und Begriffe für physikalische Größen. Berlin: Beuth, 1999

DIN-Taschenbuch 202. Formelzeichen, Formelsatz, mathematische Zeichen und Begriffe. Berlin: Beuth, 1994

DIN-Taschenbuch 343: Bibliotheks- und Dokumentationswesen. Berlin: Beuth, 2002

DIN-Taschenbuch 153: Publikation und Dokumentation 1. Gestaltung von Veröffentlichungen; Terminologische Grundsätze; Drucktechnik; Alterungsbeständigkeit von Datenträgern. Berlin: Beuth, 1996

DIN-Taschenbuch 154: Publikation und Dokumentation 2. Erschließung von Dokumenten; DV-Anwendungen in Information und Dokumentation; Reprographie, Photographie; Mikrofilmtechnik; Bibliotheks- und Verlagsstatistik. Berlin: Beuth, 1996

1 IEC = International Electrotechnical Commission

Literatur

Allgemeine Fachzeitschriften

Börsenblatt des Deutschen Buchhandels, hrsg. vom Börsenverein des deutschen Buchhandels, Frankfurt am Main. Erscheint 2mal wöchentlich. http://www.boersenblatt.net

Buchmarkt, hrsg. v. Christian von Zittwitz. Werner Verlag, Düsseldorf. Erscheint einmal monatlich. http://www.buchmarkt.de

Buchreport, hrsg. v. Bodo Harenberg, Harenberg Kommunikation Verlags- und Medien-GmbH & Co. KG, Dortmund, erscheint als Magazin einmal monatlich. http://www.buchreport.de

Allgemeine Literatur

Breyer-Mayländer, Thomas u.a.: Wirtschaftsunternehmen Verlag. Frankfurt am Main, Bramann, 2000

Duden – Die deutsche Rechtschreibung. 22. Aufl. Mannheim, Dudenverlag, 2000

Duden – Die englische Rechtschreibung. Mannheim, Dudenverlag, 2001

Duden – Komma, Punkt und alle anderen Satzzeichen. 5. Aufl. Mannheim, Dudenverlag, 2002

Duden – Die schriftliche Arbeit. 3. Aufl. Mannheim, Dudenverlag, 2000

Duden – Praxiswörterbuch zur neuen Rechtschreibung. Mannheim, Dudenverlag, 1998

Duden – Wie verfasst man wissenschaftliche Arbeiten? Mannheim, Dudenverlag, 2003

Duden – Wörterbuch der Abkürzungen. 4. Aufl. Mannheim, Dudenverlag, 1999

Friedrich, Christoph: Schriftliche Arbeiten im technisch-naturwissenschaftlichen Studium. Mannheim, Dudenverlag, 1997

Frieling, Wilhelm R.: Wörterbuch der Verlagssprache. 4. Aufl. Berlin, Frieling, 2001

Groothuis, Rainer: Wie kommen die Bücher auf die Erde? Über Verleger, Autoren, Hersteller, Verkäufer und Gestalter, die Kalkulation und den Ladenpreis, das schöne Buch und Artverwandtes. Köln, DuMont, 2000

Kautter, Frank / Kraeft, Jochen: Kleines Verlagslexikon. Die wichtigsten Begriffe aus den Bereichen Anzeigen, Herstellung, Vertrieb und Werbung. Itzehoe, Verlag Beruf + Schule, 1995

Kühner, Anja / Sturm, Thilo: Das Medien-Lexikon. Fachbegriffe von A–Z aus Print, Radio, TV und Internet. 2. Aufl. Landsberg am Lech, Verlag Moderne Industrie, 2001

Mendlewitsch, Doris: Rund ums Buch. Ein Leitfaden für Autoren und Leser. 3. Aufl. Münster, Daedalus, 2001

Pitzer, Sissi: Stichwort Neue Medien. München, Heyne, 1995

Rautenberg, Ursula / Wetzel, Dirk: Buch. Tübingen, Niemeyer, 2001

Rehm, Margarete: Lexikon Buch, Bibliothek, Neue Medien. München, Saur, 1991

Urheber- und Verlagsrecht. 9. Aufl. München, dtv, 2002

Verlagslexikon, hrsg. v. Klaus-W. Bramann u. Ralf Plenz. Frankfurt am Main, Bramann Verlag, 2002

Vogel, Peter: DTP-Lexikon für die Praxis. Niedernhausen/Ts., Falken, 1993

Kapitel 1

Die Ablauforganisation

Backerra, Hendrik u.a.: Kreativitätstechniken. Kreative Prozesse anstoßen, Innovationen fördern. Die K 7. 2. Aufl. München, Hanser, 2002

Baumgartner, Irene u. a.: OE-Prozesse: Die Prinzipien systemischer Organisationsentwicklung. 6. Aufl. Bern, Haupt, 2000

Hungenberg, Harald: Strategisches Management in Unternehmen. Ziele, Prozesse, Verfahren. Wiesbaden, Gabler, 2001

Riehm, Ulrich u. a.: Elektronisches Publizieren. Eine kritische Bestandsaufnahme. Berlin, Springer, 1992

Spiller, Dorit / Bock, Petra: Effiziente Arbeitsabläufe. Schwachstellen erkennen, Prozesse optimieren. Wiesbaden, Gabler, 2001

Kapitel 2

Das Manuskript erstellen

Allert-Wybranietz, Kristiane: Wie finde ich den richtigen Verlag? Anregungen, Tips und Adressen für Autoren. Überarbeitete Neuausg. München, Heyne, 1999

Antos, Gerd / Pogner, Karl-Heinz: Schreiben. Heidelberg, Groos, 1995

Der Autor und sein Verlag. Ein Leitfaden für das wissenschaftliche Publizieren, hrsg. v. der Arbeitsgemeinschaft wissenschaftlicher Literatur. 2. Aufl. Frankfurt am Main, Arbeitsgemeinschaft wiss. Literatur, 1982

Bechmann, Gotthard u. a.: Mechanisierung geistiger Arbeit. Eine sozialwissenschaftliche Begleituntersuchung zum Rechnereinsatz in der Konstruktion. Frankfurt am Main, Campus, 1979

Bechtel, Hanns: Nutzung der Fachinformationszentren. Eine Untersuchung im Auftrag des Fraunhofer Instituts für Systemtechnik und Innovationsforschung Karlsruhe für das Bundesministerium für Forschung und Technologie, 2 Bände. Frankfurt am Main, Dt. Ges. f. Dokum. 1985–86

Bergner, Walter: Grundlagen der Typografie. Gestaltungsbuch für Druckerzeugnisse. Itzehoe, Verlag Beruf + Schule, 1990

Berr, Marie-Anne: Bild-Folgen. Der geschulte Blick und die Fata Morgana der Sinnlichkeit. In: Bildschirm. Faszination und Information, hrsg. v. Gunter Otto. Jahresheft III. Seelze, Friedrich, 1985. S. 24–32, Zitat S. 24

Billmann, Karl / Nacke, Horst: Manuskript-Richtlinien. 2. Aufl. Düsseldorf, Werner, 1986

Burke, Peter: Die Renaissance. Frankfurt am Main, Fischer Taschenbuch Verlag, 1996, S. 17

Computergestütztes Publizieren im praktischen Einsatz. Erfahrungen und Perspektiven, hrsg. v. Lutz Kredel. Berlin, Springer, 1988
Crews, Frederic: The Random House Handbook. 6. Aufl. New York, McGraw-Hill, 1992
Duden – Die deutsche Rechtschreibung. 22. Aufl. Mannheim, Dudenverlag, 2000
Duden – Zitate und Aussprüche. 2. Aufl. Mannheim, Dudenverlag, 2002, S. 12f.
Ebel, Hans F. / Bliefert, Claus: Schreiben und Publizieren in den Naturwissenschaften. 4. Aufl. Weinheim, Wiley-VCH, 1998
Elektronisches Publizieren technisch-wissenschaftlicher Texte. Darstellung eines gemeinsamen Experiments, hrsg. vom Konsortium Elektronisches Publizieren technisch-wissenschaftlicher Texte. Heidelberg, Gesellschaft für Information und Dokumentation, 1984
Englert, Sylvia: So finden Sie einen Verlag für Ihr Manuskript. Schritt für Schritt zur eigenen Veröffentlichung. 4. Aufl. Frankfurt am Main, Campus, 2001
Franck, Norbert: Schreiben wie ein Profi. Artikel, Berichte, Briefe, Pressemeldungen, Protokolle, Referate und andere Texte. 3. Aufl. Frankfurt/Main, Bund-Verlag, 2000
Frey, James N.: Wie man einen verdammt guten Roman schreibt. Neuausg. Köln, Emons, 2002
Gliederung und Benummerung in Texten. DIN 1421. Abschnitte, Absätze, Aufzählungen. Berlin, Beuth, 1983
Grötschel, Martin: Wissenschaftliches Publizieren und elektronische Fachinformation im Umbruch. Berlin, ZIB, 1993
Handbuch für Autorinnen und Autoren. Adressen und Informationen aus dem deutschen Literatur- und Medienbetrieb, hrsg. v. Sandra Uschtrin. München, Uschtrin, 2001
Hejink, Stefan: Textoptimierung für Printmedien. Theorie und Praxis journalistischer Textproduktion. Opladen, Westdeutscher Verlag, 1997
Hiller, Helmut/Füssel, Stephan: Wörterbuch des Buches. 6. Aufl. Frankfurt am Main, Klostermann, 2002
Khazaeli, Cyrus D.: Crashkurs Typo und Layout. Vom Zeilenfall zum Screendesign. 8. Aufl. Reinbek bei Hamburg, Rowohlt Taschenbuch Verlag, 2000
Langer, Inghart u. a.: Sich verständlich ausdrücken. 6. Aufl. München, Reinhardt, 1999
Leskien, Hermann / Schott, Gerhard: Elektronisches Publizieren mit Hilfe des Arbeitsplatzrechners (PC). Wiesbaden, Harrassowitz, 1990
Meynecke, Dirk R.: Von der Buchidee zum Bestseller. Für Autoren und alle, die es werden wollen. 2. Aufl. München, Econ, 2000
Ordnen von Schriftzeichenfolgen (ABC-Regeln). DIN 5007. Berlin, Beuth, 1991
Ordnen von Schriftzeichenfolgen. Teil 2: Ansetzungsregeln für die alphabetische Ordnung von Namen. DIN 5007–2 Berlin, Beuth, 1996
Plinke, Manfred: Handbuch für Erst-Autoren. Wie ich den richtigen Verlag finde. 2. Aufl. Berlin, Autorenhaus-Verlag Plinke, 2000
Radke, Horst-Dieter: Word für Autoren. Kreatives Schreiben und Verlegen mit dem PC. 2. Aufl. Berlin, Autorenhaus-Verlag Plinke, 2001
Reiners, Ludwig: Stilfibel. Der sichere Weg zum guten Deutsch. 31. Aufl. München, dtv, 2001
Richtlinien zur Manuskriptgestaltung, hrsg. v. der Deutschen Gesellschaft für Psychologie. 2. Aufl. Göttingen, Hogrefe, 1997
Rico, Gabriele L.: Garantiert schreiben lernen. Sprachliche Kreativität methodisch entwickeln. Ein Intensivkurs auf der Grundlage der modernen Gehirnforschung. 12. Aufl. Reinbek, Rowohlt, 2002
Riehm, Ulrich, u. a.: Aspekte der Autoren-Verlagsbeziehung beim elektronischen Publizieren. Ergebnisse aus Expertengesprächen. Karlsruhe, Kernforschungsszentrum, 1988
Rohlfes, Joachim: Europa: Einheit und Vielfalt in Vergangenheit und Gegenwart. Leipzig, Klett, 2001
Runkehl, Jens / Siever, Torsten: Das Zitat im Internet. Ein electronic style guide zum Publizieren, Bibliografieren und Zitieren. 3. Aufl. Hannover, Revonnah, 2001 Ergänzt durch: http://www.mediensprache.net/de/publishing/pubs/1/short-guide/index.asp
Scheidt, Jürgen vom: Kreatives Schreiben. 6. Aufl. Frankfurt am Main, Fischer, 2000
Schneider, Wolf: Deutsch für Kenner. Die neue Stilkunde. München, Piper, 1996
Stemmler, Theo: Stemmlers kleine Stil-Lehre. Vom richtigen und falschen Sprachgebrauch. Frankfurt am Main, Insel-Verlag, 1994
Tucholsky, Kurt: Moment beim Lesen. Aus: Tucholsky, Kurt: Gesammelte Werke, Band 10, hrsg. v. Mary-Gerold Tucholsky. Reinbek, Rowohlt, 1975. S. 64

Kapitel 3

Das Manuskript bearbeiten

Behm, Holger u. a.: Büchermacher der Zukunft: Marketing und Management im Verlag. 2. Aufl. Darmstadt, Primus-Verlag, 1999
Butcher, Judith: The Cambridge Handbook: Copy-Editing for editors, authors, publishers. 3. Aufl. Cambridge, Cambridge University Press, 1992
Clark, Giles: Karrierechancen im Verlag. Einsteigen und Weiterkommen. Friedrichsdorf, Hardt & Wörner, 1996
Crews, Frederick: The Random House Handbook. 6. Aufl. New York, McGraw-Hill, 1992
Davies, Gill: Beruf: Lektor. Friedrichsdorf, Hardt & Wörner, 1995
Deppert, Alex: Verstehen und Verständlichkeit. Wissenschaftstexte und die Rolle themaspezifischen Vorwissens. Wiesbaden, Deutscher Universitätsverlag, 2001
Dokumentation deutschsprachiger Verlage, hrsg. v. Curt Vinz. 14. Aufl. Landsberg/Lech, Verlag Moderne Industrie, 2001
Die Endres Lernmethodik: Die 5-Gang-Lesetechnik. Weinheim, Beltz, o. J.
Frauen machen Bücher, hrsg. v. Gabriele Kalmbach. Königstein/Ts., Helmer, 2000
Frutiger, Adrian: Der Mensch und seine Zeichen. 7. Aufl. Wiesbaden, Fourier, 2000
Greulich, Walter / Plenz, Ralf: Das Manuskript auf Diskette. Hamburg, Input-Verlag, 1997
Groeben, Norbert: Leserpsychologie: Textverständnis – Textverständlichkeit. Münster, Aschendorff, 1982
Groß, Sabine: Lese-Zeichen. Kogni-

tion, Medium und Materialität im Leseprozess. Darmstadt, Wissenschaftliche Buchgesellschaft, 1994

Günther, Hartmut: Schriftliche Sprache. Strukturen geschriebener Wörter und ihre Verarbeitung beim Lesen. Tübingen, Niemeyer, 1988

Haberl, Herbert: Die Lesbarkeit der Kleinschreibung. Wien, Österreichischer Bundesverlag, 1976

Heller, Eva: Wie Farben wirken. Farbpsychologie, Farbsymbolik, kreative Farbgestaltung. 10. Aufl. Reinbek, Rowohlt, 1999

Mundhenke, Reinhard / Teuber, Marita: Der Verlagskaufmann. Berufsfachkunde für Kaufleute in Zeitungs-, Zeitschriften- und Buchverlagen. 9. Aufl. Frankfurt am Main, Societäts-Verlag, 2002

Nadolski, Dieter / Miltschin, Arkadi Emanuilowitsch: Lektorieren und Redigieren von Fachliteratur. Leipzig, Fachbuchverlag, 1979

Oßwald, Achim: Dokumentlieferung im Zeitalter elektronischen Publizierens. Konstanz, Universitäts-Verlag Konstanz, 1992

Plenz, Ralf: Verlagsgründung. Wie mache ich mich mit einem Verlag selbständig? Grundlagen und Praxistipps für die Herstellung von Büchern, elektronischen Produkten und Zeitschriften. 4. Aufl. Hamburg, Input-Verlag, 2001

Pötter, Godehard: Die Anleitung zur Anleitung. Leitfaden zur Erstellung technischer Dokumentationen. Würzburg, Vogel, 1994

Röhring, Hans-Helmut: Wie ein Buch entsteht. Einführung in den modernen Buchverlag. 6. Aufl. Darmstadt, Primus-Verlag, 1997

Schön, Erich: Der Verlust der Sinnlichkeit oder Die Verwandlungen des Lesers. Mentalitätswandel um 1800. Stuttgart, Klett-Cotta, 1987

Schönstedt, Eduard: Der Buchverlag. Geschichte, Aufbau, Wirtschaftsprinzipien, Kalkulation und Marketing. 2. Aufl. Stuttgart, Metzler, 1999

Schrift, hrsg. v. Hans Ulrich Gumbrecht. München, Fink, 1993

Textoptimierung. Das Verständlichermachen von Texten als linguistisches, psychologisches und praktisches Problem, hrsg. v. Gerd Antos. Frankfurt am Main, Peter Lang, 1989. S. 58–76

Unwin, Stanley: The Truth about Publishing. Academy, Chicago, Ill. (USA). 1982

Verlagshandbuch. Leitfaden für die Verlagspraxis, hrsg. v. Ralf Plenz. 3 Bände. Hamburg, Input-Verlag, 2001

Weidenmann, Bernd: Psychische Prozesse beim Verstehen von Bildern. Bern, Huber, 1988

Wendt, Gilmar: Einflüsse der Schriftart, Schriftneigung und Fettigkeit auf die erzielbare Lesegeschwindigkeit. Deutsche Forschungsgemeinschaft, Hamburg, 1993

Wild, Erentraud: Inneres Sprechen – äußere Sprache. Psycholinguistische Aspekte einer Didaktik der schriftlichen Sprachverwendung. Stuttgart, Klett-Cotta, 1980

Normvertrag des Börsenvereins des Deutschen Buchhandels, im Internet unter http://www.boersenverein.de (Direktlink: http://www.buchhandel.de/sixcms/detail.php?id=33220) zu finden

Kapitel 4

Das fertige Manuskript herstellerisch verarbeiten

Ausführungsverordnung vom 13. 12. 1985 zum Gesetz über Einheiten im Messwesen; Bundesgesetzblatt 1985, Teil 1, Seite 2272

Bauer, Kurt / Giesriegl, Karl: Druckwerke und Werbemittel leicht gemacht. Was Sie schon immer über Print, Satz, Repro und Papier wissen wollten. Frankfurt am Main, Ueberreuter, 2002

Baufeldt, Uwe u. a.: Informationen übertragen und drucken. Lehr- und Arbeitsbuch für das Berufsfeld Drucktechnik. 14. Aufl. Itzehoe, Verlag Beruf + Schule, 2000

Behme, Henning / Mintert, Stefan: XML in der Praxis. Professionelles Web-Publishing mit der Extensible Markup Language. Bonn, Addison-Wesley-Longman, 2000

Blana, Hubert: Die Herstellung. Ein Handbuch für die Gestaltung, Technik und Kalkulation von Buch, Zeitschrift und Zeitung. 4. Aufl. München, Saur, 1998

Böhringer, Joachim u.a.: Kompendium der Mediengestaltung für Digital- und Printmedien. Berlin, Springer, 2000

Buzan, Tony: Speed Reading. Schneller lesen, mehr verstehen, besser behalten. 8. Aufl. München, MVG, 2002

Eckstein, Robert: XML kurz & gut. Köln, O'Reilly, 2000

Fachtermini Offsetdruck in neun Sprachen, hrsg. vom Institut für grafische Technik, Leipzig, 1986

Gesetz über Einheiten im Messwesen vom 2.7.1969, Bundesgesetzblatt 1969, Teil 1, Seite 709 (Neufassung 22.2.1985)

Gevatter, Annette: Druckreif. Ein Begleiter durch Satz, Repro, Papier, Druck und Verarbeitung. 4. Aufl. Stuttgart, avedition, 2002

Goldfarb, Charles: Das XML-Handbuch. Anwendungen, Produkte, Technologien. 2. Aufl. München, Addison-Wesley, 2000

Gorbach, Rudolf P.: Typographie professionell. Bonn, Galileo Press, 2001

Heinold, Wolfgang Ehrhardt: Bücher und Büchermacher. Verlage in der Informationsgesellschaft. 5. Aufl. Heidelberg, Hüthig, 2001

Hörner, Gerhard: Professionelles Speed Reading. München, MVG, 2001

Itten, Johannes: Kunst der Farbe. Studienausgabe. 27. Aufl. Leipzig, Seemann, 2001

Jensen, Hans: Die Schrift in Vergangenheit und Gegenwart. 3. Aufl. Berlin, Deutscher Verlag der Wissenschaften, 1969

Kapr, Albert / Schiller, Walter: Gestalt und Funktion der Typographie. 2. Aufl. Leipzig, Fachbuchverlag, 1977

Kapr, Albert: Johannes Gutenberg. Persönlichkeit und Leistung. 2. Aufl. Leipzig, Urania, 1988

Kipphan, Helmut: Handbuch der Printmedien. Berlin, Springer, 2000

Kristof, Ray / Satran, Amy: Interacitivity by design. Creating & communicating with new media. Montana View, Calif., Adobe Press, 1995

Küppers, Harald: Das Grundgesetz der Farbenlehre. Köln, DuMont, 1986

Laufer, Bernhard: Basiswissen Satz, Druck, Papier. Düsseldorf, Verlag Buchhändler heute, 1984

Leu, Olaf: Stilformen der grafischen

Gestaltung. München, Stiebner, 1993
Lobin, Henning: Informationsmodellierung in XML und SGML. Berlin, Springer 2000
Lutz, Hans-Rudolf: Ausbildung in typographischer Gestaltung. 2. Aufl. Zürich, Lutz, 1989
Nomenklatur der anorganischen Chemie. Dt. Ausg. der Empfehlungen 1990, hrsg. v. Wolfgang Liebscher Weinheim, VCH, 1995.
Nomenklatur der organischen Chemie, hrsg. v. Gerlinde Kruse Weinheim, VCH, 1997
Schröder, Oliver/Bock, Jutta: PDF und Acrobat. Neue Wege in der Druckvorstufe. Bonn, Galileo Press, 2000
SGML und XML. Anwendungen und Perspektiven, hrsg. v. Wiebke Möhr. Berlin, Springer, 1999
Steinhardt-Salberg, Barbara: Die Schrift: Geschichte, Gestaltung, Anwendung. Ein Lern- und Lehrbuch für die Praxis. Köln, DuMont, 1983
Stiebner, Erhardt D.: Bruckmann's Handbuch der Drucktechnik. 5. Aufl. München, Stiebner, 1992
Stiebner, Erhardt D. / Leonhard, Walter: Bruckmann's Handbuch der Schrift. 4. Aufl. München, Stiebner, 1992
Symbole, Einheiten und Nomenklatur in der Physik. Weinheim: Physik-Verlag, 1981
Teschner, Helmut: Fachwörterbuch für visuelle Kommunikation und Drucktechnik. 3. Aufl. Thun, Ott, 2002
Teschner, Helmut: Offsetdrucktechnik. Informationsverarbeitung, Technologien und Werkstoffe in der Druckindustrie. 10. Aufl. Fellbach, Fachschriftenverlag, 1997
Urban, Dieter: Text-Design. Zur Gestaltung sprachlicher und bildsprachlicher Kommunikation. 2. Aufl. München, Stiebner, 1994
Visuelle Kommunikation. Ein Design-Handbuch, hrsg. v. Anton Stankowski. Berlin, Reimer, 1994
Walenski, Wolfgang: Der Offsetdruck. Eine Einführung in Theorie und Praxis. Köln DuMont, 1991
Walenski, Wolfgang: Wörterbuch Druck + Papier. Frankfurt am Main, Klostermann, 1994
Willberg, Hans Peter / Forssmann, Friedrich: Erste Hilfe in Typografie. Mainz, Hermann Schmidt, 2000
Willberg, Hans Peter / Forssmann, Friedrich: Lesetypographie. Mainz, Hermann Schmidt, 1996

Internet-Adressen

http://www.oasis-open.org/cover/ (Informationen rund um SGML und XML)
http://www.w3.org (World Wide Web Consortium)
http://www.ulc.edu.orgs/tei/ (Text Encoding Initiative)
Das TEI Consortium hat seine Homepage unter: http://www.tei-c.org/
http://www.w3.org/MarkUp/ (zu HTML)

Materialien, Kapitel 2

Einheiten und Begriffe für physikalische Größen. 8. Aufl. Berlin, Beuth, 1999 (DIN-Taschenbuch 22)
Formelzeichen, Formelsatz, mathematische Zeichen und Begriffe. 2. Aufl. Berlin, Beuth, 1994. (DIN-Taschenbuch 202)
Halkasch, Hans-Jürgen: Das Nachschlagebuch. Formeln und Tabellen für Print- und Digitalmedien. Itzehoe, Verlag Beruf + Schule, 1999
Informationen zum CIP-Dienst, hrsg. v. Die deutsche Bibliothek, Leipzig, Die Deutsche Bibliothek, 1997
Elektronisch unter: http://www.ddb.de/professionell/pdf/cip_broschuere.pdf
Publikation und Dokumentation. Band 1: Gestaltung von Veröffentlichungen. Terminologische Grundsätze. Drucktechnik. Alterungsbeständigkeit von Datenträgern. 4. Aufl. Berlin, Beuth, 1996
Publikation und Dokumentation. Band 2: Erschließung von Dokumenten. DV-Anwendungen in Information und Dokumentation. Reprographie, Photographie, Mikrofilmtechnik. Bibliotheks- und Verlagsstatistik. 4. Aufl. Berlin, Beuth, 1996

Numerics

A

B

J

K

L

M

T

U

V

W

X

Z

Herausgeberin

Brigitte Witzer
Beraterin und Coach in Verlagen und Medien
Autorin zahlreicher Fachpublikationen

1983 M. A. in Germanistik, Publizistik, Philosophie (Münster)
1992 Dr. phil. der Kommunikationswissenschaften (Dortmund)
1993 Ruf als Professorin für Verlagsproduktion an die HTWK Leipzig (FH)

1984–1989 zunächst Redakteurin, dann technische Verlagsleiterin im Data Becker Verlag, Düsseldorf
1990–1993 Bertelsmann AG, zunächst Mohndruck, dann Geschäftsführerin Bertelsmann Medien Service
1994–1998 Professorin an der HTWK Leipzig, Studiengang Verlagsherstellung und Aufbau des Studiengangs Medientechnik
1994–2000 Dozentin an der Akademie des Deutschen Buchhandels
seit 1998 Mitglied im Medienrat des Landes Sachsen als Sachverständige für neue Medien und privaten Rundfunk

seit 1998 selbstständig mit Konzentration auf Veränderungsmanagement und Team- bzw. Einzelcoaching in Verlagen

Schwerpunkt im Text
Ablauforganisation, Erstellung und Bearbeitung des Manuskripts, Korrektorat

Autorin

Rose Hartmann
Druckformenherstellerin
Dipl.-Ing. (FH) Verlagsherstellung der HTWK Leipzig
Herstellerin in einem Schulbuch- und in einem Zeitschriftenverlag

Schwerpunkt im Text
Die Erstellung des Manuskripts, Anforderungen an das Manuskript, das digitale Manuskript

Autoren

Tobias Ott
Dipl.-Wirt.-Ing. (FH) Verlagswirtschaft
Dipl.-Wirt.-Ing. (FH) Werbewirtschaft
Autor zahlreicher Fachpublikationen
Dozent an den Schulen des Deutschen Buchhandels, Frankfurt/M.
Lehrbeauftragter an der Hochschule der Medien, Stuttgart
Geschäftsführer der Firma pagina GmbH, Tübingen

Schwerpunkt im Text
Medienneutrale Daten (SGML/XML/HTML),
Texterfassung, Satz- und Layoutsysteme

Jan Schmidt
Schriftsetzer
Oberstudienrat an einer berufsbildenden Schule
für Druck- und Medientechnik

Schwerpunkt im Text
Seitengestaltung, Formelsatz, Bildbearbeitung,
PDF-Dateien